汽车维修案例

专家点评典型故障
—欧洲车系

《汽车维修与保养》杂志社　主编

人民交通出版社
China Communications Press

内 容 提 要

本书汇集《汽车维修与保养》杂志近5年来众多汽修专家点评欧洲车系典型故障诊断案例成册，清晰地归纳了汽车故障诊断的思路和方法。

本书可作为汽车故障查询参考书，适合汽车维修工阅读。

图书在版编目（CIP）数据

专家点评典型故障．—欧洲车系／《汽车维修与保养》杂志社主编．—北京：人民交通出版社，2010.7

（汽车维修案例）

ISBN 978-7-114-08828-5

Ⅰ．①专… Ⅱ．①汽… Ⅲ．①汽车－故障诊断－案例 Ⅳ．①U472.4

中国版本图书馆 CIP 数据核字（2010）第 260481 号

汽车维修案例

书　　名：专家点评典型故障—欧洲车系

著 作 者：《汽车维修与保养》杂志社

责任编辑：谢　元

出版发行：人民交通出版社

地　　址：（100011）北京市朝阳区安定门外外馆斜街 3 号

网　　址：http://www.ccpress.com.cn

销售电话：（010）59757969，59757973

总 经 销：人民交通出版社发行部

经　　销：各地新华书店

印　　刷：北京市密东印刷有限公司

开　　本：880×1230　1/16

印　　张：15

字　　数：459 千

版　　次：2011 年 7 月　第 1 版

印　　次：2011 年 7 月　第 1 次印刷

书　　号：ISBN 978-7-114-08828-5

定　　价：33.00 元

《汽车维修案例》丛书编委会

李中国　栗新卿　梁春兰　梁湘武　梁　烨　廖照元　刘春伟
刘春祥　刘　洪　刘勤中　刘胜勇　刘　伟　刘文荣　刘秀强
刘永钊　刘兆贤　刘志广　卢云翔　罗小珍　马会俊　孟令云
母法昌　欧　李　庞成立　彭德豹　彭　汉　祁翠琴　乔世迎
乔　伟　乔永亮　秦汉伟　邱欣仁　施玉敏　石　强　宋波舰
苏保森　苏　斌　孙乃谦　孙玉有　谭红江　汤爱国　唐坚平
唐熙元　陶炳全　佟会武　汪　俊　汪学慧　汪学森　王波涛
王大鹏　王　飞　王　刚　王　海　王海龙　王　康　王连军
王世博　王文革　王文涛　王晓林　王昕彦　王　星　王亚南
王　元　魏文洋　魏祥林　魏　秀　温炜坚　吴国义　吴荣祥
吴天熊　吴志刚　夏文恒　相文昌　肖会荣　邢秀群　邢振东
熊学铭　熊依金　熊依伟　徐红举　徐志国　闫炳强　杨宝玉
杨大禄　杨　健　杨　军　杨连福　杨亚敏　杨增雨　叶　旋
于海涛　于津涛　鱼　洁　俞　悦　曾国文　张　华　张　辉
张佳裔　张建伟　张　杰　张俊玺　张兰书　张乃锋　张南峰
张善斌　张小兵　张小告　张延领　张云颂　张泽波　张振光
张志伟　赵宝平　赵春岩　赵君岩　赵　宁　赵启慧　赵善峰
赵喜海　赵新大　郑为民　钟钜坤　周东生　周贵明　周进根
周立平　周献华　周自全　朱继东　朱继荣　朱　永　朱　仲
庄　葳　宗春保　宗　浩　邹　俊

目　录 CONTENTS

奥迪篇

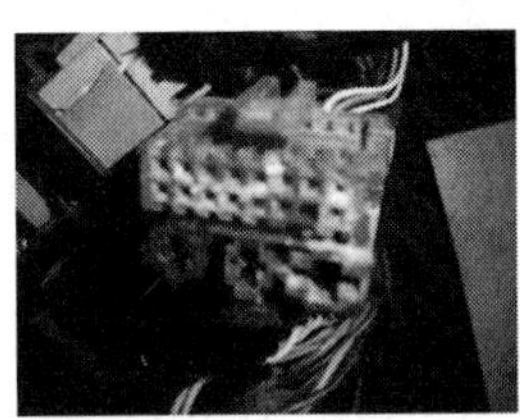

宝来、宝马篇

帕萨特篇

捷达、桑塔纳篇

波罗、速腾篇

迈腾、开迪、高尔篇

雪铁龙篇

其他篇

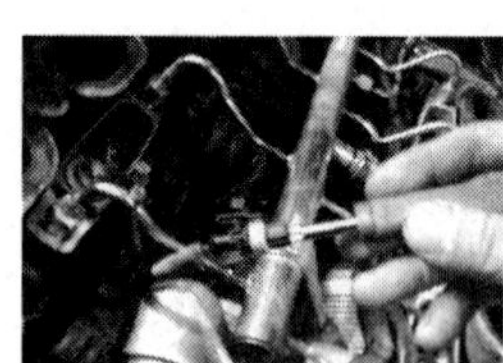

奥迪篇

奥迪2.8变速器故障诊断

故障现象

奥迪2.8变速器型号为01J。换倒挡有时冲击；换D挡抬制动踏板，车辆不行驶；当发动机转速达到1200r/min时，车会猛地向前冲，像离合器突然接合一样。

故障诊断与排除

用检测仪进入“数据流”查看，无故障码，065组数据为0，此数据表明油路板工作正常。查看第10组和11组数据，发现第10组数据为0.28A，而第11组数据为0.25A（正常的数据值应在0.27～0.28A），此数据明显低于正常值。于是清除自适值，此时第11组数据为0.30A，试车正常。然后把第11组数据调整到0.27A，锁止，试车仍正常，这表明该故障现象与电控系统无关。由于第10组和第11组的数据是根据冲压时间来锁止在正常值的，所以判断是变速器内的油封泄压或摩擦片的间隙过大造成此故障。

将变速器进行分解，发现摩擦片磨损量过大，间隙达到2.5mm。于是更换摩擦片，测量前进挡离合器间隙为1.5mm，倒挡离合器间隙为1.8mm。在装上车并做完自适应后，前进挡故障消失，倒挡也无冲击等不良反应。此时第10组的数据为0.28A，第11组数据为0.27A，倒挡和前进挡均正常。可是行驶一段时间后，倒挡冲击又出现，但数据流都正常，摩擦片也刚换过，间隙在正常范围内。在行驶中查看油温时，发现油温达到101℃。于是对变速器散热系统进行检查，发现变速器散热油管有很大的阻力，清洗该油管并更换外部过滤器，试车，故障均已排除。

维修小结

变速器散热系统与变速器能否正常工作有着密切的关系，如图所示，由于散热油管的外部过滤器被堵塞，造成散热油无法正常地回流散热，导致外部过滤器的来油管油压过高，从而引起油路板内部油压过高，造成冲击。所以，在维修自动变速器时，不要忘记清洗散热系统，以便于更好地一次性解决故障，这样才能保证变速器的维修质量。

奥迪2.8 01J变速器散热管示意图

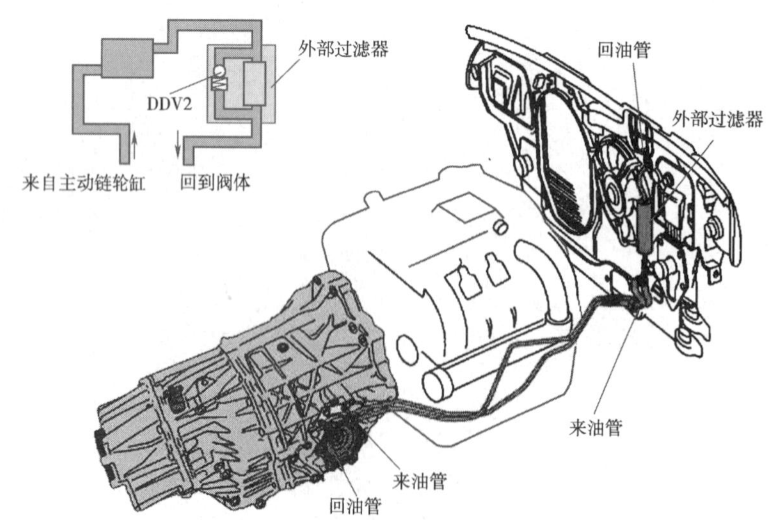

专家点评

该案例属于典型的奥迪无级变速器常见故障。特别是前进挡在发动机怠速时无爬行的问题在维修中尤为鲜见，但是，倒挡偶发性冲击问题比较常见，这是奥迪无级变速器的通病。通过对这两个故障现象的解决以及最终的结论总结可以看出，维修技术人员对该变速器的更深层的控制了解得不是很透彻：其一，仅通过第065组数据块的内容不能完全说明油路板的好坏，它只能够证明安全阀的清洁结果；其二，事实证明当01J无级变速器外部过滤器堵塞后，并不会引起油路板内部油压升高，同时也不会导致冲击的故障出现。要知道冷却器的冷却油道与变速器内部哪一部分相通，换句话讲，在01J无级变速器中哪一处温度最高，冷却器主要为谁实现冷却控制。根据该变速器的冷却控制以及实际冷却油路得知：传动链在链轮上滚动摩擦时会产生大量的热，因此就是靠链轮缸内的ATF循环来带走其内部热量的。而链轮缸内的接触压力缸的ATF油道通过主动链轮轴的前端与冷却器来油管相连，外部过滤器则是串联在回油管油路上。回油管的回油大部分直接回到油路板的冷却阀门上（主要用来冷却离合器）及润滑油喷射孔处（主要用来消除从动链轮缸的动态离心压力），还有一少部分回油直接给传动链来润滑，因此，油路板内部不会形成过高压力而引起冲击故障。其实前进无爬行的故障与该过滤器堵塞有一定的关系，原因是当串联在回油管的外部过滤器堵塞后会直接导致其背压升高，即主动链轮接触压力缸内的油压升高。当电脑通过G194压力传感器感知到该处的真实压力后，便会调整离合器的工作压力（调整其输入力矩），从而极有可能导致前进挡没有爬行。

奥迪A6 1.8T空调不制冷

故障现象

奥迪A6 1.8T，开空调后，压缩机不吸合，空调不能制冷。

故障诊断与排除

连接空调压力表，静态压力在7kgf/cm^2（1kgf/cm^2=98.0665kPa）以上，制冷剂压力正常，排除无制冷剂的可能性。

起动发动机，开空调，用试灯测量压缩机的线路，没有电。接上修车王诊断仪，检测空调系统，无故障码，查看数据流，各项数据流都在正常值内。选择“执行元件测试”，第一项就是压缩机，发现系统无法执行这一项目，再选择“执行元件测试”。点击“确定”后，能听到压缩机有吸合的声音，但马上就断开了，然后仪器显示错误，其他的元件测试均能执行。怀疑空调系统堵了，负荷太大。用一试灯，一端接正极，一端直接接压缩机的电磁线圈接头。着车后，检查空调系统压力，此时空调系统能正常地制冷，低压2.2kgf/cm^2；高压14kgf/cm^2，在正常范围内。检查到这里，仔细想了一下，觉得空调线路不存在问题，空调系统也不存在堵的现象。判断只有一个可能，那就是发动机电脑限制了压缩机的吸合。

通过查阅资料得知，发动机系统在负荷过大、水温过高的情况下会暂停压缩机的工作。根据这一点，用仪器检测发动机系统，有一个故障码：空气流量计（G70）信号过大。查看数据流003组，怠速时空气流量的数据显示为239g/s，数据极大地超出了正常值。发动机电脑会误认为发动机已经处在满负荷工况，因此切断了空调压缩机。

接下来就开始检修空气流量计数据为什么会超标？根据资料，空气流量计为5脚插头，其中1号脚为空脚，其他4个脚功能定义：2号脚，加热电阻线12V；3号脚负极；4号脚为空气流量计工作电源5V；5号脚为空气流量计信号输出线（正常怠速时为1.3V）。用万用表测量空气流量插头4个脚的电压值，怠速时：2号脚（绿黄）为12V；3号脚（黄）为12V；4号脚（白绿）为5V；5号脚（绿）为12V。测量结果与正常值大不一样：3号脚应该为负极，在这里为什么却是12V呢?查看电路图得知2号脚加热电阻电源，由熔断器S229号熔断丝供电，其余3根线直接连接到发动机电脑内。断开蓄电池负极，拆下发动机电脑，拔出插头，测量空气流量计3、4、5号脚分别对应发动机电脑12、11、13号脚之间的电阻，并且查看3根线是否断路。测量结果为，空气流量计3、5号和发动机电脑插头12、13号脚之间存在短路。查看线路，整个发动机舱线束都固定在防火墙上。空气流量计及涡轮增压电磁阀、炭罐电磁阀的线束通过排气管上方，由于没有线卡固定，已经掉落在三元催化器上。拆开该断线束外层，发现里面的线束由于高温，已经完全熔在一起。处理好该断线束，并用线卡固定好位置。装回发动机电脑，重新发动试空调，发现空调压缩机依然不运转。用仪器测量发动机系统，有5个故障码：分别是与N80、N156、N205、G39、G70相关的，能清除，但重新起动后又会再次出现。出现这5个故障码，极可能是这5个电磁阀和传感器共用的电源出了问题。查看S229号熔断器，熔断丝没有烧断，但插片已经生锈，更换一个后，还剩一个G70的故障码。查看数据流003组，依然是239g/s。用万用表测量空气流量计的各个针脚，与先前的数据一样。

反复测量线路，可以完全排除由线路引起故障的可能性。那么只有发动机电脑板了，而且空气流量计的线路确实存在断路的现象，决定拆开电脑检查。断开蓄电池负极，拆下发动机电脑，打开后发现电脑板上无明显的烧坏痕迹，再仔细检查发现了问题：第12号针脚已经烧断了。

焊接一根线，与电脑板插头上相对应的线相连。装复后，打开钥匙，测量空气流量计的3号脚为0.01V，正常。起动发动机，先用仪器测试发动机系统，无故障码。查看数据流003组，空气流量计数据为4.3g/s，恢复正常。打开空调，空调压缩机运转，空调系统也恢复正常。至此，该故障完全排除。

维修小结

该故障的诊断过程可以说是一波三折，本来是空调压缩机不能运转的故障，却是由发动机系统的故障而引起的。如果不懂得其原理，可以说是无法修好该故障，在维修此类故障时，需从多方面去思考，这样才能快速准确地排除故障。

专家点评

正如维修技术人员所说，本故障的诊断过程是“一波三折”，而维修技术人员的态度是波澜不惊，思路清晰正确，检查诊断顺畅。

先做过程回放：

一波：空调压缩机不吸合，其实该车还应存在加速不良、达不到最高车速、油耗增加等现象，车主可能没有感觉到，所以没有陈述其他故障现象。

一折：查询有一个故障码，空气流量计G70信号过大，查询进气流量数据严重超过上限。

二折：检查测量空气流量计线路后，增加到5个故障码，维修技术人员清楚地认为这与5个元件共用的熔断丝有关。仪表台左侧熔断丝支架的29号熔断器（电路图中标为229号），用来供给N80（活性炭罐电磁阀）、N156（进气

空气流量计相关电路图

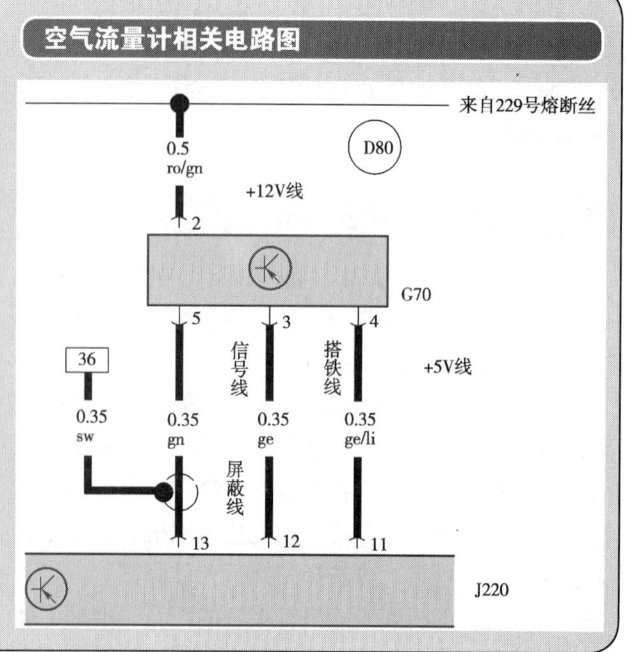

岐管转换阀）、N205（凸轮轴调整阀）、N70（空气流量计）和Z19（氧传感器加热器）+12V电压，如果229号熔断丝熔断则会同时记忆5个元件的故障码。

三折：作者检查发现，控制单元12针脚烧断，12针是空气流量计的搭铁线，将针脚焊上一根线，故障排除。

再梳理一波与三折的联系：①如图所示，车辆进厂前空气流量计的2针（+12V线）与5针（信号线）、3针（经过ECU内部的搭铁线）的绝缘皮被三元催化器外壳烤化，2针与5针、3针虚连接，储存了G70故障码，控制单元按程序设计强行限制压缩机不得工作。②检查空气流量计时，使2针与5针、3针发展到实连接，短路电流将控制单元12针脚烧断。③短路电流同时将229熔断丝熔断，控制单元记忆了5个故障码。

奥迪A6不可忽视的制动灯开关的作用

平时开车、修车，驾驶人员往往忽略制动灯开关的作用。如果它出现了故障，会造成怎样的后果呢？先来看看以下3个实例吧。

实例1

故障现象

一辆2000年款奥迪A6 1.8T，行驶了35 000km。该车偶尔在点火开关关闭后，车辆不熄火，发动机仍能继续运转。

故障检查与诊断

首先，用万用表测量15号线,居然有12V电压（正常情况下，点火开关关闭后，15号线应该没有电压），也就是说，15号线与30号线短路了。根据经验检查了点火开关上的触点，点火开关上的15号线端子和30号线端子并没有短路，但同时发现了一个现象：在关闭点火开关车辆并没有熄火的情况下，如果踩下制动踏板（触动制动灯开关）车辆就熄火了。根据电路图分析，发现制动灯开关上第4脚接的是30号线，第2脚接的是15号线，如图所示，如果这两个脚之间短路就会导致此车产生这种现象。于是拆下制动灯开关，用手反复操作推杆同时用万用表测量第2、第4脚之间的通断，果然发现在某些时候第2、第4脚是通的，用手摇晃制动灯开关能听到里边有“哗哗”的声音。将制动灯开关解体，发现开关中的簧片折了一个头。这个簧片有时会卡在原本不应该通的第2、第4脚之间，使15号线和30号线导通，这样就出现了该车的故障现象。更换制动灯开关，故障排除。

制动灯开关电路示意图

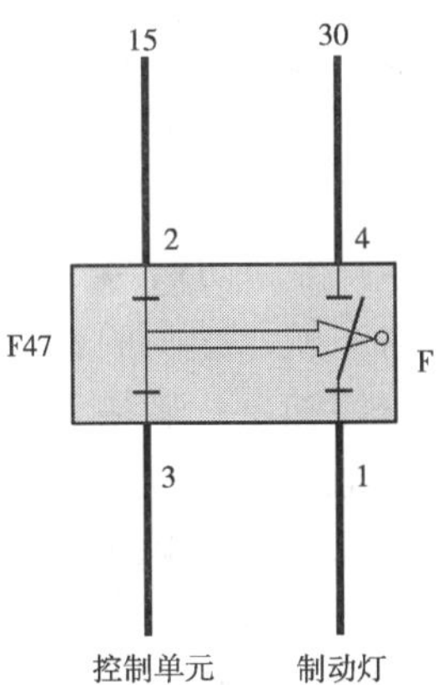

实例2

故障现象

一辆2003款奥迪A6（2.8L、CVT），行驶里程为30 000km。该车加速无力，滑行拖滞，经多次清洗油路、进气系统，但均未见效。

故障检查与诊断

接车后，首先检查全车电脑记忆，未发现故障存储。于是进行试车，同时用VAG1552读取动态数据流。在试车过程中，好像制动拖滞一样，于是进入变速器控制单元，阅读001数据块第一、二区，这两个区分别指示的是制动灯开关F和制动测试开关F47的状态。在没有踩下制动踏板时，两个区都应该是bls.OFF，当踩下制动踏板时，两个区都应该变为bls.ON；然而，此车在滑行时，笔者发现即使没踩制动踏板，制动测试开关F47也偶然显示bls.ON的状态，也就是说制动测试开关向发动机、变速器等控制单元错误地传递了“驾驶人制动”的信号，因此发动机控制单元就会根据工况来减少供油或断油，变速器也相应地减少动力输出，从而就造成了这种故障。

更换制动灯开关后试车，滑行距离明显增加，故障排除。

早期的奥迪车，制动灯开关都采用两个状态相反的开关F和F47。其中一个称为制动灯开关，直接控制的就是制动灯；另一个称为制动测试开关F47，用于将制动信号传递给相关的控制单元，用于取消巡航、减少喷油以及换挡控制。两个开关状态正好相反。后来，对此线路进行了改进，主要是将制动灯开关的1脚不再与制动灯直接相连，而是将1脚的输出也作为信号进入了控制单元，比如进入舒适系统控制单元，由舒适系统控制单元来控制制动灯；还进入了变速器和ABS/ESP控制单元，用来对换挡锁止电磁铁进行控制，同时还通过对比制动灯开关与其他信号来判断制动灯开关的好坏。由此又引出了实例3。

实例3

故障现象

一辆2004款奥迪A4，行驶里程为15 000km，ESP灯报警。

故障检查与诊断

接车后，首先用检测仪检测ABS控制单元的故障存储，有故障码：01435——制动压力传感器G201信号不可靠。

更换制动压力传感器试车约10km后，故障又出现，故障码仍然是01435。后查阅相关资料得知：奥迪A4配备了ESP系统，增加了制动压力传感器G201（装在液压控制单元N55上），用来监测制动压力。ESP自检功能则连续监测制动灯开关的状态并与制动压力传感器的值进行对比。如果制动压力高于1MPa（1MPa=10bar）而制动灯开关的信号还没有接通，则ESP将其视为一个故障01435（制动压力传感器信号不可靠）并接通ESP报警灯。于是在ABS控制单元中阅读数据块005组，分别显示制动灯开关F、F47的接通状态以及由制动压力传感器G201反馈的压力值（单位为bar）。当缓慢踩下制动踏板时，制动压力升到14bar时，制动灯开关才显示ON（接通状态），此时制动灯亮起。

由此可看出，系统认为G201信号不可靠的原因并不在G201，而是因为制动灯开关的行程太长、反应太慢所致。

将制动灯开关拆下对推杆进行了一定的调整，重新装上后再试，压力为2bar左右时制动灯开关即接通，试车也一切正常。

维修小结

制动灯开关损坏还会造成很多故障，比如因为制动灯长期不灭导致放置一夜后蓄电池电量耗尽、制动灯开关损坏导致奥迪A8钥匙无法拔出等。但因为这些故障都有明显的故障码，所以虽然现象较繁杂，却比较容易排除。

从以上实例中可见，汽车维修中，很多时候都是“一因多果”或者“一果多因”的情况。一个小小的制动灯开关的损坏都会造成如此繁杂的故障结果，更不要说那些更复杂的零件损坏造成的故障了。有时候，一个很复杂的现象查到最后只是由于一个小小的元件或线路出了问题，所以这就要求我们大家在维修车辆时一定要细致耐心，多琢磨、多翻阅资料，方可事半功倍。

特别提示：根据维修手册要求，制动灯开关拆下后须更换新件。

奥迪A6等常见车型偶发性故障排除2例

实例1

奥迪A6蓄电池有时亏电

故障现象

一辆2002年3月上牌的奥迪A6 1.8T AT，行驶里程13万km。接车后用遥控器开门，中控锁不起作用；用钥匙打开车门，进入车内再打开点火，看到仪表不工作及各警告灯不亮；将钥匙拧到起动位置，起动机不转动，以上现象说明蓄电池无电。

询问车主得知，这已是第三次出现这种现象。第一次发生在一个月前，车主到某汽修店更换了蓄电池；第二次发生在一周前，在某汽修厂先给蓄电池充电，起动发动机，测量充电电压，电压正常，关闭所有用电设备，测量蓄电池，也无过大的放电电流；昨天晚上汽车行驶很正常，停放一夜，今天早上准备出车时又一次出现了这种现象。

检修过程

首先用万用表测量蓄电池电压只有7V，判断该故障的原因只有两条：①电源系统（即蓄电池、发电机或线路）可能存在故障；②关闭所有用电设备后，蓄电池可能存在放电现象。

将蓄电池充电，关闭所有用电设备，测量蓄电池放电电流是0.04A，这是石英钟和各控制单元在睡眠状态下的正常用电。

进一步试验，将变速杆放在P挡，踩下制动踏板，起动发动机后松开制动踏板，测量蓄电池两极柱之间电压是13.2V，属于正常。然后关闭点火开关、拔下钥匙，可是发动机不熄火，而当无意踩下制动踏板时发动机突然熄火。根据这一现象反复做试验，不打开点火开关而反复踩下制动踏板，有时在慢慢抬起制动踏板后仪表板上的警告灯闪亮一下。

原理分析

试验中的现象比较怪异，但是通过分析电路图一定能找出其原因。将奥迪 A6中国型2000电路图翻到No.1/11页，如图所示，制动灯开关的1针是30号线经S13熔断器送来的常电源；2针是控制制动灯点亮和送往发动机控制单元J220及自动变速器控制单元J217的制动开关信号；3针是15号线经S7送来的钥匙相线；4针是送往发动机控制单元J220的信号线。制动开关F与制动踏板信号F47的触点状态相反，因为1针与2针之间是常开触点，3针与4针之间是常闭触点。如果制动灯开关出现故障，可能会造成带有长期正电的1针与4针短接，一旦短接就好似将点火开关开到了ON挡，许多电气设备都处于供电状态并不断消耗蓄电池的电能，因蓄电池电能耗尽，则在第二天早上无法起动发动机。但是，当踩下制动踏板后，3针与4针之间可以断开，所以使点火开关误打开的现象消失。经分析得出，当车主踩下制动踏板后，关闭发动机，然后松开制动踏板，此时制动开关内出现短接故障而使蓄电池仍然放电，第二天早上因蓄电池电能耗尽，使车门遥控功能失效，打开点火开关后仪表警告灯也不会点亮。

奥迪A6电路图

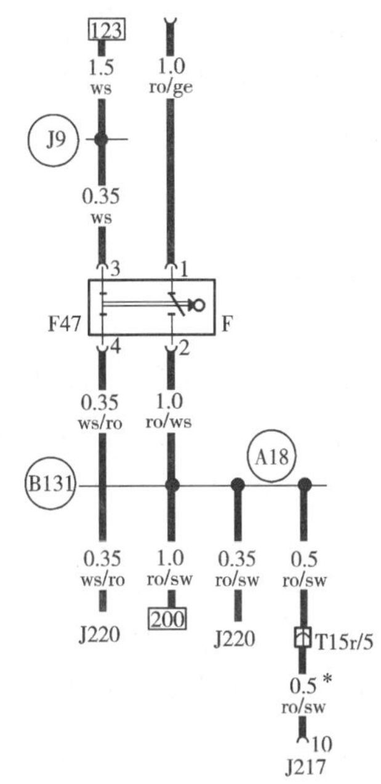

故障排除

根据以上判断，更换制动灯开关，故障排除。

维修小结

一辆车只要发电动机（包括调节器）正常，充电熔断丝正常，连接电缆接触电阻正常（最好为0Ω），蓄电池电解液密度与液面正常，蓄电池外部清洁，再加上锁好汽车后蓄电池放电正常，则不会出现蓄电池亏电现象。所以，在查找此故障时最好对症下药。如果正确使用蓄电池，其使用寿命为3～5年。第一次在某汽修店更换了蓄电池，但并未找到故障的真正原因；第二次在某汽修厂虽然检查方法正确，但因故障未再现就让车主将汽车开走，也没有阅读电路图对故障原因进行分析；第三次维修经多次试验使故障再现，又通过分析电路图，才将故障真正排除。

实例2

本田雅阁门锁有时打不开

故障现象

一辆2004年10月上牌的广本雅阁2.0，行驶里程27 500km。车主反映在一个月前，因为用钥匙打开左前门时中控功能不起作用，在某汽修厂换过门锁块（电动锁和机械锁制成一体）。换锁后工作正常，但在此后一个月中出现两次左前门锁无法打开的现象，这两次都是车主将车门落锁后，调整驾驶人座椅靠背向后倾斜，小睡一会后再按遥控器开锁键或按左前门内侧的中控锁开关，都无法使左前门提钮上升到开锁位置，但其他三门可以开锁，所以只能从右前门下车。

检修过程

驾驶人座椅靠背倾斜应该与左前门不能开锁无关，维修工多次试验未发现左前门不能开锁的现象。维修工怀疑驾驶人在起身时可能碰了什么开关或按钮才引起这种现象，于是反复试验，终于使故障再现：左前门提钮落下后，当拉一下门内手抠，然后按遥控器开锁键或用左前门内侧中控锁开关开锁，都无法使门提钮上升到开锁位置，即使用手往上拔门提钮也拔不到开锁的位置，门无法打开。后来在车外用钥匙多次旋转左前门锁，又多次拉门外的拉手才把左前门打开。

为查找故障原因拆开了左前门内饰板，先按下门提钮，拉一下门内手抠，再用手拔门提钮，果然门提钮拉不起来。在车外用钥匙多次旋转左前门锁并拉动门外把手，才使门提钮上升到开锁位置。拆下锁块仔细查看，未发现犯卡之处，装复后还是存在此现象。又经过多次试验，终于发现问题所在：锁块与门外拉手之间的挂钩角度不对，造成挂钩与锁块之间摩擦力增大，使门内手抠的拉线无法回位，所以造成门锁打不开。

故障排除

拆下挂钩，调整挂钩角度，安装后工作正常。

维修小结

维修工在更换配件时应注意细节问题，而不要当一个简单的换件工。若能每次作业完毕进行自检自查，注意细节问题，就不会出现上述故障。另外，维修工对于排除偶发性故障要多试验、多阅读资料、多思考。

专家点评

上述两例故障都是偶发性故障。对于偶发性故障，维修技术人员往往比较头疼，感觉无从下手，没有思路，于是采用铺天盖地更换配件的方法进行解决，其结果可想而知。这两个案例非常典型，我比较欣赏第一个案例的分析过程和排除方法。此案例中，维修技术人员详细地分析了故障发生的过程和机理，对其他维修技术人员有很好的指导意义。但是该案例在排除故障过程中也存在一些问题，排除故障过程中没有进行相应的有针对性的检测，仅是通过试验的方法去“碰”。案例中，维修技术人员“无意踩下制动踏板时发现……”，这样的“无意”带有多大的偶然性啊！如果没有这个偶然发现，该故障的排除可能也要费尽周折。其实根据故障现象知道该故障是蓄电池亏电导致的，既然亏电，不是充电系统有故障，就是系统中存在着不正常的放电现象，这两种亏电现象都可以通过相应的检测确定故障范围。既然是偶发性故障，那故障就不是常态，对于此类故障要进行动态跟踪检测。但是仅仅“将蓄电池充电，关闭所有用电设备，测量蓄电池放电电流是0.04A”，便认为系统不存在不正常的放电现象，这是不正确的。因为维修技术人员测试的时候系统正常，所以测试的放电电流当然是正常的了，这说明不了什么问题。我以前在案例点评中多次提出“故障检测一定要在故障状态下进行检测”的思路，像该故障，采用动态跟踪检测的方法，当车辆发生故障的时候，便可以发现系统的放电电流出现异常，此时按照检测系统漏电故障的方法，即可确认是哪一条线路导电存在问题，从而可以顺利地排除故障。

关于第二个案例，虽然也是偶发性故障，但完全属于机械方面的偶发性故障。此类故障一般较难确认，可以肯定地讲，排除此类故障的关键是：按照车辆的技术要求正确地进行检查、调整和装配。在故障排除的过程中，维修技术人员也曾拆下故障所在部位的相关装置重新组装，但是前面的维修技术人员造成的锁块与门外拉手之间的挂钩角度不对的现象，维修技术人员为什么没有发现呢？究其原因，仍然是没有严格按照车辆的技术要求对其进行检查和装配，从而“遗漏”了故障点。很多维修技术人员都遇到过类似的情况：“这部分我已经检查过啦！没有问题啊！”，“这部分我重新组装过啊！肯定没有问题啊！”但是最终发现，故障却出在维修技术人员曾经处理过的地方。还有，该车的故障是因在上次进行维修维修技术人员没有按照技术规范处理而遗留下来的，更说明了维修技术人员和上次的维修技术人员都犯了没有按照技术规范作业的错误，从而导致排除故障费尽周折。

另外，第二个故障是上次维修之后出现的问题，维修技术人员在接手该车后也了解了故障发生的经过，对于此类故障，应该围绕上次作业的项目进行重点检查。无论什么故障，只要是维修前没有而维修后新出现的，都应该围绕上次维修作业的内容和项目进行检查。

奥迪A6玻璃升降异常

故障现象

一辆2002款奥迪A6的车主反映，该车在行驶过程中左后门玻璃有时自行下降，出现无法升降操作，而在行驶一段时间后又恢复正常工作。

故障诊断与排除

经询问车主，该故障出现后曾经在修理厂更换过左前门和左后门玻璃升降开关、左后门玻璃升降器电控单元，但该故障还是没有解决。该现象属于偶发性故障，而有时升降正常，针对这种现象，首先用X431进入舒适系统，显示无故障。查阅奥迪A6维修手册，分析出以下4点会引起该故障：

①左前门玻璃升降器开关或左后门玻璃升降器开关有时得电，造成左后门玻璃升降器电动机接收到下降信号；

②J297左后门玻璃升降电控单元内部短路；

③车身电脑有问题；

④线路故障。

由于左前、左后玻璃升降开关及左后玻璃升降电控单元都更换过，可以先不考虑这些部件有故障；而车身电脑同时控制4个车门窗的升降，不会引起一个门出现问题，为此也可以排除车身电脑有故障的可能性。下一步重点检查线路，由图1可知，控制左后门电动机下降是由左前门玻璃升降开关的5号针到左后门开关的4号针来完成，平常由于车门开关的频率高，左前门、左后门合页处的电线容易折断，因此首先检查这两处有无问题，检查后没有发现问题。然后按线寻找，发现左前A柱下方的插头有氧化腐蚀现象（图2），来回晃动插头，左后升降器玻璃突然落下来，把插头处理后重新装上，让车主又行驶一段时间后回访，车主反映没有再出现此故障。

图① 左后玻璃升降器电路图

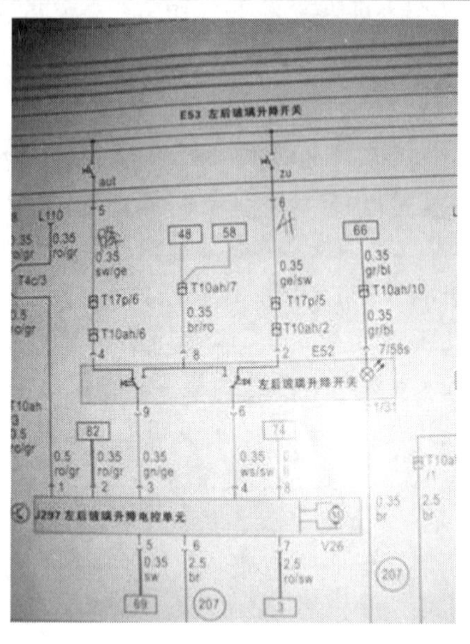

图② A柱下方红色19针插头

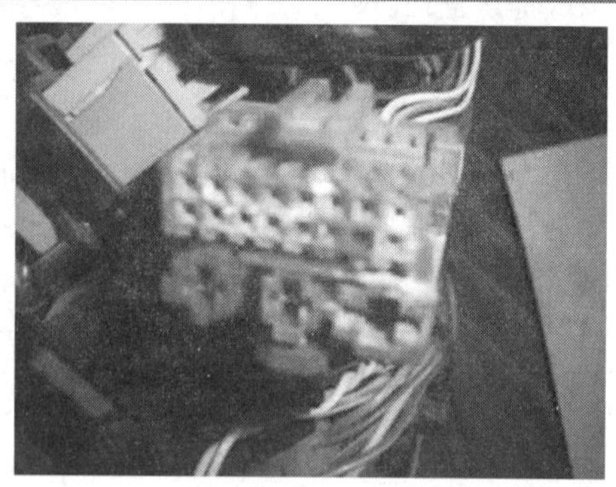

维修小结

该故障属于人为原因造成，该车加装有用电设备，导线是顺着机盖拉索进入发动机舱。由于安装后没有密封好，下雨时雨水顺着机盖拉索进入车内，正好流到该插头上，造成插头氧化，形成短路故障。

专家点评

本案例检查方法得当、诊断思路正确，不足之处是用手机拍摄的照片插图不清晰，我不能做出深刻的评论。

本专栏稿件可分为两类，即分别出自4S店和非4S店，其故障诊断的规范性和分析的细腻程度不尽相同。非4S店缺少汽车维修资料和技术更改通知，缺少专用检测仪器和工具设备，故障诊断的客观难度远远大于4S店，但他们借助一切能借鉴的资料仪器，从主观上挖掘潜力，攻克许多疑难故障。我认为非4S店的汽车维修技术人员，如果对攻克难关具有“不抛弃、不放弃”的精神，经过长期勤奋自学、夯实基础，自觉养成收集、整理和总结案例的习惯，就一定能成为“修理高手”。

奥迪A6大修后锁挡

故障现象

一辆装备5HP-19手自一体变速器的奥迪A6，加速时换挡冲击，同时变速器保护挡位锁在4挡。据车主介绍，由于变速器异响、油泵前油封漏油，刚在一家维修站大修过，更换了油泵、液力变矩器和几组离合器片，大修后就出现了上述故障。

故障诊断与排除

接车后，首先检查液位是正常的，然后进行路试，发现加速时换挡冲击，同时变速器锁挡，由1挡直接升入4挡，所以感觉冲击很明显。连接诊断仪读取故障码，显示17114，其含义为传动比错误，造成变速器进行保护。最初，怀疑内部离合器打滑造成换挡错误。但在加速时发动机转速并没有明显上升，又进行路试，同时用1552读取变速器数据流，进入02-08-001，发现3区（变速器转速传感器）转速会突然变为0。这时，有输入转速而没有输出转速，变速器电脑认为离合器打滑而保护。出现上述故障的原因可能是车速传感器工作不良，但是更换了车速传感器后，故障依旧。随后检查线路，更换了变速器电脑，仍没能解决问题。

将车开上举升机，在无负荷状态下加速，变速器由1挡到5挡很平顺，说明油路没有问题。不加负荷可以平顺地换到5挡，加负荷后换挡比错误，只能说明有打滑，即使打滑，车速传感器信号也不可能突然变为0。将变速器从车上拆下，装在变速器测试台上进行测试，各个挡位、转速、油压一切正常。最后决定将变速器解体，解体后仍没有发现任何问题，只能按规范重新装配。就在装配车速传感器时发现了问题，转速传感器信号轮不见了。又将变速器解体，才发现问题。原来是由于大修时装配人员疏忽，信号轮外弹簧漏安装，造成信号轮能在副轴上前后窜动。当带负荷加速时信号轮向后滑动，使传感器检测不到信号轮，使车速信号突然变为0，造成锁挡，而在无负荷提速或车速平稳时信号轮保持原位，就出现了上述故障。到此，故障原因终于找到，加装弹簧后，将变速器重新装车，再试车，故障排除。

该车故障虽然排除了，但我觉得我的诊断方法存在问题，思路也比较凌乱，请专家给予指点。

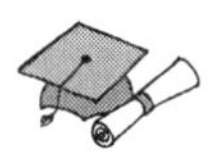

专家点评

维修技术人员前面的检测思路（从接车到“检测发现变速器转速传感器信号会突然变为0”）是非常正确的，但是后面的操作就有点没有章法了。该车的故障属于是人为故障。维修技术人员在检测时虽然读取了“曲轴位置传感器”的故障码，并检查了曲轴位置传感器本身的静态参数和线路，但是没有检查曲轴位置传感器的信号是否正常。维修技术人员读出的 “17114——传动比错误”的故障码，如果故障码明确指示哪个元件有问题，维修技术人员可能也会检查元件本身及其线路，而该故障码没有明确指示是哪个元件及其线路有问题，所以无法直接检查元件而检查了数据流，其实在检查数据流的过程中已经发现了问题的本质所在——变速器转速传感器信号会突然变为0。

检查车速传感器的方法示意图

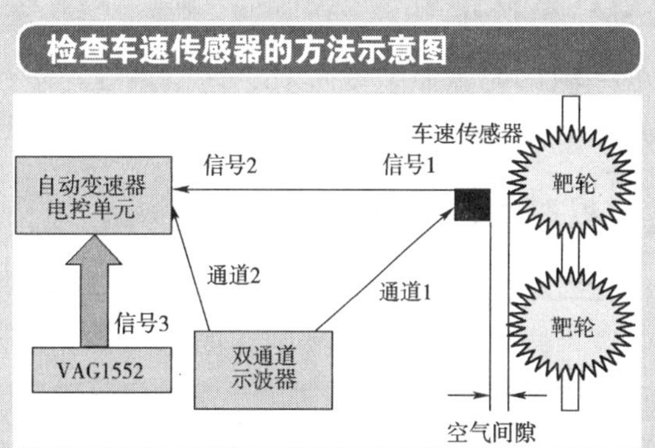

自动变速器电控单元是根据自动变速器所处的挡位（几挡），然后根据输入轴转速传感器和输出轴转速传感器的信号之间的比例关系，判定该挡的传动比是否正确。当变速器转速传感器信号突然变为0，自动变速器电控单元肯定会认为变速器打滑了，所以记忆故障码为17114。

此时，应该将检测重点放在“变速器转速传感器信号为什么会突然变为0”上面，导致该种现象的原因可能是车速传感器线路接触不良、间歇性短路或断路、车速传感器靶轮安装错误等。为此应该用双通道示波器同时监测车速传感器处和进自动变速器电控单元处的车速传感器信号，如图所示。

图中，如果信号1正确、信号2变为0、信号3变为0，则说明车速传感器到自动变速器电控单元之间的线路有问题；如果信号1变为0、信号2也变为0、信号3也变为0，则说明车速传感器本身或空气间隙、靶轮有问题，由于车辆在没有负荷时车速传感器信号是正确的，说明车速传感器本身没有问题，问题只能是在靶轮上；如果信号1正确，信号2正确，但是信号3变为0，则说明自动变速器电控单元有问题。这样检测，确认故障部位就很容易了。维修技术人员存在的问题就是没有检测车速传感器的信号，而是直接更换车速传感器（也许维修技术人员认为车速传感器没有信号，只能是车速传感器本身有问题，但忽略了车速传感器的重要组成部分——靶轮，没有靶轮，车速传感器检测什么呢？）、自动变速器电控单元，作者最不应该做的是，在没有确认变速器本身有问题的情况下解体维修变速器。

通过本案例，还可以发现这样一个问题：原来的维修技术人员在大修自动变速器时，由于疏忽，漏装了信号轮外弹簧，导致车辆故障发生，但是维修技术人员在解体自动变速器后复装时，并没有发现这个问题，而是在安装车速传感器时才发现“靶轮不见了”。由此说明，维修技术人员在组装变速器时也没有按照组装的技术规范安装，其实在没有解体变速器之前，也曾经更换过车速传感器，但当时并没有发现“靶轮不见了”，如果那时发现的话，排除该故障也不会这么“难”了。

由此可见，在进行车辆故障排除的过程中，维修技术人员比较欠缺的有3点，即思路、规范和细节，只要这3点具备了，排除故障就非常容易了。

奥迪A6防盗系统间歇锁止及怠速不稳

故障现象

一辆1996款原装奥迪A6，防盗系统间歇性锁止及起动后怠速不稳。

故障诊断与排除

在接车之前，该车在其他维修，已经进行过检修，其检修过程如下所述。

首先用检测仪读取故障码：发动机防盗系统锁止的间歇性故障；防盗系统存在钥匙信号过弱的间歇性故障。清除掉故障码，清洗了怠速电动机、节气门，故障未排除。又检查节气门位置传感器以及与怠速有关的线路，未发现故障原因。起动该车，发动机起动后立即熄火，再检查又是防盗系统锁止，把故障码清除后可以正常起动，但是怠速依然不稳，而且防盗系统一直有间歇性故障。经反复检查后，没有找到故障原因，求助笔者。

接车后，发动机起动轻松，加速尚好，怠速在1200～1500r/min反复游动。用检测仪读取数据流，只能够观察到怠速状态，稍微加一点油，检测仪就会与ECU失去通信，即无信号。在熄火状态下观察静态数据流：不踩加速踏板时，节气门开度显示为零，怠速触点显示为接通，稍微加大一点节气门，怠速触点立即断开，节气门开度也有相应的变化，怠速电动机的步数在50左右，水温是96℃，看上去是正常的。再读取故障码，显示系统正常，没有任何故障记录。检查各个真空管，亦没有发现脱落；检查燃油蒸气回收装置，也正常。又拆下进气的胶管，起动之后，直接用手把节气门堵住，发动机很快熄火，说明没有漏气的现象。拆下节气门体，已经被清洗得很干净了，其处于关闭状态时是足够严密的，没有漏气的可能。调节螺钉亦没有被动过，且位置正常。测量怠速触点，接触良好，开闭正常。检测节气门位置传感器，也正常。又拆下怠速电动机，在打开点火开关时会明显地缩回去，关闭点火开关又会复原，这样看来怠速电动机及其控制线路应该是没有问题。在拆装过程中仔细观察了怠速空气的流动路径。起动发动机，又立即熄火，是防盗再次锁止。在此过程中，发现打开点火开关时防盗灯会正常熄灭，但是在起动发动机时防盗灯又会点亮。用检测仪进入防盗系统，存在一个故障码：“点火钥匙信号过弱”的间歇性故障。清除后发动机可以起动，又反复测量防盗系统相关的线路，并无接触不良等现象，依然一无所获。

仔细分析故障现象：每一次打开点火开关时防盗灯均能够熄灭，说明钥匙能够被正常识别，只是起动时防盗灯才会点亮。考虑到防盗系统线路无故障，而且每次防盗器锁止时，均是修理时间较长、消耗电力较多的情况下发生，怀疑是在起动起动机时电压降过大，引起的防盗系统锁止。于是测量起动时的电压，只有7V左右，再测试蓄电池电压，基本上一致，立即用一个辅助的蓄电池并联上，再起动时防盗灯没有闪烁的现象了，发动机工作正常。停车状态下脱开辅助蓄电池，测量电压是12.8V，但是只要一开前照灯，电压很快就下降到11.3V左右，再起动时电压就只有7V左右了，这时防盗就一定锁止。当关掉所有用电器，放置一会儿，电压会上升少许，就又可以起动了。原因终于被找到，就是蓄电池性能下降，已经不能够正常工作了，需要更换蓄电池。

接下来检查与怠速相关的部分。起动发动机后，用手堵住怠速电动机的进气口，发动机熄火，看来是控制部分的故障，因为这说明发动机的所有进气均是由怠速电动机的进气口进入的。由于怠速电动机能够伸缩，线路并无故障，有可能是怠速电动机卡滞，不能够完全伸出来，引起怠速过高和游车。再次拆下怠速电动机，模拟工作，完全能够正常地完整伸缩，又适当地喷了一些润滑剂，安装上去，故障仍然没有排除。为验证是否可以人为地控制怠速，于是用手堵住怠速电动机进气口的一部分（使其进气量减少），此时怠速突然稳定了，并且随着堵住的进气口大小的变化，怠速稳定变化。进一步减小进气，怠速只有300～400r/min，发动机依然可以稳定运行。逐步增大进气量，怠速也逐渐增大，但是转速增大到达一定程度后，再增加进气量，转速不再增加。完全放开后，发动机怠速依然没有增加，完全正常，只有700 r/min。熄火后再起动，怠速依然稳定，打开空调后怠速提升大约100r/min。然而，更换蓄电池后，发动机怠速又升高到1 200r/min，而且稳定。于是又用上述人工调节怠速的方法，再次调整，怠速立即正常。此过程是断电学习，又反复起动数次，发动机均运转正常，故障排除。

维修小结

该车的故障，究其根本的原因，就是蓄电池性能下降。在不使用起动机的情况下，电压是足够的，防盗电脑亦可以正常地识别钥匙芯片。当起动发动机时，其电量虽然可以让起动机带动发动机运转，但由于电压过低，使防盗电脑不能正常工作，而进入了防盗状态。因为该蓄电池并未完全损坏，有时又能够勉强提供较高的电压，这时候发动机又可以工作，造成防盗系统间歇锁止的故障现象。同样的原因，由于蓄电池电压过低，发动机的怠速学习值在这种状态下丢失数据，造成了怠速不稳定的现象。而且该车的怠速需要一定的人为辅助学习，才能够更快地恢复正常。在维修过程中，我们犯了一个经验性的错误，认为只要起动机能够带动发动机，蓄电池就是正常的，所以一直没有检查蓄电池的电压，使修理工作走了一些弯路。通过该案例，我们应该认识到经验的局限性。

专家点评

该故障其实并不复杂，排除也并不难，但是该车在前面的几个修理厂维修时和在这次维修中都颇费了些周折，问题的关键是什么呢？

首先，无论是根据故障现象，还是根据用检测仪器读取的故障码，均可以非常清楚地判定车辆的故障是由于防盗系统触发引起的，但是由于该车还伴有怠速不稳的故障现象，所以维修技术人员在进行故障排除时显得没有章法，非常凌乱，这主要是没有准确故障定义引起的。对于该车的故障，应该定义为“防盗系统触发”，应该从“防盗系统为什么触发”这个角度来分析故障原因。

其次，维修技术人员在接手车辆进行故障诊断的时候，发现“用检测仪察看数据流，该数据流只能够观察到怠速状态，稍微加一点油，检测仪就会与车上电脑失去通信，什么也没有了。”其实这一点对分析故障非常有利，检测仪能够和车载电脑进行通信联络并读取故障信息，这说明车载电脑和通信线路没有问题，但是“稍微加一点油，检测仪就会与车上电脑失去通信”，这个问题的关键是要弄清检测仪为什么会和车载电脑失去通信联络？众所周知，在没有起动发动机时用检测仪进入“数据流读”取界面，如果此时起动发动机，会发现此时检测仪会回到“初始界面”，或者“退出检测状态”，这一点和该车检测时的现象是吻合的。为什么会出现此类问题呢？因为检测仪本身是一台电脑，它的正常工作需要一个稳定的供电电压，由于车辆起动时要消耗大量的电能，因此由于检测仪供电电压下降导致检测仪在车辆起动的瞬间回到初始界面。众所周知，车载电控系统的核心部分是含有通信IC芯片的电控模块，电控模块的正常工作电压为10.5～15.0V，如果汽车电源系统提供的工作电压低于该值，就会造成一些对工作电压要求高的电控模块出现短暂的停止工作，从而使整个电控系统出现短暂的无法通信。从这个思路上来分析，“用检测仪察看数据流，该数据流只能够观察到怠速状态，稍微加一点油，检测仪就会与车上电脑失去通信，什么也没有了。”这一现象表明车载电控系统的电源供电系统供电不足的可能性，由于车载电控系统的电源供电不足，在加大节气门的时候消耗电能增加，防盗系统控制单元或者发动机控制单元瞬间从控制系统中退出，从而使防盗系统控制单元和发动机控制单元之间的通信中断，随之记录了防盗系统触发的故障码，并表现出和防盗系统触发一样的故障现象。由于系统没有问题，防盗系统匹配设定的信息并没有丢失，一旦系统供电恢复正常，防盗系统也随之恢复正常。根据这一思路，我们只要在加速车辆时监测系统供电电压的情况，便可以非常容易地确定故障部位。

怠速不稳的问题，其实也是由于系统供电不足引起的，奥迪车在车辆断电后需要进行怠速设定。其实对于该车这并非故障，而是一个标准操作流程而已。但维修技术人员在该车故障的排除过程中，在该问题上还是花费了大量的时间和精力。

奥迪A6变速器入挡冲击

故障现象

一辆奥迪A6行驶了20万km左右，该车出现原地踩下制动踏板入R挡和D挡位时严重冲击现象，同时出现仪表板挡位无显示（即不知换在哪个挡位，全部呈现红色）、起步无力和不换挡故障。

故障检测与排除

接车后验证故障现象确实如车主所述。使用大众检测仪VAG1552进行检测，在变速器系统中存在一个故障码DTC18233，其含义为压力控制阀3-N217对正极短路。将故障码清除后，挡位指示立即正常，但将点火开关关掉，再进行起动时故障依旧，仍然显示故障码DTC18233，说明变速器确实存在故障，于是准备参照电路图进行测量。在将其把变速器电脑从乘客侧地毯下拿出来时，发现电脑盒里进去了水，将变速器电脑打开也没有发现任何问题。将电脑吹干后，装上试车，故障依旧。按照电路图进行电路测量，测得4个压力电磁阀阻值为7.0Ω，3个换挡电磁阀阻值为30Ω左右，一切正常。现在只有怀疑电脑了，因当时无同型号电脑进行替换试验，而且电脑价格不菲，不敢轻易下结论。当时厂里有一辆奥迪2.4，将其变速器电脑拆下后，发现电脑型号不一样，奥迪2.4的电脑型号为480 927 156 AL，奥迪2.8的电脑型号为480 927 156 AT，只是最后一位字母不同，插头一模一样，估计可以使用。于是装上后试车，故障依旧，但显示的故障码是18034（含义为发动机与变速器电脑互不兼容）和故障码18141（含义为Tiptronic手动换挡开关，倒退——F189对地短路）。在进行电脑匹配后故障码18034可以清除掉，而故障码18141始终清除不掉。经分析，本人认为电脑可能与Tiptronic（手动换挡开关）不匹配，而设置故障码18141或许是电脑本身有故障。对于故障码18233却没有记录，说明其线路没问题。综合考虑变速器电脑被水浸泡过，于是贸然断定变速器电脑损坏。更换新的电脑，输入通道号060，做自适应匹配后，故障消失。但电脑盒里的水是从哪来的呢？车主确认该车没有被水浸泡过，而且驾驶人侧地毯下面是干的，只能怀疑该车空调系统排水不畅。将杂物箱拆下，打开空调，果然发现水从排水管道溢出来了，说明排水口堵塞，用硬铁丝将空调排水口疏通后装车，经长时间试车，故障彻底排除。

故障分析

原来此车的“罪魁祸首”来自于空调系统，由于排水不畅，使变速器电脑进水损坏，记忆压力控制阀3-N217故障，一旦电脑监控到电控存在故障，电脑将中断所有电磁阀的通信，并指令变速器以固定挡位（4挡）锁挡行驶，同时由于油压调节电磁阀也不工作（系统工作油压，即为油泵油压），因此变速器就会出现不换挡、起步无力和入动力挡冲击现象。

专家点评

该车的故障最终圆满解决了，也查找到了故障的罪魁祸首是“空调系统排水不畅”。但是维修技术人员在确认电脑是否损坏的过程中可谓费尽周折。由于无法确认电脑是否损坏，“不敢轻易下结论”，又因为“电脑价格不菲”而不敢轻易购买。最后用“奥迪2.4电脑型号为480 927 156 AL”的电脑进行测试，根据“故障码18233却没有记录，说明其线路没问题，综合考虑变速器电脑被水浸泡过，于是贸然断定变速器电脑损坏”，更换电脑后故障排除。当然维修技术人员在判断过程中的思路是正确的，但是方法是不能提倡的。

在汽车的电子控制系统中，既然某个元件已经损坏了，肯定有办法来进行确认该部件是否确实损坏，但是，广大的维修技术人员已经习惯了“对比试验的方法”，用起来也总是乐此不疲。

该车的电脑损坏了，其实根据因果关系，电脑在整个系统中仅仅是个“因果转换”的部件，只要确认“原因正确”，按照“‘原因’正确，‘结果’错误，则‘因果转换’错误；‘原因’正确，‘因果转换’正确，则‘结果’部分的执行元件错误”的原则，就不难判断电脑是否损坏，无须“贸然”决定。

在该系统中，各种传感器的正确输入信号是“原因”，N217控制是“结果”，电脑是“因果转换”部件。根据故障码18233/P1825—压力控制阀3-N217对正极短路。这里需要说明的是，该车只记录了“18233/P1825—压力控制阀3-N217对正极短路”，而没有记录18222/P1814—压力控制阀1-N215对正极短路、18223/P1815—压力控制阀1-N215对正极短路、18227/P1819—压力控制阀2-N216对正极短路、18228/P1820—压力控制阀2-N216对正极短路、18232/P1824—压力控制阀3-N217对正极短路等故障码，这说明该车的故障点是单一的。查阅维修手册，我们会发现在“18233/P1825—压力控制阀3-N217对正极短路”的故障排除指导中，维修手册给出了3点检修建议，即根据电路图检查线路和插头连接；读取测量数据块，显示组号006；进行电气检查。维修技术人员进行了线路、插头和电气检查，没有发现问题，这充分说明了“结果”的执行部分没有问题，但是维修技术人员没有读取测量数据块006组，如果读取了测量数据块006组，会发现006组数据是不正常的，测量数据块006组在正常情况下的显示如下：

测量数据块 00 6

0.747A　　0.747A　　0.747A　　0

第一位数字含义是“压力电磁阀1-N215额定电流”；第二位数字含义是“压力电磁阀2-N216额定电流”；第三位数字含义是“压力电磁阀3-N217额定电流”；第四位数字含义是“不需要考虑”。如果维修技术人员观察了该组数据，立即可以发现该组数据的第三位数字的显示是不正常的，而第一位和第二位数字的显示是正常的，这也就充分说明了各种传感器的信号输入“原因”没有问题。那么根据“因果关系”，“原因”正确，“结果”的执行部件正确，因此该车的故障可以肯定是“因果转换”部件—电脑在对N-217的控制方面出现了问题，从而就可以轻松地判定而不是“贸然断定”该车的故障是“电脑损坏”，就可以下结论更换电脑，也就不用为更换电脑而提心吊胆。

由此，我们也可以更深刻地认识到维修资料的重要性，在故障诊断中，要充分利用维修资料上提供的故障诊断信息、故障码和数据流检测方法，紧密地结合维修资料进行故障判断和故障分析。

奥迪A6空调蒸发器结冰

故障现象

一辆2004款奥迪C5A6 2.4L，行驶里程为37 000km。车主反映，在长途行驶后，空调制冷不良，出风口风量减小，停车一会儿或将空调关一会儿后重开空调，空调又恢复正常，但驾驶人侧地板上面有大量的空调水。

故障诊断与排除

根据车主的描述，初步判断是由于空调系统蒸发器结冰造成的故障。进厂检查，首先检查空调系统的压力，开空调时检查高低压端的压力正常，高压为1600kPa，低压为280kPa。

系统的压力正常，用VAS5052检查空调控制单元，未检测到故障码，用数据块检查空调控制单元各个出风口传感器的值也正常。奥迪A6采用的是变排量式压缩机，初步判断有可能是车辆在长途行驶中压缩机的调节功能失效，一直处在大负荷的制冷状态，造成空调系统的蒸发器结冰。造成蒸发器结冰的可能原因有：压缩机本身调节功能失效；制冷剂的加注量不正确；系统中有水；系统的管路堵塞。

系统的压力虽然在工作时正常，但是压力值正常并不能代表空调系统制冷剂的加注量正常，在回收该车空调系统的制冷剂时，发现该车空调系统的制冷剂量是510g，正常值为（650±50）g。抽真空并进行系统检查后，重新加注650g制冷剂，试车，蒸发器结冰的故障现象排除。

空调系统制冷剂过多，压缩机的制冷负荷大引起蒸发器的结冰现象我们很容易理解，但是系统的制冷剂过少怎么也会引起蒸发器的结冰呢？我们应认真分析奥迪A6空调系统的制冷原理。

如图所示，系统工作时，如果系统中制冷剂的量不够，那么压缩机在高速大负荷运行时，低压端的制冷剂被吸入压缩机，由于制冷剂的量不够，不能充分地循环和补充到低压端，会造成蒸发器内的压力偏低，蒸发器内的制冷剂过少。此时由于压缩机在高速大负荷运行，在高压端的制冷剂压力也比较高，系统的压力差大，制冷剂流过节流管的速度加大，压力变化增大。根据制冷剂的制冷原理，制冷剂压力变化过大时，会大量吸收周围热量，造成温度的急剧降低，从而形成蒸发器结冰的现象。

奥迪A6空调系统的制冷原理图

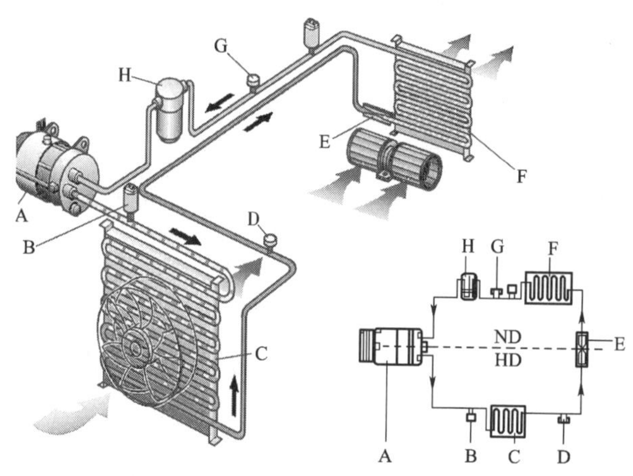

A–空调压缩机；B–空调压力开关；C–冷凝器；D–高压检测接头；E–节流孔管；F–蒸发器；G–低压检测接头；H–干燥罐

维修小结

通过以上分析，我们知道空调系统的制冷剂的加注量一定要按照原厂车辆给出的数据进行加注，不能过多或过少。另外我们一定要详细地了解系统的工作原理，并根据工作情况分析故障产生的原因，才能快速准确地判断故障并找到引起故障的原因。

专家点评

首先要说明的是：维修技术人员在进行车辆故障判断时一定要确认车辆的故障现象和故障表征。维修技术人员仅仅“根据车主的描述，初步判断是由于空调系统蒸发器结冰造成的故障现象”，这种故障判断方法不提倡，应该对车辆进行试车，在故障发生时察看空调系统蒸发器是否确实结冰，只有这样才能有针对性地进行故障检测。维修技术人员依据该初步判定结果，再根据该车采用变排量空调压缩机，又“初步判断有可能是车辆在长途行驶中压缩机的调节功能失效，一直处在大负荷的制冷状态，造成空调系统的蒸发器结冰”，这样的推理逻辑似乎有些牵强附会。

引发该车故障的根本原因是制冷剂不足。按照常理，如果制冷剂不足，高低压侧的压力均偏低，高压侧热，低压侧冷（制冷剂量正常时的表征也是高压侧热，低压侧冷，但是两者之间是有差异的）。根据检测的压力（高压为1600 kPa，低压为280kPa），该值虽然均在正常范围内，但是均偏向下限，其实这已经说明了问题——制冷剂不充足。如果有红外测温仪对高低压制冷管路的温度进行测量，同样也能发现温度和正常制冷剂量正常情况下的温度差异，也同样可以判断出制冷剂不充足。这里要说明的是，检测的参数值虽然在正常范围内，但是已经偏向了高或者低的一侧，就说明系统已经出现了问题，标准值只有一个很小的变化范围，维修手册上给出的标准值范围仅仅是最大允许值，临界上限或临界下限，均说明系统出现了问题，这一点希望广大维修技术人员引起高度重视。

维修技术人员根据制冷剂缺少，给出该车空调系统的制冷原理图并进行分析制冷系统结冰的原因，这种分析有一定道理，值得广大维修技术人员学习。但是我们会发现维修技术人员在分析中已经提到了制冷剂缺失会造成蒸发器内的压力偏低，这和我们的分析不谋而合，反而和维修技术人员在前面根据压力测量结果下的压力正常的结论有些矛盾。

我们分析认为，该车故障现象的出现是这样的一种情况：现代汽车空调制冷系统均有过热保护装置，该装置用于防止由于缺少制冷剂，造成空调压缩机因缺乏润滑油而过热损坏，由于制冷系统制冷剂不足，车辆长时间行驶时，空调压缩机负荷较大，产生过热现象，系统为了保护空调压缩机而断开空调压缩机电磁离合器停止空调压缩机的工作，从而出现该车的故障现象。停驶一段时间后，温度下降，空调系统可以继续工作，蒸发器上的霜融化以后，使驾驶人侧地板下面有大量的空调水。

奥迪A6冷起动时短暂抖动

故障现象

一辆2002款奥迪A6 1.8T，每天早上冷起动时发动机严重抖动10～15s，随后正常，怠速、行驶中都没有问题。如果放置的时间较短，即使是冷车状态，起动时也不会抖动。

故障诊断与排除

用检测仪读取故障码，无故障码储存。根据经验清洗了节气门、喷油嘴及进气道，但未见效果；在怠速及高怠速工况下用尾气分析仪测量尾气，均在正常值范围之内。随后更换了点火线圈、火花塞、水温传感器直至发动机控制单元，都没有解决问题。

因为更换了许多零件也未解决问题，因此笔者并没有急于再拆卸部件，而是先根据故障现象进行分析。笔者认为并不一定是怠速控制有问题，原因可能是喷油嘴放置较长时间后有滴漏现象或机油漏到火花塞上导致冷车点火不良而抖动。起动后，火花塞上的油在10～15s内挥发，使发动机运转正常。笔者为验证分析得是否正确，把火花塞擦拭干净后起动至正常温度，然后熄火放至第二天早上。这时拆下4个火花塞，果然发现1缸、4缸的火花塞已经湿了，但仔细观察火花塞，火花塞上残留的是机油而不是汽油，笔者分析认为，是缸盖中的机油经气门油封沿气门导管气门口流到火花塞上。将火花塞擦拭干净后再起动，冷车并不抖动。将缸盖分解更换气门油封并重新研磨气门，装复后故障消失。

奥迪A6加速不良

故障现象

一辆行驶近3万km的2003款奥迪A6，装备的是2.4L V6发动机。根据车主反映，该车曾被托底，发动机的油底壳被磕裂，更换新的油底壳后出现了车速无法超过100km/h的故障现象，且无故障码显示。

故障诊断与分析

这是一个典型的加速不良的现象，而且是维修后产生的故障，这很有可能是由于拆缺和安装不当导致的，当然也可能是其他原因所致。根据车主的描述，笔者认为故障的原因有：车身电控系统故障；发动机机械故障和变速器机械故障等。

上路试车，结果症状如车主所说一致。回厂后，我们首先用GDT-11电脑解码仪分别对发动机ECU系统和自动变速器系统进行检测，结果均无故障码显示；然后又对电子油门的加速踏板位置、节气门开度、水温、进气流量等各个传感器进行检测，均未发现异常。

接着，笔者又对发动机的点火系统和燃油系统进行检查，发动机怠速时工作平稳，无抖动现象；经断缸测试，确定点火系统各缸点火正常，无缺缸现象。急加速时，发动机的转速提升很缓慢，明显感觉发动机动力不足。既然电控系统无故障码产生，而且点火正常，则很可能是燃油系统故障。但发动机能正常起动，且怠速平稳又说明燃油系统肯定正常。为什么发动机还是加速不正常呢？难道是燃油压力不足？

该款发动机正常的燃油压力为320～370kPa。笔者由于没有专用的燃油压力测试工具，只能用最基本的检测方法，将出油管至喷油嘴之间的接头拆开，把出油管的一端放进一个接油装置中，起动发动机时发现出油管流油量很小，这说明燃油压力低。由此推测，发动机在急加速时燃油压力不够。检测到这一步，基本可以断定，加速不良是因为燃油压力低引起的。

难道是油泵有问题？发动机能正常起动，说明供油系统能够工作，线路、油管、油泵都能工作，但是为什么压力低呢？使用专用工具将油泵拆下，表面观察看不出油泵有什么问题，既无电动机的糊味，过滤网也很干净，不可能出现堵塞的现象。将油泵放入装有汽油的油桶中，并接上12V车载电源，发现油泵的泵油压力很高，泵出的燃油串出很远，由此可看出油泵应当没什么问题。

难道是油管有问题？将车举起后，笔者从油箱下面找到3根卡扣在底盘右侧的油管，外面有槽型塑板包裹，经仔细观察，在右前轮后面支车位处的一段槽型塑板有轻微变形，用一字螺丝刀去掉卡口，发现这3根油管全部瘪了，故障的原因终于找到。由于考虑到燃油系统的压力高以及它对车辆安全有很大影响，所以不能剪断油管瘪掉的一段来短接油管，只能直接更换3根新油管。更换后试车，一切正常！

回顾整个维修过程，原来这个故障是由于维修中的失误所致：在更换发动机油底壳时，维修人员支车时使用的是卧式举升机，其举升板较宽，且支车橡胶垫块没有正确地垫在支车位处，从而造成油管压瘪，导致了这一故障。因此，在维修操作的过程中，我们一定要正确操作每一步！

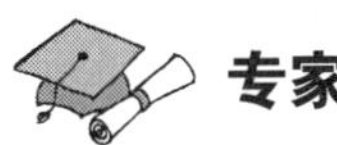

专家点评

读过该案例，应该说明以下3点：

第一，对于任何一个故障的检测诊断一定要建立在正确的分析基础之上。没有正确的分析就没有正确的思路，没有正确的思路就没有有效的方法，没有有效的方法也就没有有效的手段。针对该故障的排除，维修技术人员一直是在猜测和摸索中前行，在故障排除中多次用到“可能是……”，“难道是……”等诸如此类的语言，这说明维修技术人员在故障排除的过程中根本没有对故障进行详尽的分析。这样，排除故障就不是有针对性的检测，让我们有一种“工兵排雷”的感觉。地毯式搜索不但检测了电控系统的相关元件，而且检测了许多非电控系统的元件；不但检测了发动机控制系统，而且检测了自动变速器控制系统；不但检测了点火系统，而且检测了燃油供给系统。怀疑哪儿就检查哪儿，检查完继续怀疑。这恐怕是不少维修技术人员在维修实践中都有过的情况，故障最终是解决了，但是回顾一下故障排除的过程，简直是不堪回首！——我们还有什么地方没有检查呢？经常有许多朋友来电话咨询，我现在已经不再问“您都检查了什么地方？”，而改问“您还有什么地方没有检查？”针对该故障如果按图所示仔细进行分析，其实非常容易。

故障分析示意图

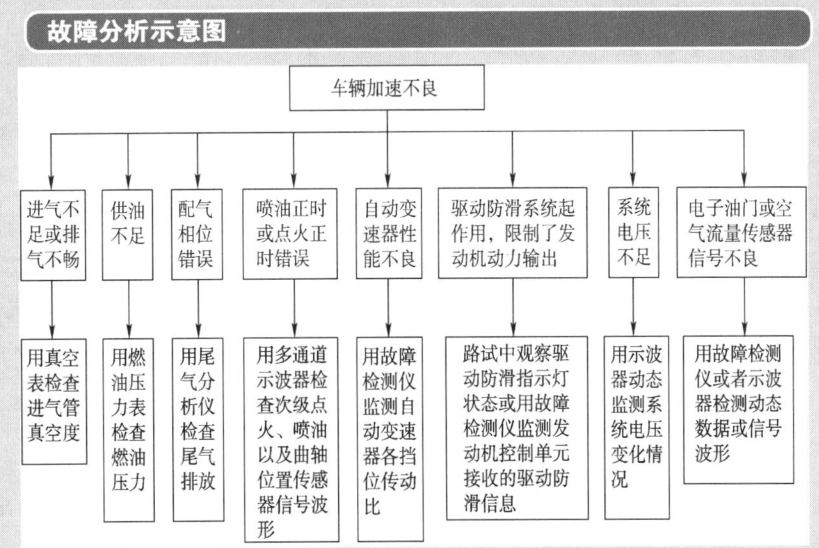

由于该车是行驶中被托底导致发动机的油底壳被磕裂，在更换油底壳后出现的加速不良现象。此前车辆一切正常，因此进气不足或排气不畅、自动变速器性能不良、电子油门或空气流量传感器信号不良的可能性都可以排除；由于车辆托底，车辆产生较大冲击而突然熄火，因此可能导致配气相位错误、喷油正时或点火正时错误、线路松动接触不良（系统电压不足），但车辆在100km/h以下正常，这些可能性可以排除。这样故障原因就只有供油不足和驱动防滑系统起动限制了发动机的动力输出等两种可能。按照上述方法分别进行监测燃油压力和驱动防滑信息，立刻可以发现该车的故障是燃油压力不足。由于车辆没有托底之前行驶一切正常，说明燃油泵本身没有问题，最多是油箱碰瘪，导致燃油吸入不足，检查外部燃油箱无碰瘪的情况，即可排除燃油吸入不足的可能性。这样就只有燃油箱到燃油外部的燃油管路产生较大的阻力（碰瘪、托底的车辆更容易产生这样的问题）导致燃油压力不足的情况了。

虽然该车的故障不是车辆托底时碰瘪了燃油管路，而是在维修中举升车辆不当引起的，但是将故障点集中在车辆底部的燃油管路上，确认故障点就不是很难的事情了。按照这样的思路进行故障排除，可以非常顺利地找到故障根源，而不用大动干戈。

第二，通过该案例，让我看到了车辆维修中的不安全因素确实令人触目惊心。试看："将出油管至喷油嘴之间的接头拆开，把出油管的一端放进一个接油装置中，起动发动机时发现出油管流油量很小，这说明燃油压力低。""将油泵放入装有汽油的油桶中，并接上12V车载电源，发现油泵的泵油压力很高，泵出的燃油串出很远，由此可看出油泵应当没什么问题。"朋友，您这是在检查燃油系统，而不是在检查冷却系统！喷出来的都是汽油而不是水！万一在检测的过程中……，后果是不堪想象的。维修技术人员为什么会这样去做呢？很大程度上是由于没有必要的检测工具和设备所导致的，检测燃油压力没有燃油压力表，就只能采用这种"直观"的方法了。这里要说明的是，在现代车辆的检测维修过程，检测诊断设备和工具是非常关键的，希望广大维修技术人员能够充分认识到检测设备工具的重要性。以前都是靠经验修车、感觉修车、知觉修车，这种方法随着车辆结构日益复杂、车辆技术日益进步已经无法满足现代车辆的维修了。现在提倡科学修车，提倡数据修车，干什么、不干什么全要根据检测出来的数据说话，有了数据也就不再需要猜测了。我经常看到汽车维修技术人员在判断车辆尾气状况时，不是用尾气分析仪进行尾气检测，而是将鼻子凑到排气管处"闻"，尾气中存在大量有害物质，有些物质甚至是致癌的。一台尾气分析仪只有2万～3万元，情愿拿自己的健康去检测尾气，而不愿花2万～3万元购买一台尾气分析仪，这难道不值得我们深思吗？在此呼吁广大汽车维修技术人员，充分认识检测设备和工具的重要性，树立数据修车的观念。再回头看看该案例，整个维修过程没有一个数据是检测出来的，不能不让人忧虑。

第三，我曾经说过，现代车辆的故障"三分是用出来的，七分是修出来的"。该车的故障其实就是维修技术人员在维修过程中修出来的，维修技术人员在支车时，支车橡胶垫块没有正确地垫在支车位处，造成油管压瘪。这是修车不规范导致的，我们呼吁广大维修技术人员，在维修中一定要规范作业，随意性不要太大，技术上的问题来不得半点马虎，一就是一，二就是二，按照规范维修，这样我们修过了，也就不再怀疑了。我经常遇到很多维修技术人员在车辆维修过程中，自己修过的车辆，还在怀疑，为什么？在怀疑什么？这是在怀疑自己！很多时候不是不会修，而是维修不规范，一台变速器拆装三五遍，甚至七八遍，而且乐此不疲。如果我们按照技术规范进行作业，只要做过一遍，就绝不再怀疑。

奥迪A6燃油消耗指示异常

故障现象

一辆2002年奥迪A6，仪表多功能显示屏显示每100km耗油量51L，加满油箱时显示只能行驶230km。

故障诊断与排除

经询问车主得知，该车自从检修漏水、更换机油后出现该故障。查询上次维修记录为：更换一根暖风水管和三滤、机油。

接着用元征X-431进行检测，仪表系统显示：01319——距离控制单元J428未通信。该车没有车距控制功能，为什么会出现该故障呢？查询仪表控制单元编码正确，难道仪表本身出现了故障？仪表故障与表现出的故障现象有关吗？

根据奥迪A6维修资料介绍：燃油消耗一直显示51L/100km，判断可能是燃油消耗信号线断路。于是拆掉组合仪表，检查仪表连接线蓝色32插头上的25脚与发动机控制单元上燃油消耗信号触点上的线路，线路正常，发动机控制单元检测也没有故障，难道仪表真的有问题吗？因没有仪表备件，此时维修陷入困境。

由于车主急着用车，车主建议把车开到奥迪4S店维修。经4S店检测，仪表没有问题，关于耗油量显示不正常的问题，也没有查出原因。重新将燃油消耗显示归零后，笔者决定让车主再行驶车辆一段时间看看。但因问题没有解决，车主将车放到我厂继续修理。回来后，笔者又重新检查了一遍，也没有发现异常，难道真的与换油有关吗？再次询问上次维修该车的人员得知：除了必要的更换外，还将“维护提示”设成5000km，难道设定有问题？从仪表调出“保养提示”还有4200km。该车在上次修理后又行驶了800km，设定应该没错。该修理厂工人还反映开始是他徒弟设定的，没有设定成功，会不会仪表的参数被修改了？由于平常发动机节气门匹配是在发动机系统的基本调整功能中完成，通道号为060，难道仪表系统的匹配调整功能中的通道号060的参数被修改了？用元征X-431进入17仪表系统，选择10匹配，输入通道号060显示参数为100，而进另外一辆A6则显示为1027。把故障车通道060的值改为1027后，清除故障码显示无故障，重新把燃油消耗显示归零后，再行驶车辆时显示14L/100km左右，故障排除。

维修小结

此故障为人为原因造成。由此反映出我们维修人员中多数人文化水平较低，理论知识不足，不会运用诊断电脑的很多功能，这需要在平时的工作中加强学习。

专家点评

读罢此文，我感到维修技术人员在诊断中很喜欢自问，我数了数，一共自问了8次：

(1) 该车没有车距控制功能，为什么会出现该故障呢？

(2) 查询仪表控制单元编码正确，难道仪表本身出现了故障？

(3) 仪表故障与表现出的故障现象有关吗？

(4) 测量发动机控制单元燃油消耗信号线正常，没记忆故障码，难道仪表真的有问题吗？

(5) 故障难道真的与换油有关吗？

(6) 难道设定有问题？

(7) 上一家维修厂反映开始是徒弟设定“维护提示”，没有设定上，会不会仪表的参数被修改了？

(8) 发动机节气门匹配通道号是060，难道仪表系统匹配通道号060的参数被修改了？

假设故障原因是汽车诊断常用的方法，既然假设了故障原因，就一定要用有效的方法和手段验证假设是否成立。例如：询问车主或上一次的维修工做了哪些工作，使用万用表或示波器对假设故障点进行测量，试更换某些元件等。

维修技术人员不断提出假设：从第5问开始，不再假设仪表的硬件有故障；第5问，假设故障与更换机油有关，换机油需设定“维护提示”；第6问，假设仪表电脑设定有问题；第7问，假设徒弟更改了与故障有关的参数；第8问，假设徒弟将仪表电脑060的数据更改了，为此找来一辆无故障的同型号车，分别进入两车的仪表地址17，匹配10，通道060，发现故障车与非故障车的数值不一样，将故障车100改为1027，故障排除了。

维修技术人员没有介绍17-10-060通道具体匹配什么，是本文的遗憾之处。

奥迪A6燃油蒸发系统故障4例

为了减小油箱中汽油蒸气对环境的污染并且提高燃油经济性，现代汽车对燃油挥发进行了控制，普遍采用了活性炭罐系统。该系统的原理如图1所示，油箱中的燃油蒸气被炭罐中的活性炭所吸附。当发动机运转时，电子控制单元通过控制活性炭罐电磁阀的通断，依靠进气管中的真空度将燃油蒸汽吸入发动机的进气道中进行燃烧。

图1 炭罐系统原理

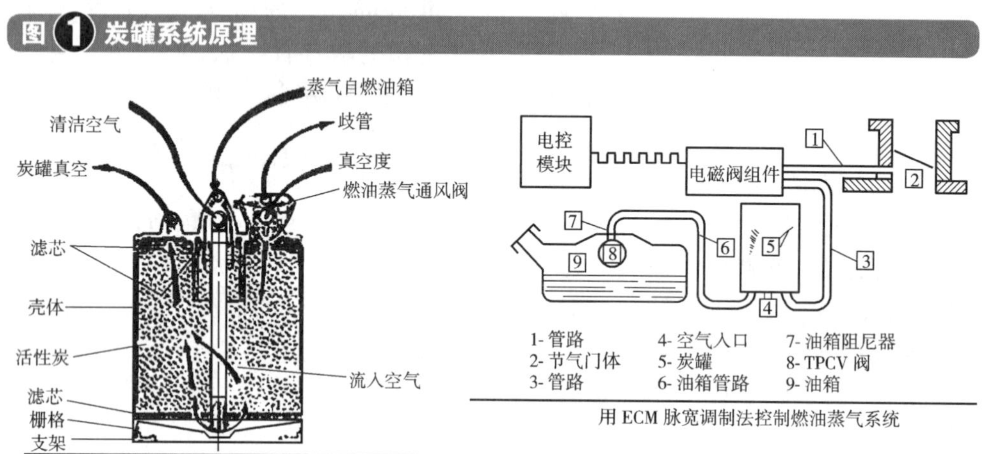

采用燃油蒸气的控制可减少大气中的碳氢化合物和节约燃料。但是由该系统所引起的发动机故障也比较多，而且故障点比较隐蔽，在维修过程中容易忽略该系统的检查。我们将借助实际工作中奥迪A6所遇到的故障现象，详细地总结和分析该系统的故障表现形式、结构特点和检查方法。

实例1

热车熄火，有时热车不易起动

一辆行驶了6.8万km、排量为2.4L的奥迪C5A6。车主反映热车行驶过程中容易熄火，熄火后不易起动。

首先对该车进行电脑检测，用VAS5051检测发动机电控系统无故障码，且发动机怠速工作正常。根据车主描述的热车容易熄火、熄火后不易起动的故障现象，怀疑问题出在发动机的油路方面。油路方面存在两种可能：汽油泵在热车时工作不良；发动机混合气在热车时调节不当。根据这一思路，决定先检查发动机的喷油量，发动机的基本喷油量是由空气流量计G70和转速传感器G28计算确定，检查发动机空气流量计的值和油嘴的喷油脉宽，怠速时空气流量计的值是3.5g/s，喷油脉宽是2.3ms，数值都在规定范围内。考虑到故障的表现形式是在车辆行驶中出现的，决定更换空气流量计和4个喷油嘴，先排除发动机喷油过多引起故障的可能，更换后试车，故障现象依旧。

故障现象出现在热车状态，也不排除汽油泵存在问题的可能，更换该车的汽油泵后，故障现象还是依旧。问题检查到这里，以后的检查就需要正确的思路和细心的观察。用VAS5051读取发动机的数据块，影响混合气的冷却液温度传感器参数在正常范围内。此时读取发动机氧传感器参数，因为该值直接反映发动机混合气的状况。在细心观察数据块33组时发现氧传感器的调节显示一直在0~-25%范围内波动（正常范围为-25%~25%），也就是说发动机的混合气偏浓，氧传感器一直向着稀的方向调节，确定该故障是由发动机混合气过浓引起的。那么是不是氧传感器本身的调节出了问题而导致混合气调节失调呢？随即更换了新的氧传感器试车，发现故障现象仍然依旧。此时问题的重点就是查找发动机混合气过浓的真正原因。

在排除了发动机电控系统的传感器故障和油嘴、汽油泵的故障后，还有哪些地方会引起发动机的混合气过浓呢？此时想到了发动机的燃油蒸发系统，油箱的汽油蒸气也会加浓发动机的混合气。检查时我们断开了该系统的电磁阀，检查该电磁阀的工作情况。怠速发动机运转，当电磁阀不工作时（电磁阀工作时从外部就可以听到“哒哒”的响声），用手感觉电磁阀的进气端，发现一直有吸力如图2所示。该电磁阀一直处在打开的状态，炭罐内的燃油蒸气一直进入发动机的进气道。正常情况下，发动机的控制单元会不定时地打开该电磁阀，当发动机控制单元发出控制信号打开该电磁阀后，汽油箱燃油蒸气进入进气道加浓混合气时，发动机控制单元会适当减少喷油量，以达到供给发动机合适的混合气。既然该电磁阀处在常开状态，热车时油箱中的燃油蒸气又多，该电磁阀处在常开状态，发动机进气道的混合气就一直处在加浓状态，而发动机的控制单元由于此时还没有控制炭罐电磁阀工作，也就不会发出降低喷油量的指令，这样就会造成热车时混合气过浓，引起发动机熄火。更换该电磁阀后，观察氧传感器的调节值也趋于正常，再次试车，故障排除。

图2 活性炭罐电磁阀（灰色箭头表示燃油蒸气流动方向；该故障车在电磁阀不工作时，手指处也有真空，说明电磁阀处在常开状态）

活性炭罐电磁阀常开造成混合气调节过浓，更换该电磁阀即可排除故障。该故障中比较重要的一点就是观察氧传感器的数据块，判断是由于混合气过浓引起的故障。还有重要的一点就是要明白燃油蒸发控制系统的控制原理：当发动机控制单元控制电磁阀工作加浓混合气的同时，还会通过控制喷油嘴降低喷油量以达到供给正常的混合气。了解这两个方面的工作原理，对于故障的查找就会有很大的帮助。

实例2

发动机起动后加油即熄火，严重时无法起动

一辆行驶了15.4万km的1998款原装美版2.8L四驱奥迪C5A6，起动后加油即熄火，有时还完全无法起动。

该车被拖回维修站后进行检测，发动机电控系统电脑检查无故障记忆。根据对故障现象的经验判断，发动机供油系统的可能性比较大，即汽油泵问题，随即更换一个新的汽油泵试车，发现故障现象依旧。这时故障原因就变得比较模糊，对故障的检查也变得比较麻烦，首先要确定故障原因是发动机供油系统的问题，还是电控系统的问题。

当拆下火花塞时，发现火花塞电极上已经是湿的，也就是我们经常说的，火花塞已经基本被“淹死”。造成火花塞“淹死”的原因有：火花塞不点火；发动机喷油过多；机械故障导致汽缸压力低或没有汽缸压力。通过火花塞找到问题的检查思路，排查火花塞“淹死”的原因，也就会找到该车故障的真正原因。

根据以上思路，采用先易后难的检查原则。首先检查发动机的点火，用跳火的方法检查，发动机跳火正常。检查发动机的汽缸压力也正常，那么问题还是出在发动机的供油系统。供油系统的汽油泵问题已经被排除，汽油的压力应该没有问题，那么问题在哪里？是喷油嘴吗？拆掉喷油嘴做油嘴的喷油量和泄漏试验，结果正常，油嘴的喷油雾状也很好，油嘴在压力保持阶段也没有泄漏。根据以上的检查，供油系统也正常，那么问题到底出在哪里？除通过发动机常规的供油系统外，难道还有其他系统向发动机的进气道进汽油，引起火花塞“淹死”吗？问题检查到这里就想到了油箱的燃油蒸发系统，该系统会对进气道供给额外的油箱蒸气，但在正常情况下通过该系统供给的是燃油蒸气，如果供给的燃油蒸气过量，只会造成发动机混合气过浓，产生冒黑烟或是热车熄火的故障现象，而不至于产生加不上油的故障。当我们拆开该系统的管路时，发现管路中竟然有汽油流出，汽油肯定是通过进气道进入发动机汽缸，造成火花塞淹死。

故障点找到了，但该系统的管路中怎么会有汽油呢？管路中有汽油，活性炭罐中肯定也存有汽油。于是拆下活性炭罐，果然其内部也有汽油。顺着活性炭罐的管路检查，原来是活性炭罐与油箱连接的管路中有汽油，该管路与油箱加油口的下部相连，如图3所示。

图3 活性炭罐系统管路

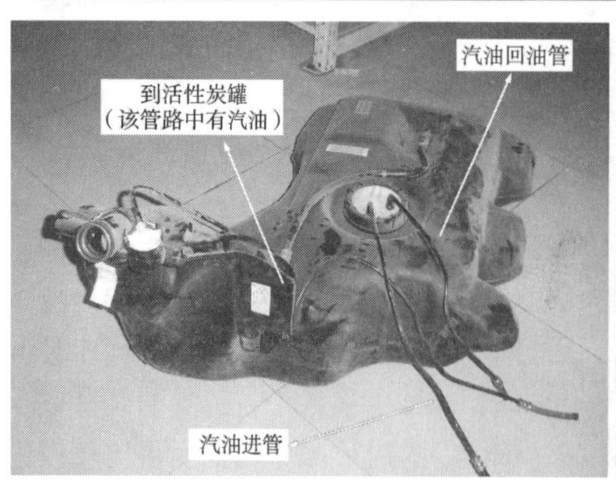

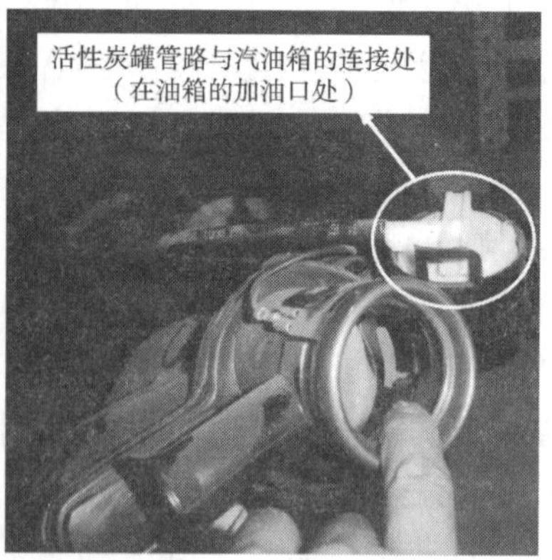

根据图3所示的活性炭罐系统管路的连接情况，可以推测该车是在加油时，汽油加注过满或是用了不正确的汽油加注方法，引起了活性炭罐管路中有汽油。此时再观察汽油表，发现油箱是满的。询问车主得知，加油时汽油加到了油箱口。而恰恰在该车的油箱加注口，就有关于汽油加注问题的图示，如图4所示。

图4 油箱加注口处有关加油方法的提示

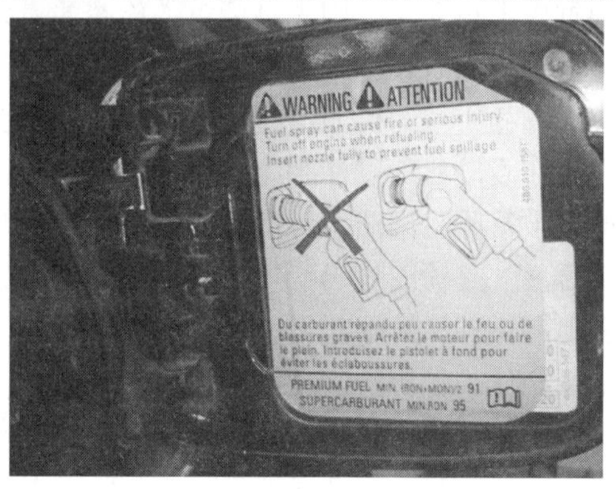

汽油加注方法不正确，且加注过满造成活性炭罐系统的管路中有汽油，引起进气道内有汽油，使火花塞"淹死"，发动机无法起动。清除掉管路中的汽油，并更换活性炭罐后，故障排除。但是该故障现象却是非常危险的，造成的后果不但有故障现象的存在，严重时汽油可以通过活性炭罐下部的排水阀直接流到车底，有引发火灾的危险，而且汽油未经燃烧直接排到排气歧管中，还有损坏三元催化装置的可能。

综上所述，要掌握正确的汽油加注方法，汽油加注的油枪一定要插到底，油枪自动停止就可以了。切忌加油时采取顺着油箱口流油的方法加注，即油枪自动停止后，不能再加注汽油。

实例3

有时加油耸车，汽油味大

一辆行驶了8.3万km国产1.8T C5A6奥迪，有时加油耸车，且车内的汽油味比较大。

对发动机电控系统进行电脑检测，无故障记忆。根据车内汽油味比较大的故障现象，笔者立即想到了活性炭罐系统，检查炭罐系统的管路，很快发现了故障原因，如图5所示。

图5 燃油蒸气管路与车身摩擦导致破损

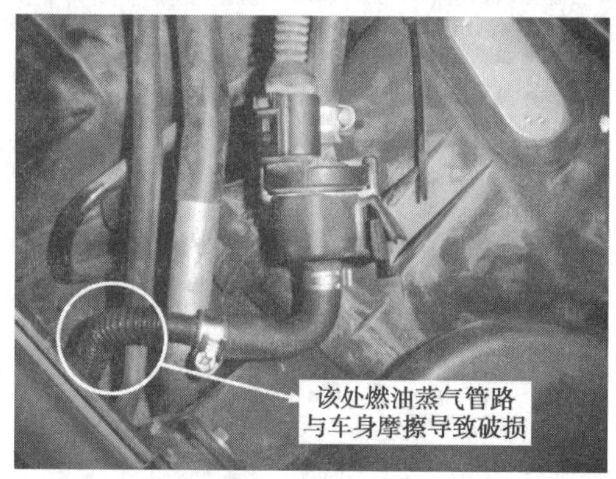

图5所示的管路处与活性炭罐、电磁阀相连，当该处破损漏气，直接造成活性炭罐中的汽油蒸气排入大气中，造成车内汽油味大。并且当发动机控制单元控制电磁阀工作的同时是减少喷油量的，而这时由于该处漏气，造成进入发动机进气道的是空气而不是燃油蒸气，势必会造成发动机混合气过稀，从而导致不定时的耸车现象。重新处理该管路磨损处试车，故障现象排除。

实例4

行驶一段时间后加不上油，车辆慢慢熄火，熄火后不好着车

一辆行驶了10.8万km、排量为2.4L的国产C5A6

奥迪，行驶一段时间后车辆加不上油，且慢慢熄火，熄火后再次起动时不好着车。

从该故障现象的表现形式上看，是汽油供给系统或发动机混合气的问题，但更换汽油泵后试车，故障现象依旧。用电脑检查发动机电控系统无故障记忆。在更换了汽油泵后，根据故障现象和经验，怀疑活性炭罐系统存在问题的可能性比较大，但检查发现炭罐电磁阀正常。该故障是不是由于混合气过浓引起的呢？试车过程中发现，当发动机工作一段时间后，空挡加油时发动机就发闷。无意中把加油口盖打开后，发动机立即加油正常。根据这个现象，判断故障原因是发动机汽油泵工作一段时间后，汽油箱中形成了真空，造成汽油泵的抽油能力下降，汽油的供给不够引起加不上油。

此时一定要了解车型的发展和进步，汽油箱中的压力平衡已不再是我们以前在汽车教材中所学到的靠加油口盖的作用了。奥迪车型的加油口盖只起到一个密封的作用，油箱的压力平衡是靠活性炭罐系统来维持的。因此，我们需要具体地分析一下活性炭罐的工作原理，如图6所示。

图6 活性炭罐的工作原理

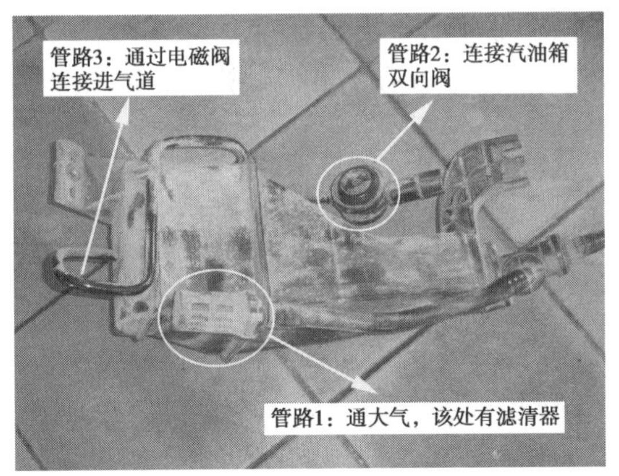

先来分析炭罐供给燃油蒸气的原理，如图6所示，通往大气的管路1处有一个滤清器，电磁阀打开时，管路3与进气道相连，进气道的真空要把炭罐的油箱蒸气吸入到进气道，需要有一定的压力差，此时就需要管路1与大气相通，形成与进气道的压力差。

再来分析一下炭罐系统维持油箱压力平衡的原理，值得注意的是管路2中的双向阀。当油箱中燃油挥发压力大时，燃油蒸气通过管路2和该阀进入炭罐内储存，此时该阀是靠油箱中燃油蒸气的压力打开通向炭罐；但是当汽油泵工作后在油箱中形成真空时，由于管路1是通大气的，空气就经过管路1，通过炭罐，再经过管路2进入油箱内维持压力平衡，此时该双向阀是在油箱的真空作用下打开，空气通向油箱。

经过以上的分析，很快判断：由于炭罐系统与大气相通的管路堵塞，引起外界空气不能通过管路2进入油箱中来平衡油箱压力。那么导致这种故障的原因可能是：管路1中的空气滤芯堵塞；炭罐本身堵塞；管路3中的双向阀失效。检查时用嘴吹该炭罐的管路3，发现不能吹动，而新的炭罐是可以吹动的，证明是炭罐堵塞造成，更换炭罐总成后试车，故障现象排除。

要排除该故障，对于油箱中压力平衡原理的掌握是非常重要的。北方地区由于灰尘大，也经常会造成管路1中的滤清器堵塞，这也是导致油箱压力故障的一个方面，希望同行对这一点给予足够的重视。

分析总结

以上4个故障实例，虽然表现形式不同，但是通过对故障的分析，一定要明白一个道理：在日常的维修工作中，要提高自身的维修水平，不应是盲目地“换件”，而是要充分地、彻底地了解各个系统工作原理和部件特点后，再找出正确的维修思路，这样才能快速地查找并排除汽车故障。

奥迪车倒车时耸车

故障现象

奥迪搭载CVT变速器的车辆，在更换变速器电脑和阀体后不久，出现倒车耸车、换前进挡轻微冲击的现象！读取变速器无故障码，读取08-10和11数据块第一区，数值均在0.295～0.3A。

故障分析

在手动变速器中，离合器是干式离合器，离合器的接合压力只取决于压紧弹簧力，不考虑离合器在工作过程中由于工作温度的升高，导致改变摩擦因数对传递转矩的影响。但在CVT这种湿式离合器中，必须保持一个合适的压力，这对提高工作效率和零件的使用寿命和驾驶舒适性至关重要。

众所周知，离合器在工作中受油温、油质的变化、离合器摩擦片自身温度、磨损程度及打滑等因素的影响，其摩擦因数会不断发生变化，从而改变了传递转矩的大小，因此控制单元必须不断调整离合器摩擦因数的变化，以便提供一个较为合适的油压，以满足各种行驶状态下的要求。其中N215电磁阀控制离合器电流的大小，G194和G193检测油压，将检测的结果不断地反馈给控制单元，控制单元依此调整N215电磁阀电流的大小，从而实现离合器压力大小的控制。

在本案例中，由于新更换的控制单元不了解离合器当前的状态，采用的是系统默认的0.295A电流值，所以没有做出正确的调整，从而导致上述现象的出现。

故障排除

进行前进挡和倒挡自适应，匹配后试车正常，故障现象消失。具体方法是：油温70° C以上，首先用02-10-00清除记忆值，然后换前进挡行走数米后制动停住观察02-08-010，反复几次直至第二区显示ADP.OK。然后用同样方法进行倒车，观察02-08-011直至第二区显示ADP.OK。

但在维修中有时会出现在清除了自适应值后没有成功地进行自适应行车的现象，即08-010和011中始终没有显示ADP.OK或自适应成功，经试验发现可能是以下的条件没有满足：

（1）清除后必须让车在点火开关打开时停5s，不可以马上起动（压力传感器G193和G194的压力偏差自适应在无压力状态下才进行），如果没有注意到这点，那么随后是无法进行自适应行车的。

（2）在自适应行车时制动用力过猛，激活了变速器的“呛死调节”功能。这出现在ABS制动器上，这样就无法再进行自适应了，自适应过程被中断。

（3）ATF油温必须在60～90℃，不在此温度范围内无法进行。

总之对于CVT变速器，在更换变速器电脑和阀体时，切记一定要做前进和后退自适应操作。

专家点评

本文是奥迪01J型无级变速器在更换控制单元连同阀体后，出现倒挡耸车、前进挡轻微冲击的故障现象。文章不长，但揭示了一个重要的工作环节——更换控制单元后必须进行前进挡和倒挡自适应。维修技术人员接修该车后，按检修规范查询故障码、读取数据块，没发现故障码存储，但数据块10组和11组的第一区，数值为0.295A几乎不变化。维修技术人员对数值不变化进行了分析，并提出自动变速器中决定离合器摩擦片的摩擦因数有关因素，又分析了离合器压力调节的原理和相关元件，最后判断0.295A是控制单元采用的默认值。接下来维修技术人员顺利地进行ADP.OK（自适应成功）。文章写到此还没有结束，维修技术人员为我们想到如果出现自适应不成功怎么办？维修技术人员根据自己的体会写出4个条件不满足就会自适应不成功，案例介绍到此圆满结束。此案例还提示维修技术人员：汽车电控系统（发动机、自动变速器、ABS、自动空调等）在设计上有许多自适应程序，当更换了控制单元或更换、清洗了执行元件，一定要考虑是否要做自适应。

奥迪电路故障2例

实例1

A4偶发性全车没电

故障现象

一辆2003款A4，无规律全车没电。

故障诊断与排除

该车来厂后经数日观察发现，关闭点火开关后，偶尔有电子扇常转的现象，但无相关故障码。查询相关电路图（图1）得知，发动机控制单元接收水温信号并与电子扇控制单元进行双向通信，发动机控制单元控制的继电器J271（位于发动机控制单元电器盒内），为电子扇供电并由J293控制电子扇的转速。先检查了相关线路，在未发现异常的情况下更换了电子扇控制单元，待观察了一天无异常后交车。

图1 电子扇电路图（1）

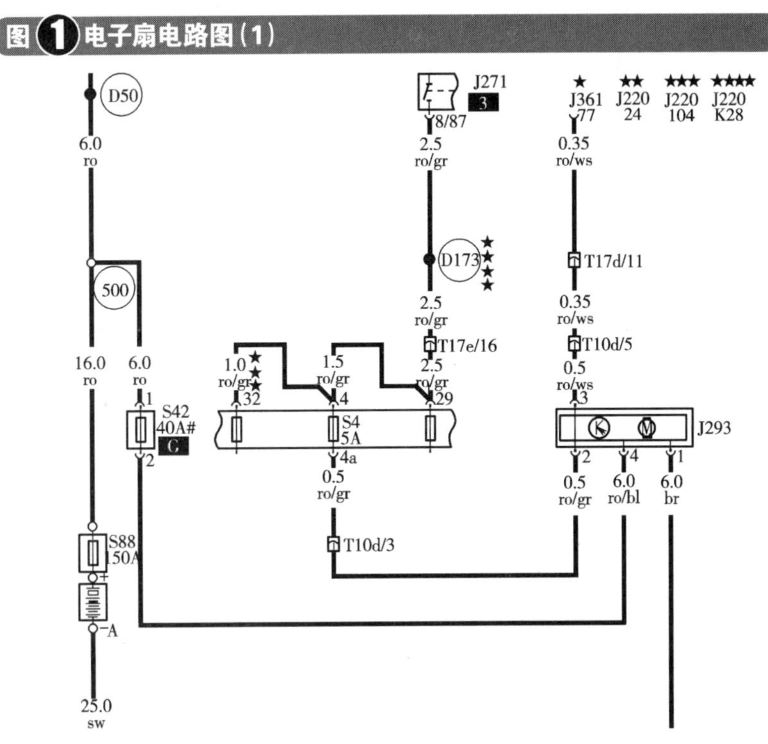

第二天，车主又将车开回，故障再次出现，仍然是电子扇常转导致全车无电。再次重新分析电路图（图2），J271的1、2脚为30号常相线，4脚受控于发动机控制单元。如果4脚对地短路或者2、5脚因卡滞而常连会导致电子扇常转。因此在关闭钥匙门电子扇常转时检查了电子扇控制单元的2脚，确实有12V电压。拆卸检查J271，发现插槽内有锈蚀痕迹（图3），将继电器拔下后发现2、5脚搭接，进一步拆解继电器，发现弹簧片已脱开。更换继电器，并用除锈剂擦拭插槽，故障排除。

实例2

A6L放置一夜后没电

故障现象

一辆A6L放置一夜后全车无电。

故障诊断与排除

据车主反映,有时半夜会发现后制动灯自行亮起。首先根据车主表述利用功能导航对制动灯开关进行检查，未发现异常。进入61-蓄电池管理控制单元，选择读取历史数据，发现在前一天晚上

图2 电子扇电路图（2）

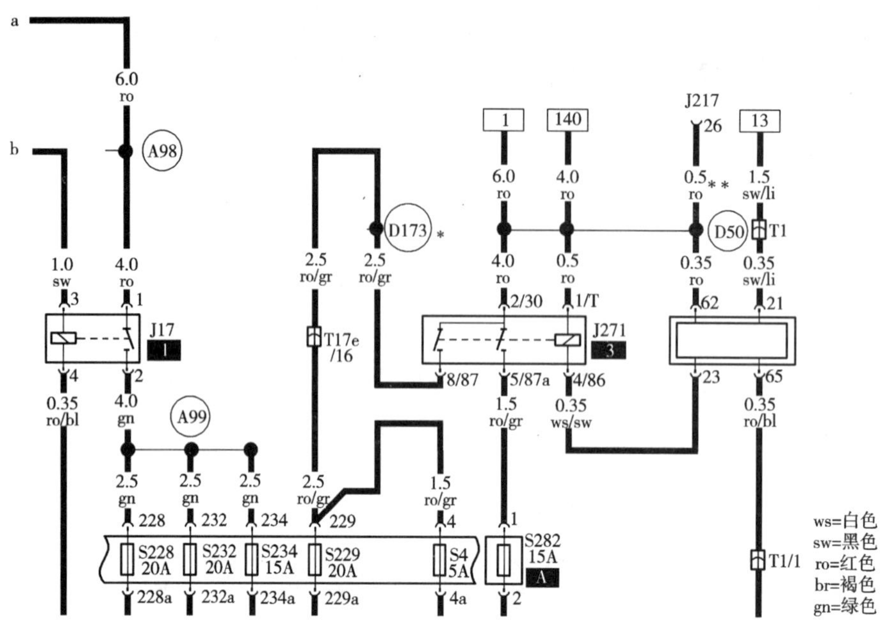

有连续10h7A以上的静电流释放，且当时并未有灯泡亮起或者15号线激活的记录。于是用5051B电流钳观察静电流，发现有时静电流在3～5A。此时发现MMI系统无法打开。用导航进行闭环诊断，发现MMI控制单元J523电器故障。检查其电源、搭铁线路，均正常，应是J523本身损坏。拔掉J523后发现电流也恢复到正常值（50mA）以内。因此确认J523是导致电流过大和MMI无法打开的最终原因。更换控制单元J523后，故障消失。

维修小结

很多新款高档车辆配备的蓄电池管理控制单元对于判断静电流过大故障有很大帮助，它可以记录故障发生前相当长一段时间内蓄电池的空载电压、静电流以及临界关闭条件，可以给我们提供更多的诊断信息。同时我们还应看到，这2个故障都进行了返修，降低了维修效率。对于偶发性漏电故障，如果当时不能发现漏电现象，最好将车留下一二天，然后利用示波器长时间观察是否有漏电现象，以便减少返修。

图3 J271插槽内的锈蚀

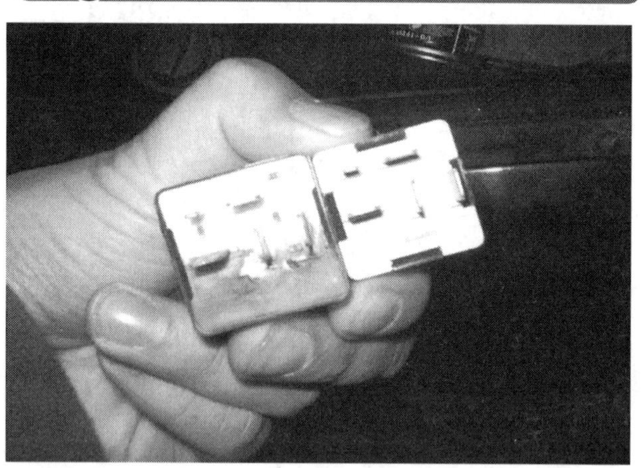

奥迪制动辅助真空系统故障2例

在装备汽油发动机且安装自动变速器的奥迪上，由于发动机在冷起动以及在怠速状态（发动机转速低）负荷相对比较大，换入D挡并踩住制动踏板时，或者在进行原地转向且打开空调或者同时打开前照灯等操作时，都会使发动机承载较大的负荷，而此时节气门开度较大，使进气管内真空度降低，从而导致制动效果变差。手动变速器不会出现发动机承载很大负荷且原地不动的情况，而自动变速器主要是因为换入D挡所造成的。如果此时打开空调并进行转向操作，负荷又一次加大，使发动机内真空度进一步降低，此时真空制动助力器得不到工作所需的真空，造成制动踏板力过大，引起制动不良且影响舒适性。因此作为主动安全系统的组成元件，奥迪安装了电动真空泵来弥补由于上述原因导致的制动真空不足，如图所示。当制动真空助力器上的制动助力压力传感器G294识别到进气管内真空度升高到大约500mbar（1bar=10^5Pa）时，发动机控制单元J220将激活电动真空泵的继电器J569，电动真空泵开始运转以建立系统工作所必需的真空度；当进气管内的真空度重新降低到大约300mbar时，电动真空泵停止工作。

奥迪电动真空泵连接示意图

发动机控制单元J220

制动助力压力传感器G294

制动真空助力器

止回阀

电动真空泵

其他真空消耗部件

当电动真空泵或制动助力压力传感器出现故障时，发动机控制单元内都会存储相应的故障。在维修工作中检测制动辅助真空系统时，可使用“车辆诊断和信息系统VAS5052”读取发动机控制单元08显示组的数据进行分析。该显示组4个显示区分别显示制动灯开关信号、电动真空泵工作状态（起动或停止）、制动辅助真空度、系统状态。当发动机运转，未收到制动灯信号且真空度约高于500mbar时，将触发真空泵工作；若发动机控制单元已经起动真空泵且制动开关未工作，而在系统设定的时间内（最长约20s）真空度仍高于650mbar，便设定故障码“17887制动系统有真空故障”。

注意：如果涉及索赔，不要轻易删除该故障码，因为有时在短时间内难以让它重现。

故障1

真空泵损坏

基本信息：C5A6 2.4 BDV行驶3460km，冷起动后制动不良。

在进行制动系统常规检测后排除了行车制动器和驻车制动器出现故障的可能。待发动机冷却后，试车检查制动效能，感觉制动踏板比较沉重，而行驶几分钟后恢复正常。用VAS5052检测的发动机控制单元存有故障码“17887制动系统有真空故障”，经测试发现电动真空泵不工作。进一步检查发现，电动真空泵插头处无电源，继而检查为熔断丝熔断。更换熔断丝后进行测试，熔断丝再次熔断。于是断开电动真空泵的插头，用试灯取代真空泵进行测试，熔断丝没有熔断。拆卸电动真空泵，发现其驱动电动机的转子与轴承烧结，致使电动机的驱动电路中电流过大烧断熔断丝。更换电动真空泵及其熔断丝，故障排除。

故障2

制动灯开关信号不良

基本信息：C5A6 2.4 BDV行驶28 744km，发动机控制单元有“17887制动系统有真空故障”的故障记忆。

经反复试车了解到，该故障记忆出现的频率不高，但行驶一两天就会有故障码。用VAS5052测试电动真空泵正常，检查了相关真空管路（由于有止回阀，所以只需检查3段真空管和止回阀），都无异常，在VAS5052中读取到的制动助力压力传感器信号变化正常。从08显示组的数据看，当踩下制动踏板时，制动灯开关信号和制动踏板检测信号都有输出（只是制动踏板已经踩下较大行程时才接通）。根据故障现象做模拟试验，拉紧驻车制动器、换入D挡、转动转向盘以增大发动机负荷，多次缓慢踩制动踏板，让真空度消耗而又不输出制动信号，结果不用1min，故障码就出现了。经检查，制动灯开关调整位置正确，制动踏板检测信号断开位置正确，只是制动灯开关触发信号过晚（制动踏板检测开关和制动灯开关组合在一起）。更换制动灯开关，再次做试验，故障不再出现。

奥迪起动困难且怠速易熄火

故障现象

一辆奥迪100 2.2E需打起动机2～3次才能起动。在行车中收油，发动机怠速运转时易熄火，而且无规律性，有时一天中只发生1～2次，有时发生多次。

故障检测与排除

奥迪100 2.2E装备了K–jetronic燃油喷射系统直列5缸发动机，其燃油喷射控制系统以机械控制为主，电控为辅。发动机不易起动和怠速易熄火的可能原因有：燃油系统压力低、冷起动系统失效、怠速控制阀及控制盒损坏、怠速调整不当、进气系统漏气、点火强度不足和缸压偏低等。

从发动机不易起动着手检修。先检查该车燃油系统的压力，把燃油压力表连接到燃油滤清器接口处，起动发动机，此时压力表指示值为520kPa，压力虽说偏低点，但也处于正常范围之内。把冷起动喷嘴从发动机上拆下来，冷车起动时，有燃油从冷起动喷嘴中喷出，说明冷起动系统正常工作。用汽缸压力表检查，各缸压力均达到1 000kPa，没有发现异常现象。但还是需要起动2次方能着车。接着检查怠速控制系统，用手握住怠速控制阀的阀体，接通点火开关，手能感受到阀体在振动，怠速电控系统正常，怠速控制阀也在工作。把各缸火花塞拆下来，目测各缸火花塞均为铁红色，只是电极间隙偏大。换装了5只同型号的新火花塞后起动发动机，在其怠速运转时（水温达到80℃时）用螺丝刀调整节气门上的怠速螺钉，又用6角扳手调整燃油分配器上的CO螺钉，经过仔细调整，怠速基本正常，没有发生熄火现象。鉴于燃油压力偏低，征求车主同意，换装了一只新的燃油泵后，把车交付车主。

几天后，该车又来报修。车主反映不易起动的故障没有改善，但行车中收油、发动机易熄火的故障，自上次修理后，发生的次数少了，但当天又严重了，怠速时发动机根本稳不住。换装一只新的怠速控制阀，故障依旧。把怠速控制阀的出气口胶管脱开，起动发动机，用手堵住进气道的胶管口，人为地调节进气量，但发动机还是无怠速，立即熄火。取下空气滤清器芯，用手触及燃油分配器的空气流量感知板，在发动机起动时，感觉气流没有把空气流量感知板托起。根据以往的维修经验，怀疑超速切断电磁阀损坏。于是拆下主进气道和超速切断电磁阀之间胶管（该胶管在右翼板内侧，很隐蔽），发现该胶管已老化开裂。用手堵住主进气道上的接口，再打起动机，发动机顺利着车，而且怠速运转十分平稳。检修到此，故障的真正原因终于找到了，就是这根胶管无规律的漏气导致该车不易起动和怠速时易熄火。

发动机起动时需要较浓的混合气，而怠速工况也需要少而浓的混合气。因为该车的燃油喷射系统为机械控制，由空气流量感知板测量进气量来控制喷油量的多少。在发动机起动和怠速运转时进气流能量不大，又因为该胶管漏气，所以空气流因旁通而无法正常托动空气流量感知板。这样油少气多，起动和怠速运转时混合气过稀，所以产生了发动机不易起动和怠速易熄火的故障。换装一只新的胶管后，故障完全排除了。

进气系统漏气造成的起动和怠速故障已遇到了多次。该车所有的在明处的气管都检查过了，只因为超速切断电磁阀的旁通胶管位置比较隐蔽而且漏气无规律性，使维修工作走了一段弯路。因此，汽车维修工作中仔细检查至关重要。

专家点评

对于该故障我们说明以下3点：

第一，关于冷起动困难的问题。该车特别强调冷起动困难，说明在热车时发动机起动正常，车辆能够正常行驶，但是在行车中收油发动机怠速运转时易熄火。这样的故障现象说明发动机本身大的基础结构方面没有什么大的问题，点火和喷油基本正常。出现这样的冷车起动困难主要是混合气偏稀引起的，因此该车冷起动困难故障应该以查找冷起动混合气偏稀的问题为主。混合气偏稀有两个方面：一是油供少了（燃油系统压力低、冷起动加浓装置工作不良、喷油器雾化不良）；二是进气多了（进气系统泄漏、怠速控制阀卡滞或怠速控制不良、怠速调整不当）。检查进气系统相对于检查燃油系统而言要简单和容易得多，发现该车进气系统主进气道和超速切断电磁阀之间胶管漏气应该不是难的问题。虽然该处的位置比较隐蔽，但是在此提醒广大维修技术人员，对任何一个问题的检测应该是全面的和完整的，而不能因为位置隐蔽、难以观察而不检测，这样往往容易让故障点从我们的眼皮底下溜走，我经常接到许多汽车维修技术人员的咨询电话，当我询问某些地方的情况时，往往听到大家给我的回答是："我全部检查过了，没有问题！"而结果呢！最后按照我的思路进行检测，问题还是出在维修技术人员已经"全部检查过"的地方。这个问题严格来说是非常严重的问题，问题的方向维修技术人员已经找到了，但是由于检查过程中的"漏点"，而失去快速排除故障的良机。当然该车还有一个问题，维修技术人员通过测量燃油系统压力，确实偏低了，更换燃油泵的决定并不能算错。但是，如果我们的检查思路正确，首先找到进气泄漏的故障点，也许该车冷起动困难的故障也就迎刃而解了。

第二，关于在行车中收油发动机怠速运转时易熄火的问题，其实也是该处真空泄漏惹的祸。这里要说明的是，车辆在行驶过程中熄火的问题有3种情况：一是线路接触不良，行车中断电（包括点火系统中断和电动燃油泵电路中断）；二是供油中断（燃油分配器卡滞）；三是进气量突然加大，混合气瞬间偏稀。但是结合该车的故障现象，故障仅仅发生在"行车中收油发动机怠速运转时"，这充分说明上述前两种情况可能性不存在，因为线路接触不良和燃油分配器卡滞，不可能仅仅发生在"收油发动机怠速运转时"，从而也可以判断该车的故障是由于发动机回到怠速运转状态的瞬间，由于进气系统泄漏，进气量和燃油量不匹配导致混合气偏稀引起的。

第三，关于混合气浓度的确认问题。前面讲的两种情况，都是在进行"推理"，但是混合气是否真的偏稀？既然进气系统主进气道和超速切断电磁阀之间胶管漏气，那么在发动机怠速运转时，同样也有额外的空气进入，混合气偏稀是必然的。此时只要用尾气分析仪在发动机怠速运转时检测发动机的尾气排放，就可以发现该车的尾气特征：CO低、HC高、CO_2低、O_2高。这样就可以利用尾气检测数据说明混合气的特征是"稀"了，故障检测诊断的思路也就非常清楚，在检测过程中就不会东一榔头西一棒子了。而维修技术人员在排除过程中可谓花费了不少力气，最后还是在"取下空气滤清器芯，用手触及燃油分配器的空气流量感知板，在发动机起动时，感觉气流没有把空气流量感知板托起。根据以往的维修经验，怀疑超速切断电磁阀损坏"的情况下才找到故障点的，这不能不让我们引以为戒：科学的检测是确诊故障的前提，在维修工作中一定要充分利用各种检测诊断设备对车辆进行检测，根据检测的结果进行分析判断，千万不要盲目"动手"。

奥迪车速里程表间歇性不工作

故障现象

一辆奥迪100车速里程表间歇性不工作，即车速表指针不转动和车速里程表的字轮不工作。

故障诊断与排除

车主反映该故障最初发生在半年以前，多次修理也没有彻底解决。车速传感器和车速里程表都换过，但故障依然存在，而且没有规律性。

该车型装配的是电子车速里程表，它由车速里程表、车速传感器和连接线路组成。根据故障现象初步判断：车速里程表间歇性不工作可能是线路上某处接触不良。因为车速里程表和车速传感器都更换过，且电子元件损坏后自动修复的可能性不大，所以检修过程中重点检查电路和连接器。

根据以往检修该类车型车速里程表的经验，首先把仪表板从车上拆下来，仪表板解体后重点检查印制电路板上车速里程表的4只插座。通过仔细观察，发现其中有一只插座的导电片和印制电路板上的铜箔有虚焊现象，这就是车速里程表时好时坏的原因。因材质关系，该导电片与锡不容易牢固焊接，所以虚焊的故障常有发生。把该导电片焊牢、压实后，再用万用表电阻挡检查确认导通良好。通过检查确认仪表板插接器和车速传感器处的插接器之间的线路畅通，然后把仪表板装复，并且装到车上。路试中，车速里程表工作正常。通过信息反馈得知，故障现象不再出现。

维修小结

由于印制线路板上的插座导电片虚焊而造成该类车型车速里程表间歇性不工作的故障，已维修过几例了。望同行对该车型车速里程表的类似故障加以注意。

专家点评

维修技术人员对该车故障的判断是正确的，并且由于在维修实践中多次遇到同样的问题，应该说是此类车辆的一个通病。但是维修技术人员在文章中没有讲明故障的检测过程。

其实，对于此类间歇性故障，要想顺利确定故障根源和排除故障，对故障车的检测是必不可少的。只有详细分析故障产生的可能性，才能有针对性的对故障车辆进行诊断。

奥迪车速里程表信息传递过程如图所示。

车速里程表信息传递过程

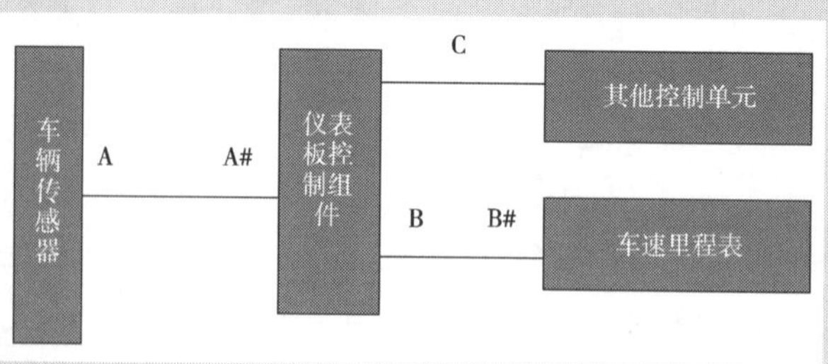

车速传感器检测车速信息，将该信息传递给仪表板控制组件，然后分别传递给车速里程表（驱动车速里程表工作）和其他需要车速信息的控制单元。在对此类故障进行检测的时候，只要使用示波器分别检测A、A#、B、B#，即可知道故障发生在什么地方。如果A中断，则车速传感器本身故障；如果A#中断，则车速传感器到仪表板控制组件之间的线路接触不良；如果B中断，则仪表板控制组件故障；如果B#中断，则仪表板控制组件至车速里程表之间接触不良或线路故障；如果B#正常，则车速里程表本身故障。由于其他系统工作正常，所以C正常，从而也说明从车速传感器到仪表板控制组件之间的线路和元件均正常。由于可以判定故障发生在仪表板控制组件及后续控制线路和部件之中，因此这种检测方法同时可以发现该系统是否受到外界电磁干扰的影响。

该车通过检测可以发现，信号至B处发生中断，从而可以判定仪表板控制组件内部存在接触不良故障，此时在按照前述的方法打开仪表板找到虚焊的地方即可顺利排除故障。

宝来、宝马篇

宝来1.6AT加速困难

故障现象

一辆行驶了2 000km的宝来1.6AT，所有前进挡均加速不良，怠速能缓慢移动，倒挡工作正常。

故障诊断与排除

（1）连接VAS5051对自动变速器进行故障查询，发现自动变速器控制单元没有故障记忆。

（2）由于发动机负荷和车速是控制自动变速器的2个关键信号，因此，重点检查了节气门、节气门电位计、车速传感器、发动机转速传感器、加速踏板位置传感器以及制动灯开关等，均工作正常。

（3）检查自动变速器油温，该车的油温在125℃左右，正常。同时油质也正常。

（4）该车装备的是01M型自动变速器，其换挡元件的工作情况如表所示。用反向排除法进行分析，由于倒挡工作正常，而在倒挡中起作用的元件有K2、B2和N89，这也就说明K2、B2、N89工作正常；而各前进挡工作均不正常，则说明K1、K3、B1、B2、F1、N88、N89、N90均不正常，但这又与倒挡正常相违背，因此，可初步断定该自动变速器换挡元件工作正常。看来，只能重新对自动变速器进行自适应，选择地址02–功能04–通道00，将加速踏板踏到底触动强制低挡开关，并保持3min，自适应完成，重新试车，故障排除。

维修小结

询问车主，得知曾经调整过节气门，但未做自动变速器自适应。这也就提醒我们不要盲目地把自动变速器故障考虑得很复杂，应该从简单部位或原因进行查找。

各挡位执行元件状态

挡位		换挡执行元件					
		前进挡强制离合器K1、N88	倒挡离合器K2	高挡离合器K3、N90	2挡、4挡制动器B1	低、倒挡制动器B2、N89	1挡单向离合器
F1							
D	1	●					●
	2	●			●		
	3	●		●			
	OD			●	●		
3	1	●				●	
	2	●			●		
2	3	●		●			
	1	●				●	
2		●			●		
1		●				●	
R			●			●	

专家点评

（1）据了解，宝来车应该采用的是电子节气门，无法进行节气门的调整，因此“曾经调整过节气门”的说法不实。

(2) 如果节气门开度和变速器之间不匹配，在自动变速器测量数据块的数据组中，节气门开度的显示值为50%(正常情况下显示值应该为0)。

(3) 在更换电子节气门、自动变速器控制单元等之后，需要进行自动变速器自适应，如果未进行自动变速器自适应，确实可能出现上述故障现象，但不是一定出现上述故障现象。如果未进行自动变速器自适应，可能还会存储负荷错误的故障码。

(4) 维修技术人员在分析自动变速器本身故障的过程中，充分利用了自动变速器换挡元件工作情况表，用反向排除的方法，根据各挡参与工作的元件进行故障分析，排除了自动变速器本身内部故障，从而避免了大拆大卸，这种理性的修车方法值得借鉴和学习。

(5) 从该故障的排除过程来看，维修技术人员在接到车辆后便开始了相关检测，但因未对该车故障的发生过程进行详细询问，从而导致很简单的问题也花费了一些不必要的时间。如果接车后能详细询问车主故障发生的前因后果，我想作为专业的维修技术人员，应该能够判断该车是否需要进行自动变速器的自适应操作，也就不再是在无可奈何的情况下(“看来，只能重新对自动变速器进行自适应”)才进行自适应操作，如果这样的话，前面所有的工作都可以省略或者简化。

宝来1.6怠速抖动、加速不良

故障现象

一辆宝来1.6，装配EWB 5V发动机、MQ200手动变速器，行驶了9.6万km。车主反映该车怠速抖动，同时感觉加速比以前差。火花塞、缸线都换过，连汽油泵都换了，问题依旧没有解决，希望我厂能解决该问题。

故障诊断与排除

接到该车后，首先观察发动机怠速运转状态。发现怠速有规律抖动，急踩加速踏板，感觉动力不足。连接VAS5051，进入发动机控制系统查询故障码，发现有2个故障码：17763 1缸点火触发断路；17766 2缸点火触发断路。故障码不能删除。

根据故障码显示，分析故障原因可能为：

(1) 点火线圈与发动机控制单元间的触发线路断路。

(2) 点火线圈故障。

(3) 发动机控制单元故障。

根据相关电路图(图1)，首先检查点火线圈与发动机控制单元间的电路。取下点火线圈的4脚

图1 点火线圈与发动机控制单元电路图

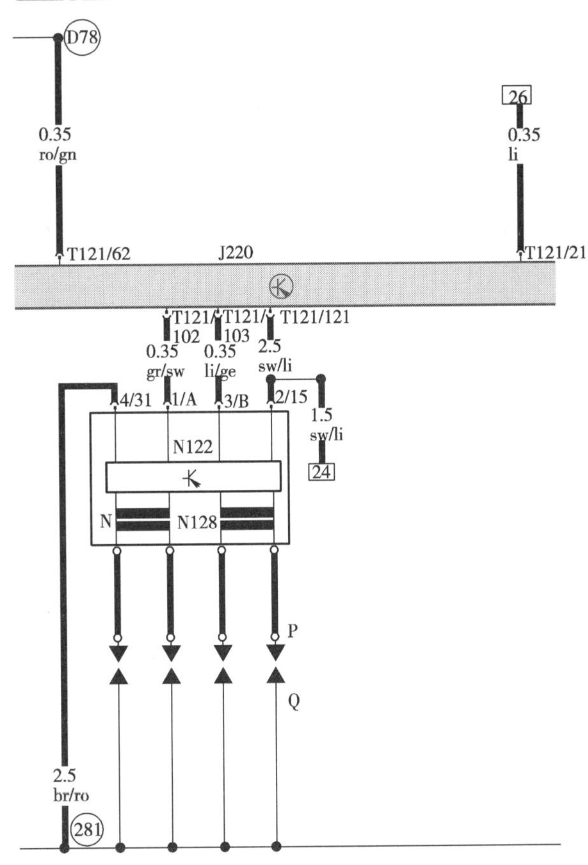

插头，打开点火开关，测量4脚插头2、4脚的电压为12.67V，同时接试灯，亮度正常，说明点火线圈供电与搭铁正常。测量4脚插头1脚与发动机控制单元插头T121/102间的电阻为0.4Ω，4脚插头3与发动机控制单元插头T121/103间的电阻为0.4Ω，说明点火线圈与发动机控制单元间的电路正常。可以判断故障的原因可能在点火线圈或发动机控制单元上。利用VAS5051的示波器功能测量点火线圈触发波形，如图2所示。

观察波形发现在两个矩形波间有一个下降尖峰，判断故障应在此处。本着先简后难的工作顺序，先更换点火线圈，观察波形，正常。同时发动机工作平稳，急加速有力。试车，发动机工作正常。

图2 点火线圈波形

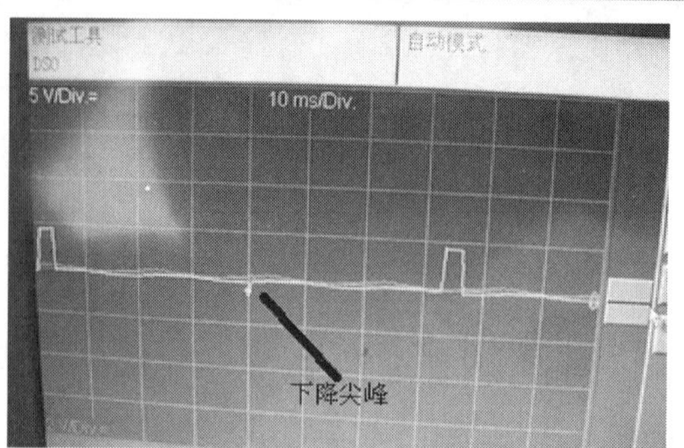

专家点评

电控系统故障诊断首先应“三板斧”，对于大部分故障都能解决。何谓“三板斧”？那就是读码读数据流、测尾气测真空、测电路测波形。

本案例是宝来1.6怠速抖动，查询故障码17763、17766，分别是1缸、2缸点火触发断路，控制单元监测的点火触发信号不正常。维修技术人员首先测量点火线圈的4条导线无问题，再测量触发信号，发现2个矩形波之间有一个负电压波谷，未说明测量的是1针还是3针，但波谷是不正常的，说明点火放大器和控制单元两者中的一个有故障。维修技术人员本着先易后难的原则，更换前者，故障迅速排除。本稿件是应用示波器的一个成功案例。

宝来1.8T烧点火线圈故障

故障现象

一辆2003年宝来1.8T，装备01M变速器，行驶里程11.2万km。车主抱怨该车老是烧4缸点火线圈。怀疑市场点火线圈有质量问题，特拖到服务站进行维修。

故障诊断与排除

首先确认故障现象。起动发动机，不能着车，经检查发现，4缸点火线圈烧坏。听车主说，在拖到服务站之前，发动机严重抖动，无法正常行驶，同时发现排气管烧得通红，发动机内部“哗啦、哗啦”响。更换4缸的点火线圈和火花塞，发动机运转平稳。但车主接车不久，便打电话说发动机又工作不稳。经检查，发现4缸点火线圈又烧坏。为什么总烧4缸点火线圈？可能的原因有：①4缸点火线圈搭铁不良；②4缸点火线圈相线不良；③4缸点火线圈控制线不良；④发动机控制单元故障。首先，仔细察看电路图（图1）。点火线圈插脚1是J271多点喷射继电器（428）出来的点火相线。点火线圈插脚2、4是搭铁线。点火线圈插脚3是发动机控制单元来的控制线。

先检查搭铁线。利用万用表一端接蓄电池正极，另一端接点火线圈插脚2或4。测得的电压为12.56V，说明搭铁线正常。

检查点火相线。利用万用表一端接点火线圈插

图1 发动机控制单元电路图

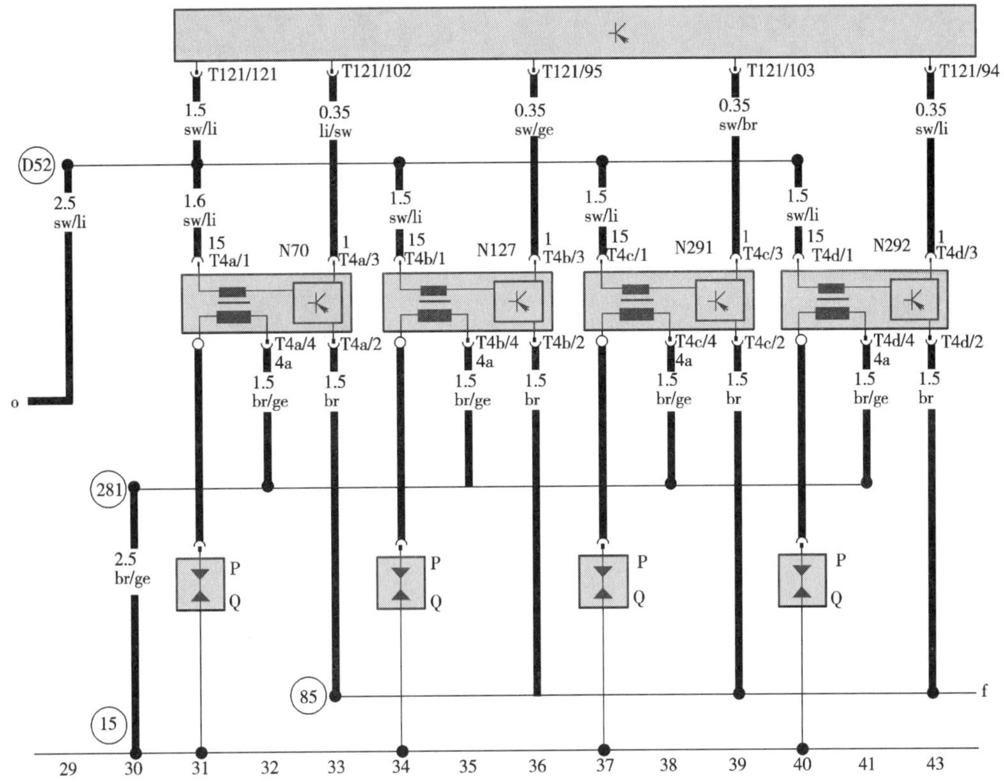

脚1，一端接蓄电池负极，打开点火开关，测得电压为12.54V，说明点火线圈插脚1点火相线正常。检查点火线圈插脚3，打开点火开关，测得电压为2.5V。

检查1、2、3缸点火线圈插脚3处的电压分别为0.07V、0.05V、0.07V。根据对比，发现4缸点火线圈插脚3处的电压太大。为进一步确定故障，检查4缸点火线圈插脚3与发动机控制单元T121/94间的导线，导线电阻为0.5Ω，正常，且无短路、断路现象。初步判定故障在发动机控制单元。

取下发动机控制单元（图2），找到发动机控制单元的搭铁脚T121/2，利用万用表的二极管检查功能，将红表笔连接发动机控制单元的接脚T121/94，黑表笔连接发动机控制单元的搭铁脚T121/2，测得电压为0.613V。而红表笔分别连接发动机控制单元的接脚T121/95、T121/102、T121/103，无电压显示。进一步说明发动机控制单元内部控制4缸点火的晶体管击穿。

图2 发动机控制单元

利用VAS5051 示波功能，检查发动机控制单元控制4缸点火的波形（图3）。1、2、3缸的正常点火波形如图4所示。

通过波形观察分析：4缸没有成形矩形波，且输出基准电压为2.5V（标准在0V），更进一步说明电脑内部有故障。因没有电脑内部的点火集成控制件，更换发动机控制单元，故障排除。

图3 发动机控制单元控制4缸点火的波

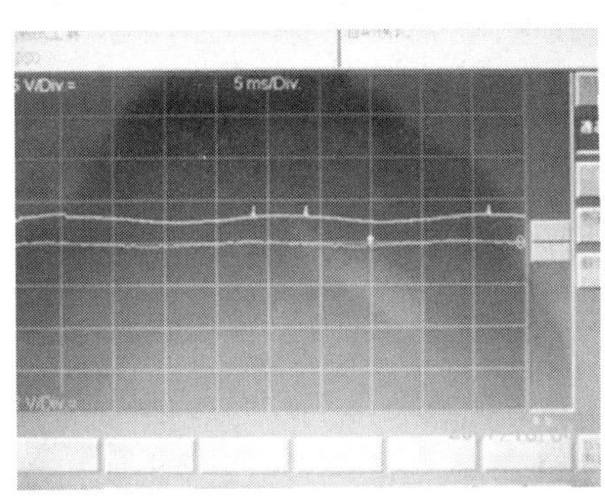

为了避免发动机控制单元的损坏，我们重点加强搭铁点的维护清理,尤其是流水槽发动机控制单元的搭铁点，如图5所示。经电话回访客户，车辆运转一切正常。

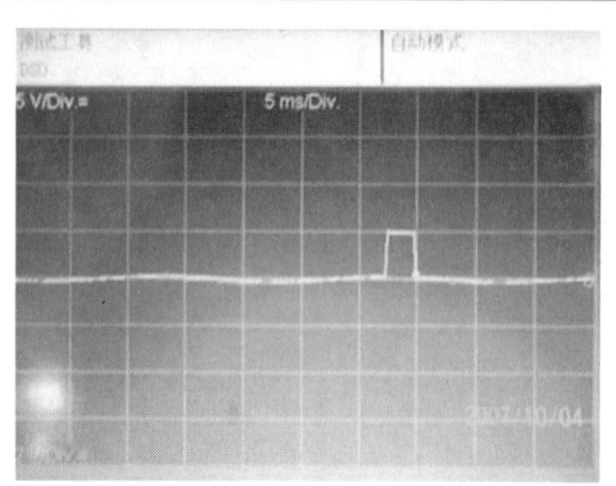

图4 1、2、3缸的正常点火波形

图5 流水槽发动机控制单元的搭铁

专家点评

读罢本文可以看出，维修技术人员接到派工单后很快就找到了故障原因。这本是一例较为复杂的故障，为什么能被轻而易举地解决了呢？我认为是因为维修技术人员的诊断思路正确、检测步骤合理的结果。同时说明维修技术人员对电控系统结构、工作原理、诊断方法的研究有着深厚的功底。

宝来1.8T装备BAE型直接点火涡轮增压发动机，它为什么总是烧毁4缸点火线圈呢？维修技术人员根据电路图分析得出4条可能原因（当然还有第5条可能的原因，就是车主说的“市场销售的点火线圈质量有问题”。如果车主多次在同一家汽修厂更换过同一批次购进的点火线圈，而这些点火线圈是假冒伪劣产品，那么第5条原因就成立了。但维修技术人员最后安装的是由主机厂向服务站提供的点火线圈，所以暂时不用考虑点火线圈的质量问题），维修技术人员对前3条原因进行了细致的检查。严格地说，点火线圈包括功率放大器和变压器两部分。对4缸点火线圈的正极电源线、点火信号线、功率放大器的搭铁线、初级线圈的搭铁线进行了测量，测量结果可以肯定正极电源线和两条搭铁线没问题。测得点火信号线电压是2.5V，维修手册没有给出该电压的规定值，要进行比对才能判断是否正常。于是，维修技术人员又测量了其他3个点火线圈的点火信号线电压（为0V），经过对比，可以看出4缸点火信号线电压属于“个色”。又测量了4缸点火信号线两端之间的电阻（正常），这就有了怀疑控制单元故障的依据。

接着，拆下控制单元并将外壳打开，在不拔下控制单元插头的情况下起动发动机，将万用表的触针抵到控制单元内的触针上，测量T121/94针（也就是4缸点火信号线）的电压，仍与众不同。再测量4缸点火信号线的波形，也不正常。所以维修技术人员坚定地认为控制单元内的4缸点火信号电路有问题。由于控制单元内的元件买不到，维修技术人员果断决定更换控制单元，至此故障得到排除。

维修技术人员为使发动机控制系统工作可靠，清洁了有关搭铁点，尤其是流水槽中部的608号搭铁点。这个搭铁点是为控制单元和点火放大器提供搭铁所用。

目前，有些维修技术人员在技术功底和修车态度上不具备诊断清楚再换件的能力，还需要继续提高。

宝来1.8L起动后熄火

故障现象

一辆宝来1.8L，起动后熄火，但仍可以再次起动。

故障诊断与排除

该维修任务为外出救援。接车后，故障表现为：首先起动车辆，可以起动，但车辆起步或振动后又马上熄火，但仍可再次起动（熄火过程中其他用电器有断电现象）。

初步判断，发动机机械部分正常，点火及供油基本正常，可能是电源部分接触不良。将车拖回维修厂后，转向灯已不能工作，点火开关转到点火位置，仪表板也没有显示。再转到起动位置，可以驱动起动机，起动机运转正常，说明蓄电池电压充足，但车辆没有起动的趋势。接着打开了熔断器盖·测量，整个熔断器都没有电压，测量点火开关处各个接线柱也没有电压（注：此时以驾驶室内车身作为搭铁点测量）。没有电却可以驱动起动机，维修技术人员有些困惑。用X431检测仪调取故障码，但无法与ECU通信。

接下来，用万用表直接测量起动机的电压，电压正常。继续测量电子扇、发电机、节气门等处，电压也都正常。用试灯测量，其亮度正常（注：此时以发动机外壳作为搭铁点进行测量），无意中试灯的探针接触到了车身翼子板，试灯居然也亮了。又用试灯在车身的多处进行试验，试灯均亮，这说明车身带电了。而正常情况下，车身与发动机外壳及蓄电池负极应属同一条线，而故障车的情况明显是车身与蓄电池负极不通。于是便对车身搭铁线进行排查，发现该车的车身搭铁线卡子由于长期颠簸已经断开。将车身搭铁线卡子重新固定好，试车，一切用电设备及发动机工作正常，故障排除。

维修小结

最初车身搭铁接触不良，所以在现场维修时可以起动；但经过拖车时的振动，造成车身搭铁完全断开，从而无法起动车辆，仪表没有显示。车身与蓄电池负极断开，也就不是负极了。

当打开点火开关或某用电器时，电流从熔断器经过开关到用电器，再到车身。由于车身搭铁线断开，电荷就聚集在车身上，所以在用发动机外壳或蓄电池负极做搭铁测量车身时，车身带电。

专家点评

该车故障均是线路出现的问题，根据故障现象基本上可以立即判断出来。对于线路接触不良的故障，检查起来的确是比较烦琐，但是可以引起车辆无法起动故障的也不外乎是几个比较重要的线路，我们通过线路的分析，完全可以将故障范围缩小到一定的范围。在检测线路故障中，一般有两个方法是比较实用的：一是利用试灯，二是检测电流。维修技术人员利用了第一种方法进行检测，但是缺少对故障的详细分析。其检测方法也显得有些凌乱，没有针对性和目的性。如果在检测之前对车辆的线路进行分析，也许检测会更加快捷和准确。维修技术人员虽然采用了有效的检测方法，但是由于缺少检测前的分析，所以故障最终并不是检测出来的，而是通过电路排查找到的。

为了帮助广大维修技术人员理解和掌握汽车搭铁故障的排除方法，下面详细讲解其检测的过程与方法。

对于车身搭铁不良的故障在进行检测时，只要我们仔细查阅电路，我们立即可以知道车辆电路中总共有几个搭铁点，都搭在什么位置，这样在进行故障检测时，就是对线路进行排查，也会非常省时、省力。

现代汽车上均采用蓄电池与车身的金属部分连接，因此，我们通常称汽车上的负极导线为搭铁线。在汽车上，搭铁线是构成汽车电路回路的一部分，搭铁线在汽车电路中起着十分重要的作用，车身搭铁线搭铁状况的好坏是汽车电控系统和汽车电气装置工作好坏的关键。如果搭铁线有接触不良的故障存在，就相当于在电路中串联了一个电阻一样，从而导致传感器工作信号失准、执行器工作迟缓以及相关电子控制单元工作失灵，从而导致车辆的故障发生。我们经常在汽车维修中听到维修人员讲“查查搭铁线吧”，但是在汽车维修实践中，查找搭铁不良故障，一般都要耗费大量的时间和精力。

现代电控汽车的搭铁主要有车身搭铁、传感器搭铁和执行器搭铁三种类型，我们通常所讲的搭铁线是指车身搭铁线。搭铁线按照作用分，可以分为主搭铁线、备用搭铁线、防静电搭铁线和屏蔽搭铁线4种类型。

在汽车上，我们有时候会发现大量的用电器就靠仅有的1根或2根搭铁线来传递电流。为了确保高精度信号不失准，所以在很多含有电子设备的线路中，设计人员有意识地装了少量的非常好的搭铁线，并且在搭铁的两端还使用了特殊形状的搭铁线连接端子、垫片和紧固螺钉，这就是所谓的主搭铁线。主搭铁线如果出现故障将影响很多线路的正常工作，而不只是影响一条线路的正常工作。本案例的搭铁故障，就是主搭铁线发生故障导致的。因此，维修技术人员在对车辆进行故障诊断的时候，如果发现许多线路系统均发生了故障，首先必须考虑主搭铁线是否良好，以免不必要地更换电器元件。

所谓备用搭铁线是指在已经有了主搭铁线的同一电路中还有第二条甚至第三条搭铁线，这些搭铁线可以改善某些复杂电子设备部件的搭铁，从而确保主要线路系统工作性能良好。

为了减小静电对汽车的影响，在汽车上安装了很多用于防止静电的搭铁线，就是所谓的防静电搭铁线。常见的防静电搭铁线主要安装在以下几个部位：为了防止车轮产生大量的静电对燃油系统的干扰，一些车辆在燃油系统的周围加装屏蔽搭铁线；为了防止乘客身上静电或者乘客衣物和座椅摩擦产生静电，很多汽车在车辆底座内安装屏蔽搭铁线；为了消除加油时积聚的静电，一般在油箱底部或加油口处安装屏蔽搭铁线（由于打开油箱盖有大量的燃油蒸气，所以拆下任何维修处的搭铁线之后，一定要记住将其重新连接好）。

为了防止电磁波干扰微电信号，汽车均采用单线制搭铁电路，使电器的一端统一搭铁，所有电器末端形成一个整体吸附电路，能够减少电磁感应所引起的电磁干扰。汽车上产生电磁干扰的干扰源主要有3个：一是点火系统的次级点火电路；二是发电机；三是车载大功率用电设备、音响、防盗、遥控等。除了汽车本身产生的电磁干扰之外，外界磁场干扰也不容忽视。在干扰存在的情况下，一方面为了防止外界的电磁对电控系统的微电信号（指信号电压小于1 V的脉冲信号）产生干扰，另一方面为了对有可能产生电磁干扰的部件和线路进行屏蔽，防止电磁辐射。汽车上在很多地方安装有屏蔽搭铁线，例如氧传感器、爆震传感器、转速传感器、曲轴位置传感器、凸轮轴位置传感器等。在车辆维修过程中，一定要注意对这些屏蔽搭铁线进行确认检查，否则，一旦存在电磁干扰，将会导致这些信号失真，影响车辆的正常工作。对于采用车载CAN-BUS网络系统的车辆，CAN线为了提高抗电磁干扰的性能，一般高位CAN线和低位CAN线采用双绞线布置形式，使整个CAN线对外呈电中性，既不对外产生干扰，又可以防止外界对传输数据的干扰。

对于搭铁线故障的诊断，是一个比较麻烦的问题，因为该故障隐蔽性强。诊断搭铁不良故障的关键，是要根据车辆的电路图或者搭铁点布置图确认搭铁部位，然后根据故障的特点，确认最有可能的搭铁不良线路，这样往往可以快速地确认故障点。

宝来1.8L烧电脑

故障现象

宝来1.8L，故障表现为EPC灯报警，发动机怠速1100r/min，踩加速踏板，发动机转速无变化。

故障诊断与排除

利用 VAS5051检测发动机控制单元有两个故障码：①18042　P1634　035，加速踏板位置传感器

2-G185信号太强;②18047 P1639 035，加速踏板位置传感器1-G79/2-G185信号不可靠。根据故障码，发动机控制单元识别到加速踏板位置传感器至少有一个故障。接着检查加速踏板位置传感器1-G79和2-G185，在怠速状态下，利用VAS5051进入发动机控制单元读取数据流，在62数据组的三、四区读取加速踏板两个传感器的数据流分别为：

加速踏板位置传感器1-G79：94%。

加速踏板位置传感器2-G185：94%。

怠速状态下，加速踏板位置传感器1-G79的数据为94%是不正常的，传感器2-G185的数据为94%也是不正常的（正常情况下，传感器1-G79的数值约为传感器2-G185的数值的2倍）。

我们知道，宝来车用电子节气门取代了节气门拉索，由加速踏板位置传感器1-G79和加速踏板位置传感器2-G185向发动机控制电脑提供踏板位置信号，提高节气门操纵系统的传输效率及准确性。另外，当发动机运转时，控制单元可以不依靠加速踏板位置传感器直接控制节气门，避免节流损失。拆下电子节气门踏板（图1），检查加速踏板位置传感器1-G79，加速踏板位置传感器2-G185的滑动电阻，能随踏板位置的变化而线性变化。这表明加速踏板位置传感器1-G79、加速踏板位置传感器2-G185都良好，说明电子节气门无故障。

图1 电子油门踏板

随后检查加速踏板与发动机控制单元之间的导线。断开点火开关，取下蓄电池负极线，从控制单元上取下控制单元线束，连接VAG1598/31测试盒到控制单元线束上，发动机控制单元不得连接。利用电路图（图2）检查加速踏板位置传感器与控制单元间线路是否正常。检测插头插脚T121/36与T6b/3、T121/35与T6b/4、T121/73与T6b/2、T121/33与T6b/5、T121/72与T6b/1、T121/34与T6b/6各条导线无短路、断路现象。各导线对负极、正极也无短路。说明加速踏板与发动机控制单元之间的连接导线也没有故障。

图2 加速踏板位置传感器与发动机控制单元的连接电路

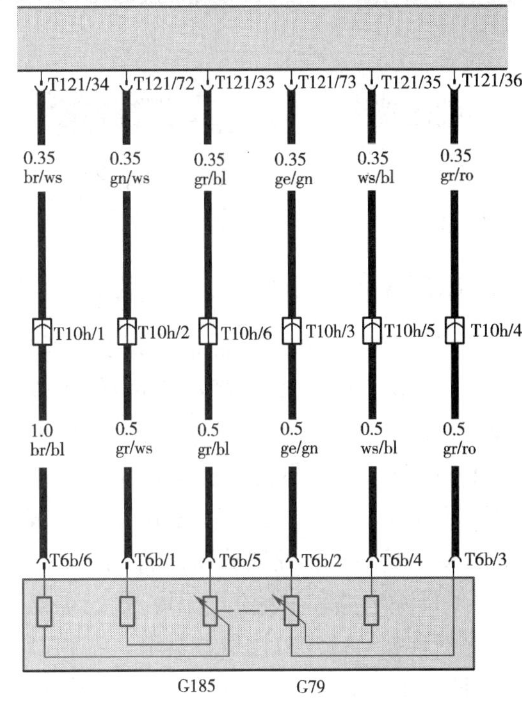

之后决定更换发动机控制单元，更换后，故障排除，但一周后故障再现，电脑又被烧坏。再次维修时，扩大了检查范围。检查了与发动机控制单元有关的元件及导线，都正常，但是发现线路搭铁有不良之处，于是重点打磨了发动机控制单元的搭铁点（图3）。随后更换了发动机控制单元，故障排除。回访客户，车辆运转一切正常。

图3 流水槽中部的G608搭铁点

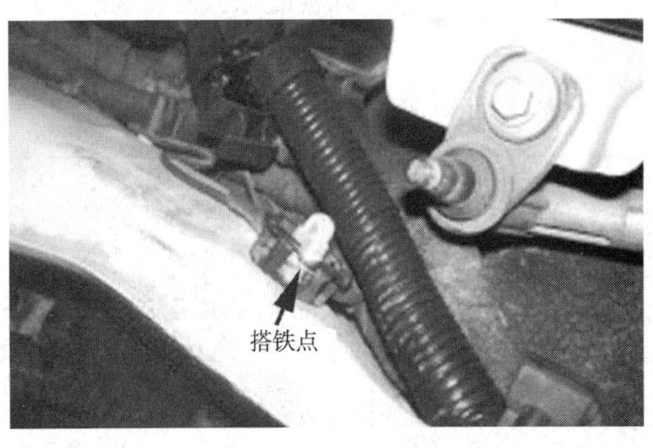

维修小结

通过此案例，提醒维修技术人员在平时的维修工作中，应该加强对搭铁点的检查与维护，避免类似故障的发生。

宝来TDI不易起动

故障现象

一辆行驶了32 000km的宝来TDI，冷车不易起动，有时热车也出现起动困难。

故障诊断与排除

（1）连接VAS5051，读取发动机控制单元故障，发现发动机故障储存器无故障存储，系统正常。

（2）在柴油滤清器处进行燃油压力检查，发现燃油压力正常。为了彻底查找故障部位，我们更换了新的柴油滤清器，发现故障仍然存在。

（3）排除电路和油路的原因，我们重点检查气路。重新连接VAS5051读取数据流，在检查数据组3时，仔细观察各数据区的数据变化，发现2区进气量偶尔变化异常，很有可能此故障就是由于进气量引起的。

（4）检查真空储气罐，发现真空储气罐及其真空管路有漏气现象，导致真空损失，进而引起进气翻板（节气门）打不开或打开不到位，经检查发现，真空储气罐及其真空连接管路均无漏气处。

（5）熄灭发动机，反复开关点火钥匙，仔细观察进气翻板动作情况，发现废气再循环阀动作缓慢，打开或关闭不及时。

（6）怀疑是进气翻板故障，而控制进气翻板的各真空装置均正常，故我们拆解进气翻板进行检查，发现有大量积炭存在，如图所示。故障原因找到了，因为存在大量积炭，造成进气翻板打开或关闭困难，进而引起起动困难。

产生积炭的位置

（7）清除节气门积炭，重新试车，故障消失。

故障分析

由于此车有时加入劣质燃油，而且空气滤清器更换不及时，造成节气门处积炭过多，而在起动时，真空控制节气门开闭不到位，造成起动困难，所以我们在检查时，需要依靠数据组中的数据流变化判断。

专家点评

对于该案例的故障排除，首先说明维修技术人员在故障检测中的“（4）检查真空储气罐，发现真空储气罐及其真空管路有漏气现象，导致真空损失，进而引起进气翻板（节气门）打不开或打开不到位，经检查发现，真空储气罐及其真空连接管路均无漏气处”这句话，本身存在矛盾。到底真空储气罐及其真空管路是否存在漏气问题，我们看了不知所云。根据前后文分析，应该是无漏气现象。

维修技术人员在排除该故障的过程中，采用了一种典型的“顺藤摸瓜”的方法，将怀疑有故障的地方逐一进行检查：检查故障码—检查燃油压力—检查进气系统。这种方法是广大维修技术人员习惯采用的故障排除方法，方法不能说错误，但是可以发现在故障排除过程中，显得非常烦琐，也有点“碰点子吃糖”的感觉。

无论排除什么样的故障，一定要找到一个切入点，切入点找到了，故障检查就容易了。针对该车的故障现象——“冷车不易起动，有时热车也出现起动困难”，冷车不易起动故障是常态故障，热车起动困难是非常态故障，既然热车仅仅有时起动困难，那么就说明该车热车起动并不困难，有时起动困难是由于偶尔机械卡滞或线路接触不良引发的。因此，该车故障的重点应该放在冷车起动困难上。

按照常理，车辆冷车起动困难，热车起动正常主要是混合气稀或者进排气不畅引起的，混合气稀要么是少喷了油，要么多进了气，要么是油、气不匹配。对于喷油量是否少了，除了检测燃油压力以外，还要检测喷油器的雾化情况，如果喷油雾化不良（譬如积炭轻微堵塞喷油孔等）同样会导致实际进油量，因为虽然喷油了，但是并没有形成可燃混合气，同样导致混合气稀。

对于进气量是否多了，可以通过检测进气管真空度的方法加以判断，维修技术人员检查真空储气罐，发现真空储气罐及其真空连接管路均无漏气处，我们无从考察其检查方法。但是多数维修技术人员通常采用看或者喷油器清洗剂的方法，广大维修技术人员用得多了，可能也就习以为常了，其实这种方法并不是检查进气系统是否漏气的最佳方法。我们向大家介绍一种可靠地检测进气系统是否泄漏的方法，其实并不复杂，自行车轮胎破了，怎么检查？那就是加压检漏：将所有可能漏气的地方涂上肥皂水，用空气压缩机向进气系统施加高压空气（压力不要太高，只要稍稍高于外界大气压即可），凡是漏气的地方就会出现肥皂泡，一目了然。但是这种方法只能检查外界空气是否漏入进气系统，而无法检查废气等是否非正常进入进气系统，所以，最好是用真空表测量进气管的真空度是否符合技术要求，以此判断是否多进了气，因为无论什么方式的漏气，都会反映在进气真空度上。关于先检查油还是先检查气，应该是先简后繁，当然检查进气系统比较容易。

该车的故障其实是一个非常有意思的故障，该车冷车起动困难故障既不是少喷油，又不是多进气，而是进气系统进气不畅引起的。众所周知，积炭（严格意义上这里不是积炭，而是结胶）在冷态下黏度较大，在热态下变软，黏度较小。由于节气门处存在大量积炭（结胶），经过一个晚上的冷却，节气门上的结胶便变得又黏又干，将节气门和进气管壁粘在一起，从而导致冷车时节气门无法打开，引发进气不畅。由于没有空气进入汽缸，从而引发冷车起动困难的故障。此时如果在起动发动机的同时，在节气门后方测量进气真空度，会发现进气真空度非常大。一旦热车，结胶受热软化，节气门和进气管壁不再粘连，空气能够进入汽缸，所以热车起动正常。至于有时热车起动也困难的问题，其实是由于结胶较多，导致节气门运动偶尔卡滞所致。

宝来TDI发动机工作不稳

 故障现象

我站接修一辆宝来1.9 TDI，已行驶7.8万km，发动机型号为ATD。该车进厂时发动机在怠速工况下不时出现抖动现象，严重时使发动机熄火。经路试发现，在加、减速工况下发动机工作基本正常，但仔细观察排气管，有轻微冒黑烟现象。

 故障诊断与排除

根据故障现象，结合相关维修经验，排除了由于燃油品质差引发的故障。

首先，用VAS5051对发动机管理系统进行电脑检测，查询到故障码19561：可变进气歧管翻板转换阀N239电路开路/对地短路（N239的功能是在关闭发动机时进气歧管翻板关闭3s，然后再打开，从而减轻了发动机熄火时的震颤），但是电脑显示其是偶发故障。于是将该故障码删除，读取数据流，各项数据基本在正常范围内，但在显示组01-08-003中，进气量数值显示过低。经真空表VAG1368测量，排除了进气系统因密封不严导致额外进气的可能之后，怀疑是由于废气再循环过强所致。于是对废气再循环系统进行仔细检查，并用执行元件自诊断功能01-03触发废气再循环阀（N18）。通过手指触摸能够感觉到阀体在工作，还可以清晰听到

电磁阀连续的“嗒嗒嗒”响声，但是具体工作效果不知如何。拆下进气软管检查进气歧管翻板转换阀N239，将发动机熄火，发现翻板关闭，大约3s后再次打开。按照理论知识即可以判断为执行元件工作正常，此时故障现象消失。将车发动，使发动机怠速运转，大约5min后该故障仍旧再次出现，并造成发动机熄火。更进一步思考后，感觉这个问题很可能出现在控制系统上，线路出现故障的可能性应该比较大，决定对该车废气再循环系统总体情况进行静态检查。通过维修手册电路图得知N239的信号线直接与电脑连接，在随后的检查中发现，进气歧管翻板转换阀N239与发动机控制单元间连接的信号线已有断裂痕迹。

由于库房对于宝来TDI配件需要订货，暂时没有新的线束（发动机电脑小插头线束），在与车主商议后，预订了该车同一型号新的发动机线束。最后，我们决定用绝缘胶带重新将该线修复好，并将废气再循环阀（机械阀）拆下进行彻底清洗，一切工作完毕，经反复试车故障一直未出现，故障排除。

维修小结

通过此故障，使我们进一步了解了该柴油发动机的废气再循环系统的工作原理。N239一端与真空罐相连，另一端与真空控制元件连接。发动机在运行时，发动机控制单元控制N239工作，N239利用来自真空罐的真空吸力控制真空控制单元，真空控制单元与进气连接凸缘内的进气歧管翻板相连，从而控制翻板的开度。在怠速工况时，翻板应处于全开位置，减少废气的再循环量。在有负荷工况时，根据需求的混合比不同，为降低燃烧温度并减少氮氧化合物生成量，在发动机控制单元的控制下，翻板处在不同的位置，以控制进入汽缸的新鲜空气量。而进气歧管翻板还有一个非常重要的作用，就是在发动机熄火时，控制单元给N239发送一个信号，转换阀接通真空罐内的真空，关闭进气歧管翻板，这样可以使发动机点火断开时，进气歧管翻板突然切断进气，结果少量空气被压缩，发动机平稳运转直至停止，减小了熄火时发动机的抖动。此车的故障正是由于转换阀N239信号线虚接，转换阀不能正常工作，使进气歧管翻板在怠速时不能达到理想开度或关闭，引起混合气过稀造成发动机抖动或强行将发动机熄火，这也是前面故障现象中提到的轻微冒黑烟的原因。

通过此次维修工作又一次提醒了我们，踏踏实实努力解决问题很重要，每一次故障维修都是一个细心观察和思考的过程。使用专用汽车电脑和仪器，可以帮助我们很快排除故障。当然，掌握其工作原理也很重要，这就要求我们在工作之余不断学习，提高自己！

专家点评

电控柴油喷射系统的开发从20世纪70年代开始，历经三代演变：第一代称“位置控制式”，有直列泵电控喷射系统，分配泵电控喷射系统（如捷达1.9SDI，直接柴油喷射）；第二代称“时间控制式”，有泵喷嘴电控喷射系统（如宝来1.9TDI，增压柴油喷射），单体泵电控喷射系统；第三代称“时间-压力控制式”，既电控共轨式喷射系统。第一代是在传统供油装置上增加电控系统而成，第二、三代是新开发的电控柴油喷射系统。

本案例是宝来1.9L/74kW，TDI，怠速抖动、熄火，轻微冒黑烟，维修技术人员查询出进气歧管翻板转换阀N239故障，很快找到N239通向控制单元的信号线有断裂痕迹，为更加清楚地了解本案例，现配图一张，如图所示。

进气歧管翻板转换阀N239控制真空膜片室，真空接通后，膜片动作驱动进气歧管翻板关闭。发动机运转时，翻板全开，熄火时关闭3s，限制进入汽缸的空

空气流量计相关电路图

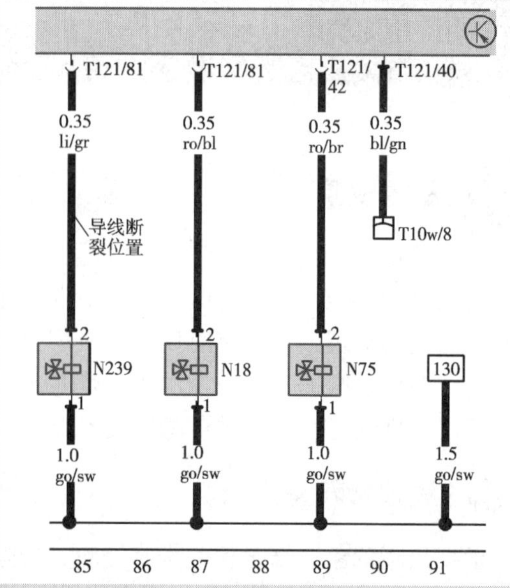

N239-进气歧管翻板转换阀；N18-废气再循环阀；N75-增压压力调节电磁阀；T121-121孔插头

气量以降低压缩压力，使发动机依靠惯性缓慢停转，目的是减小发动机振动。故障码19561的内容是N239电路开路/对地短路，故障现象是发动机停转时振动过大，但本案例还出现怠速抖动、熄火，轻微冒黑烟，排除了N239信号线断裂，这些故障现象也随之消除。

宝来安全气囊故障指示灯常亮

故障现象

一汽-大众宝来（BORA）1.8，发生交通事故后，车内正、副驾驶安全气囊全都爆出来了，但经过更换双安全气囊及安全气囊控制单元后，仪表板上的安全气囊故障指示灯常亮，且无故障码输出。

故障诊断

经过询问得知，该车在更换过双安全气囊及安全气囊控制单元后，没有给安全气囊控制单元进行编码（一汽-大众宝来1.8在更换过安全气囊控制单元后，必须对安全气囊控制单元进行编码）。用故障诊断仪VAG1552通过1-15-07-00000为新的安全气囊控制单元进行编码，但是对安全气囊控制单元进行编码后，起动车辆，仪表板上的安全气囊故障指示灯仍然常亮。怀疑安全气囊控制单元存在问题。

将旧安全气囊控制单元装到车上，用VAG1552读取有3个故障码：

① 00595——存储后撞车数据。

② 00588——安全气囊N95电阻过大/SP。

③ 00589——N131乘客安全气囊电阻值过大/SP。

通过1-15进入安全气囊控制单元后，读得原码为12622。装上新的安全气囊控制单元读取故障码，没有故障码输出，通过1-15进入安全气囊控制单元后，读得原码为00000。

将新的安全气囊控制单元拆下，与旧的安全气囊控制单元进行对比，发现两个安全气囊控制单元的型号不一样：

旧安全气囊控制单元的型号为：6Q0909601，ZNA2RBAGVW5006，COD 12622，WSC00000；新安全气囊控制单元的型号为：1C0909601，ZNA2RGBAGVW5K43120，COD 00000，WSC00000。

由此可知，两个安全气囊控制单元的信号不一样，这可能就是导致安全气囊故障指示灯常亮的根本原因。经询问特约维修站得知，两个安全气囊控制单元的型号虽然不一样，但新安全气囊一样能用，只不过必须重新对安全气囊控制单元进行编码，将其编码改为“12875”。

故障排除

将新的安全气囊控制单元装上，用VAG1552对安全气囊控制单元进行编码，将其编码改为“12875”后，试车，故障排除。

专家点评

更换大众车的控制单元以后，对控制单元编码是必须进行的工作，因为厂家设计一种控制单元时，要求它可以安装在不同车型、不同配置、在不同国家使用的车上，在控制单元中安装了数套程序，制造厂或修理厂利用诊断仪选择适合本车使用的一套程序。更换新控制单元后，不编码则控制单元不工作，编码不正确则控制单元工作不正常。本案例的前一位维修技术人员在更换控制单元后没有编码意识，使得安全气囊系统仍不工作。

后来的维修技术人员接修本车后，看到安全气囊警告灯常亮，意识到控制单元未编码。COD码的获得有3种渠道：一是查询旧控制单元，但该车旧控制单元中“12622”有误；二是查阅资料，宝来维修手册中的安全气囊控制单元有23个码，唯独没有适合中国产宝来的码；三是咨询，向特约服务站咨询到中国产宝来的码是“12875”。进行编码后，安全气囊工作正常。由于诊断方法正确、编码意识强烈，虽有小的周折，但很快解决了问题。

讨论完本案例，我们来看4S店（包括特约服务站）与多种车型修理厂的故障诊断方式，4S店的维修人员一般以维修手册和制造商的技术通报来诊断故障，多种车型修理厂的维修技术人员一般以经验来诊断故障，这是因为这些修理厂不容易获得制造商的技术资料和得到某一车型的技术培训。两种维修企业有各自特点，新车上市后前者就能遇到并多次排除的故障，后者要到索赔期结束以至几年后才能遇到。前者资料、仪器充足，诊断过程规范；后者缺少资料、仪器，诊断故障不尽规范，所遇周折多。

多种车型修理厂怎样才能获得资料，化不利因素为有利呢？我认为，一定要建立技术资料室，选派技术素质好、工作热情高的人员担任资料管理员。大力收集纸质、电子版、光盘等各种形式资料。电子版资料最好，因它成本低、使用方便，但一定要配置打印机，使用哪页就打印哪页。收集资料的渠道是：

①有版权图书。有选择地购买，因为图书的作者为避免版权纠纷，与原厂资料可能有一定的差别。

②无版权技术资料。买印制质量好的，因为这种书印制比较粗糙，如果电路图符号看不清就无法使用。

③各种期刊。但期刊的文章多、车型广，使用时不好查找，应按车型、系统建立索引，就能快速找到需要的那一篇。

④借原厂资料。包括纸质、光盘、电子版，但一定要留个底，应复印、扫描。

⑤利用同行间交流。通过搜索引擎、网上论坛、技术研讨会获得信息。

⑥向4S店请教。例如到4S店买备件时要问清楚不同的零件号是否代用、大概安装方法、控制单元编码等，不仅指导安装，当备件不能用时还可退货。

除去与主机厂在线才能阅读的资料，多种车型维修厂只要多想办法，也能收集到必备的技术资料。

宝来冷起动困难

故障现象

一辆2004年产一汽大众宝来1.6L，行驶里程3.4万km。车主反映该车冷起动困难，要打电动机几次。起动后怠速抖动厉害，起步无力、容易熄火，热车后基本正常。

故障诊断与排除

维修人员接车后，进行冷车故障重现和初步检查。

首先对起动系进行检查，蓄电池电量正常，起动机旋转有力。用金德K600检查发动机电控系统无故障码。水温传感器数据正常。检查燃油系统压力及残留油压无异常（10min内残留油压不低于2.5bar）（1bar=10^5Pa）。检查点火系统、火花塞及高压包，发现3缸火花塞电极比其他缸火花塞稍微有点黑，高压包有一条裂痕。根据以往维修该车型的成功经验，初步判断故障可能是由于点火不良及发动机进气系统积炭太多造成，冷车抖动可能是由于个别汽缸工作不良造成。于是建议车主更换火花塞及高压包，用免拆清洗剂进行积炭及燃油系统的清洗，修理后故障依旧。

随后把4个喷油嘴拆卸下来，在喷油嘴清洗机进行试验不见滴油，雾化良好，喷油量也正常。维修人员尝试在热车正常状态下空载急加速，松开节气门，发现本来热车正常的怠速也开始抖动，断开3缸点火，发动机转速无改变，3缸没工作。用手触摸3缸进气管道，温度明显比其他缸高，怀疑3缸气门漏气。检查汽缸压力，也正常，且检查中发现汽缸盖有拆卸过的痕迹。重新联系车主得知，原来该车放置半年没使用，前两个月起动不了，拖到其他修理厂修理过，发现气门卡死，更换气门以后没多久就出现此现象，看来问题应该在气门上。

征得车主同意后，拆卸汽缸盖，发现3缸活塞顶部中气门凹槽处有与中气门碰压印痕，与拆卸前故障现象吻合。出现此现象的原因有：气门变形，气门与导管配合间隙不良；气门座磨削过量；气门弹簧断裂或变形；液压挺杆不良或复位不良。

于是对气门机构进行彻底的检查。

（1）把拆下的气门与原车气门进行比较测量，对导管间隙进行测量，检查结果正常。

（2）测量气门杆顶端与汽缸盖边缘的距离。中气门最小尺寸应为33.7mm，测量值为34mm正常，如图1所示。

图1 气门杆顶端与汽缸盖边缘距离测量

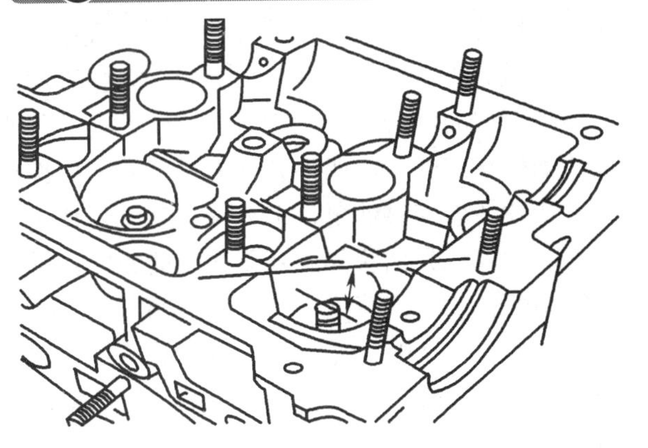

（3）检查液压挺杆，正常，与座孔配合间隙正常，无发卡现象。

（4）检查气门弹簧，发现3缸中进气门弹簧与其他气门弹簧圈数不一样，而且弹力较小，如图2所示。终于发现问题的症结，更换3缸中进气门弹簧后，故障排除。

图2 正常弹簧与异常弹簧比较

维修小结

该车从进厂开始就犯了一个错误：前台接车员缺乏必要的专业技术和问诊技巧。故障原因是“问”出来的，如果不明事由，接车后就用设备检测，进行油压测试等，无疑会扩大检修范围。如果接车工作出现问题，特别是技术性错误，将对维修工作造成很大的麻烦，很容易给客户带来经济损失。因此，作为接车人员除了要听清楚客户对车辆故障的描述外，还要针对不同的故障现象，引导客户补充必要的故障说明以供维修参考。例如要询问故障发生的时间，以往是否在其他地方修过，以及修过什么等。

另外维修配件市场鱼龙混杂，建议各位同行在装配过程要认真核对零配件，始终记住：新的不等于是好的！

专家点评

按照点评惯例，对案例先浓缩，后点评。诊断第1轮：无故障码、水温数值正常、残余压力正常、3缸火花塞电极有点黑，更换点火线圈，免拆清洗积炭，故障依旧。诊断第2轮：试验喷嘴正常，试验3缸不工作，3缸进气歧管温度高、3缸压缩压力正常、分解汽缸盖发现3缸的中进气门弹簧圈数与其他不同且弹性小，将其更换故障排除。维修技术人员做了准确的小结：如果前台接车员初次问诊到位，可以缩小怀疑和检查范围，提高维修效率、降低车主维修费用。

本案例检查中维修技术人员始终以3缸为疑点中心，“3缸火花塞有点黑、3缸不工作、3缸进气歧管温度高、3缸压缩压力正常、3缸气门弹簧有问题”，这种以疑点为中心，一查到底的检查方法是非常正确的。

我们事后分析一下围绕3缸出现的现象也非常有意思：3缸火花塞有点黑，说明3缸存在点火、混合气或汽缸压力方面问题，导致3缸燃烧不良并使火花塞留存积炭；3缸进气歧管温度高，说明3缸存在回火现象，即燃烧室火焰返回到进气歧管，对进气歧管加热；3缸压力正常，是否能说明3缸活塞与汽缸、气门与气门座圈绝对密封良好。曾有一位维修人员修理一辆波罗轿车，怠速有时不稳定，大致也采用了像这位维修技术人员的检查方法，按照汽车维修教材规定，拆下各缸火花塞，踩下加速踏板，操纵起动机转动3～5s，并没有测量出汽缸压力不正常，但最后发现有一只气门弹簧折断。

当存在上漏气（气门与气门座圈）或下漏气（活塞与汽缸）故障，每一个压缩行程只有少量气体进入汽缸压力表，而压力表装有止回阀，进入的气体不能返回，经过多次压缩后才能使压力升高。有的维修人员只看曲轴转动第1圈时汽缸压力表的读数，将所有汽缸第1圈时的读数对比，就能发现压缩压力较差的汽缸。

宝来排气管冒黑烟

故障现象

一辆2003年产宝来1.8T，采用BAE型发动机，装配德国博世公司的Motronic M7.5控制系统，行驶里程9万km。车主反映该车加速冒黑烟、怠速不稳、油耗高，该故障已经好几天了，希望我们尽快解决。

故障诊断与排除

接车后，我们观察到排气管口有一层积炭，发动机运转不稳，急加油排气管冒出黑烟。发动机怠速运转，冷却液温度达到正常值85℃，连接V.A.G1552，读取故障码，有一个故障码：16514，氧传感器–1电路故障，故障码说明氧传感器本身或线路有故障。

选择功能08读取数据块30组，一区显示111，同时第一位能在0与1 之间变换。一区表示前氧传感器工作状态，第一位1表示氧传感器正在加热，第二位1表示λ调节已准备好，第三位1表示λ调节在工作。

读取数据流033组，第一区是前氧传感器调节值，显示25.7%，标准值是–10.0%～+10.0%。第二区是前氧传感器电压值，显示2.84V，有时升到3.60V，标准值是1.0～2.0V，并且在1.5V上下跳动。这两个实测数据都偏离标准值。发动机控制单元接收氧传感器信号后，判断发动机混合气过稀，所以ECU控制喷油器延长喷油时间，使喷油量增加，供给变浓的混合气。因为氧传感器的自学习值已经达到极限25%，说明混合气太稀，发动机控制单元就持续的增加供油量，造成混合气总是处于过浓状态。造成该数据流如此变化的可能原因：①进气系统漏气；②空气流量计与节气门间漏气；③喷油嘴堵塞，喷油不畅；④空气流量计故障；⑤燃油压力低；⑥排气管漏气；⑦氧传感器加热器损坏；⑧氧传感器脏污或氧传感器本身损坏。

为了确定故障，首先清除故障码，可以清除，发动机运转正常。当氧传感器调节时，数据块33组2区的电压从1.50V快速升到3.60V。发动机出现怠速不稳、冒黑烟现象，长时间未记忆故障码。根据对上面数据块的分析，氧传感器能进行调节，说明氧传感器能工作，氧传感器的调节偏离正常值，是否是其他原因造成的呢？为了快速确定故障原因，制定了一个维修方案，具体检查过程如下：

（1）检查进气系统是否漏气，尤其检查空气流量计与节气门体间是否漏气，经过仔细检查，利用清洗剂喷洒的方法，确认进气系统正常。

（2）检查排气管，尤其检查氧传感器前到排气歧管有无漏气，检查正常。

（3）检查燃油系统压力，连接压力表V.A.G1318，起动发动机怠速运转，压力值为2.5bar（1bar=10^5Pa），加油达到3.0bar。拔下油压调节器的真空管，压力值为3.0bar，根据数据，燃油压力正常。

（4）检查汽缸压力，连接汽缸压力检测仪V.A.G 1763，拆下28号熔断器，拔开发动机转速传感器G28的插头，拆下火花塞，火花塞积了一层炭黑。将加速踏板踩到底，起动发动机，测量的压力值分别为12.4bar、12.6bar、12.7bar、12.4bar。新发动机标准压力为10～13bar，磨损极限为7.5bar，各缸间允许压力差为3bar。测量数据说明汽缸压力正常。

（5）检查清洗喷油器，该车已经行驶9万km，建议客户清洗喷油器，喷油嘴雾化良好，喷油量正常。

（6）检查氧传感器，宝来1.8T前氧传感器是宽频带型传感器，插头为6脚，比普通氧传感器测量更精确。通过单元泵工作，可将尾气中的氧吸入测量室，单元泵工作所用电流，即为传递给控制单元的电信号。控制的电压值在450mV左右。监测尾气中氧的浓度，并将信息反馈给控制单元，调整喷油量，从而实现发动机的闭环控制，改善发动机的燃烧，减少有害气体的排放。拔开氧传感器插头进行开环控制，意外的事情发生了，看到氧传感器插头内有油，如图1所示。

图1 前氧传感器插头内有油

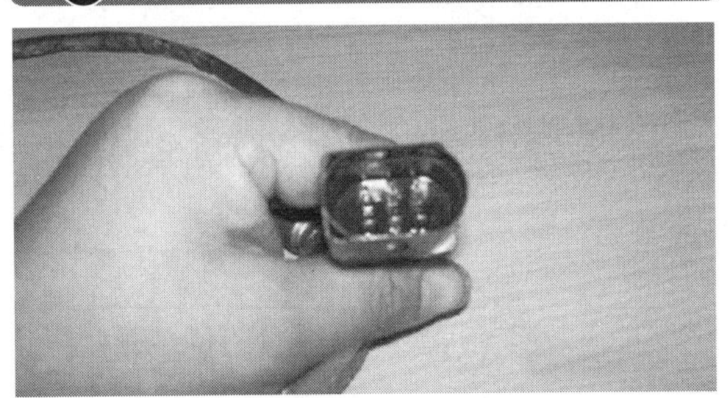

拆下氧传感器，发现已经发黑，用清洗剂清洗，装车故障依旧。将氧传感器接头拔下，将数字万用表的表笔连接到插脚1和插脚5，打开点火开关，测量电压为4.5V，说明控制单元和线路正常。换一个新氧传感器，故障排除。

油怎样进入插头？带着这个疑问，我们进行了检查，经过仔细取样对比，最后确定为转向助力油。检查转向助力系统没有漏油痕迹，而且插头与转向助力系统相距远，没有连接的部位。

仔细检查氧传感器的连线外皮，也无油渍。询问车主是否是人为的，车主说不可能，平常该车都停到车库，车辆维修都在服务站。顺藤摸瓜，我们将发动机控制单元的插头拔开，看到插头上也有油，如图2所示。

图2 发动机控制单元插头内有油

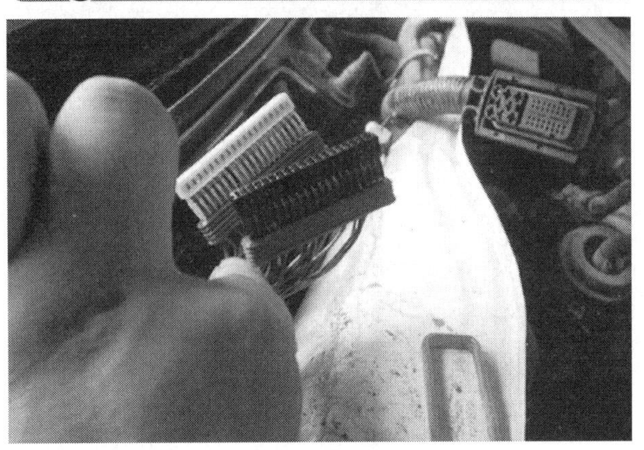

根据推断，与发动机控制单元和转向助力系统相连接的是转向助力泵压力开关，取下转向助力泵压力开关的插头，压力开关插头处有油，如图3所示。

图3 转向助力泵压力开关插头内有油

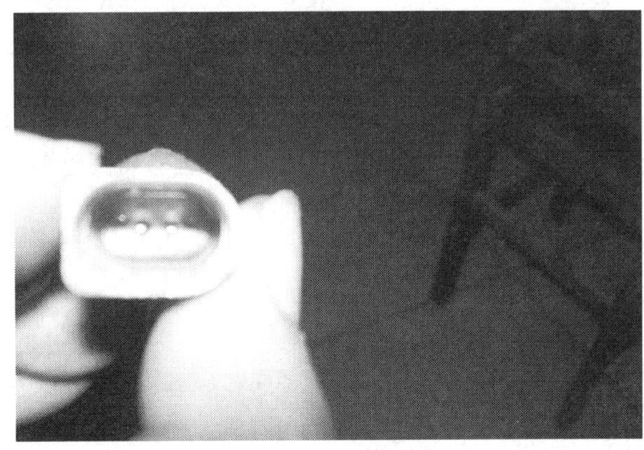

发动机带动转向助力泵运转，转向盘转到止点位置，转向助力泵压力开关把助力泵压力接通信号传递给发动机控制单元。发动机控制单元根据压力开关接通信号提升发动机转速，实现发动机负荷快怠速。由于压力开关触点2处密封不良，具有压力的转向助力油经过压力开关触点流至压力开关插头，再经过电线内部的铜线，流至发动机控制单元插头。压力开关的插脚2与发动机控制单元的插脚50相连，如图4所示。氧传感器的插脚5与发动机控制单元的51插脚相连（图5），助力油流经插脚50，存在插接器内，同时经过插脚51流向氧传感器，最后存到氧传感器的插接器中。由于助力油的存在，造成氧传感器信号中断。更换转向助力泵压力开关，故障彻底排除。

图4 转向助力泵压力开关电路

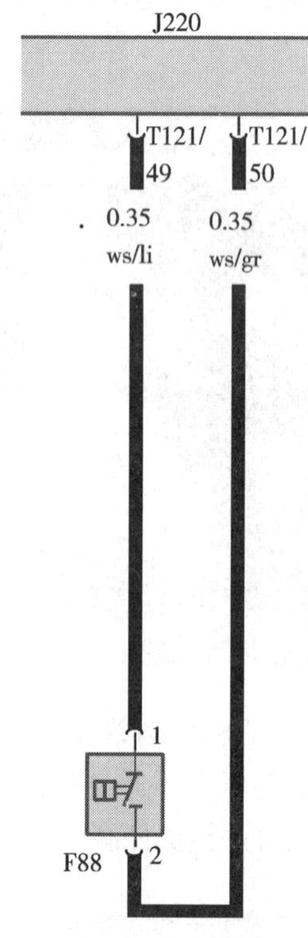

图5 转向助力泵压力开关电路

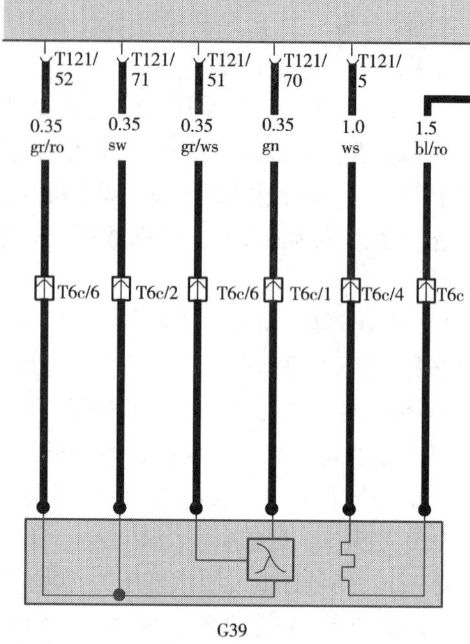

维修小结

该故障案例是2007年8月遇到的，一直没有进行分析总结。前几天又遇到转向助力油进入氧传感器的相同故障。根据对该车型维修经验，前氧传感器容易坏，表现形式主要为氧传感器加热丝断路，像这种纯氧传感器反馈信号偏差太大造成的故障很少。通过单元泵工作，可将尾气中的氧吸入测量室，单元泵工作所用电流，即为传递给控制单元的电信号。我们认为，由于转向助力油进入氧传感器插头内，造成单元泵工作电流的变化，长时间的作用，造成单元泵工作失效，从而产生故障码16154。通过对氧传感器工作原理的正确理解和对动态数据流的深入分析，准确地找到了因氧传感器失效而造成发动机故障的原因，同时找到了氧传感器失效的根本原因是转向助力油。

专家点评

真是无巧不成书，转向助力泵的压力开关漏油，由于助力油具有压力，顺着电线内部流到发动机控制单元插头，又流到前氧传感器的插头，导致氧传感器G39信号失准，如果维修技术人员不细心观察，很难想象助力油能有如此辗转过程。维修技术人员首先检测到存有前氧传感器的故障码，对于大多数维修技术人员更换新件后就会宣告修理结束，而该维修技术人员检查出3个插接器内有油，设想电线能“导电”，也能“导油”，根据电路图分析出了“导油”的来龙去脉。

下面，我仅对宽带型氧传感器做进一步分析。如图6所示，宽带型与跳跃型氧传感器同样具有加热电阻，不同的是，尾气要经过单元泵才能进入测量室，单元泵的实际工作是控制废气的透气量，透气量的大小由控制单元施加给单元泵的电流来决定。

图6 点火线圈波形

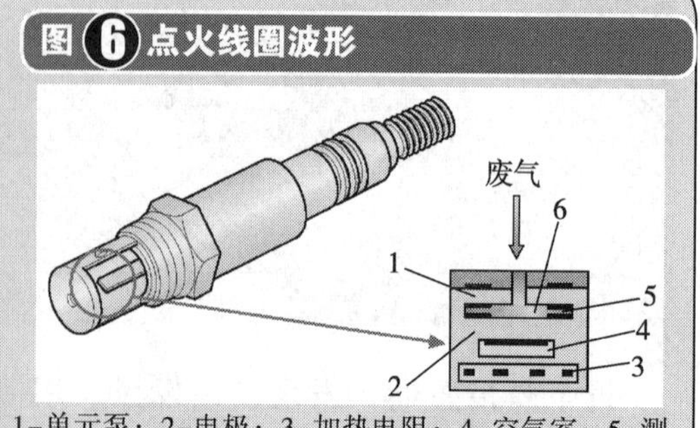

1-单元泵；2-电极；3-加热电阻；4-空气室；5-测量室；6-放氧通道

当废气中含氧量正常(0.5%~1.0%),如图7所示,图中示意性地在测量室画出4个氧分子,示意性地在空气室画出5个氧分子,毫伏表显示电极电压为450mV,而控制单元总希望电极电压是450mV。控制单元对单元泵输出的电流由电流表显示,表针在中间位置,这个电流也间接反映了混合气的浓度。

图7 宽带型氧传感器

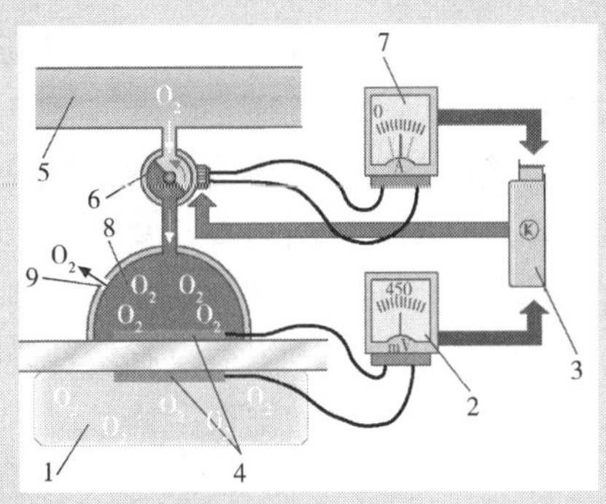

1-电极;2-电极电压;3-控制单元;4-单元泵电流;5-尾气;6-单元泵;7-测量室;8-放氧通道;9-空气室

(1)混合气过浓的调整。如果混合气过浓,尾气中含氧量减少,示意性地在测量室画出3个氧分子,如图8所示,空气室总是5个氧分子,电极电压大于450mV。随后单元泵电流增加,透气量增多,测量室又恢复了4个氧分子,电极电压也下降到450mV(图略)。

(2)混合气过稀的调整。如果混合气过稀,废气中含氧量多,示意性地在测量室画出5个氧分子,空气室总是5个氧分子,如图9所示,电极电压小于450mV。随后单元泵电流减小,透气量减少,测量室又恢复了4个氧分子,电极电压也上升到450mV(图略)。

宽带型氧传感器插脚作用(图5):1针—5针,电极电压;2针—5针,单元泵电流;3针—4针,加热电阻。

宽带型氧传感器测量方法:①不拔开插头,打开点火开关,测量1针—5针,电极电压为0.4~0.5V。②拔开插头,测量传感器侧,2针—6针,即单元泵电阻为77.5Ω;3针—4针,即加热器电阻为2.5~10Ω;5针—2针、5针—6针,电阻应为无穷大。

图8 混合气过浓,电极电压大于450mV

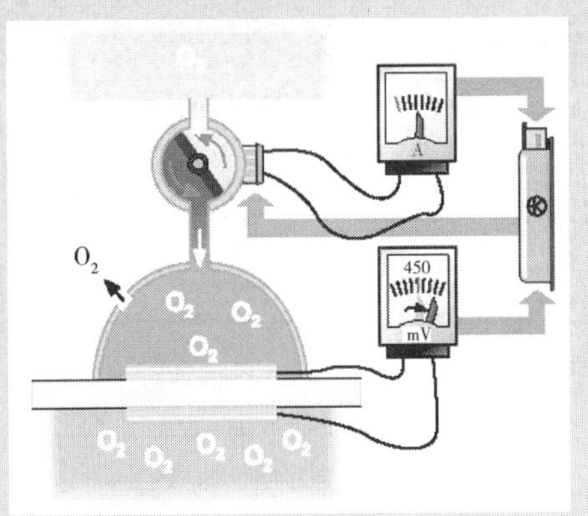

图9 混合气过稀,电极电压小于450mV

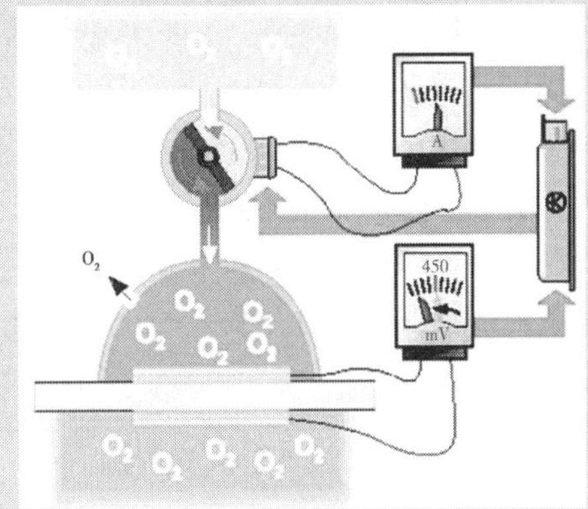

宝来涡轮增压系统故障排除

 故障现象

一辆宝来A4 1.8T,装备01M自动变速器,行驶里程为78 000km。该车发动机工作噪声很大,最高车速只能达到100km/h。

 故障诊断与排除

接车后,我们根据故障现象,用VAS5051诊断

仪对该车自动变速器进行读取故障码，结果无故障码显示。读取发动机控制单元故障码，故障存储器显示2个故障，分别是17963和17705。故障码17963的含义为增压压力过大；故障码17705的含义为识别到涡轮增压器至节气门间压力差。

根据故障码的含义，我们先打开发动机罩，发现从涡轮增压器调节阀N75到发动机进气歧管的橡胶管脱落及连接进气歧管切换阀的管接头脱落。把脱落的橡胶管及管接头清洁后重新紧固，用万用表检查涡轮增压器调节阀（N75）以及进气歧管切换阀供电电源、搭铁和导线电阻，没有发现异常。清除故障码，外出路试，故障排除。

维修小结

由于连接进气切换阀的管接头脱落，大量增压空气从脱落处冲出，引起很大的噪声；又由于从涡轮增压器调节阀N75到发动机进气歧管的橡胶管脱落，导致大量未经计量的空气从脱落处进入发动机进气歧管，造成混合气过稀，因此，发动机加速无力。我们分析，可能是从涡轮增压器调节阀N75到发动机进气歧管的橡胶管先脱落，致使在怠速情况下，旁通阀不能打开，增压过大，使进气管路中的压力偏高，把进气歧管切换阀的管接头冲脱落了。

相关资料

由于发动机使用情况不同和地理环境的差异，涡轮增压系统的维护时间有所不同，一般情况下应按下列要求进行检查和维护：

（1）检查润滑油的品质，观察有无机械杂质和黏度变化。

（2）检查空气滤清器到涡轮增压系统进口之间的管路、接头是否完好，进油管有无损坏和节流现象，各连接处螺栓有无松动。

（3）发动机每工作100～200h清洗一次空气滤清器。若气候环境灰尘较多，应缩短清洗周期。

（4）定期更换发动机润滑油。通常情况下，发动机每工作150～250h或行驶5000km后，应更换机油，恶劣条件下应提前更换。使用含硫量1.0%～1.5%的汽油，行驶里程达到2500km时，应换机油。

（5）发动机工作1000h，应从发动机上拆下涡轮增压器，进行技术规范测量。通过间隙测量，可以判定涡轮增压器技术性能并确定是否需要对其维护及更换。

（6）检查冷却管路有无泄漏和节流现象。

（7）如果发动机出现加速不良或功率不足现象，应检查旁通阀是否一直处于打开位置，节气门阀体是否过脏。

宝来行驶中锁挡

故障现象

一辆宝来1.8T，行驶了14万km，发动机代码为AGU，变速器型号为01M。

客户抱怨在行驶过程中经常出现锁挡故障，直至无法行驶。经路试发现，故障现象出现在正常行驶50~60km后，正常行驶时突然从4挡自动降到3挡。如果继续行驶的话会继续降挡，直到无法行驶为止。

故障诊断与排除

首先，使用检测仪读取变速器故障码为

00641：自动变速器机油温度信号太大。在故障出现时我注意观察了变速器系统里的第5组数据流，发现变速器油温在150℃，此时得出一个结论：变速器油温过高，导致降挡，由此可见是变速器ECU执行了保护模式。

将变速器油底壳拆下，检查油温传感器。做一个简单的测试：将油温传感器放入90℃的水中，观察数据流是否与电脑反应的一致。结果发现，数据显示170℃，本以为是油温传感器出了问题，更换后故障依旧。此时突然想到水会导电，导致了油温传感器短路。为了证实这一观点，将水换成了机油再试，将机油加热到100℃观察数据流，发现与ECU的反应一致。于是重新测试旧的传感器，发现也是好的，此时排除了油温传感器有故障的可能。

接下来整理了一下维修思路，综合考虑影响变速器油温过高的原因，锁定在以下4个方面：

（1）变矩器内部打滑造成的油温高。

（2）4挡离合器打滑（该车故障现象出现已经有3个月，如果是离合器的问题，变速器早就烧坏了，于是排除了离合器问题）。

（3）发动机本身散热不好。

（4）ATF散热系统不良。

根据以上分析，遵循从易到难的原则，首先检查发动机散热，发动机本身水温不高，但还是拆下了节温器试车，故障依旧，更换了散热器后，故障现象没有任何改善。最后，更换了变矩器和ATF散热器，还是没解决问题。

维修至此，感觉问题越来越复杂，但我还是愿意相信散热系统出现了问题。此时我给自己提出一个疑问，如果变速器ATF散热器中的水流量通过不足会是什么结果？带着疑问检查发现了问题。在发动机汽缸盖的后面装有一个水管四通，其中一根是通往变速器ATF散热器进水管的，发现水管的内径比ATF散热器上的水管内径小一点，拿来一个新的四通比了一下发现，车上的水管内径比原厂的四通小了2mm。更换了四通后故障排除，变速器油温显示可以保持在104℃左右。

维修小结

询问客户得知，以前因为该车经常缺水，更换了四通，但当时没有该故障现象。维修该车的过程中，给我的最大感受就是故障排除前的问诊，一定要详细询问客户车辆的故障现象、故障历史、故障规律、进行过哪些维修等。多与客户交流会给故障排除带来很大帮助，也避免我们在维修当中走弯路。

专家点评

01M自动变速器的油温传感器G93安装在油底壳内滑阀箱印制电路线束上，如图所示。G93是一个负温度系数热敏电阻，感知油的温度，当油温升至148℃时，ECU根据此信号强制变矩器内锁止离合器接合，变矩器刚性传动促使油温降低。如油温不能降低，ECU强行降至相邻低挡；如油温仍不能降低，则再降一个挡，这就是作者说的“锁挡”。若ECU接收不到G93信号无替代值，当油温高于148℃时，ECU失去限制油温升高的保护功能。有关G93的故障码有两个：

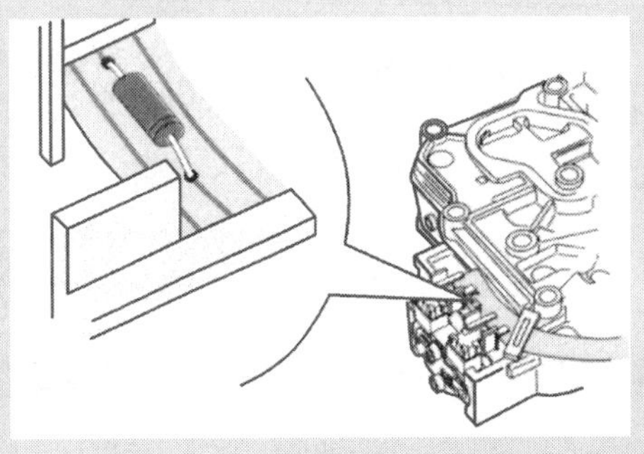

①00300，变速器油温传感器G93，无法识别故障类型；原因是导线断路、G93损坏；排除方法是阅读数据块05组1区自变油温度值，检查线路，更换G93。

②00641，变速器油温信号超过极限；原因是汽车负荷过大、油平面低、G93损坏；此时自动降至相邻低挡；排除方法是阅读数据块05组1区，检查油平面，更换G93。

本案例存储了故障码00641，维修人员按维修手册的引导做了5项工作：

①拆卸自动变速器油底壳测量油温传感器G93；

②拆卸节温器试车；

③更换散热器；

④更换变矩器；

⑤更换ATF散热器。这5项工作恐怕要用两天半时间，换回去还需时间，还要想办法处理试用的备件。维修工作难免走弯路，但要争取不走或少走，因弯路会造成过度修理、降低工效、提高成本。

本案例对我们有3点启示：第一点，故障排除前的问诊；第二点，当问诊与检查相交于一点时，应果断做出判断；第三点，对于维修手册中的个别观点要分析后再执行。

根据以上3点启示，本故障案例的维修过程，总结如下：①问诊，得知更换水管四通以后出现“锁挡”。②检查，路试50~60km后ECU“锁挡”，说明行星齿轮系统、液压控制系统、电控系统正常；查询故障码得知油温信号超过极限，阅读数据块ATF油温150℃，说明程序启用“锁挡”保护模式；观察冷却液温度表正常，说明冷却系统不存在故障。此时问诊与检查相交于一点——四通是冷却液流向ATF散热器的必经之路，更换四通后，阻塞了冷却液的流动，所以使油温升高。

维修人员提到水能导电的说法是正确的，纯净水导电能力很弱，水中的矿物质会导电，因此，电阻不能放在水中测量，手也不能接触两个表笔以构成电流回路。

宝来自动空调不工作

故障现象

一辆2004款舒适型宝来1.8，底盘号为LFVBA11G543017134，发动机号为BAF069261。搭载手动变速器，行驶里程13.8万km。客户反映该车使用冷风挡时，空调时突然出热风，空调为自动空调。

故障诊断与排除

经试车，发现空调出自然风，电子扇不工作，空调压缩机电磁离合器不工作。要维修宝来自动空调，就要先了解自动空调的结构原理。宝来自动空调的控制原理与其他车型基本相似，由空调压力传感器G65取代了高、低压保护开关及高压开关，散热风扇高、低速控制及空调压缩机离合器最终由安装在发动机左前侧的冷却风扇控制单元控制。

首先，我们通过图1 来了解宝来自动空调的结构和工作原理。自动空调接收的信号有阳光照度传感器G107、迎面出风口温度传感器G56、外

图1 宝来自动空调控制系统简图

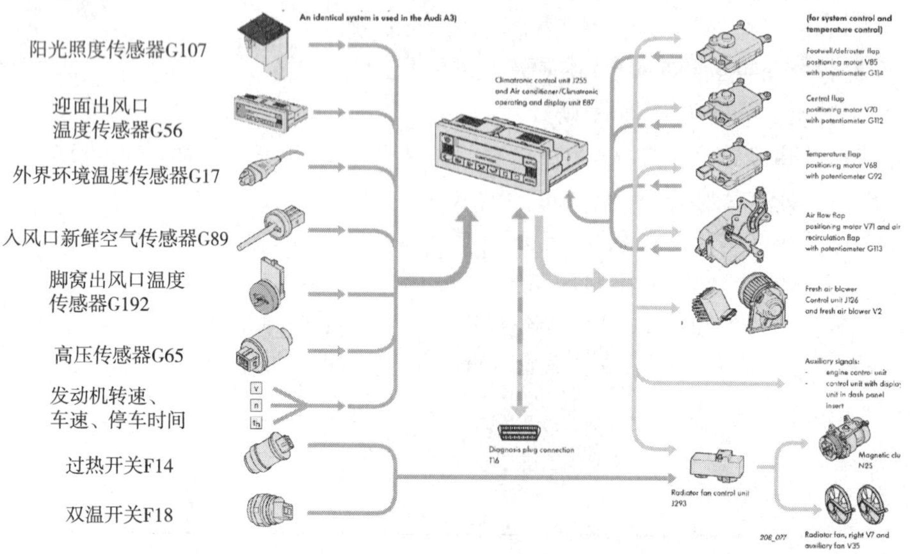

界环境温度传感器G17、入风口新鲜空气温度传感器G89、脚窝出风口温度传感器G192、高压传感器G65、发动机转速、车速、停车时间、蓄电池电压、冷却液温度等信号。

（1）阳光照度传感器G107安装在仪表板上方中间位置。该传感器由一个支架盖、过滤器、光学元件、光电二极管和一个支架壳组成。太阳光通过过滤器和光学元件照在光电二极管上，过滤器用于保护光电元件免受紫外线照射。光电二极管是一个光敏的半导体元件，当无光照到它时，仅有小电流通过，一旦有光照射后，电流随之改变，光越强，电流越大。

空调控制单元利用通过电流的大小来判断阳光照度的强弱，进而控制温度翻版及新鲜空气鼓风机转速来达到车内所需温度。信号中断时，控制单元用固定值替代工作。

（2）外界环境温度传感器G17安装在汽车保险杠的左下部，向空调控制单元提供外界的环境温度，空调控制单元根据该温度信号控制温度翻板位置及新鲜空气鼓风机转速。如果信号中断，用入风口新鲜空气温度传感器G89信号替代；若G89也失效，则替代值为10℃，并且此时无内循环。

（3）入风口新鲜空气温度传感器G89安装在空调器总成的新鲜空气进气口，向空调控制单元提供外界的环境温度，空调控制单元根据该温度信号控制温度翻板位置及新鲜空气鼓风机转速。如果信号中断，用外界环境温度传感器G17信号代替，若G17也失效，则替代值为10℃，并且此时无内循环。此时控制单元有故障码，影响空调正常工作。这两个传感器均正常时，空调控制单元以两个温度信号低的一个为依据进行工作。若一个温度传感器的信号失真使测量值低于3℃。空调控制单元以低于3℃工作，切断向发动机控制单元发出的A/C请求信号，空调不会工作。此时空调控制单元不一定存储G17和G89的故障。仪表多功能显示器显示外界温度信号来自空调控制单元J255的T20/1（图2）。仪表显示的温度是G17或G89温度信号低的一个。

图2 入风口新鲜空气温度传感器信号传递

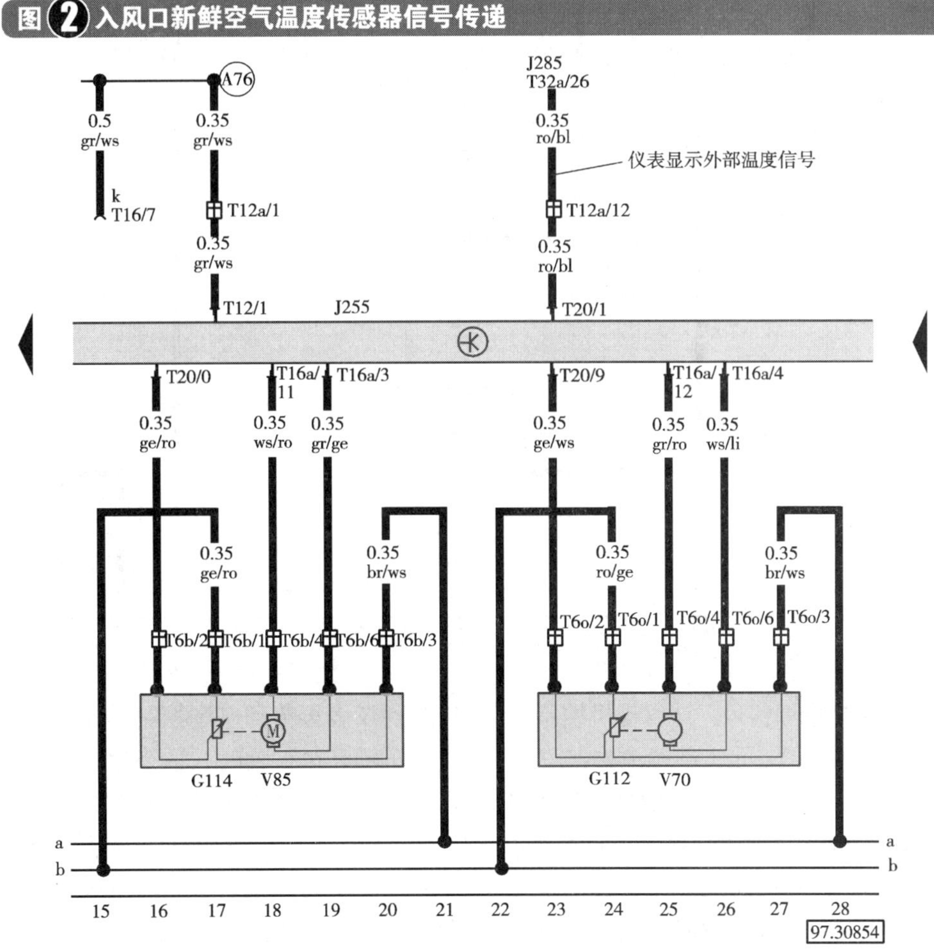

（4）迎面出风口温度传感器G56安装在空调控制器中，通过鼓风机将室内温度不断吹到传感器上，将真实的车内温度传给空调控制单元，与目标温度值比较，控制温度翻板位置及鼓风机转速。当信号中断时，用24℃替代，系统保持工作状态。

（5）脚窝出风口温度传感器G192装在空调器总成的吹脚风道中。该温度传感器测量的是从空调器中吹出的空气温度。空调控制单元根据G192

温度信号控制脚窝/除霜翻版位置，计算鼓风机输出量，控制鼓风机转速。当信号中断时，用30℃替代，系统继续工作。

（6）高压传感器G65安装在高压侧，取代三功能开关，监测和限制制冷环路中的压力。

超高压保护：系统压力大于32bar（1bar=10^5Pa）时切断压缩机，如冷凝器严重脏污时。当系统压力降到24bar时风扇控制器接通压缩机。

低压保护：系统压力小于2bar时切断压缩机，如制冷剂泄漏时。当压力升到2.4bar时，压缩机接通。

高压调整：压力大于16bar时接通风扇2挡工作，加强冷凝器和散热器的散热能力。G65把制冷剂压力转化成电信号，不仅仅在临界压力下起作用，适应性更强，风扇换挡更平顺。传感器的感应部件是硅晶体，由于压力的不同，硅晶体的变形有多有少，这导致了电阻的不同，所以通过微处理器传出的信号脉宽也不同，通过脉宽可以判断出系统的压力大小，同时可以知道空调系统负荷的大小。

通过图3，我们知道高压传感器G65信号不是直接给空调控制单元，而是传递给风扇控制器的T14/2，通过风扇控制器的T14/2传递给空调控制单元的T16b/2。同时G65把信号传递给发动机控制单元T121/61，发动机控制单元可以根据空调的负荷信号调节发动机的负荷。

图3 高压传感器G65信号传递

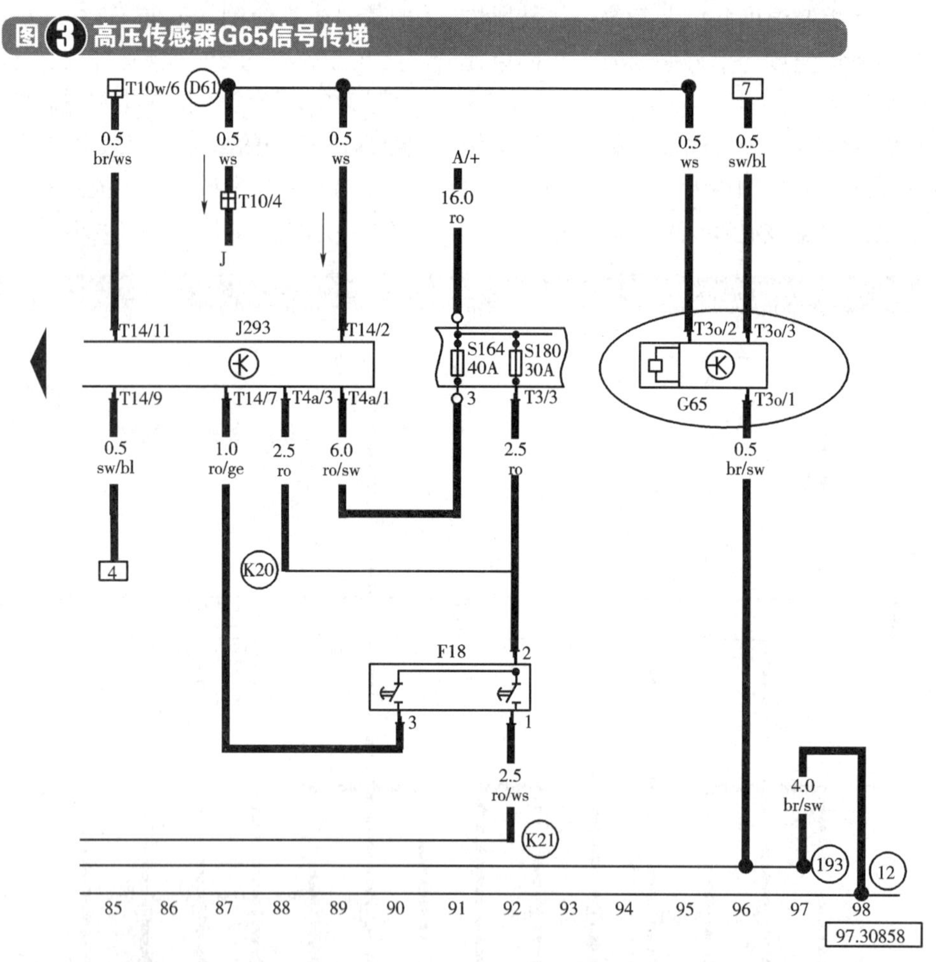

（7）发动机转速是附加信号：从发动机控制单元传给仪表再传给空调控制单元，准确地告知发动机工况。空调控制单元依据发动机转速信号作为空调工作的条件，控制向发动机控制单元发出A/C请求信号。发动机转速信号小于300r/min时，空调控制单元不发出A/C请求信号。当转速大于500r/min时，空调控制单元恢复发出A/C请求信号。当发动机转速信号超过6000r/min时，空调控制单元会延迟10s发出A/C请求信号。没有发动机转速信号时，用车速信号替代。

（8）车速信号是附加信号：通过车速传感器传递到仪表再传到空调控制单元，用于控制进气翻板。车辆高速行驶时，适当地减小进气翻板，使进入到驾驶室的气流尽可能地平稳。

（9）停车时间是附加信号：通过仪表传递给空调控制单元，记录从关闭点火开关到再次起动发动机的时间。当再次起动发动机时，空调控制单元通过处理上次关闭发动机时存储的温度值来替代实际测量值（由于热辐射等因素导致测量值不准确）。也就是说空调控制单元用存储的温度信号来调节空调工作，但有时间限制，在2h内。

（10）蓄电池电压信号是附加信号：当系统电压低于9.5V时，空调控制单元切断A/C请求信号。

（11）冷却液温度切断信号，该信号由仪表板发给空调的控制单元，当冷却液温度达到118℃时，空调控制单元将关闭压缩机，如果空调控制单元接收不到仪表板上的冷却液温度信号，空调控制单元显示冷却液温度为-10℃或-65℃，并关闭压缩机。

（12）发动机关闭压缩机信号：当发动机急加速以及发动机有故障其动力不足以带动压缩机负荷，为保留动力，切断压缩机工作。

根据上面信号的分析，在蓄电池电压大于9.5V，有发动机转速信号；外部环境温度大于3℃，高压传感器G65信号正常。空调控制单元的T12/3插脚向发动机控制单元发出A/C请求信号（图4）。VAG1552观察发动机50组数据流3区，A/C Low 变为A/C High。发动机控制单元接收到A/C请求信号后，系统无故障并且不在急加速状态，发动机控制单元通过插脚T16b/12发出A/C回应信号。VAG1552观察发动机50组数据流4区，Compr off 变为Compr on。此时空调控制单元通过T12/2向风扇控制单元T14/8发出A/C工作信号，电子扇、压缩机工作。VAG1552观察自动空调01组数据流1区显示0。

图4 A/C请求信号和A/C回应信号

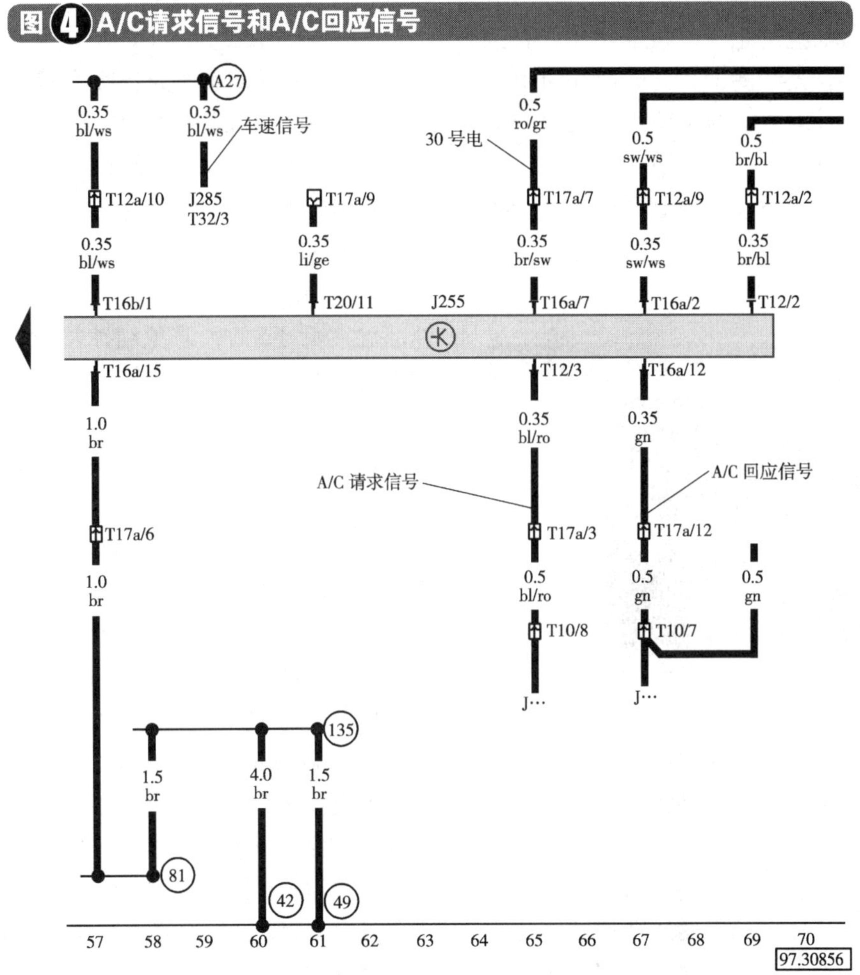

通过观察，空调系统无泄漏迹象。松开高压管的保护盖，利用钥匙头轻轻按压高压排气顶针，如有强劲的冷媒溢出，则证明空调的故障在电路系统。根据对自动空调工作原理的分析，造成自动空调压缩机电磁离合器N25不工作的原因有以下15个方面：

（1）自动空调控制和显示单元E87上的鼓风机开关关闭；

（2）冷却风扇控制单元J293损坏；

（3）自动空调控制单元J255过热；

（4）管路压力过高或过低；

（5）高压传感器失效；

（6）外部温度传感器G17或新鲜空气进气温度传感器G89所测温度低于3℃（手动空调F38，-1℃断开，7℃接通）；

（7）冷却液温度传感器G62温度超过119℃（114℃重新接通，但会有几分钟的时间滞后）；

（8）发动机控制单元J220进入应急状态；

（9）发动机转速低于300r/min（500r/min重新接通）；

（10）超速切断状态（延迟10s接通）；

（11）供电电压低于9.5V（至少关闭25s，10.8V重新接通）；

（12）自动空调控制单元J255接收不到发动机转速信号；

（13）自动空调控制和显示单元E87上的经济模式ECON按钮关闭了压缩机；

（14）自动空调压缩机电磁离合器N25本身故障；

（15）电磁离合器N25相关系统线路故障。

取下电磁离合器N25的插头，连接二极管VAG1527B，测量无电压信号。说明冷却风扇控制单元J293没有发出电磁离合器N25吸合的信号。取两根导线，分别与蓄电池的正极、负极相连，直接连接到压缩机电磁离合器线圈上，此时压缩机电磁离合器N25吸合，说明自动空调压缩机电磁离合器N25本身无故障。

连接VAG1552，进入发动机控制系统01，选择功能02查询故障码，无故障码存储。选择08功能，读取测量数据流50组（图5）。

图5 读取测量数据流50组

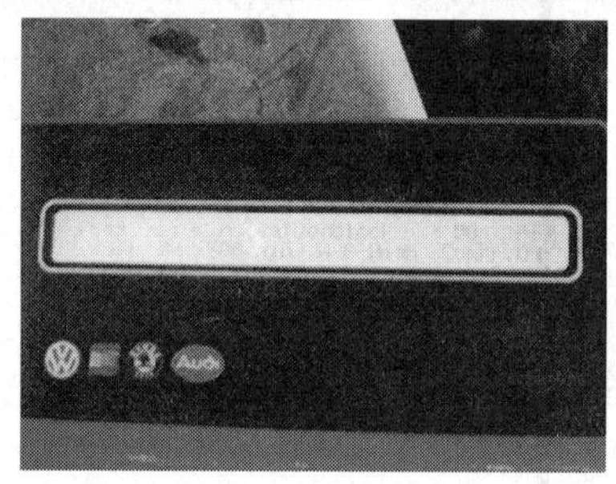

根据数据流50组3区显示 A/C-High，说明空调控制单元的T12/3插脚向发动机控制单元发出A/C信号。4区显示Compr.ON，说明发动机控制单元通过插脚T16b/12发出A/C回应信号。发动机运转，打开空调，连接VAG1552，进入自动空调系统08选择功能02，查询故障码，无故障码存储。选择功能03，执行元件诊断，电磁离合器N25也不吸合。选择08功能，读取测量数据流001组（图6）。

图6 读取测量数据流001组

对数据流01组第一区进行具体分析，查阅维修资料，现整理如下：

显示区1：0——电磁离合器N25吸合信号发出。

下面的数字代码说明电磁离合器N25吸合信号未发出的原因：

1——电磁离合器N25吸合信号关闭，制冷管路压力过高、切断压缩机；

2——电磁离合器N25吸合信号关闭，新鲜空气鼓风机V2或鼓风机控制单元J126损坏；

3——电磁离合器N25吸合信号关闭，制冷管路压力过低，切断压缩机；

4——未用；

5——电磁离合器N25吸合信号关闭，发动机转速低于300r/min或未识别出转速信号；

6——电磁离合器N25吸合信号关闭，用E87上的ECON按钮关闭了压缩机；

7——未用；

8——电磁离合器N25吸合信号关闭，测得的外部温度低于3℃，避免结冰检查外部温度传感器G17或新鲜空气进气温度传感器G89；

9——未用；

10——电磁离合器N25吸合信号关闭，电磁离合器N25供电电压低于9.5V；

11——电磁离合器N25吸合信号关闭，发动机冷却液温度过高；

12——电磁离合器N25吸合信号关闭，发动机控制单元关闭了压缩机；

13——电磁离合器N25吸合信号关闭，发动机转速高于6000r/min，压缩机延迟接通10s。

根据图6，01组数据流第一区显示0，说明在自动空调控制单元J255的控制下，空调控制单元通过T12/2向风扇控制单元T14/8发出A/C工作信号。空调电磁离合器N25发出吸合信号。

根据以上分析，诊断的目标指向冷却风扇控制单元J293。

取下冷却风扇控制单元J293（图7），零件号为 1J0 919 506K。发现4孔插头有厚厚一层氧化物。彻底清除氧化物，重新装上原车的冷却风扇控制单元J293，故障依旧。装一个新的冷却风扇控制单元J293，故障排除。

维修小结

取下原车的冷却风扇控制单元J293的黑色护壳，发现冷却风扇控制单元J293的线路板氧化严重

图7 冷却风扇控制单元J293

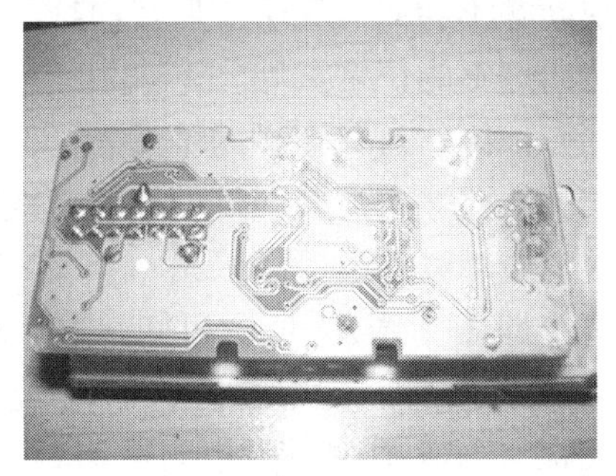

图8 J293线路板氧化

（图8），没有修复价值。线路板为什么被氧化？经仔细观察，发现冷却风扇控制单元J293的黑色护壳有两道裂纹，可能洗车或雨水通过裂缝进入冷却风扇控制单元，造成线路板氧化损坏。经询问客户，该车两年前发生过严重的车祸，冷却风扇控制单元J293的黑色护壳由于受撞击产生裂纹。通过该故障案例，我们知道了大众自动空调维修的思路与方法，重在观察数据流，利用数据流进行分析，避免检查的盲目性。

专家点评

本篇案例的重头戏，是讲述宝来自动空调电控部分的结构和工作原理，讲得非常细致，阅读后很有收获。维修技术人员首先分析，然后行动。分析写了4500字，检查写了100字，从中可以看出当今汽车维修对于原理分析的重要程度。

可能有的维修技术人员接到故障车后，根据电子扇和电磁离合器不工作故障现象，知道冷却风扇控制单元J293是一个关键部件，当看到J293外壳裂纹和4孔插头有氧化物，会更换J293进行试验。

那么，到底是维修技术人员方法好，还是后者方法好呢？我坚决支持作者的方法，有这样全面细致的分析，恐怕没有攻不破的疑难故障。

后者方法也可以排除本例故障，但是遇到从外观看不出问题的故障怎么办？我建议后者要借鉴作者的研究成果，并且归纳总结成自己的学习笔记，或画出一张表，写出各传感器的安装位置、作用、失效后的替代方案等，更能加深自己对自动空调电控系统的理解。这样的学习笔记积累多了，就可以成为一名出色的汽车维修技术人员。

宝来右后转向灯偶尔不亮

故障现象

一辆宝来1.6AT，底盘号：LFV2A21J-973032729；发动机号：BWG088632；生产日期：2007年6月13日；行驶里程：21592km；没有发生过事故，手续齐全，驾驶状况良好。

车主反映去年夏天开始出现右后转向灯偶尔不亮的现象，先后更换过闪光继电器、转向灯开关、右后灯总成、转向灯，均是在停车或准备开车时按遥控器发现右后转向灯不亮，但是驾驶一段时间后又恢复正常，此次来维修时一切正常。

故障诊断与排除

检查车辆可视部分线路、相关熔断丝均无异常，使用VAS5051检查故障码，没有任何故障码出现，该车已更换过多次相关部件，由于是偶发故障，首先仔细询问车主。车主仔细回忆了每次该故障发生的情况，均是在停车或准备开车时，按遥控器发现右后转向灯不亮，除此之外，车主也没有发现其他规律。

从偶发电器类故障来看，通过维修记录中可以了解到已经更换了大部分功能性相关零件，故障点可以锁定在线路本身上，于是结合电路图分析故障。

该故障发现总是出现在右后转向灯处，其他转向灯都能正常点亮，如果是公用搭铁或部件出现问题，不会只出现此处一个转向灯不亮，且有可能舒适单元内还会出现故障码，例如：电路图中的结点如果出现问题不会只有一个右后转向灯不亮，还会有其他转向灯不能正常点亮。

询问以前维修过该车辆的维修人员，出现故障时测量相关线路，右后转向灯处棕色搭铁正常，而黑绿色供电线却没有电压降。

通过电路图（图1）所示可知，右后转向灯的并联支路内除了灯座、线束外只有一个连接点，就是插头T5i/3，如图1中红色圈所注，从线路类故障的可能性出发，应首先对其进行检查。

图1 水温传感器正常电路图

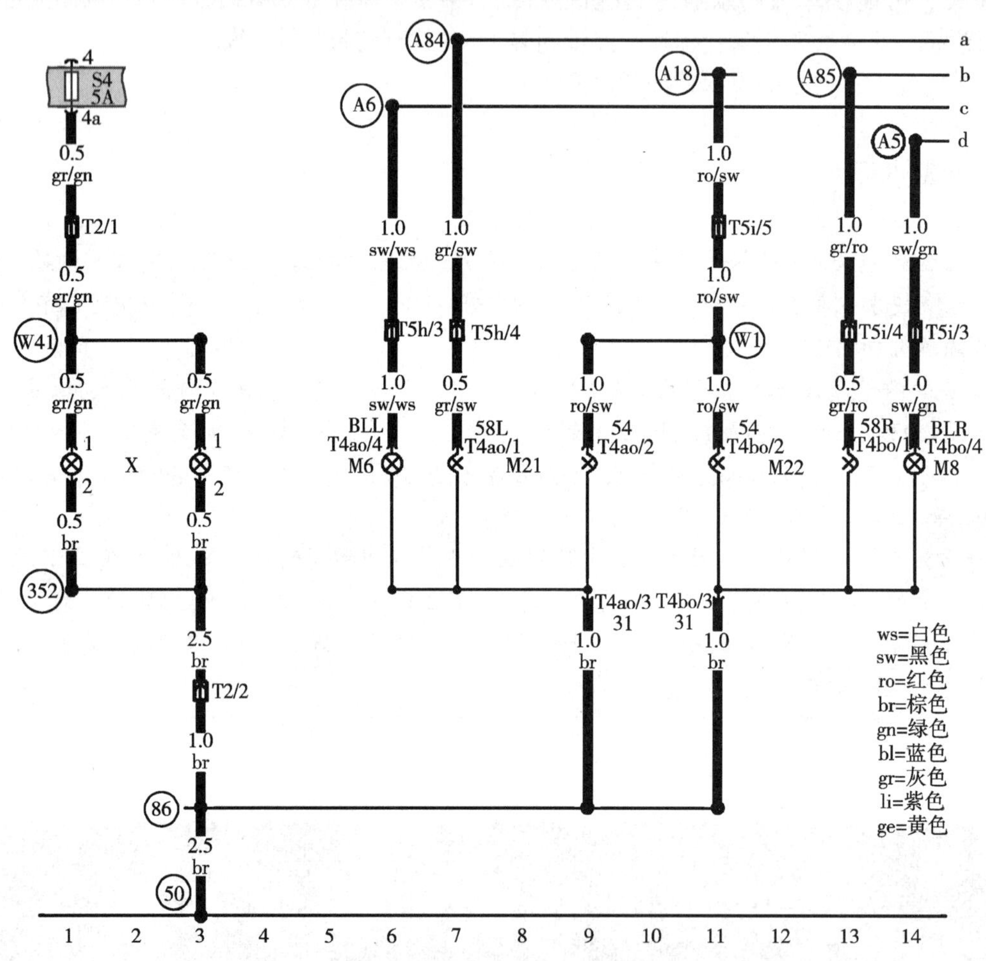

M6-左后转向灯；M8-右后转向灯；M21-左侧制动灯及尾灯；M22-右侧制动灯及尾灯；X-牌照灯；S4-熔断丝支架4号熔断丝；T2-2孔插头连接，在行李舱左侧；T4ao-4孔插头；T4bo-4孔插头；T5h-5孔插头，左侧A柱下部附近，缠在线束内；T5i-5孔插头，左侧A柱下部附近，缠在线束内；50-搭铁点，行李舱左侧；86 -搭铁连接-1-，在后部线束内；352-搭铁连接，位于后保险杠线束内；A5-正极连接（右转向灯），在仪表板线束内；A6-正极连接（左转向灯），在仪表板线束内；A18-连接（54），在仪表板线束内；A84-连接（58L），在仪表板线束内；A85-连接（58R），在仪表板线束内；W1-正极连接（54），在后部线束内；W41-正极连接（58），在牌照灯线束内

此插头在左前A柱下侧的车身线束内部，查看实车，此插头位置在车主侧左下边饰板下面，检查此处是否有受到干涉的痕迹或有无受到干涉的可能性，发现此处有长期上下车鞋底磨蹭的脏污痕迹，此时用橡胶锤敲打饰板表面数次，故障现象出现，至此可以将故障点锁定在此处插头或线束处。与车主描述发现故障时的情况进行对比分析，车主每次发现问题时都是停车后或开车前，也就是说都是上下车后发生的问题。结合饰板处有上下车鞋底磨蹭的脏污痕迹和车主身材很健壮现象分析，应是车主

在上下车时脚部无意识的对此处施加了外部干涉或外力，从而造成内部的线路或插头因某种原因虚接，从而产生故障。

故障分析、故障再现和车主描述相一致，可以确定故障发生点。

拆下饰板，检查相关线束无异常，继续分解线束后发现，T5i/3插头的针脚弯曲，但是还没有折断。由于插头的卡子压力作用还是能够与插槽接触的，但是有较大震动后就会造成虚接现象，具体插头情况如图2所示。使用一汽-大众专用工具VAS1978（图3）更换针脚后，故障排除。

图2 弯曲了的插头实物图

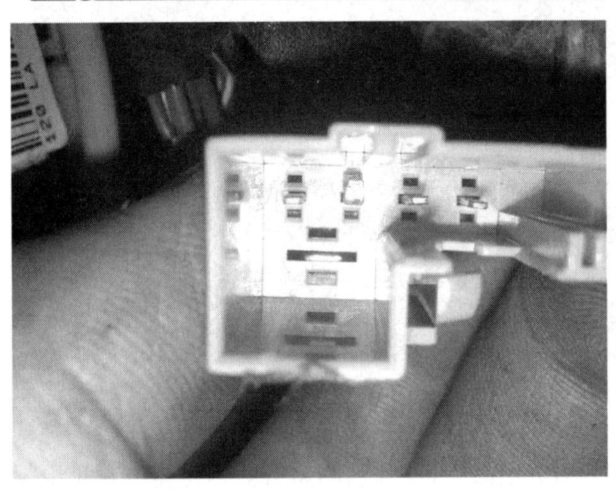

图3 一汽-大众专用工具VAS1978

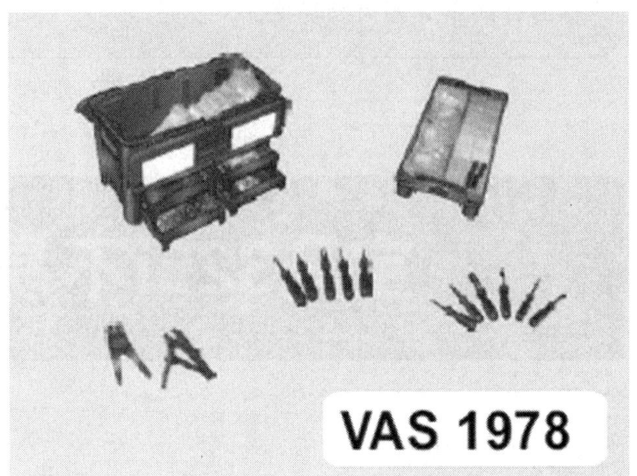

维修小结

针对此类偶发线路故障，必须详细结合故障现象、电路图分析，最好能通过模拟法使得故障现象可以再现，此时确定的故障点才是准确的。思路要开阔，要把故障发生时候的情况详细记录加以分析，这也体现了详细记录车主主诉的重要性。此外，使用一汽-大众专用工具VAS1978可以完善的修复线束、插头，其中，热缩线路连接零件可以达到完全防水、防腐蚀的线路连接效果。

专家点评

此维修技术人员过去专修一汽马自达车型，现在专修一汽-大众车型，维修的车型越多，越能了解汽车的共性和个性。我曾为此维修技术人员点评过多篇案例，此维修技术人员的稿件按照维修手册中的检查方法，使用规定的诊断仪器，以最短的时间找到故障点。该车故障现象是右后转向灯有时不亮，此维修技术人员根据电路图认为最有可能导致右后转向灯电流中断的是插头T5i/3，该插头位于门槛饰板下面，采用敲击法使故障重现。其后使用VAS1978电线维修工具箱修复了插头，并介绍VAS1978中的热缩塑料管不仅使接头不受外力作用，还具有防止接头进水、防止接头腐蚀的作用。

我们重点讨论此前的维修人员所做的工作。此前维修人员更换了闪光继电器、转向开关，这是错误的，因为闪光继电器故障会导致所有转向灯不亮，转向开关故障会导致一侧的转向灯不亮。接着又更换右后灯总成、转向灯，这两个零件有故障可导致右后转向灯不亮，但通过测量可以判定这两个零件是否存在故障。此前维修人员不根据电路原理图分析右后转向灯不亮的原因，只是一个接一个地更换零件，这不就是所谓的“换件工”么？

误更换零件后无非有4种解决方法：本企业买单、车主买单、主机厂买单、拆下新件换回原车件。我们说企业老板不会干赔本买卖，车主不会花冤枉钱，最有可能是主机厂买单，但是不要忘记，大量错误索赔，主机厂会撤销服务站资格。如果拆下来还给备件库，新备件岂不都成了试用过备件。

借此版面，讨论撰写故障案例中的一个问题。前几个月编辑部给我几篇稿件请我点评，我没有点评，为什么呢？有些维修人员对于简单故障，不使用诊断仪查询，不阅读技术资料，不制定正确检查步骤，总之是不按套路出牌，将简单故障变成复杂故障，然后再将自己如何绕圈子写出来，语言烦琐，内容空泛，层次不清，逻辑混乱。这样既耗费作者的时间，也耗费读者的时间。我们写案例不是编电视剧，电视剧以剧情越复杂、越离奇吸引观众，而我们写案例要科学合理、言简意赅。应写出正确的结构原理、正确的诊断思路、正确的检查步骤、正确的分析判断、正确的维修小结。我说的可能有些严厉，但衷心希望更多的维修人员在诊断能力和文稿写作两个方面同时提高。

宝马325i不易起动故障排除

故障现象

一辆宝马325i，装备2.5L（M50）V6发动机。该车刚起动时，发动机状态良好，但是怠速运行一段时间后，发动机就会突然熄火，再起动困难。

故障诊断与排除

着手维修前，先分析一下，在运行中发动机突然熄火是哪儿的问题呢？这得看看故障症状产生时的情况。凭直觉，故障应该与电子控制系统有关。理由是发动机刚起动时状态良好，常常在怠速期间熄火，然后再起动时困难。假如是机械和点火的问题，刚起动就不会顺利，而且发动机运行状态也要恶化。故障症状不能稳定地重现是电子控制系统故障的重要特征。这类故障，若在发动机运行状态好时检查，检测多少遍也是枉费，因此要在故障症状重现时以最快的速度进行诊断。为此要充分地熟悉车辆的电子控制系统。宝马325i采用的是Bosch Motronic控制系统，电脑ECU控制顺序燃油喷射系统。此外，点火系统采用的是直接点火系统，电脑ECU采样各个传感器信号，然后再根据发动机转速信号、空气流量计信号计算燃油喷射持续时间，当然还要根据冷却液温度和节气门开度信号进行补偿修正。知道简单的工作原理后再进行检查诊断，思路就清晰多了。起动发动机之前在燃油压力检查口上装上燃油压力表，然后起动发动机，发动机一下就起动了。但是，怠速运行一会就熄火了。从这个事实出发考虑，发动机肯定没有问题。燃油压力表指针不下降，燃油系统应该也没有什么问题。确认喷油器动作声，动作清晰整齐。但是排气管排出很浓的黑烟，并有浓重的汽油味，有可燃混合气过浓的嫌疑。混合气过浓最值得怀疑的因素就是喷油器开启的脉冲时间过长。现在对与喷油器有关的传感器展开调查。当调查到水温传感器时，水温传感器的信号电压为0V，水温传感器的正常电路图如图1所示。在发动机工作过程中，电脑ECU供给水温传感器5V的 恒压电源。

图1 水温传感器正常电路图

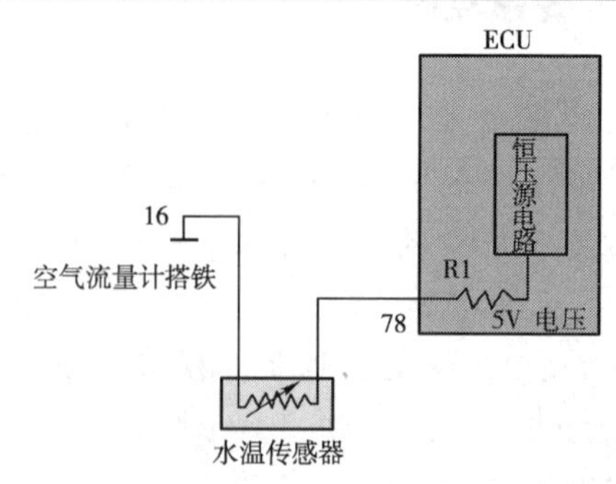

16-水温传感器和空气流量计共用搭铁线；78-水温传感器电源线

水温传感器电压为0V的故障有3种可能：一是水温传感器短路（如图2所示，电脑ECU正常，如果水温传感器短路，此时线路直接搭铁，所以电压为0V）；二是水温传感器电路断路，电脑ECU供电正常（如图3所示，电脑ECU正常，如果水温传感器断路，经检查传感器端电压为0V，ECU端电压为5V）；三是电脑ECU故障，无电压信号（如图4所示，电脑ECU故障，ECU端电压为0V）。

图2 水温传感器短路电路图

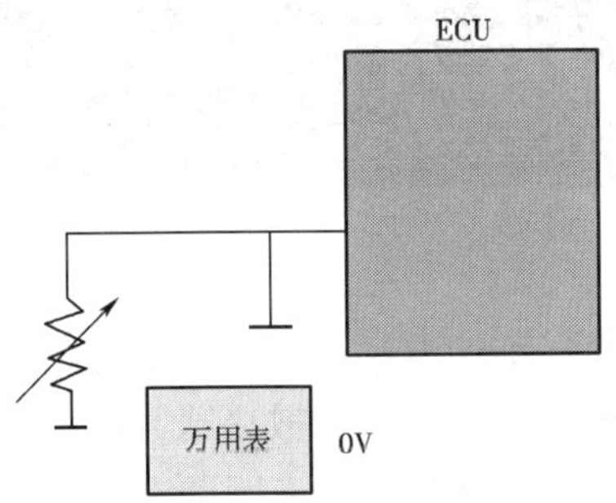

图3 水温传感器断路电路图

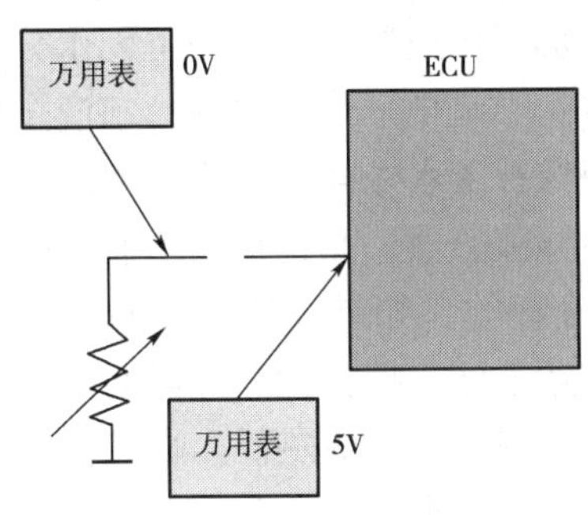

为了进一步诊断，把电脑ECU端子上的水温传感器的配线拆下来，用万用表测量电脑ECU上的端子，万用表指针仍为0V，也就是说并非水温传感器

图4 电脑ECU故障水温传感器电路图

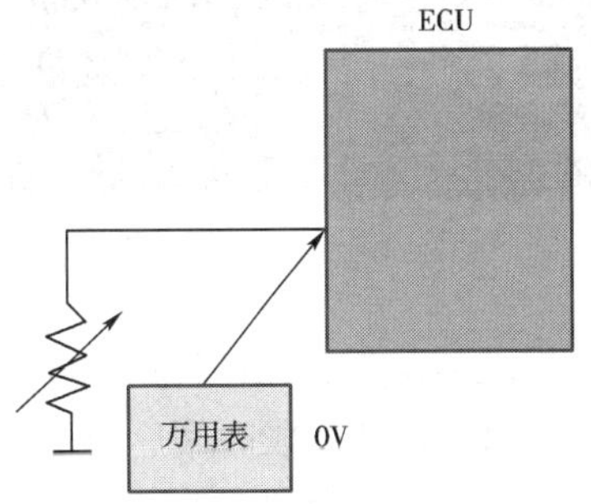

配线搭铁而造成的0V，而是电脑ECU根本没有输出电压。继续对ECU进行检查，结果发现ECU电路底板产生了一条裂纹，从而造成水温传感器的端子没有电压。由于电脑无法维修，更换电脑，故障排除。

维修小结

一看到水温传感器的电压为0V，就断定配线对地，然后更换配线，结果肯定是失败。今后为了避免诊断失误，应该怎么做呢？同样是0V，应该分为短路、断路和电脑故障3种情况来诊断，这样就可以使诊断准确清晰，避免判断失误。

专家点评

维修技术人员在案例诊断之前提出了“这类故障，若在发动机运行状态好时检查，检测多少遍也是枉费，因此要在故障症状重现时以最快的速度进行诊断。”这样的思想是非常重要的。这就是我以前在点评其他案例中提出的“故障检测一定要在故障状态下进行”的理念。这样的理念是故障检测的重中之重，希望所有维修技术人员都能高度重视，我再次呼吁广大维修技术人员都要树立这样的故障检测思想。比如文中，维修技术人员在发动机起动和熄火时用燃油压力表检测燃油压力，发现压力在发动机熄火时并没有下降，从而确定发动机的燃油供给部分没有问题，就充分体现了这样的检测思想。

但是，我们也发现一个问题，维修技术人员在后面判定喷油器喷油时间过长时，却没有贯彻上面的检测思想，此时他仅仅是推测，而不是在故障状态下检测。维修技术人员是这样描述的：“混合气过浓，最值得怀疑的因素就是喷油器开启的脉冲时间过长。”我们有故障检测仪，可以用故障检测仪监测喷油脉宽来判定是否因喷油器开启的时间过长造成混合气过浓；或者也可以利用示波器在故障状态下检测喷油器的驱动波形来验证此推测，如果故障原因真如维修技术人员所推测，那么喷油器驱动波形上肯定会显示喷油时间过长。有了这样的检测，就不用怀疑而是可以肯定是由于喷油器开启时间过长导致混合气过浓了，这样便给车辆故障的进一步检测奠定了基础。

维修技术人员对水温传感器电压为零的分析非常正确、清楚、全面，这样的分析可以应用到所有的传感器系统之中，对维修技术人员检测线路系统故障非常有帮助，值得广大维修技术人员学习。

宝马740自动变速器无法升5挡

一辆2002年的宝马740，由于换了波格之后变速器就出现了问题，行驶一段时间后自动变速器就出现无法从4挡跳到5挡的现象。此前，在其他修理厂检查了几次，也未发现问题。

用GT1对该车进行了检测，但检测结果显示一切正常。考虑到问题很可能不在电路，且自动变速器内部又没有动过，阀体也不可能损坏，故推测是自动变速器油的质量问题。但是维修工说，重新换过变速器油，故障依旧。难道是油加多了，不过宝马自动变速器的加油孔在上面，如果油满了会自动溢出来。这样一来，只好试着用GT1进入专家模式进行检测，对自动变速器内部换挡电磁阀做测试，没发现问题。随后又用GT1进行油位检查，可是屏幕上显示油温太高。进行油位检查的条件为：怠速状态、开前照灯，且油温为50℃以下。于是就将车进行冷却，当温度完全冷下后我们又继续检测，但起动发动机后，油温立刻上升到了60℃，超过了检测条件，所以无法检测油位。行驶一段时间以后，读取油温传感器的实际值为130℃，这远远超过了油温范围。问题很可能是自动变速器电脑监测到油温太高，使变速器进入保护状态，不让其换入超速挡。

自动变速器油温高，说明自动变速器的散热器和油管有堵塞现象，需要清洗。可是修理师傅告诉笔者，他们已经仔细清洗过自动变速器管路，没解决问题。用手摸自动变速器的散热器，温度很高，说明自动变速器的散热器可能有问题，需要更换。另外，笔者还发现此车水温也比较高，慢慢拧开散热器盖，发现散热器水竟然呈白色，难道汽缸床冲了？但发动机工作正常，机油内也无水分，散热器水位也正常。于是把散热器内的冷却液全部放掉，发现冷却液像石灰水一样，极不正常。这样的冷却液很可能堵塞散热器，而且自动变速器的散热器是靠2根水管冷却的，如果冷却液不循环或者堵塞，冷却效果自然不佳。把自动变速器的散热器拆下，准备清洗自动变速器的散热器。当把自动变速器的散热器的一根冷却水管拆下后，发现自动变速器的散热器入水管口几乎被白色沉淀物堵塞，没有足够的冷却液进入自动变速器的散热器进行冷却循环。清除沉淀物，冲洗自动变速器的散热器、散热器和水道后试车，自动变速器跳挡正常，行驶性能颇佳。但笔者还是不明白冷却液怎么会变成白色的？这时碰巧一辆新款宝马530更换节温器，那辆车的旧节温器内也是雪白一片，像石膏一样。询问修理工和车主之后才推测，可能是此厂所用的冷却液存在质量问题，加入散热器一段时间后会变质，出现白色粉末。

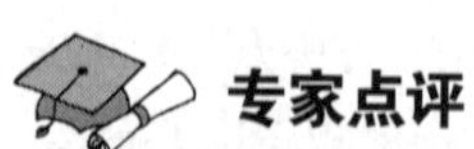

专家点评

该案例虽然是宝马车自动变速器的故障，该故障的发生原因以及故障的特征均和以前案例《高尔夫自动变速器升挡困难》如出一辙。故障现象同样是在车辆温度升高以后产生，而且同样是表现在自动变速器的升挡性能上，最终故障根源都是自动变速器油散热不良，两车均是曾在其他修理厂进行过维修，唯一的差别只不过一辆是“高级的宝马”，一辆是“普通的高尔夫”。

但是，读者如果将两篇文章放在一起阅读的话，您可能会发现《高尔夫自动变速器升挡困难》一文条理非常清楚，检测针对性比较强，故障解决在常理之中，就这样我在点评《高尔夫自动变速器升挡困难》一文时，在最后还是提出了检测中应该改进和提高的地方。回过头来，我再看本文，心里的确是有一种说不出的滋味。我们来看一下：接车后，仪检测没有读出故障，于是开始推断“很可能……，推测是……难道是……这样一来，只好试着……”，等等，这样发现故障根源纯粹是一种“偶然”现象——在用GT1进行油位检查时发现屏幕显示的“油温太高”，如果不是这一“偶然”的话，该车的故障解决可能还真要费一番周折了。关于自动变速器油温度过高（冷车正常，热车出现故障）的问题，我在《高尔夫自动变速器升挡困难》案例的点评中做了简单说明。对于这样的问题，“温度”就是故障检测中一条毫不迟疑的“主线”，一切围绕着温度为什么高、是什么原因导致温度高、温度高了会如何、温度在自动变速器油的循环链中的变化是否正常等一系列问题开展故障检测工作。像《高尔夫自动变速器升挡困难》，充分采用红外测温仪进行温度检测，从而非常顺利地找到了故障根源，不费吹灰之力地排除了故障。该案例如果也采用红外测温仪进行温度检测，可能发现故障应该也是一件非常容易的事。

但关键是存在以下两个方面的问题：

一是维修技术人员在进行故障检测之前没有对故障进行详尽的分析，没有弄清楚故障发生的前因后果，这样在进行故障检测时就毫无根据、毫无目的，只能“很可能……，推测是……，难道是……，只好试着用……”的方法进行排查。由此可见，故障检测之前的故障分析判断是非常关键的。2006年2月出版的《北大国际MBA（BiMBA）NEWSLETTER》中有篇马浩先生的题为《骑驴说驴：有关“定义问题”的问题》的文章，该文主要阐述管理决策中“对问题进行定义”的重要性，文章指出：“问题的定义是决策的起点，为决策者营造某种声势和气氛，提供行动的前提和依据”；“对同一问题，不同的人很可能会有不同的看法和理解。给定同一个时间或者现象，由于经验、阅历、认知和利益等因素，人们可能看到的是不同的问题，或者对问题有不同的定义”；“而在一个组织中，一个问题一旦被组织的当权者给出了官方的、正式的定义，对问题的这种定义，在很大程度上是给问题定了性，并相应地决定了信息的收集、行动的依据，人员的参与和采取的程序”；“对问题的定义贯穿于整个决策过程里”。其实我们在车辆故障诊断中，“故障车的故障现象”就是所谓的“问题”，“汽车维修技术人员”就是所谓的“决策者”，“对故障的分析判断”就是所谓的“问题的定义”，“维修人员采取的检测方法、手段、程序”就是所谓的“决策”。由此可见，如果我们不对车辆的故障，根据故障发生的表征、规律等“问题”进行科学的分析，我们就无法给“问题”一个确切的“定义”，作为“决策者”的汽车维修技术人员也就无法进行“决策”。即在故障排除的过程中，维修技术人员采取的检测方法、检测手段和检测流程就“无章无法”，东一榔头西一棒，这样一来整个问题的解决过程就是失败的。我们一定要清楚，“问题”的存在是客观的，导致该“问题”的存在因素也是客观的，故障现象和故障原因之间具有不可分割的必然联系，排除故障的过程其实就是找到其必然规律的“问题的定义”和“决策”过程，这就要求维修人员要不断提高和加强自己分析“问题”和给“问题定义”的能力。“问题”的“定义”正确了，“决策者”的“决策”也就正确了，解决问题所采取的策略也就正确了，“问题的解决”也就成了“必然结果”。

二是故障检测过程中的手段单一，检测设备、工具使用不充分。故障检测仪在广大维修技术人员头脑中已经成为“唯一”，只要电控车辆发生了故障，大家首先想到的是要用故障检测仪进行故障码的读取，读出了故障码——“高兴”，没有读出故障码——“失望，束手无策”。经常看到很多维修技术人员这样表述“检测结果显示一切正常，只好怀疑……”当然这里和我们讲到的问题——没有详尽的故障分析有关系，但是我们难道只能用故障检测仪对车辆进行故障码或者数据流的检测吗？现在汽车检测诊断设备厂家推出了大量有用的检测设备和检测工具，像红外测温仪等，对快速准确地确诊故障部位非常有帮助。在此建议广大维修技术人员，要密切关注检测诊断设备的发展状况，并积极地将新型的检测设备应用到维修实践中，尽快从“经验修车”和“感觉修车”提升到“科学修车”和“数据修车”。关于检测诊断设备，也许是维修技术人员不知道，也许是修理厂根本没有，也许是维修技术人员没有认识到，也许是维修技术人员不会用，但是无论如何，只要您意识到了这一点，我相信熟练应用仅仅是时间问题。

宝马X5怠速抖动、加速无力

故障现象

一辆宝马X5，E53底盘，装配M45发动机，客户报修发动机怠速抖动，加速无力。与客户交谈中得知该车刚在其他修理厂修过，清洗了喷油器、节气门和怠速电动机，故障没有明显改善。

故障诊断与排除

首先，对发动机的外部做了一些基本检查，没有发现问题。使用宝马原厂检测仪GT1连接车辆，读取发动机故障码，发动机电脑输出一个故障码—线性节温器故障。经验表明该故障码与发动机怠速抖动没有太大关系。宝马发动机大多采用了电子节温器，该节温器除具有普通节温器的功能外，内部加装了一个加热元件，在85～103℃区域内，它可以根据发动机的负荷情况控制节温器的开度大小，当大于103℃时就转换成普通节温器功能，最大开度位置。根据这一原理，初步排除了节温器故障。

接下来使用检测仪读取发动机实际值：

空气流量计：12kg/h（标准值：12～16kg/h）；

发动机转速：650r/min；

进水口温度：93℃；

出水口温度：65℃；

前氧传感器 缸列1：0.1～0.35V之间变化；

前氧传感器 缸列2：0.1～0.35V之间变化。

根据以上数据分析，只有氧传感器的数值不正常，氧传感器的信号电压过低，说明混合气过稀，然后利用检测仪的汽缸平稳度检查，发现数据如下：汽缸1： 2.889；汽缸2：2.388；汽缸3：2.355；汽缸4：1.078；汽缸5：3.044；汽缸6：1.336。

运行平稳性的分析只能在发动机怠速时进行（冷态或热态）。它是通过曲轴位置传感器测得曲轴加速情况，通过ECU分析，可以对每个汽缸的燃烧质量作出结论，这样就能很清楚地识别燃烧情况差的汽缸。理论上均匀燃烧的发动机，其所有汽缸的数值均为0。

不同原因会导致运转平稳性数值升高 ，例如点火缺火、未经空气流量计测量的空气、混合气浓度偏差、燃油压力过高或过低、汽缸压力不足等。

通过原理得知，数据的标准值为0，实际工作当中，数值维持在0是不可能的，只要不超过0.3000时，就是正常数值，如图所示（此图是笔者在一个正常车辆上读取的）。实践表明该数值大于3.000后，就会产生汽缸失火（缺缸）。这段分析数据是笔者结合实际工作经验所得，与原厂数据有少许差别，但在故障排除当中，笔者的数据非常实用。根据以上的数据综合分析表明，是因为混合气过稀导致的发动机失火，表现出来的现象就是发动机抖动。

正常车辆上读取的平稳性数值

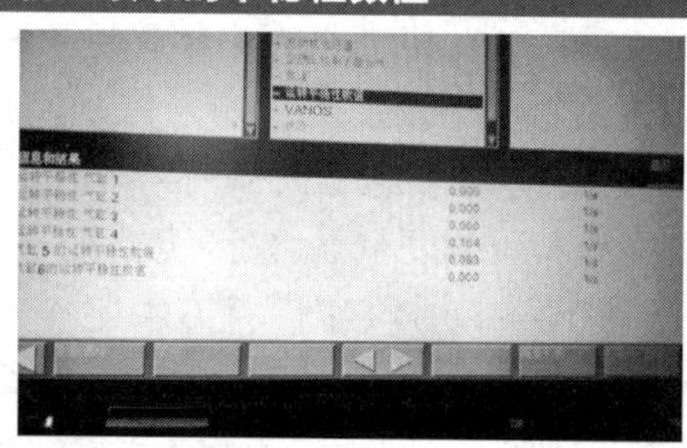

此时，我们为排除故障找到了方向，但故障点还没有确定，接下来第一步就是印证氧传感器自身的好坏。由于当时没有示波器，只能使用万用表测量，发现信号电压与检测仪显示的数据一致，向进气口人为地喷了一些清洗剂，信号电压迅速升至0.9V，这一试验证明氧传感器反映良好，基本判定氧传感器是好的。空气流量计的数值是正常的，所以基本确定空气流量计后方漏气，使用同样的方法在可疑的部位喷一些清洗剂，查找漏气的地方，在喷到发动机左侧的可变进气歧管长度转换阀时，发动机转速升高，运行平稳。

拆检进气歧管长度转换阀发现，内部的膜片破损，与大气相通导致空气泄漏，更换该阀后，故障排除。

检测氧传感器的信号，在0.2～0.8V之间循环变化。

通过本例可以看出，氧传感器为我们提供了非常重要的信息，为故障排除指明了方向。

专家点评

维修技术人员能够顺利地排除故障，是利用仪器进行理论分析和实践经验有机结合的必然结果。假如没有检测仪读取数据流，就无法立刻知道氧传感器数据的异常，如果没有“向进气口喷清洗剂（模拟增大混合气浓度）”的经验性操作，就不会确定氧传感器性能是正常的。可见，在实际的汽车维修过程中，科学合理地应用理论和实践是多么重要！

另外，在进行故障原因分析时，一定要周全翔实，有理有据。从文中我们可以看到，维修技术人员在判定氧传感器性能正常之后，根据空气流量计数值正常这一条件，就确定空气流量计后方有漏气之处，理由显然不够充分。混合气过稀的原因包括进气歧管漏气，但绝不仅仅就这一条，譬如喷油器堵塞、燃油系统压力偏低等原因都可能导致混合气过稀。并且，在通常情况下，如果进气歧管漏气，空气流量计的读数一般都要偏低，这是因为在发动机工况不变的状态下（例如漏气前和漏气后都始终处于怠速状态），发动机对进气量的要求基本是一致的，由于总进气量一定，而进气歧管处因漏气要进入一定量的空气，因此，流经空气流量计的空气量必然减少。从文中的数据流也可以看出，尽管空气流量计的读数符合标准要求，但也是在标准的最下限。

至于加速无力，虽然维修技术人员没有作分析，其实也很好理解，因为在加速时进气量增大，从进气歧管处的漏气量也加大，从而使空气流量计的读数较正常值降低较多，发动机ECU据此信息减小喷油脉宽，势必会出现加速无力的症状。

在这里需要提示一下，进气歧管漏气对于装有空气流量计的发动机性能影响较大，而对于只安装进气歧管绝对压力传感器的发动机来说，在怠速时有比较明显的影响，而对于加速则影响不大，为什么？分析一下进气歧管压力传感器的安装位置和工作原理，大家就会明白了。

宝马缸内直喷发动机起动困难

故障现象

一辆宝马760Li，两个月前出现冷车起动有迟滞2～3s才发动的现象，近日这种状况更有加剧，要连续起动7～8s才能着车，且发动机水温在上升到40℃过程中还易熄火，车主反映行驶无力。熄火后能再次起动发动机，运转基本无异响，但有轻微抖动，静态空载加速略显迟滞。多次使用原厂检测仪对车辆各系统读取故障码，显示各电控系统正常，无故障码存在。

故障诊断与排除

该款汽车采用N73发动机，为V型12缸，1～6为右列汽缸，7～12为为左列汽缸，采用最先进的缸内直喷技术。N73发动机有2个空气流量计，2个节气门和左右各自的进气歧管，检测各个汽缸压力均在11.5kPa左右，符合规定标准值。检查空气滤清器较干净无堵塞，电子节气门基本没有积炭，门阀开合良好。

图1所示为该直喷发动机的供油系统，图中红色油管为高压喷油管，是由柱塞式高压泵引出到油轨；蓝色为低压进油管，黄色为回油管，中间的2根高压油轨下方安装有喷油器，向左右各缸内喷油。

直接喷射燃油系统由汽油箱、低压油泵、带压力调节器的燃油滤清器、2个高压油泵、输出油管、回油管、分配油管及高压喷油器等组成，其作用是提供直接喷射所需的压力燃油。

从该车冷起动困难、水温40℃时易熄火的现象，初步分析是供油不良所致。因无法直接测试喷射高压油路，只能通过该车的诊断电脑GT1，在路试动态时检测各缸的平稳比较数值，在发动机不同的转速下检测值如表所示。

图1 共轨式供油系统

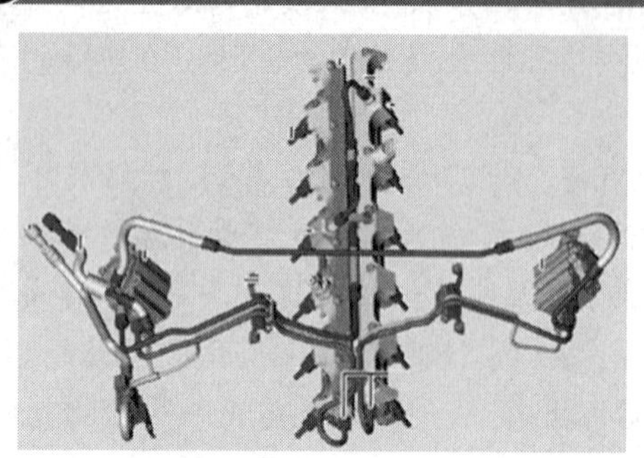

从发动机动态数据流分析，平稳比较数值反映各缸的工作贡献性能，表上发现右列6个汽缸运转数值比标准值要低，客观上反映右侧6个汽缸的功率下降，而左列汽缸运转数值基本符合标准值。

检测显示1～6缸的平稳比较数值明显低于标准值后，我们曾将左、右各6只喷油器对调试验，原故障现象仍出现，基本排除不是因原右侧喷油器不良而造成此故障，判断也不应是点火系不良造成此故障。从经验分析，应是供给这6缸的混合气过稀，可能是引起此故障的原因。于是我们拆下1～6缸节气门进气软管，在车辆冷态时用清洗剂边喷边起动，以增加混合气浓度，结果此车着车反应快，重复多次均能顺利着车，这说明喷油不良可能造成此故障。

用专用诊断仪GT1检测左右缸的平稳比较数值

发动机转速（r/min）	压力标准值（MPa）	左汽缸压力值（7～12缸）（MPa）	右汽缸压力值（1～6缸）（MPa）
680	3.0	2.9	2.3
2000	4.1	4.1	3.0
3000	4.4～4.7	4.3	3.1

图2为宝马760Li油路系统简图，从图2油路简图可见，整个油路系统由低、高两级油泵组成。低压是普通油泵，产生6.0bar（1bar=10^5Pa）左右的油压。高压泵有左右2个柱塞泵，它们将油压提升并调节为50～120bar，图中油轨压力传感器可以测量当前油轨中的燃油压力，油轨下方安装有12只喷油器，实测其电阻值为1.2Ω，属于电流控制型，使发动机响应速率极高。

图2 宝马760Li油路系统简图

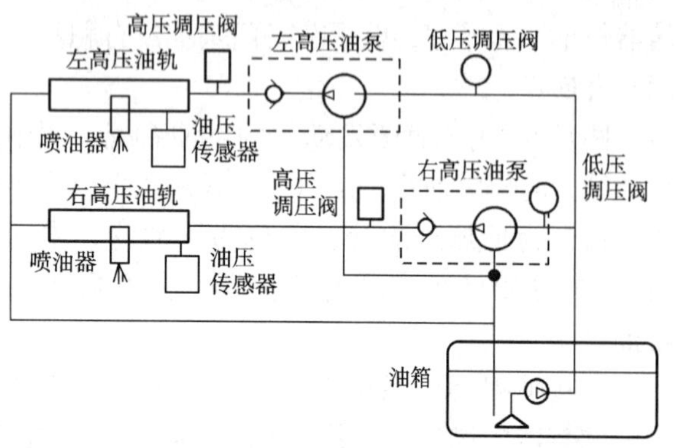

图3为解剖的高压油泵的结构图，油泵结构十分复杂精细，它包括上部的低压腔、下部的高压泵及高压电磁调节阀。置于油泵体下端的是高压油泵及其柱塞，泵体中部右侧安装的是电磁式高压调压阀，上部有低压调压阀及其低压止回阀，在低压腔内还有蓝色的燃油过滤膜片等。在图的左侧有：上部低油压进油管、中部高压出油管、下部黄色回油管。在泵体的上方有低压调压阀弹簧，下方还有高压油泵柱塞弹簧。其各部件的结构与作用简述如下：

图3 N73直喷发动机高压油泵的剖面图

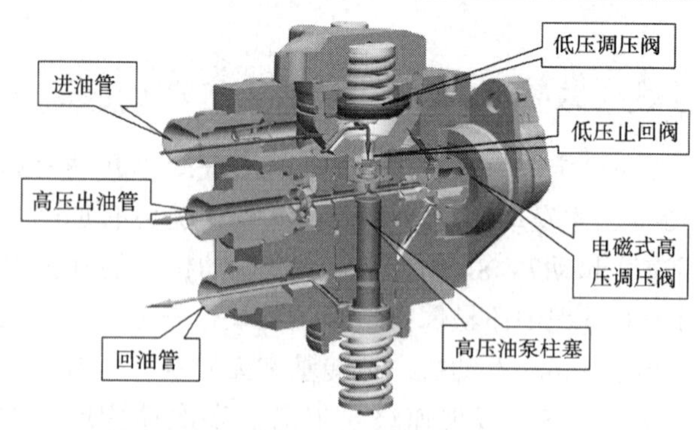

（1）图上方的是进油低压调节器，它是带有燃油滤清器的。图上用蓝色表示滤清膜片，实际检测有两层，其作用是过滤燃油中的杂质，并将进油管路中的压力控制在6bar。

（2）两个高压油泵的柱塞由下方的排气凸轮轴驱动，将燃油压缩到油轨，图中用红色表示，它能将燃油压力提高，并由侧面的电磁阀实行占空比控制，以泄油方式将高压汽油调节到50～120bar的压力，实测电磁阀电阻值为5.4Ω，符合维修手册的规定值。

直接测试喷油高压油路的压力有一定难度，于是我们进行路试，在低压泵到高压间的油道上连接好低压油压表，同时将诊断电脑GT1也连接到车上，以读取各缸的平稳数值。在路试过程等待红绿灯时，发现发动机突然抖动，同时油表的压力突然从6.0bar降为4.5bar。1～6缸的平稳数值低于标准数值，根据以往经验，应是油路存在不正常现象。

解体右高压油泵（图4），发现油泵内部很脏，有很多杂质堵塞在低压进油口部位。当排气凸轮驱动高压油泵活塞向上运动时，油泵内部活塞上附有黑色的胶状的杂物堵塞，导致进油端的压力偏低，使得缸内混合气较稀，引起发动机不能顺利起动。维修后，实测发动机每个缸的平稳数值，都回到标准值的范围之内，发动机的正常工作性得以恢复。

图4 解体并清洗高压油泵部件后拍摄的分解图

维修小结

这种缸内直喷发动机虽然对燃油没有特殊含硫式极低的要求，也能使用常规的三元催化转化器处理发动机的废气，但对燃油洁净度的要求十分严格。究其原因，是近几个月该车经常往返不同城乡，在不正规的加油站加注了不洁燃油，是造成这辆宝马缸内直喷发动机出现此故障的根本原因。

帕萨特篇

帕萨特1.8L加速无力

故障现象

帕萨特B4，1995款，1.8L GLS多点燃油喷射，配备5挡手动变速器。此车行驶20万km后开始出现加速无力的现象。试车中发现发动机怠速在600r/min时抖动严重。

故障诊断

（1）根据故障现象，采用排除法对故障进行诊断，首先给此车做了3项常规检查：

①拆下火花塞发现电极间隙大，烧得发秃，电极有点白色，好像空燃比较小。更换了一组新火花塞、高压线、分火头，并测量了缸压，4个缸的缸压基本都在975kPa以上，可以确认该部位正常。

②拆下4个喷油器做了一次超声波清洗，装复后，连接燃油压力表测量油压。起动后故障现象依旧。

③怠速时油压在250kPa，拔下油压调节器，真空管油压上升到300kPa，正常。看来故障原因不在这里。

（2）连接VAG1552诊断仪，进入01-发动机，01功能（控制单元版本号037906 025F，编号00000）：02-读取故障码，分别是00530、00518、00537和00282。分析认为此车经过几次修理很可能有遗留下来的故障码。然后选择05-清除故障码后，试车再调，这次只剩下00537故障码。然后选择08-读取数据流，001组显示发动机转速724r/min，冷却液温度为85℃，氧传感器电压为0.21V，但转速波动很大，最低只有617r/min；002组主要显示喷油脉宽3.06ms，正常；003组主要显示节气门开度和发动机负荷，开度为11.3°，负荷为21.7%。根据大众车数据排列特点，001组的氧传感器电压0.21V是不正常的，应该在0.45V左右波动，且每10s不少于8次，但此车是有故障存在的，可能是空燃比不对，所以氧传感器显示这个电压也不能说明氧传感器损坏。002组中的喷油脉宽3.06ms正常，003组节气门开度为11.3°，而标准值一般不大于5°，显然节气门开度太大。为了使节气门开度恢复到正常值范围，进行了清洗。清洗节气门体后重新做匹配，显示“自适应正常”，读取数据流，节气门开度依然是11.3°，没有变化，我们分析造成这个开度有可能是点火时间有误或是配气相位不正确，发动机控制单元为了维持怠速而给出的控制信号。随后检查点火正时，发现正时带稍有一点松，重新调整一下，更换一新的氧传感器试车，情况稍有些好转，但问题没有彻底解决。

（3）从数据上看，氧传感器电压在0.2～0.75V之间波动，很活跃，但0.45V以下时间较长。主要是节气门开度信号11.3°和21.7%的发动机负荷不对，所以重点检查这两个主要部件：

①检查节气门体，用万用表测量节气门调节电动机（V60）电阻1～2脚，冷车时为11.8Ω，正常；怠速开关（F60）3～7脚怠速时为0。节气门微开电阻无穷大，正常；7脚是公共搭铁脚，4脚是控制单元提供的5V电源脚，5脚是节气门电位计信号脚，8脚是怠速位置电位计脚，6脚不用。

②测量节气门电位计（G69）5～7脚电阻为1.42kΩ，随着节气门开度均匀变大，没有问题。测量8～7脚怠速位置电位计（G88）电阻变化也基本正常，总体来看这个节气门体是没有问题的。

③又检查了线路都正常，难道是节气门接收了控制单元错误的信号，或是控制单元损坏了？这个定论很不容易下。回头再看发动机负荷21.7%，如把它看成负荷信号，控制单元为了提高发动机动力而给了这个11.3°的节气门开度信号，经检查并没有额外负荷。此车的空气流量传感器是一个三线式的，3根线分别是电源、信号和搭铁线。点火开关打开，1脚与搭铁间电压为12.3V，2脚在怠速时为1.42V，3脚搭铁，线路导通情况良好。

④测量信号电压为1.42V，随节气门开度的增大，电压均匀升高，但是1.42V的初始电压是否正确，无资料可查，只凭万用表也很难判断信号是否准确。拔下它的插头，发动机立刻平稳，但转速在1200r/min左右，加速正常。插回插头，转速立刻下降，且发动机发抖，用手在进气侧堵上适当的面积，让更多的空气流经测量孔，发动机平

稳下来，转速也能控制在800r/min。根据这些，更换了一个新的空气流量传感器，装复试车，发动机运转平稳，加速反应快。连接VAG1552检测发动机此时的运行状态，001组转速为1024r/min，冷却液温度为86℃，氧传感器电压为0.18~0.77V波动，且波动频率正常；002组喷油脉宽4.02ms；003组发动机负荷21.9%，节气门开度11.3°。连接VAG1552查看每一组数据，最后在003组中发现疑问数据，第四个显示69.1%，这个数值是节气门怠速时电动机控制位置，怠速电动机调节位置69.1%，并且上下波动。观察节气门体像钟摆一样来回动，明显是调节电动机，在寻找原来的位置。利用排除法通过逐步测试，可以断定发动机加速无力和怠速抖动的原因就是节气门体开度过大造成的。

故障排除

故障的原因确定后，我们找来一辆捷达王的节气门体进行试验，连接上以后，数据显示节气门体开度为5.5°，调节电动机也没有来回摆动的现象。随后更换了新的节气门体。经测试数据流显示：001组发动机转速为800r/min,冷却液温度为87℃，氧传感器电压在0.21~0.78V之间波动；002组喷油脉宽为3.06ms；003组发动机负荷为17.9%，节气门开度为4°，怠速电动机控制位置为14.3%，这些数据都在标准范围内，故障彻底解决。

专家点评

我同意维修技术人员的检查步骤，对于行驶里程较长的汽车，听到车主陈述故障现象后，首先向车主了解该车维护是否规范，如果该车在过了质量担保期后，只是定期更换机油，而对其他从不做检查，此时我们不急于查找该故障的原因，而应对整个系统作一次基本检查。其内容正如维修技术人员所检查的火花塞、高压线、分火头、汽缸压力、喷油器的喷油形状和喷油量是否均匀等，这些都是老旧车辆不按规范维护而极易存在的问题。有些必换的配件可能不是所报修故障的主要原因，但已经造成车辆不能保持良好的技术状况。作过基本检查后，可以对车况心中有数，建议车主哪个配件必须换，哪个配件可以不换，但会有哪些小的影响。

维修技术人员做完基本检查，查询有4个故障码：00282（节气门调节器V60故障），00518（节气门电位计G69对正极断路/短路），00530（节气门电位计G88对正极断路/短路），00537（λ调节故障）。认为这4个故障码可能是真正故障，也可能是前次维修过程中拔插头所造成，但此时一定要做好记录。进一步检查，更换了氧传感器后，对于怠速抖动稍有好转，更换了节气门控制单元后，故障完全排除。

测量节气门电位计信号可以在不通电的情况下，测量信号线与地（或正极）电阻值，也可以在通电情况下测量信号电压。当不能确定控制单元有问题或是节气门电位计有问题，应按作者采用的方法，利用现有的条件将一个捷达王的节气门控制单元临时替换，判断确实是故障原因后，再去购买与本车零件号相同的配件。

维修技术人员在本文中非常细致地分析了数据块，因此故障原因得以查明；建议以表格形式表达数据块，则阅读容易、对比清晰。

帕萨特1.8L行驶中熄火

故障现象

一辆装备1.8L、5V四缸发动机的帕萨特，行驶里程12万km，行车途中突然熄火，不能再起动。

故障诊断与排除

接车后，检查燃油泵的工作情况，开闭点火开关，在油箱处听不到燃油泵运转的声音。笔者拔下其插头（该插头为四线式），用万用表电压挡测两侧的两根线，在点火开关接通瞬间和起动时均无电压。想一想，查一下该车电路图，该车点火系统和燃油泵电源均由32号熔断丝提供，该熔断丝位于驾驶人侧仪表左下方，查到20A熔断丝确已熔断。换一新20A熔断丝后可以起动，但试车途中熔断丝又一次熔断，而熄火。

换上熔断丝再次试车时，发动机加速抖动、怠速不稳，跟缺缸的现象很相似。拆下发动机上罩盖，卸下点火线圈断火试验，发现第二缸不工作。经检查，该缸火花塞有油迹。换一个新火花塞，第二缸还是不工作。该车采用独立点火方式（每缸一个点火线圈），每缸4根线，共16根线，在一根大线束中包裹着。正准备换点火线圈时，不经意碰了一下点火线圈主线束。此时，汽缸盖气门室罩处有一处冒火，随即32号熔断丝又熔断了，这时车应声熄火。经检查，原来点火线圈大线束中有3根线金属外露，其中一根与缸体处搭铁（短路）而使该熔断丝熔断。把该裸露处包好，换一新点火线圈后试车，该车加速迅速有力，即使在颠簸路上和高速行驶也无熄火现象，熔断丝不再熔断，故障彻底排除。

维修小结

主线束中点火线圈中有3根线外露，其中一根与汽缸体接触（短路）使熔断丝烧毁。多次短路使第二缸点火线圈烧毁，造成二缸不工作。该车的故障点是偶然发现的，否则维修工作不会如此顺利。

专家点评

该车32号熔断丝（S232）熔断，更换后再次熔断，可以说，故障基本上已经找到了，但是维修技术人员却是在检查中发现“汽缸盖气门室罩处有一处冒火，随即32号熔断丝又熔断了，这时车应声熄火”，然后才发现问题所在的，这样的故障排除难免有些碰运气了。其实检查到32号熔断丝（S232）熔断，我们首先应该想到熔断丝熔断是由于电流过大导致的，那么说明32号熔断丝（S232）所在的线路中存在短路故障。此时我们只要认真阅读一下该车的电路图（图1），就可以发现S232熔断丝的电路走向，如图2所示。

分析图1所示的电路图可知，S232（20A）熔断丝和发动机控制单元J220的1号脚供电以及点火线圈N1、N2、N3、N4的供电（1号脚）直接相连，这样就可以理所当然地直接检查点火线圈N1、N2、N3、N4的线束，只要排除线路短路问题，故障即可排除。

由此可见，电路图的识读和充分利用，可以帮助我们快速准确地找到故障点。关键的问题是一定要很好地读懂电路图。建议大家在电路图的利用上下些工夫。其实维修技术人员已经阅读了电路图，但是没有充分利用电路图去帮助解决故障，也就是说电路图并没有完全发挥其作用。

这里提醒一下，看电路图的关键是在电路中找出有哪些元件共用哪些线。

图 1 上海帕萨特B5发动机控制系统控制电路（a）

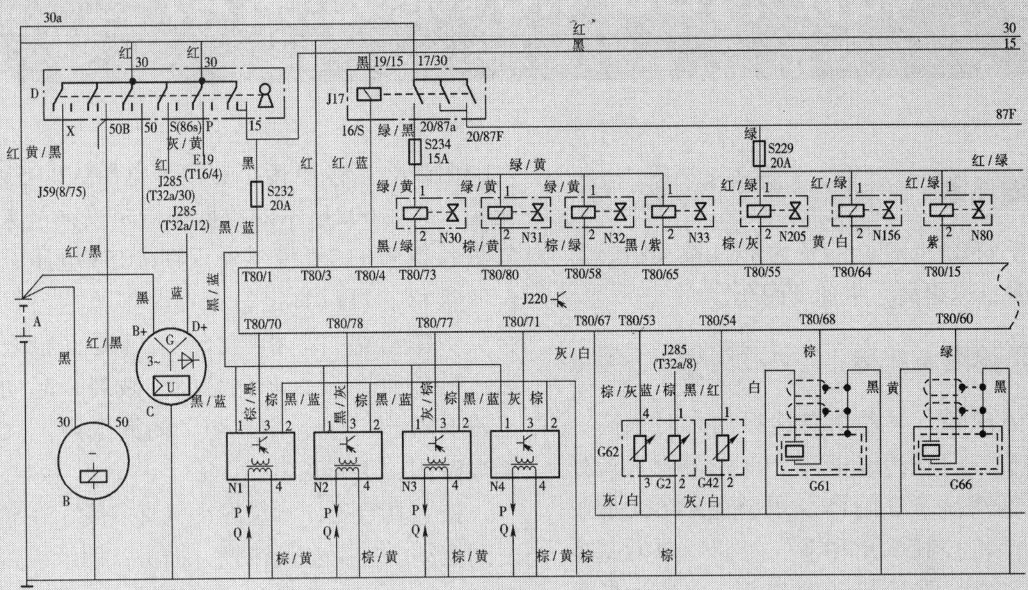

A-蓄电池；B-起动机；C-发电动机；D-点火开关；E19-停车等开关；G2-发动机温度传感器；G42-进气温度传感器；G61-爆震传感器1；G62-冷却液温度传感器；G66-爆震传感器2；J17-燃油泵继电器；J59-X触点继电器；J230-发动机控制单元；J285-组合仪表控制单元；J393-舒适系统控制单元；N1-1缸点火线圈；N2-2缸点火线圈；N3-3缸点火线圈；N4-4缸点火线圈；N30-1缸喷油器；N31-2缸喷油器；N32-3缸喷油器；N33-4缸喷油器；N80-活性炭罐电磁阀；N156-进气歧管切换地电磁阀；N205-可变配气相位调整阀；P-火花塞连接器；Q-火花塞

图 2 上海帕萨特B5发动机控制系统控制电路（b）

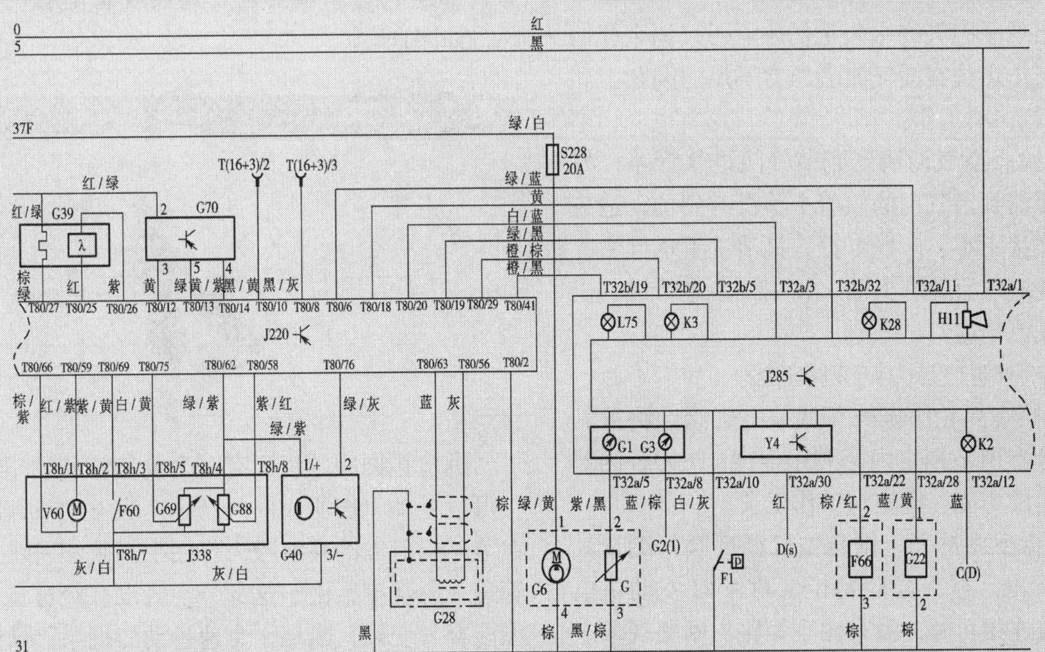

C-发电动机；D-点火开关；F1-机油压力开关；F60-怠速开关；F66-冷却液位开关传感器；G1-燃油表传感器；G2-发动机温度传感器；G3-水温表；G6-燃油泵；G22-车速传感器；G28-发动机转速传感器；G39-氧传感器；G40-凸轮轴位置传感器；G69-节气门位置传感器；G70-空气流量计；G88-怠速节气门位置传感器；H11-机油压力报警器；J220-发动机控制单元；J285-组合仪表控制单元；J338-节气门控制组件；K2-发动机充电指示灯；K3-机油压力报警灯；K28-冷却液温度/液位报警指示灯；L75-数字显示照明灯；V60-怠速控制电动机

帕萨特B5 1.8T怠速抖动

故障现象

一辆帕萨特B5 1.8T，装备为AWL发动机，怠速抖动，有时怠速很高，中速“闯车”。

故障诊断与排除

根据故障现象，发动机怠速抖动有时很高，初步判断为节气门脏污或卡滞。首先进行常规处理，用清洗剂清洗节气门体。用金德KT600型解码器做了发动机控制单元和节气门控制单元基本设定。匹配正常，然后起动发动机，怠速运转平稳，试着急加速节气门几次，怠速出现抖动。这时读发动机故障码，显示1、2、4缸失火，氧传感器故障（偶发），P17705）涡轮增压到节流阀体压力低/增压空气阀N249）故障。清除故障码，系统正常，试车怠速正常，然而只要连续做几次急加速，怠速抖动明显，又出现了P17705故障码。

既然出现了P17705永久记忆故障码，那么我们就将修理工作定位在漏气或者压力不足的问题上。于是做了以下4项工作：

（1）检查空气滤清器到节气门进气管路，发现涡轮增压器到节气门的软管卡箍没有到位，造成进气软管连接不牢，卡好卡箍，又清洗了空气中冷器（因发现进气管路有机油），用气泵进行进、出口吹气，气流畅通。

（2）检查进气压力调节阀正常。

（3）检查涡轮增压减压调节电磁阀，测量其电阻，在标准值范围之内，利用金德KT600解码器执行元件测试功能，电磁阀工作正常。

（4）拆下中冷器上增压空气循环阀，测量其电阻符合标准，参照帕萨特B51.8TAWL发动机电路图，导线连接可靠，没有出现短路、断路现象。测量其四心插头1号搭铁可靠，打开点火开关，测得3号线有4.92V电压，4号线有5.65V电压，也很正常。尽管这样，还是换了一个增压空气循环阀，起动发动机，故障依旧。

接着读取了发动机数据流，组号002显示：3区喷油脉宽为5.6ms，4区空气流量为4.42g/s；组号036显示：2区氧传感器信号电压为0.05V，且不变化。组号002显示的数据流量是喷油量大，混合气浓；组号036氧传感器反馈0.05V电压，说明混合气很稀。可以肯定，存在漏气（这与发动机混合气“浓游稀抖”相吻合）。于是又检查节气门后方的软管，没有老化皱裂、破裂，起动发动机也没有听出“嗞、嗞、嗞”的漏气声。又检查炭罐电磁阀，工作正常。

接上真空表，测量发动机真空度，在50~60kPa之间摆动。拔下空气流量计插头，用纸板盖住节气门体进气口，发动机怠速尽管抖动，但不熄火，可判断为漏气发生在节气门体后方。于是重点检查与节气门后方相连的部位。气门室盖废气出口和发动机缸体左侧上的废弃出口，一端是通过胶管与固定在汽缸盖上的铁管相连，再连到涡轮增压器处的进气软管上；另一端通过胶管与节气门体后方的歧管相连，当用鲤鱼钳钳住这段管路时，发动机怠速平稳，加速有力。检查发现这段胶管里有一个止回阀，如图1所示。

图1 止回阀

拆检止回阀，里面有一个复位管和硬塑料块堵头可以晃动，表明止回阀已坏。当发动机起动后，在节气门后方的真空吸力作用下，硬塑料块进气歧管进入燃烧室，由于这部分空气没有经过计量，可燃混合气变稀，出现了怠速抖动的现象。换上新的配件，故障排除。

为了弄清损坏部件的功效，查阅相关资料，损坏部件是空气循环阀。它由中冷器上增压空气循环阀N249控制。当N249发生故障时由节气门后方的发动机真空控制。当节气门关闭时，空气循环阀完全短路了增压气路，真空反作用在阀的弹簧上，阀打开，通过泵轮的空气就形成一个回路，从而使轮泵不减速。当节气门重新打开时，进气管真空度下降，弹簧力将循环阀关闭，此时增压回路不再短路，可立即实现进气增压。

维修小结

在此次故障维修中，由于我们缺乏整车技术资料及没有认真学习有关资料而造成维修走弯路，对此感到遗憾，教训深刻。也希望同行们认真学习每一种新车型的结构，掌握新技术的特点，从而在维修过程中精确省时，减少各方面负担，给客户提供良好的修车环境，建立良好的企业形象。

专家点评

我同意维修技术人员混合气“浓游稀抖”的观点，即：未改变空气质量而增加供油量，怠速升高；未改变供油量而增加空气质量，怠速抖动。对于化油器或开环控制的电喷车这个观点会直接体现。对于闭环控制的电喷车，控制单元为实现怠速目标值和控制尾气排放，对怠速进气量、喷油量、点火提前角自动调整。由于供气、供油、点火、汽缸压力故障，造成闭环控制电喷车怠速抖动、点火提前角调整范围大、尾气排放污染物波动大。

图2所示为帕萨特1.8T AWL型发动机气路，图中一共有4个止回阀。超速切断使用止回阀8，活性炭罐使用止回阀3和13，制动助力器使用止回阀10，真空罐使用止回阀8和10。本案例发现一个止回阀损坏，作者只用文字叙述这个止回阀的位置，如能在图中标出，会使阅读更加清楚。

图2 帕萨特1.8T AWL型发动机气路图

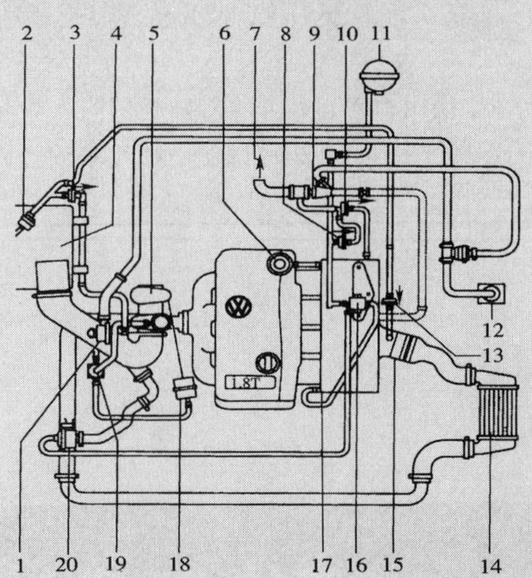

1–活性炭罐；2–活性炭罐电磁阀N80；3–止回阀；4–空气滤清器；5–涡轮增压器；6–燃油压力调节器；7–接至制动真空助力器；8–止回阀；9–射吸器（抽气泵）；10–止回阀；11–真空罐；12–曲轴箱通风管；13–止回阀；14–中冷器；15–节气门控制单元J338；16–增压空气再循环电磁阀N249；17–进气歧管；18–增压压力调节膜片室；19–增压压力限制电磁阀N75；20–增压空气再循环机械阀

增压发动机与自然吸气发动机的气路相比变得复杂。帕萨特1.8T发动机，原地运转和行驶中转速为2000r/min以下时不进行增压，进气管内是负压。在行驶中转速为2000r/min以上时进气管内增压至1.6~1.7bar。如果气路泄漏，当负压时有一部分未经计量的空气进入进气管，当正压时有一部分经过计量的空气向外泄漏。下面我接过维修技术人员的话题，进一步分析增压发动机带来的特殊问题。

①如何防止超速切断时节气门前方压力过高？超速切断是指发动机高速运转时急收节气门，此时节气门迅速关闭而压气轮仍然高速运转，节气门前方空气压力会升至很高，有损电子节气门，并使涡轮转速降低。本机设有增压空气再循环电磁阀N249、空气再循环机械阀。当增压时，发动机控制单元对N249通电，空气再循环机械阀膜片室接通正压，使该阀关闭。当超速切断时，对N249断电，空气再循环机械阀膜片室接通真空罐供给的负压，使该阀打开，被增压的空气返回到压气轮前方，降低了节气门前方的压力，从而保护电子节气门。当进气歧管降至负压时，止回阀8和10打开，真空罐的空气被抽出保持真空。

②如何进行曲轴箱通风？曲轴箱通风管路分成两路，一路经射吸器接至节气门后方，另一路接至增压器压气轮前方。当进气歧管为负压时，曲轴箱废气和空气（由压气轮前方的空气管进入经过PCV）一同被吸入进气歧管。当进气歧管为正压时，曲轴箱废气和空气（由节气门后方的空气管进入经PCV）一同被吸入压气轮前方。空气无论怎样循环，均经过进气流量传感器计量。

③如何吸出活性炭罐汽油？活性炭罐电磁阀N80经两条管路，分别接至进气歧管和压气轮前方，这两条管路交替吸出活性炭罐汽油。当进气歧管为负压时，止回阀13打开，止回阀3关闭。当压气轮前方为负压时，止回阀3打开，止回阀13关闭。

④如何使制动助力器得到真空？制动助力器真空管路通过射吸器接至进气歧管，当进气歧管为负压时，止回阀10打开，制动助力器直接得到真空。当进气歧管为正压时，制动助力器利用射吸器获得真空，此时止回阀10关闭。射吸器利用文丘里效应，原理是管路由粗变细，以加快气体流速，使气体在文氏管出口的后侧形成一个“真空”区，从而产生吸附作用并导致空气的流动。

⑤增压压力调节膜片室使用负压还是正压？只有进行增压后才需调节增压压力，膜片室管路从压气轮后方引入正压。发动机控制单元对增压压力限制电磁阀N75，发出0~100%占空比信号（0为全关闭，100%为全打开），正压进入膜片室，膜片动作驱动废气旁通支路阀板，通过改变涡轮转速进行增压压力调节。

以上是我个人对图2的分析，供同仁参考。也请感兴趣的同仁分析得更深入一些，体会增压发动机与自然吸气发动机的气路有何不同，以及增压发动机气路设计的巧妙。

帕萨特B5 1.8T热车机油灯报警

故障现象

一辆上海帕萨特B5 1.8T，行驶里程15万km，最近出现发动机热车行驶时机油灯报警并发出蜂鸣声，有时在怠速状态下也会出现。

故障诊断与排除

首先对该车的故障进行验证，发现冷车起动后一切正常，热车后稍踩加速踏板，机油灯就闪烁。当把机油压力感应塞上的信号线搭铁后，机油灯会熄灭，检查机油压力感应塞没有发现问题，但当发动机转速升至4000r/min时，机油灯不时闪动并发出短时的警告声。从此现象来看，机油压力方面存在问题。用VAG1551进入17-08-002（17组合仪表控制单元）读取数据流，3区机油压力偏低，003组3区显示机油温度为100℃，2区显示机油油位也正常。

导致机油高压报警有两方面的原因：一是电气方面的，对安装在机油滤清器支架上的160kPa开关及其线路进行检查没有发现问题；二是机油压力方面的，在检查时发现冷车怠速时机油压力为180kPa，发动机转速为2 000r/min时压力为200kPa，4000r/min时机油灯闪烁并报警。热车后怠速时机油压力为140kPa，2 000r/min时机油灯闪烁。从测量数据来看怠速时机油压力是正常的，2 000r/min以上时的机油压力不足与维修手册上的规定值350～450kPa相差较大。帕萨特1.8T发动机润滑系油路比普通发动机较复杂（图1），来自机油泵的机油首先要经过机油冷却器、机油滤清器，然后再分成5路分别进入发动机曲轴、活塞、凸轮轴、液压挺杆和发动机外涡轮增压器。该车机油泵是由曲轴通过链条直接驱动的，链条由弹簧张紧机构保持一定的张紧度。机油泵使用的是转子式机油泵，在机油滤清器内还装有一个旁通阀（作用是当滤清器堵塞时，旁通阀打开，没有被滤清的机油仍能输送到各润滑点，避免零件的损坏）。对油底壳、机油集滤器进行检查和清洁并更换了机油泵和机油滤清器，试车故障依旧。分析造成机油压力低的机械原因有：①机油量过少；②机油泵磨损，油压不足；③机油滤清器前部油路脏堵；④油路中有泄压；⑤机油的黏度等级。检查发动机曲轴和轴瓦时，发现轴瓦有轻微的磨损，处理曲轴并更换轴瓦，疏通缸体上的油道，试车故障依旧。查阅资料时，在润滑系的章节中有这样的一段话：若在机油中发现大量的金属切屑或颗粒时，必须仔细清理油道，更换机油冷却器和机油滤清器，否则会严重损坏发动机。想到检查的内容唯有机油冷却器没有检查，于是拆下此件更换新品，试车故障依旧。此时维修陷入了僵局，什么原因造成机油压力低呢？机油泵是新品，油路清洗过应该没有问题，难道是机油泵的驱动齿轮出现故障？帕萨特B5的机油泵是由曲轴的齿轮链条驱动的，于是再次拆下机油泵，用手拉动机油泵驱动链条，竟然有一点转动，难道故障在此？拆下曲轴仔细研究其前端的驱动齿轮，发现用力时它和曲轴有一定的转动（图2）。原本驱动齿轮和曲轴在装配时是过盈配合，不会发生相对运动，一旦发生就会使机油泵在高速时产生泵油压力不足的现象。是何原因造成的？询问驾驶人得知，一年前在外地油底壳碰坏严重，更换过曲轴，进一步了解得知，维修厂为其更换的不是原厂的配件而是副厂件，副厂曲轴不带驱动齿轮，维修工装配时达不到技术要求，造成此故障的发生。

图1 帕萨特B5 1.8T发动机润滑系油路

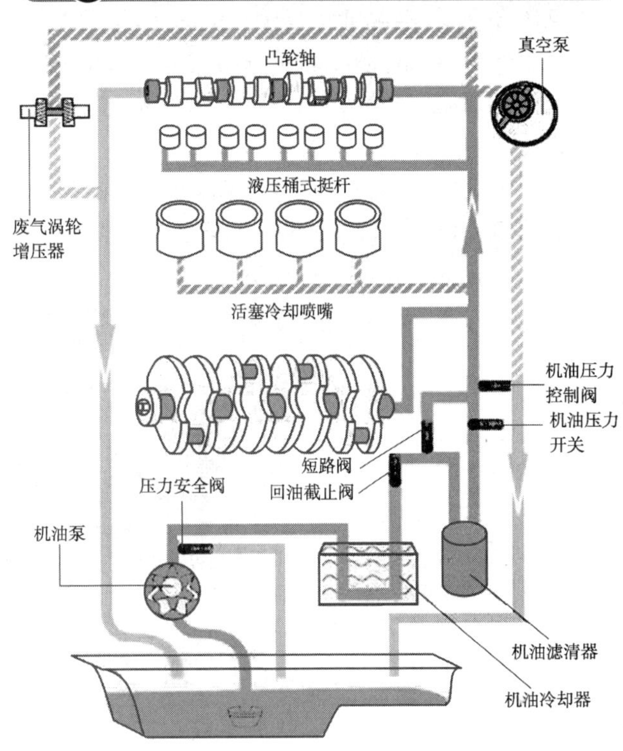

图2 帕萨特B5 1.8T曲轴实物图

更换上原厂曲轴，装车后试车故障排除。同时提醒车主：在维修时尽量到正规的维修厂，同时保留修车的相关记录，以便出现问题时有足够的证据。

专家点评

故障原因是上一次维修单位不负责任，机油泵驱动链轮内径与曲轴外径应该是过盈配合，维修技术人员却以过渡配合安装，使该链轮内径与曲轴外径之间滑动，由于链轮丢转，导致机油泵转速降低或不转，造成机油压力降低而报警。可见汽车维修工作的粗心大意害人不浅。维修技术人员在文中分析造成压力低的5条原因，还要加上维修技术人员刚发现的第6条：机油泵转速有问题。

机油压力开关F1安装在发动机左侧的机油滤清器支架上，F1有一对常开触点，机油压力大于或等于1.8bar（$1bar=10^5Pa$）触点闭合。仪表板内的机油报警电路收到发动机转速2000r/min信号和F1触点闭合信号，控制油压指示灯K3和机油压力声音报警器H11不报警。如果发动机转速2000r/min时的压力低于1.8bar，机油报警电路则输出信号给K3和H1，K3闪烁的同时H11发出报警声音。

油位指示灯K38利用安装在油底壳下面的机油状态传感器G266的信号，与机油压力开关F1信号无关。

作者在第二段使用名词不准确，不应将机油压力开关说成机油感应塞，因为早期国产车将电热式机油压力传感器称为机油感应塞，而F1只有接通、断开两个状态，准确地应说成机油压力开关。

机油泵驱动机构如图3所示。

图3 机油泵驱动机构

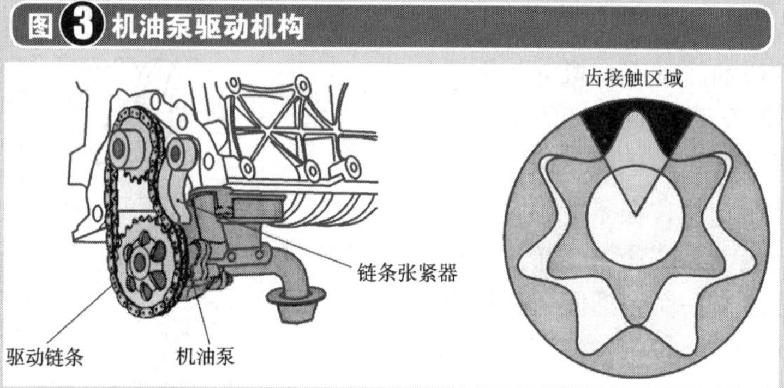

帕萨特B5ABS故障指示灯报警

故障现象

一辆2003款帕萨特B5 V6 2.8在一段颠簸路段行驶过后，ABS故障指示灯点亮，一直不熄灭。据车主反映，该故障曾在其他维修厂检修过。

故障诊断与排除

首先，连接金奔腾CS-538汽车电脑检测仪对ABS进行检测，发现了“00301（非偶发）：ABS回流泵-V39 超出公差范围信号”的故障码。且故障码无法清除。根据该车ABS系统电路图（图1）检查电路，未发现异常。

根据以往经验，大众汽车ABS一旦出现故障码“00301（非偶发）”，则故障肯定在ABS总成。将新的ABS总成装车后，打开点火开关发现ABS、ESP灯常亮，考虑到要用汽车电脑检测仪对ABS做匹配，大众汽车电控系统控制单元（ECU）在更换后，一般都要对ECU进行编码。

连接金奔腾CS-538汽车电脑检测仪，发现ABS控制单元编码为00000。查询备件号，得知该ABS控制单元编码为04297。利用金奔腾CS-538汽车电脑检测仪对其进行编码，但检测仪总是提示“与汽车电脑通信错误”。笔者怀疑编码不对，换上旧的ABS总成后，读取控制电脑型号，其编码为：

04297，备件号也与新总成一致，说明该编码是正确的。以往在更换控制单元后，对其进行控制单元编码就可以了。难道是检测仪出了问题？随即拨打了金奔腾技术服务热线，经技术工程师指导，按如下步骤操作。

图1 帕萨特B5 ABS电路图

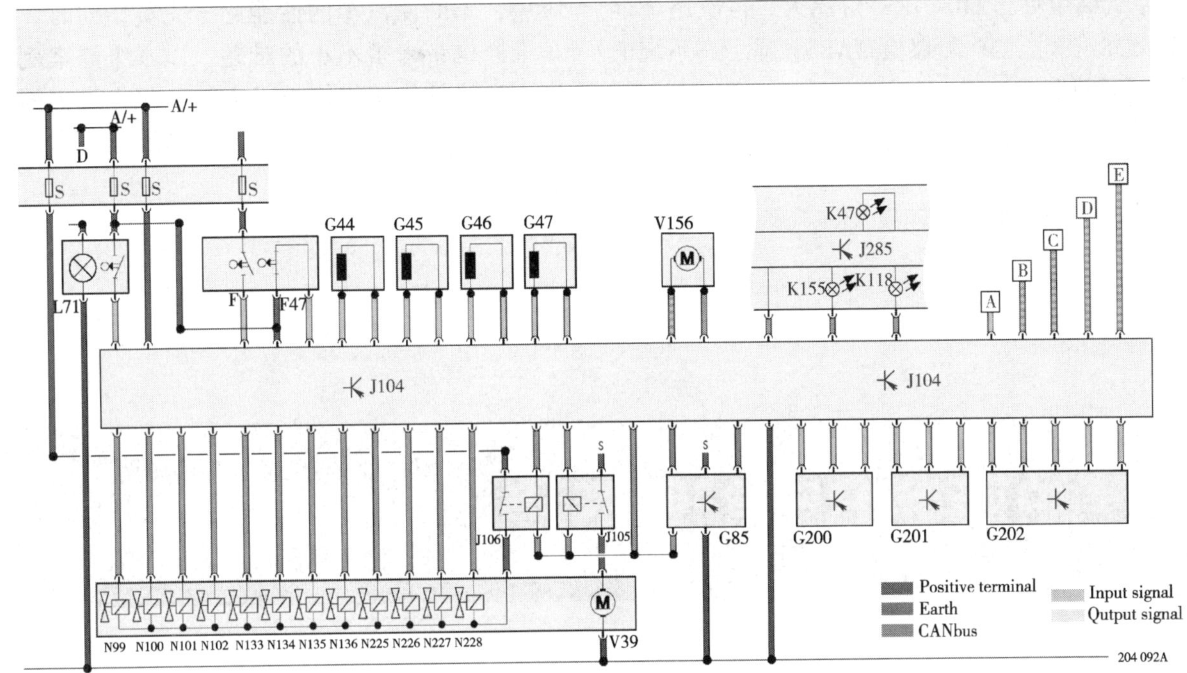

A/+-正极连接; D-点火开关; E256-ASR/ESP按钮; F-制动灯开关; F47-制动踏板开关; G44-右后轮速传感器; G45-右前轮速传感器; G46-左后轮速传感器; G47-左前轮速传感器; G85-转向盘转角传感器; G200-侧向加速度传感器; G201-制动压力传感器; G202-横摆率传感器; J104-带有EDS/ASR/ESP的ABS控制单元; J105-回油泵（ABS）继电器; J106-电磁阀（ABS）继电器; J285-组合仪表显示控制单元; K47-ABS警报灯; K118-制动系统警报灯; K155-ASR/ESP警报灯; N99-右前ABS入口阀; N100-右前ABS出口阀; N101-左前ABS入口阀; N102-左前ABS出口阀; N133-右后ABS入口阀; N134-左后ABS入口阀; N135-右后ABS出口阀; N136-左后ABS出口阀; N225-动态调节控制阀1; N226-动态调节控制阀2; N227-动态调节高压阀1; N228-动态调节高压阀2; S-熔断; V39-ABS回油泵; V156-动态调节液压泵; A-连接手制动警报灯; B-导航系统; C-发动机转矩控制; D-变速器控制（自动变速器）; E-自诊断

步骤1：打开点火开关，连接汽车电脑检测仪，选择大众汽车，进入ABS系统。

步骤2：选择“登录”，输入密码09597。

步骤3：进入控制单元编码，输入编码04297，按“确定”键后，屏幕显示ABS系统控制电脑型号，如图2所示。

图2 ABS控制控制单元型号

3U0 614 517 B ABS/ESP FRONT 131v2
CODING: 04297　　WSC：00188

此时控制单元编码顺利结束，可ABS、ESP指示灯依然常亮。据金奔腾技术工程师讲，该车具备ESP（电子稳定程序）更换ABS总成后，应当要对转向盘角度传感器G85进行初始化标定，步骤如下：

步骤1：打开点火开关，顺时针或逆时针转动转向盘至少10°，然后，将前轮置于零点位置（左右偏差不超过5°）。读取ABS系统数据流005组，察看显示区的转向角度是否在规定范围内。

步骤2：进入“登录”，输入密码40168。

步骤3：进入“基本调整”，进入001组，设定完毕。

然后对ESP路试和系统测试。

ESP路试检查ESP系统各个传感器的可靠性（G200-侧向加速度传感器、G202-横摆率传感器、G201-制动压力传感器、G85-转向盘角度传感器）。

每次ESP系统的电气元件拆下或更换后（此时ABS与ASR/ESP灯点亮，系统存储故障码01486-系统进行动态测试）,必须进行路试，其具体步骤如下：

步骤1：选择基本调整,输入组号003来激活测试。

步骤2：断开汽车电脑检测仪。

步骤3：起动发动机。

步骤4：用力踩下制动踏板，直到ASR/ESP警告灯（K86）熄灭。

步骤5：退出（标定完成）。

步骤6：进行时间大约5s,横摆率至少在10° /s、车速在15～20km/h、转弯半径在10～12m的路试。

路试结束后，ABS、ESP灯熄灭，再次用金奔腾CS-538汽车电脑检测仪检测ABS，显示“系统正常”，故障排除。

维修小结

随着电子技术的飞速发展，汽车高科技化程度不断得到提高。电子燃油喷射系统，防抱死制动系统（ABS）、辅助安全气囊系统（SRS）、电控自动变速器、空气悬架系统、动力转向系统、自动巡航系统、中控门锁及防盗系统、牵引力控制系统、自诊断系统等这一系列电子高新科技的应用，不断使汽车的性能趋于完美，同时，给汽车维修也带来了不小的难题。以本维修案例提醒广大一线的汽车维修技术人员，仅靠过去的维修经验已跟不上时代的步伐，提高维修技术已迫在眉睫。

帕萨特B5怠速不稳、加速冒黑烟

故障现象

一辆2002款帕萨特B5 1.8L采用ANQ型发动机，出现怠速不稳、加速冒黑烟现象，并且急加速时发动机抖动，有时还有回火现象。

故障诊断与排除

连接SY380诊断仪，打开点火开关，进入发动机电控系统，利用故障码功能查询故障存储，发现有多个故障记录：

（1）混合气自适应值超差；

（2）水温传感器断路或对地短路；

（3）1缸爆震调节超过界限/SP；

（4）爆震传感器1-G61断路或对地短路/SP；

（5）节气门控制单元匹配错误/SP。

清码，重新读码，发现只有“水温传感器断路或搭铁短路”一个故障码。利用故障诊断仪的“读取数据块”功能进入第3显示组的水温数据为-46℃，说明水温传感器或其发动机ECU的连接线路存在故障。用高阻抗数字万用表检测水温传感器的阻值为无穷大。更换水温传感器后，重新读取故障码，显示为/SP，消码后系统正常。查看水温数据与实际温度（用红外线测温仪）一致。着车发现故障略有好转，但怠速不稳、加速冒黑烟症状依然存在。没有故障码记录，利用读取测量数据块功能进入第7显示组，查看第2显示区的氧传感器电压信号为0.6～0.8V，第1显示区的氧调节器值为-10%，说明混合气过浓，氧调节已到极限。连接燃油压力表，进行油压测试：怠速状态下油压为350kPa，急加速时油压在300～400kPa之间摆动，关闭点火开关10min后，燃油压力保持在250kPa，油压值符合标准，说明燃油泵工作性能良好、燃油压力调节器及管路正常。检查火花塞，发现火花塞电极间隙过大且发黑，更换火花塞后试车，故障有所好转。连接故障诊断仪，重新读取数据流，进入第1显示组，查看第3显示区的节气门开度信号为4°～5°，正常值应为0°～5°，虽然没有超出允许范围，但已接近极限，说明节流阀体过脏。考虑到大众系列汽车节流阀体过脏对怠速及加速都有影响的特点，将其拆洗装车并用诊断仪对其再次测量数据流发现第2组的数据显示：发动机负荷为2.7ms，喷油时间为4.7ms，进气量为5.4g/s。第7显示组的氧调节器为-10%，氧传感器电压为0.6～0.8V。以上数据表明进气量5.4g/s与正常值2.0～4.0g/s相比偏高，喷油时间4.7ms与正常值2.0～5.0ms相比也接近极限。造成这两个数据比标准值偏高（标准值取范围的中间值）的原因是空气流量计给ECU输入了错误的信号。虽然ECU根据氧传感器反馈的信号对喷油脉宽进行了调整，减少喷油量，但已调到极限（-10%）。由于空气流量计信号偏差太多，混合气过浓，于是更换空气流量计，发动机运转平稳加速有力，不再冒黑烟，但行驶时还是有耸车的现象。联想到有一个“1缸爆震调节超过界限/SP”的故障，是不是加速过程中有缺火现象？新换的火花塞不会有问题，检查点火线圈，这时发现此车有两个点火线圈不是帕萨特1.8上的，而是帕萨特1.8T上的（帕萨特1.8的点火线圈用螺栓固定而帕萨特1.8T的是直接压入的），并且此两个线圈离罩盖有1cm左右高度没有完全压入，试着压入没有成功，仔细查看发现原来是副厂的，于是更换原厂的点火线圈，故障排除。

维修小结

由于此车的故障点比较多，最主要的还是点火线圈不是原厂的，与火花塞有一定的距离，造成点火能量不足，燃烧不充分。在检查时过于疏忽，换火花塞时应该就注意到，火花塞发黑该是混合气过浓，点火能量不足所致，再结合数据流应该很快查到原因。同时提醒同行，不同的汽车零件不应该混装。

专家点评

该案例正如维修技术人员所讲，是一个多故障点的故障，在进行故障诊断的时候，牵涉面比较宽，需要维修技术人员进行全面检查和分析。维修技术人员在故障检测的过程中，充分利用了数据流分析方法，思路比较清晰。通过该案例的排除，我们可以得到以下4点启发：

第一，在进行故障检测的时候，要充分利用数据流分析功能，这是目前检测电控汽车故障非常重要的一种方法。在进行数据流分析的时候，维修技术人员的方法是正确的，有些数据虽然还在标准范围之内，但是已经接近了标准范围的极限值，一般这样的数据就已经表明是有故障了，维修技术人员就是利用这个理念得出几个故障点的，但是很多其他维修技术人员在利用数据流分析的时候往往忽略这一点。

第二，该故障检测诊断的过程中，维修技术人员是分析一个数据，确定一个故障点，然后故障没有彻底排除时再进行下一个数据的分析，确定下一个故障点，这样的分析方法，不利于对车辆故障的综合诊断。在进行车辆故障诊断的过程中，应该根据故障现象对相关数据进行组合和综合诊断，这样可以通过一次分析基本判定车辆的故障，可以省去很多不必要的反复，这一点建议广大维修技术人员今后在进行故障诊断的时候要多加注意。

第三，该故障的顺利排除，我们可以发现维修技术人员充分利用了检测的数据，每项检测均有数据，整篇文章中全是数据，这是当代汽车故障诊断的一个非常重要的特征——数据化维修。这是值得提倡的。但是，目前还是有很多维修技术人员在进行故障诊断的过程中，没有数据，完全凭感觉在维修，建议这些维修技术人员学习这篇文章。

第四，为什么这车上装的两个点火线圈不是原车的呢？这是由于该车可能在以前的维修过程中，其他的维修人员认为车辆的故障是点火线圈损坏导致的，就更换了点火线圈，但是，由于没有确认点火线圈的型号和适用车型，从而导致这样的问题发生。这一点要特别注意，现在车型比较繁杂，同一品牌的车型由于配置不同或者系统不同，其配件也不完全相同，这样的问题在很多故障排除中都曾经发生过。切记：无论更换什么配件，一定要验明正身。否则，虽然配件更换了，但是由于配件不是该车的或者配件本身有问题，导致故障无法排除。

帕萨特B5发动机抖动

故障现象

一辆2006年帕萨特领驭2.0L，采用BBF型发动机，手动变速器，行驶里程8万km，怠速时发动机有轻微的抖动，并不严重，但是抖动的频率非常高，而且比较有规律。加油时，发动机随着转速的升高抖动加剧，而且发动机的加速性能很好。起动车辆后，坐在驾驶室内可以感觉到车身不断抖动。

故障诊断与排除

接车后进行故障确认，发动机确实抖动。连接VAG1551故障诊断仪无故障码，进入08读取数据002、003显示组：发动机转速为800 r/min左右（标准值为720～920r/min），喷油脉宽为6.0ms（标准范围为2.0～7.0ms），空气流量为5g/s（标准范围为2～6g/s），节气门开度为4%（标准范围为0.5%～5%），点火提前为角8° BDTC（标准范围为0° BDTC～15° BDTC）；004组水温为95℃，进气温度为50℃；033显示组的氧调节器调节为-10%，氧传感器电压为0.6～0.8V。分析以上数据：空气流量、喷油时间、节气门开度与标准值相比接近极限。造成空气流量、喷油时间两个数据比标准值偏高（标准值取范围的中间值）的原因是由于空气流量计给ECU输入了错误的信号造成。虽然ECU根据氧传感器反馈的信号对喷油脉宽进行了调整，减少喷油量，但已调到极限（-10%）。由于空气流量已接近极限，混和气过浓，于是更换空气流量计，清洗喷油器。考虑到大众系列汽车节流阀体过脏对怠速及加速都有影响的特点，将其拆洗装车并用诊断仪对其进行基本设定（01-04-060）后，发现故障没有好转，发动机怠速依旧抖动。

连接燃油压力表，进行油压测试：怠速状态下油压为350kPa、急加速时油压在300～400kPa之间摆动，关闭点火开关10min后，燃油压力保持在250kPa，油压值符合标准，说明燃油泵工作性能良好、燃油压力调节器及管路正常。检查火花塞，发现火花塞电极间隙过大且发黑，更换火花塞后试车，故障依旧。

用真空表进行测量。在发动机怠速工况下，进气管真空度稳定在57.6～71.1kPa之间，迅速加减节气门，真空表指针在6.7～84.6kPa之间摆动，此数据说明进气管真空度对节气门开度的随动性较好，各部位在各种工况的密封性较好，进气系统无漏气现象。拆下火花塞，燃烧良好并且无故障码出现，说明发动机高速时无缺火现象。三元催化转化器没有发生堵塞现象（从真空表的测量数据看），因为当其内部因结胶、积炭、破碎等原因造成局部堵塞或全部堵塞时，就会增加排气压力，使进气真空度降低，从而导致进气不充分、排气不彻底，堵塞严重时，发动机只能勉强维持低速运转。此种情况下，发动机怠速运转时，真空表读数有时可达53kPa，但很快又跌落为0或者很低。发动机加速时，读数逐渐下降为0。

既然发动机的电控系统不存在问题，看来问题应该在发动机机械部分。举升车辆检查汽车底盘，没有发现发动机支架垫处有漏液现象，以前出现过由于双质量大飞轮两部分发生错位引起发动机抖动。双质量大飞轮是两飞轮间用缓冲弹簧组合起来，其作用是让车辆起步行驶比较平稳，使发动机与变速器接合时没有冲击感，起到一个缓冲作用；另外做功会造成曲轴扭转，如果扭转传递给变速器就会引起共振，引起发动机低速运转不平稳，行驶中引起车身抖动，噪声增大，同时也会使变速器过载，而安装双质量飞轮就是为了减轻扭振产生，从而保证了发动机在无噪声下运转。拆开变速器检查飞轮没有发现问题,为了熔断还是更换了原厂的飞轮,结果故障还是存在，看来问题只能在发动机本身了。

于是拆检发动机，此时发现了问题：曲轴轴承间隙有点大、曲轴的信号盘固定螺栓不一样，仔细观察有一根是后配的。询问驾驶人得知，以前此车由于油底壳碰坏而更换过曲轴。到此，问题明朗，维修工在装信号盘时丢失螺栓而后配，为防止松动又在后面点焊，但是忽视了一个问题，就是曲轴的动平衡。我们知道曲轴在出厂前都经过严格的动平衡试验，我们又特意用天平对比，发现这两种螺栓质量相差近8g，再加上后面的焊点就可想而知了。曲轴的转速在720～6000r/min之间运转，转速越高振动就越大，曲轴轴承间隙就会随振动而变大，振动通过曲轴传递给发动机乃至车身。

更换原配螺栓，按标准装配工艺装复发动机后试车，故障消失。细想，此车的故障太过于蹊跷，是由于修理工操作失误而造成的。同时，提醒同行在维修时应仔细、考虑周全，尽量避免人为故障的发生。

专家点评

该车故障现象是发动机轻微抖动，维修技术人员经过查询故障码、阅读数据块、更换空气流量计、清洗喷油器、清洗节流阀体、节流阀基本设定、测量燃油压力、更换火花塞、测量进气歧管压力、更换双质量飞轮等，最后发现曲轴位置传感器盘的紧固螺栓质量不相等，更换原配螺栓，故障排除。

本案例诊断思路清晰，检查方法正确。下面我们仅对曲轴动平衡问题做进一步讨论。

静平衡：对于轴向尺寸很小的回转件，如飞轮、齿轮等圆盘类零件，其质量分布可以近似地认为在同一回转面内。回转件匀速转动时，所产生的离心力是平面汇交力系。如果该力系不平衡，只要在同一回转面内附加一质量（或在相反方向去除一质量），就可使各质量产生的离心力之和等于零（$\sum F_i=0$），此回转件达到静平衡。或者将静平衡的条件说成回转件的质心与回转轴线重合。

动平衡：对于轴向尺寸较大的回转件，如曲轴、传动轴、车轮等，其质量分布于垂直于轴线的许多互相平行的回转面内。回转件匀速转动时，所产生的离心力系是空间力系。对于动不平衡的回转件，必须选择两个垂直于轴线的校正平面，并在这两个面上附加一质量（或在相反方向去除一质量），使各质量产生的离心力与力偶矩之和都等于零（$\sum F_i=0$、$\sum M_i=0$），此回转件达到动平衡（双面平衡）。由此可见，回转件达到动平衡则一定达到静平衡，回转件达到静平衡则不一定达到动平衡。

在理想的情况下，回转件旋转时与不旋转时，对轴承产生的压力是一样的。由于曲轴材质不均匀或毛坯缺陷、加工中产生的误差，使得曲轴在回转时，其上每个微小质点产生的离心惯性力不能相互抵消，离心惯性力通过轴承作用到汽缸体，引起振动，产生噪声，加速轴承磨损，影响乘坐舒适性。

20年前大修BJ212吉普、BJ130轻卡等车搭载的492发动机，对于磨削过的曲轴必经一道工艺——将曲轴、飞轮、离合器总成组装后做动平衡，达到允许的动平衡精度，使运转中产生的机械振动幅度降低到允许范围内。

以前大型汽车维修厂具备动平衡机，但随着曲轴、飞轮制造精度提高，离合器压盘由三爪式改为膜片式，现今不再对曲轴做动平衡。我们更换的曲轴、飞轮、离合器压盘在制造厂做单件平衡，但仍要考虑动平衡问题，不准出现动不平衡，例如维修技术人员所说的传感器盘紧固螺栓一定要质量相等，以及曲轴与飞轮组装不要改变原安装位置等。

帕萨特B5发动机综合故障

故障现象

一辆2004款的大众帕萨特B5 1.8T（VIN：LSV-CC49F942303353），配有01V手自一体变速器，因发动机加速无力，最高车速只能达到70km/h。由于此故障，车主曾到本地的特约维修站检查过，并清洗了喷油器，更换了汽油滤清器，结果故障依旧。对此，维修站的答复是：“可能是三元催化器堵塞或是涡轮增压器故障等，需要费用2万元左右。”因为对故障没有给出明确的答复，价格又太高，所以，车主经人介绍求助解决。

故障分析与排除

接手该车后，通过试车验证了车主所描述的故障现象，同时还发现该发动机的温度过高，并在试车时出现了短时间就开锅现象。

由于时间很短发动机就出现开锅现象，估计多半为冷却液不循环所致。用手摸了摸上下水管，温差很大，看来故障不是出在水泵就是节温器了。而帕萨特发动机的节温器一般不会损坏，水泵故障率却较高。拆下水泵一检查，果然水泵的叶轮脱落了，如图1所示。更换一台新的水泵后，接上油压表检查燃油压力，结果如下：打开点火开关时为200kPa；起动发动机怠速运转时为250kPa；加速时为300kPa；用大力钳夹住油压表与燃油导轨之间的油管时为350kPa。很明显，该汽油泵（图2）的最大供油能力不足。为其更换一新的汽油泵后试车，还是无较大变化。于是笔者再次测试了燃油压力，结果压力正常，堵转油压这次在500kPa以上。用金奔腾大众/奥迪1552解码器读取故障码——系统正常。由于发动机怠速运转正常，而加速无力，最高车速只能达到70km/h，笔者也怀疑三元催化器堵塞，于是用红外线测温仪在其前后分别测了一次：前部为390℃左右，后部为210℃。在正常情况下应该是后部比前部温度高30~100℃，而该车是前部比后部温度高，且高出很多（接近200℃）。拆下后一看，三元催化器里面堵塞了一大半，如图3所示。于是为其安装一新的三元催化器，在安装时，又突然发现通往涡轮增压器的一止回阀严重破损（图4），而该止回阀的另一端又与节气门后方相连。看来涡轮增压器增压也受到了影响，这对于带增压器的发动机来说功率可又小了少许，再加上上述的三元催化器堵塞、汽油泵供油能力差等一系列故障凑在一起，汽车怎么能有力？怎么能跑起来？将上述所有的部件安装好后试车，一切正常。

维修小结

现代汽车维修不是以换件替代诊断来查找故障，而应是以故障诊断为主查找故障点，然后实施元件维修或更换。这需要有坚实的理论基础，再配合正确的诊断思路，才能做到事半功倍。

图1 损坏的水泵

图2 损坏的汽油泵

图3 堵塞的三元催化器

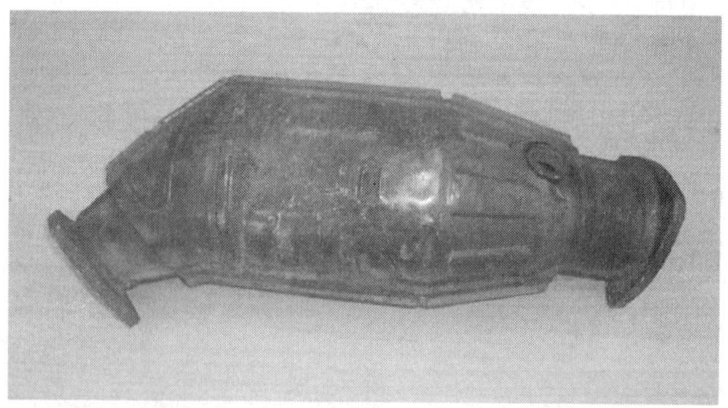

图4 损坏的止回阀

专家点评

该车属于有很多故障点存在于同一辆车的情况，这种情况一般来说是很少出现的，这说明一个问题，该车在出现“发动机加速无力，最高车速只能达到70km/h”的故障之前，已经有其他故障存在了，比如发动机水温高、加速不良等，只是该车的车主没有引起重视，认为只要车还能开，就只管开，等到车辆实在无法再开（发动机加速无力，最高车速只能达到70km/h）的时候，才迫于无奈地将车辆送去维修。其实该车的故障发生过程是这样的：由于水泵损坏，导致发动机冷却能力下降，发动机水温高；由于水温高，发动机在工作过程中容易产生爆震（特别是带涡轮增压的发动机）；当发动机电控单元检测到有爆震倾向的时候，便推迟点火提前角以消除爆震；由于点火提前角的推迟，导致发动机燃烧不良，容易形成大量的积炭，造成喷油器堵塞，从而加大汽油泵的工作负荷。汽油泵在长期大负荷状态下工作，导致泵油能力下降，燃油压力降低，再加上燃油雾化不良，燃烧状况更加恶化，产生更多的积炭，从而导致三元催化器堵塞。同时，由于发动机燃烧不良，在排气管中继续燃烧，导致排气的温度过高，过高的排气管温度导致废气涡轮增压系统的止回阀损坏。这一系列故障的最终结果，导致出现“发动机加速无力，最高车速只能达到70km/h”的故障。

在进行故障检测的时候，车辆故障现象的正确确认对彻底排除故障非常重要。像本案例，作者在对车辆故障进行确认的时候，除了验证了车主描述的故障现象之外，还发现“发动机的温度过高，并在试车时出现了短时间就开锅现象”，这一发现非常重要。如果仅仅按照车主的描述进行故障排除，很有可能忽略发动机温度高甚至开锅这一故障，甚至可能导致发动机严重的机械事故。所以维修技术人员在接车后对故障认真仔细确认的态度是值得广大维修技术人员学习的。

很多人在进行故障检测时，总是喜欢“怀疑”，总是我“怀疑什么”，所以我就将“什么”给换了或者我要换“什么”，这样往往会导致我们在排除车辆故障的时候走很多弯路。因此，我们在进行故障检测的时候有3点是需要注意的：

第一，无论什么故障，我们首先要冷静地分析产生该故障的可能原因有多少，然后一一列出，这样我们在进行故障检测的时候就不会盲目了。像该车的故障“发动机加速无力，最高车速只能达到70km/h”，分析起来不外乎以下4个原因：一是发动机机械系统技术状态变差；二是点火性能不良；三是进排气系统不畅通；四是自动变速器有故障。有了这样的分析，按照先易后难的程序进行有针对性的检测，便可以很快发现故障的根本所在。维修技术人员在检测的过程中，也习惯性地使用了“笔者也怀疑三元催化器堵塞”这样的语言，其实在排除燃油系统方面的原因之后，应该是顺理成章地检测三元催化器是否堵塞，而不应该是“怀疑”。

第二，故障排除的关键是重在检测，用数据说话，这一点维修技术人员做得非常好。燃油系统是否有问题，有燃油压力的检测数据说话，从而顺利地确认了燃油泵的故障；三元催化器是否堵塞，有三元催化器进出口的温度数据说话，堵不堵不言自明。所以，维修技术人员在进行故障排除的时候，一定要突出检测，拿出准确的检测数据，只有这样才能避免故障排除的盲目性。

第三，在进行故障检测的时候，一定要使用现代化的、快速的、准确的检测设备，这样可以起到事半功倍的效果，像本案例中，维修技术人员检测三元催化器是否堵塞时使用了红外测温仪，该设备是最近几年才出现的一种快速检测诊断设备，它可以准确快速地检测出温度的变化，为维修技术人员判断故障奠定了基础。但是维修技术人员在故障排除的过程中，对该检测诊断设备的应用还不是很到位，譬如，在确认冷却系统故障的时候，没有使用该红外测温仪去检测温度，而是“用手摸了摸上下水管，温差很大”。既然有红外测温仪，为什么不使用呢？这说明一个问题，很多维修技术人员不是没有相关的检测诊断设备，而是在进行故障检测的时候，没有“想到”使用。

帕萨特B5高速时机油压力报警

故障现象

一辆帕萨特B5，行驶里程为8万km。在一次涉水时，因汽缸进水，导致连杆弯曲，正时带跳齿。在其他维修厂维修后，该车在高速（大于80km/h）行驶时，机油压力报警器报警。

故障诊断与排除

接车后，首先测量机油压力，发现怠速和中速时机油压力正常。由于该车只是在高速时机油压力才报警，笔者怀疑机油供给装置或机油压力报警装置有故障，并更换了机油高压开关。检查机油压力报警线路及机油滤清器座，未发现问题。经过认真分析，笔者认为该故障现象是发生在进水后出现的。于是便拆下发动机油底壳，对相关部件进行了仔细检查，发现在汽缸体下部用来润滑汽缸活塞连杆组件的喷油器已变形裂开，固定喷油器的特制空心螺栓已断开了一半，由此断定这就是引起该故障的根本原因。将损坏的喷油器及固定螺栓更换并装复后试车，故障排除。

维修小结

在其他发动机上，连杆弯曲不会引起上述故障。因为在其他发动机上，润滑汽缸及活塞连杆组件都是靠连杆大端飞溅润滑；而在帕萨特B5发动机上，为了改善其润滑效果，除靠连杆大端飞溅润滑外，还在汽缸体的下部增加了专门的喷油器以进行喷油润滑。当连杆弯曲后，活塞下行时超出正常的下止点位置，其下边缘正巧撞到喷油器上，使喷油器变形裂开，形成了一个卸压孔。在发动机怠速或小负荷时，机油泵供油压力低，损坏的喷油器卸压也小，机油压力稍低于标准值不会引起机油压力报警器报警；而当发动机在中负荷或大负荷时（车速大于80km/h），由于机油压力增高，损坏的喷油器的机油泄漏量随之增大，造成油道内的机油压力远达不到发动机润滑系统所需的正常压力，导致机油压力报警器报警。

专家点评

该故障在上海帕达特B5车上很常见，几乎每辆由于汽缸进水导致连杆弯曲的车辆，弯曲的连杆均会将装在汽缸体下部的机油喷嘴碰坏，从而导致车辆在高速时机油压力报警的故障。所以，在维修由于汽缸进水导致连杆弯曲的车辆时，一定要注意检查机油喷嘴是否被碰坏。许多维修人员由于对该车的结构不了解，导致在维修此类车辆的时候，只知道更换或者校正弯曲的连杆，而想不到检查机油喷嘴是否损坏，从而导致维修后出现上述故障。由此可见，无论维修什么车辆，熟悉被修车辆的结构特点和了解结构中每个部件的功能是非常重要的，这是进行故障检测诊断的基础。

通过该案例，对汽车维修技术人员还有一个很重要的启示：故障检测一定要在故障状态下进行，否则无法检测到故障。该车是在高速（大于80km/h）时出现机油压力报警的故障，这就提示我们在进行检测时，一定要在“高速（大于80km/h）时”进行检测。但是维修技术人员在“接车后，首先测量机油压力，发现怠速和中速机油压力正常。”由此可见，维修技术人员仅仅检测了“怠速和中速的机油压力”，而故障状态下——“高速（大于80km/h）时”的机油压力反而没有检测，故而没有发现故障的“本质”所在，仅仅是“由于该车只是在高速时机油压力才报警，怀疑机油供给装置或机油压力报警装置有故障，并更换了机油高压开关，检查机油压力报警线路及机油滤清器座，未发现问题。”从而导致更换了不必要更换的部件，造成维修成本增加，贻误了排除故障的最佳时机。如果维修技术人员在“高速（大于80km/h）时”检测机油压力的话，肯定可以发现此时的机油压力不正常，从而可以快速排除故障。

很多维修人员在进行故障检测的时候都有这样的情况存在，明明车辆在高速时出现故障，维修人员偏偏不检测“高速”状态下的参数，反而是检测“怠速”状态的参数，什么原因呢？因为维修手册上没有其他状态下的标准数据，只给出了怠速或者特定转速（工况）下的标准数据。很多维修人员会认为，反正没有给出这些状态下的标准参数，我们检测了也不知道对不对，干脆就不检测了。

根据上述分析，通过该故障我们可以得到以下3点启示。

一是无论维修什么车辆，维修技术人员一定要熟悉该车辆的结构特点并了解结构中每个部件的功能。

二是在进行故障检测的时候，维修人员一定要在“故障状态下”进行数据的检测。

三是在维修手册没有给出故障状态下的标准数据的情况下，一定要和“正常车辆”的参数进行对照。

帕萨特B5炭罐电磁阀流量不正确故障1例

故障现象

一辆2005年帕萨特B5 1.8T，带二次空气喷射系统。据车主反映，该车发动机热车有时不好着车，有时需要踩加速踏板才能很困难地着车，同时感觉有异味，着车后发动机转速不稳定，需要轰几脚油才好，冷车起动一切正常。车主先到一家4S店维修，在此4S店试车时故障并没有出现，于是该4S店根据车主的叙述认为故障的原因是混合气偏浓，清洗了节气门体和喷油器，并更换了发动机供电继电器（429号）。车主接车后，开始几天车辆状况比较正常，但过了几天故障又再次出现，于是车主将车辆送到此处。

原理分析

接车后，首先进行试车，故障没有再现，发动机运行良好，热车起动也非常顺利。看来这是一个软故障。于是连接VAG1552故障诊断仪调取发动机系统的故障码，有两个故障码16825 P0441 035 Tank breathing system flow rate faulty（燃油蒸发控制系统炭罐油气流量不正确）和17544 P1136 035 Bank1 mixture adaption（add） system too lean /sp（混合气自适应过稀 / 偶发）。

清码后再次试车，故障码没有再现。但是觉得很奇怪，车主的叙述明明是热车起动时混合气偏浓，怎么发动机电脑会报出混合气稀的故障码呢？于是决定先从第一个故障码入手分析。故障码提供的信息比较笼统，并没有直接给出什么元件故障，只是提出了一个维修的方向，进一步查阅维修资料时，也没有关于P0441解释。于是决定从网上进行查询，在互联网上通过google搜索引擎输入16825 P0441后，出来很多的网址链接，但其中中文网址里的内容也都是提出相同的问题，却都没有给出解决方案。查询英文网站，发现了几个有价值的信息，其中一个信息是对该故障码可能的故障原因进行了解释，并提出了排除方向，引用内容如下。

Possible Causes

* Evaporative Emission （EVAP） Canister Purge Regulator Valve （N80） faulty/jammed

* Evaporative Emission （EVAP） Canister Purge Solenoid Valve （N115） faulty/jammed

* Evaporative Emission （EVAP） Canister

Sealing faulty

* Pipes between Tank Breathing and Throttle Body leaky/blocked

Possible Solutions

* Check Evaporative Emission（EVAP）Canister Purge Regulator Valve（N80）

* Perform Output Test

* Check Evaporative Emission（EVAP）Canister Purge Solenoid Valve（N115）

* Check Evaporative Emission（EVAP）Canister

* Perform Basic Setting

* Check Pipes between Tank Breathing and Throttle Body

上述内容翻译为中文如下。

可能的原因：

（1）EVAP炭罐电磁阀N80故障/阻塞；

（2）EVAP炭罐电磁阀N115故障/阻塞；

（3）EVAP炭罐密封故障；

（4） 炭罐到节气门体之间的管路泄漏/阻塞。

可能的解决方法：

（1）检查EVAP炭罐电磁阀N80，执行输出测试；

（2）检查EVAP炭罐电磁阀N115；

（3）检查EVAP炭罐；

（4）检查EVAP到节气门体的管路。

另一个网站的信息则提出，当出现16825 P0441故障码后，往往伴随出现17544 P1136，但并没说明为什么会这样。

虽然没有找到故障码P0441的置码条件，但根据网站提供的信息，以及从故障码字面含义的理解，笔者感觉问题应该出在炭罐电磁阀对燃油蒸气流量的控制或者燃油蒸气流通管路是否泄漏上，因此笔者决定从以下3方面入手排除故障：

（1）读取氧传感器数据流；

（2）监测发动机在不同转速下的真空度；

（3）检查炭罐电磁阀N80功能及其连接软管。

故障排除

首先，连接诊断仪，进入01-08-033发动机系统，读取前氧传感器数据，发现在热车怠速时（水温为95℃，进气温度为55℃，发动机转速为760~800r/min）氧传感器电压值一直在1.54~1.58V之间，相对应的短期修正也在2%~9%之间，这说明此时混合气亦有可能处于一种比较稀的状态。再进入030通道，察看怠速和负荷状态下的长期修正值都是0，这说明混合气稀的程度并不是很严重，还没有到需要进行长期修正的必要。随后又看了一下空气流量计的数据，在热车怠速时为2.6g/s，数据处于正常值的下限，再看此时的节气门位置为12%～87%，数据正常。根据以上数据，笔者确实感觉有一股未经流量计计量的空气在进入发动机，但量应该不是很大。

随后测量发动机在热车怠速时的真空度为18.5~19inHg（为62.6~64.3kPa），空负荷2000r/min时真空度没有下降，从真空度数据看，发动机进气系统好像没有漏气的地方，看来问题不是出在流量计后方的哪根通气管上。那么是什么原因导致氧传感器识别出混合气稀呢？带着这个疑问我开始进行第三步的检测，检查炭罐电磁阀N80功能。

使用诊断仪进入01-03对发动机执行器进行驱动试验。首先驱动的就是炭罐电磁阀N80，此时可以听到由于燃油泵供油而出现的油流动的声音，这是因为N80的供电是由燃油泵继电器负责的，检测N80功能时燃油泵继电器自然要参与工作。但此时N80并没有发出期望的“嗒嗒”声，于是将N80的插头拆下，直接用试灯（最好用车灯做的试灯，不要用二极管试灯）将接线端的两个插脚短接，再次进行驱动试验，此时试灯一闪一闪，说明N80供电及驱动电路功能正常，问题出在N80上。将N80电磁阀拆下，用嘴一吹，发现电磁阀的两端是通的，这说明N80电磁阀卡在了开启位置。至此真相大白，笔者也明白了为什么发动机电脑会报出16825 P0441和17544 P1136的原因了。更换N80电磁阀后，将车辆交与车主试车。一个月后再次询问车主，故障没有出现，至此故障排除。

维修小结

发动机之所以会报出“16825 P0441燃油蒸发控制系统炭罐油气流量不正确”这个故障码，就是因为N80长期处于打开位置。而此车由于没有进气歧管绝对压力传感器，因而发动机电脑对炭罐电磁阀性能的检测方式应该是采用以下方法中的一种：一是通过在一定条件下让炭罐电磁阀正常工作一段时间后，短时间让炭罐电磁阀停止工作，此时通过氧传感器读数的变化来进行识别；二是采用炭罐电磁阀进入工作状态时空气流量计读数的变化来判断炭罐电磁阀的流量。对此车应该采用哪种方式，由于笔者的资料有限不能妄下结论。但不管采用哪种方式，这辆车的N80炭罐电磁阀长期处于打开状态都无法通过检测。同时由于N80的长期打开使得炭罐内的燃油蒸气很快就被发动机吸收干净了，此时发动机就开始通过炭罐的通风阀吸进空气，而这部分空气是不被空气流量计所计量的，就导致了混合气长期过稀，于是发动机电脑就报出了“17544 P1136混合气自适应过稀 /偶发”的故障码。但毕竟空气是经过炭罐进入发动机的，由于炭罐内多少还是有一部分燃油蒸气的存在，所以发动机的混合气一会儿稀，一会儿又正常，所以这个故障码是“偶发”的，并且只需要进行短期调节就可以完成。又由于炭罐系统内活性炭的进气阻力，才使得在测量真空度时没有发现有漏气的现象，同时空气流量计的数值也只是在正常值的下限。

而车主反映的热车有时不好着车的问题，我个人认为是因为在发动机热机运转过程中炭罐内的燃油蒸气虽然很少了，但灭车一段时间，由于燃油箱内的燃油温度很高（夏天应该在50℃以上），就会有大量的燃油蒸气进入炭罐并吸附在活性炭上。如果这时着车，这么多的燃油蒸气进入汽缸自然会造成起动时混合气偏浓而不好着车，同时也会有车主所说的异味产生，这个异味其实就是混合气过浓时的味道。冷车时，由于发动机低温起动时本身就需要较浓的混合气，同时一部分在热车灭车后产生的吸附在活性炭上的燃油蒸气，在燃油箱内燃油温度降低时导致燃油箱产生负压的因素下又回到了燃油箱内，所以炭罐内的燃油蒸气量比较少。以上两方面原因就使得冷车起动相对比较顺利了。

从网上看到的信息显示此故障不光在帕萨特B5车上出现，同时也出现在奥迪公司的其他车型上，因此，愿此文能对广大维修同仁们有所帮助。

专家点评

本篇案例的故障非常有借鉴意义，维修技术人员排除该故障采用的方法和思路是完全正确的。该故障是一个有码故障，两个故障码的出现，按道理可以很轻松地确定故障部位，但是我们目前手头的资料对出现的故障码并没有给出详细的解释和说明，从而给我们排除故障带来障碍。相信凡是看过大众/奥迪车系维修资料的人员应该都非常清楚，大众/奥迪车系维修资料中往往只给出相应的故障码，但是对故障码设置的条件却没有给出明确的解释，同时也不像美系车和日系车的维修手册那样，对每个故障码如何排除给出详细而具体的诊断步骤。因此在读出故障码的情况下，很多维修人员往往由于维修资料缺乏而束手无策。维修技术人员能够顺利地排除故障得益于以下知识的应用：

第一，充分利用了互联网强大的搜索功能，通过搜索得到了故障码出现的可能原因和故障诊断思路，这一点非常重要。如果不是搜索到了故障码16825 P0441的详细可能原因和可采用的解决方案，估计排除该故障也将颇费周折。同时通过网络搜索，还发现“当出现16825 P0441故障码后，往往伴随出现17544 P1136”。虽然维修技术人员强调网络里“并没说为什么会这样”，但是这样的信息出现已经非常明确地告诉我们故障码17544 P1136的出现是伴生的，只要解决了故障码16825 P0441，故障码17544 P1136自然而然地就可以同时解决了。同时这样的信息也解释了维修技术人员的疑惑——“觉得很奇怪，车主的叙述明明是热车起动时混合气偏浓，怎么发动机电脑会报出混合气稀的故障码呢？”我们没有查到上述信息之前，是由于不理解而迷惑，但是在我们通过网络查询到相应信息后，疑惑也就迎刃而解了。所以我建议广大汽车维修技术人员要学会使用网络的搜索引擎进行相关信息的搜索。在我们维修技术资料不完备的今天，通过网络搜索相关技术资料，不失为一种非常有效的获取相关汽车维修资料的捷径。目前很多维修技术人员对网络搜索引擎的使用方法掌握不多，为了帮助大家掌握网络搜索引擎的使用，让大家通过网络可以搜索到自己需要的技术资料，这里给大家介绍一些网络搜索引擎的使用技巧。

搜索引擎的运用技巧

1.用好逻辑命令

搜索逻辑命令通常是指布尔（Boolean）逻辑命令“AND”、“OR”、“NOT”及与之对应的“+”、“-”等逻辑符号命令。用好这些命令，同样可使我们日常搜索应用达到事半功倍的效果。搜索引擎基本上都支持附加逻辑命令查询，常用的是“+”号和“-”号，或与之相对应的布尔逻辑命令AND、OR和NOT，用好这些命令符号可以大幅提高我们的搜索精度。比较一下下面各搜索条件的含义：

（1）computer adventure games，这是最基本的搜索方式。查找与该关键词有关的记录，在过去通常情况下相当于布尔逻辑命令中“OR”的关系，翻译过来就是：computer（OR）adventure（OR）games。因此搜索结果中不仅有同时包含3个关键字的记录，也有仅含部分关键字串（如computer games）和个别关键字（如computer）的记录。目前搜索引擎的趋势是默认匹配全部关键词搜索，即仅返回包含所有关键词的记录，相当于下面将介绍的“+”号和AND的关系，当然有时也有例外。图1所示为利用GOOGLE搜索“捷达汽车发动机起动困难”的结果，共计57100项符合搜索要求。

图1

（2）+ computer + adventure + games，相当于布尔逻辑命令中的“AND”关系，翻译过来就是computer（AND）adventure（AND）games。因此搜索结果中只列出同时包含3个关键字的记录，图2所示为利用GOOGLE搜索“+捷达汽车+发动机+起动困难”的结果，共计46400项符合搜索要求。在搜索条件中使用“+”号还可强制搜索引擎将一些停用词当关键词进行搜索。比如我们搜索“who am i”时，其中“who”和“i”是停用词，我们可以在两个单词前加上“+”号，强制对其进行搜索，此时的搜索条件即为：+who +am +i。

（3）+ computer + game − adventure，翻译过来就是computer（AND）game（NOT）adventure。列出所有包含“computer game”的记录，但在其中排除有关adventure的记录。图3所示为利用GOOGLE搜索“+捷达汽车+起动困难−冷车”的结果，共计46400项符合搜索要求。综上所述，“+”号（AND）用于在搜索中指定涵盖某项内容，而“−”号（NOT）则用来从结果中排除某项内容。

图2

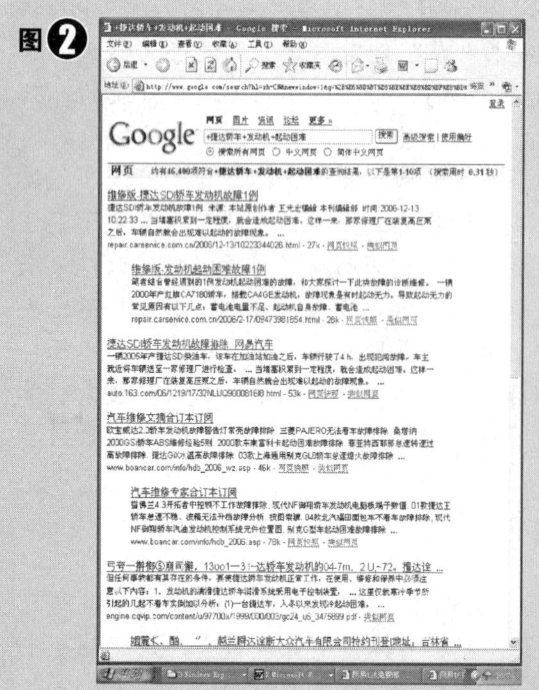

图3

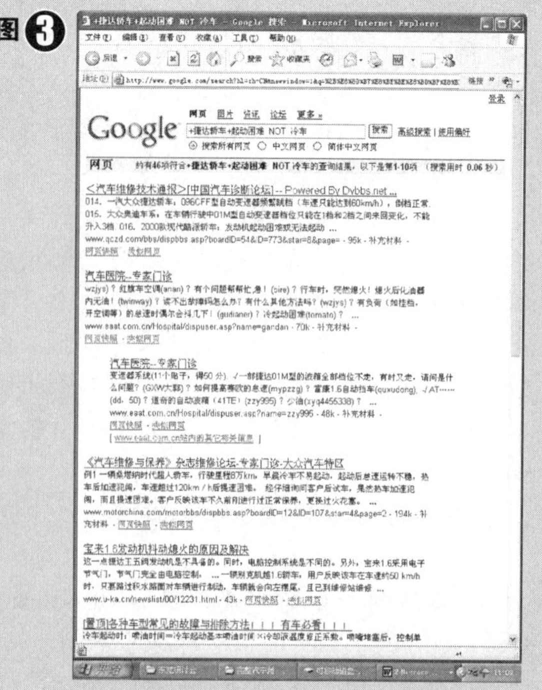

2.精确匹配搜索

精确匹配搜索也是缩小搜索结果范围的有力工具，此外它还可用来达到某些其他方式无法完成的搜索任务。除利用前面提到的逻辑命令来缩小查询范围外，还可使用“”引号（注意为英文字符。虽然现在一些搜索引擎已支持中文标点符号，但顾及到其他搜索引擎，最好养成使用英文字符的习惯）来进行精确匹配查询（也称短语搜索）。如“computer adventure games”，它与 +computer +adventure +games 的区别是：虽然后者限定网页中要同时包含3个关键字，但其顺序和相邻位置允许是任意的。而前者不仅要求网页中必须同时包含3个关键字，关键字的顺序也要求完全相同，并且它们必须还是挨在一起的，所以带“”号的查询范围更小。此外使用“”号进行精确匹配查询，还可用于达到我们特殊的搜索目的。图4所示为利用GOOGLE搜索“桑塔纳汽车发动机起动困难”的结果，共计9项符合搜索要求。比如一般情况下“who”、“i”作为停用词被搜索引擎忽略，但有时在搜索特别类型的信息时，又必须包含这些停用词（如搜索影片名称“Who Am I”），这时我们就可以将全部关键词用“”号引起来，就可以强制搜索引擎将停用词作为短语的一部分进行搜索。通过对上面这些逻辑符号的组合，能组成复杂的搜索条件，如“computer game” −adventure +new，等等，从而使查询结果更加准确。

3.特殊搜索命令

对普通车主而言，熟练掌握前面介绍的几种搜索技巧就已经足够了，但有时我们难免会有一些特殊的需求，而搜索引擎也支持一些特殊的搜索命令，以方便我们精确定位所需信息。

（1）标题搜索。多数搜索引擎都支持针对网页标题的搜索，命令是“title:”，在Yahoo中是“t:”（注意冒号为英文字符，且后面不跟空格）。在进行标题搜索时，前面提到的逻辑符号和精确匹配原则同样适用。图5所示为利用GOOGLE搜索“t:+桑塔纳2000GSi汽车+发动机+起动困难”的结果，共计203项符合搜索要求。

（2）网站搜索。针对网站进行搜索的命令是“site:”（Google）、“host:”（AltaVista）、“url:”（Infoseek）或“domain:”（HotBot）。如想查找AAA汽车公司网站的所有网页，可以输入：site（或host/url/domain）:www.AAA.com，图6所示为利用GOOGLE搜索“site:www.vw.com”的结果，共计647项符合搜索要求。另外，还可以在其中加入其他命令组成复杂的搜索条件，如site:www.AAA.com +title:“computer games” adventure。意思是查找AAA公司网站中所有标题里含有computer games的网页，但排除关于XX内容的网页。运用此命令我们可以达到一个极其重要的目的，就是检查我们

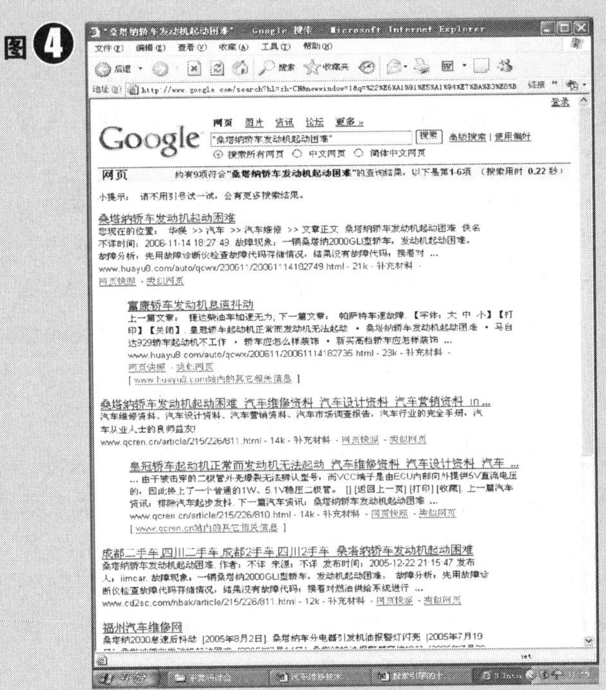

图4

图5

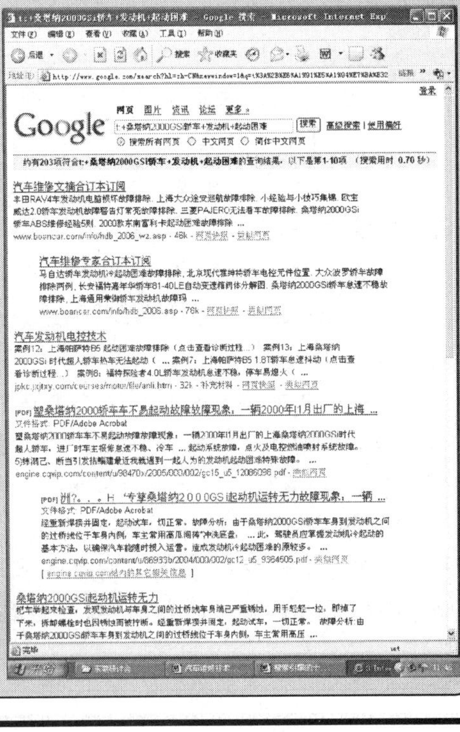

的网站被索引的网页有多少，因此建议大家牢记这个命令。另外，运用“site/host/url/domain”等搜索命令还可实现某一网站的站内搜索，比如Google引擎由于技术的先进性，通过其“site”命令实现的网站内部搜索甚至比专门的站内搜索程序还要好。

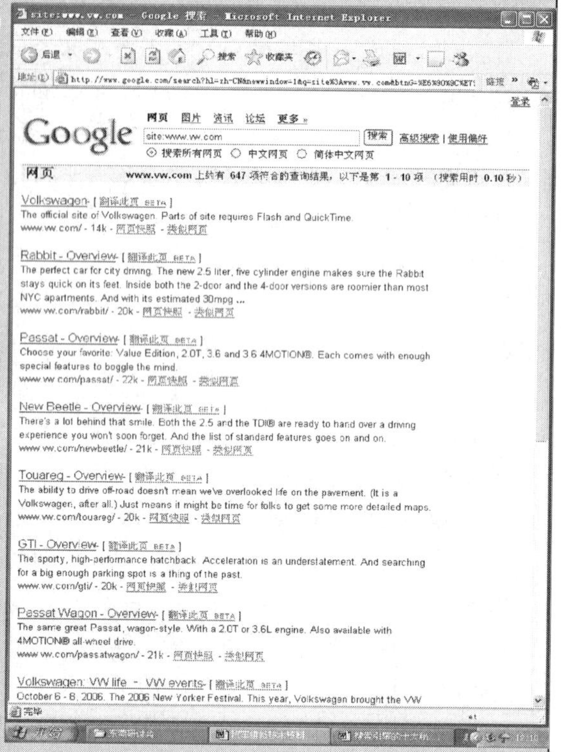

（3）链接搜索。在Google和AltaVista中，用户均可通过“link:”命令来查找某网站的外部导入链接（inbound links）。如link:www.AAA.com。其他一些引擎也有同样的功能，只不过命令格式稍有区别。你可以用这个命令来查看是谁以及有多少网站与你做了链接。

除上述命令外，还有其他一些特殊搜索命令，如“filetype:”（限定搜索的文档类别）、“daterange:”（限定搜索的时间范围）、“phonebook:”（查询电话），等等，感兴趣的话大家可以自己研究一下。Google引擎提供了比较完备的搜索功能，具体可参考“Google从入门到精通”方面的资料。

图6

4.附加搜索功能

搜索引擎都提供一些方便车主搜索的定制功能。常见的有相关关键词搜索、限制地区搜索等。为方便查询信息，各搜索引擎还提供了其他一些附加搜索功能（部分可在搜索引擎的高级搜索Advanced Search页面中选择）。比如：

（1）单词衍生形态查询。当输入“thou- ght”时，如果选择了此功能，搜索引擎除以“thought”为条件搜索外，还会以“think”、“thinking”等同词根的词进行查询。

（2）网页快照（Snap Shot）。直接从引擎数据库缓存（Cache）中调出该网页的存档文件，方便车主在预览网页内容后决定是否访问该网站，或是在对应网页发生变动时查看原始页面。通常缓存中保存的是网页的文字部分，图像等多媒体元素还是要实时从对应的网站上下载。与其他附加功能相比，“网页快照”还是相当实用的。与网页快照相类似的还有一种“网页预览”功能（如WiseNut搜索引擎的“Sneek-a-Peek”），当车主选择此功能时，将在该条目下方打开一个窗口下载并显示对应的网页内容。

（3）网站内部查询。当你找到某个网页，搜索引擎提供查询该网站其他页面的功能。类似“site:”、“host:”等命令。

（4）横向相关查询。当车主找到某个感兴趣的网页，搜索引擎提供查询内容近似的其他网页的功能（不限于同一网站）。一般是在信息条目后面给出“Similar Pages”或“More results like this”链接。

（5）概念延伸查询。以某个关键词查询时，搜索引擎列出相关领域的其他搜索条件供你选择。比如输入“furniture”，它会列出“outdoor furniture”、“patio furniture”、“office furniture”等相关的信息类别供查询。

第二，本案例的顺利解决也得益于维修技术人员掌握了一定的汽车专业英语知识。谈到汽车专业英语，对很多维修技术人员来说是个头疼的事情，但是对于目前我国的汽车维修技术人员来讲，确实也是必须掌握的一个非常重要的技能。目前国内的汽车绝大多数是从国外引进的，汽车上广泛采用的相关技术也都是舶来品。我们现在在市场上看到的所谓的中文维修资料，没有一个是纯正的“国产”资料，全部是根据国外厂家提供的汽车维修技术资料翻译过来的。很多搞翻译的不懂汽车，而懂汽车的却不懂外语，从而使经过翻译的所谓的中文资料经常出现驴唇不对马嘴的情况，让广大维修人员看了不知所云，从而给故障的排除造成障碍。如果我们掌握一些汽车专业英语知识的话，在看到不懂的中文资料时，去看看英文原版资料，就会恍然大悟了。因此建议广大维修技术人员要掌握一定的汽车专业英语。

第三，维修技术人员在故障检测的过程中，每一项分析都是建立在相关检测数据的基础上的。数据修车是我在很多场合下都提倡的一种现代汽车维修方法，在修车的过程中我们一定要有根据，什么是根据？根据就是我们检测的各项数据。作者在这一方面做得非常好，值得广大维修技术人员借鉴。

帕萨特B5无高速、4挡脱挡

故障现象

一辆2002款帕萨特B5 1.8L，采用ANQ型发动机，01N电子控制4挡自动变速器。行驶中换入D挡，在4挡时自动脱挡。发动机转速只能达到3 000r/min，行车中无高速，最高车速只能达到100km/h。

故障诊断与排除

连接VAG1551诊断仪，打开点火开关，进入自动变速器电控系统，查询故障存储，无故障记录。利用故障诊断仪的“读取数据块”功能进入005显示组，1区显示变速器油温为54℃，油温正常（如果油温过高，超过148℃，变速器会自动切换相邻低挡，ATF液面太低也会出现此现象）。待油温降到35～45℃时举升车辆，拆下变速器底壳油面检查螺栓，溢流管中有油滴出，观察其颜色为淡黄色、无异味，说明油量、油品没有问题。

路试读取003显示组1～4区数据分别显示：

80 km/h　3 000r/min　3M　82％

减速时为：

27 km/h　2 300r/min　4H　56％

在加速时则挡位立即变为3M。当加速踏板踩到底时显示：

98 km/h　3 100r/min　3M　96％

1区为车速、2区为发动机转速、3区为挡位、4区为节气门开度，以上数据表明变速器不存在打滑现象。

检查强制换挡开关F8，此开关组装在节气门拉索中，在发动机舱的横隔板上。其作用为当节气门全开时，会压下此开关。自动变速器电控单元J217接到此信号立即换入相邻低挡，以降低车速，增大发动机牵引力。拔下开关插头连接诊断仪进入01-08-001第3区，踩加速踏板，节气门开度从2°均匀升至84°。用数字万用表检查此开关电阻：节气门开度在84°时，阻值为0.8Ω，当节气门开度小于84°时，阻值为无穷大，说明此开关正常。

进入发动机01-02，发现以下故障：00561/SP，混合气超过自适应界限；00525/SP，氧传感器G39搭铁短路/断路。清除故障后试车，故障码不再出现。进入08读取数据流002显示组：发动机负荷为2.6ms，喷油时间为4.8ms，进气量为5.4g/s。第7显示组的氧调节器为-10％，氧传感器电压为0.6～0.8V，以上数据表明进气量5.4g/s与正常值2.0～4.0g/s相比偏高，喷油时间4.8ms与正常值2.0～5.0ms相比也接近极限。更换空气流量计后，故障依旧。

会不会是排气不畅呢？在发动机怠速时，连接真空表，检测进气管真空度仅为45kPa，有时可达55kPa，但很快又跌落到0（怠速工况下，进气管真空度应稳定在57.6～71.1kPa之间）。急加速时，由45kPa急速下降到15kPa 以下，同时真空表指针也随着节气门的急速变化表现出较大的波动（正常时，迅速开闭节气门，表针在6.7～84.6kPa之间灵敏摆动，说明进气管真空度对节气门开度的随动性较好）。检查结果表明：该发动机的真空度存在异常。是什么原因引起这种故障现象的呢？造成这样故障有可能是排气系统不畅或堵塞引起的。因排气系统堵塞时，会加大排气的反压力，使进气真空度降低，从而导致排气不彻底，进气不充分。堵塞严重时，发动机只能勉强维持低速运转。此情况下，发动机怠速运转时，真空度有时可达53kPa，很快又跌落为0或者很低。发动机加速时，真空度逐渐下降为0。于是松开氧传感器后试车，急加速、缓加速均正常，发动机转速也能升高，车速可达170 km/h。怠速时，再检测进气歧管真空度也达到了65kPa，且真空表指针也较稳定，此数据表明：故障的真正原因在三元催化装置。

更换三元催化器后故障排除。

维修小结

此车三元催化器堵塞不严重，在排气系统受堵的情况下，汽缸内燃烧后的废气不能全部排出缸外。这样当汽缸进行下一个进气行程时，就会受到缸内废气的反向冲击，导致进气行程进气量下降，从而出现用真空表测量真空度低于标准值，而且波动很大，急加速时下降更明显。同时进气量下降，发动机功率自然不足，引起自动变速器4挡行车时易脱挡。

专家点评

通过该案例，我们可以看到，维修技术人员在故障诊断的过程中，充分利用了故障检测仪的数据流分析和真空度分析等检测诊断手段，故障分析的过程中全部是依据数据说话，完全体现了当前汽车维修中数据化维修的理念，这样的故障诊断思路值得推广。

那么，排气系统排气不畅，为什么会引起自动变速器出现跳挡故障呢？众所周知，自动变速器自动换挡控制主要是依据发动机负荷的大小和车速。当排气不畅的时候，进气不充分，一方面影响了发动机转速的提高；另一方面，驾驶人为了得到相应的车速，必须加大节气门的开度来进行补偿。但是由于排气系统不畅通，导致发动机转速与节气门开度不匹配，电脑认为发动机负荷过大，与当前的自动变速器挡位之间也不匹配，自动变速器电脑根据节气门的开度、发动机转速、当前的车速和自动变速器所处的挡位来进行分析，认为车辆是在大负荷状态下运行（例如车辆爬坡等），因此控制自动变速器自动降挡，来适应车辆负荷的增加，从而出现自动变速器由4H挡位降入3M挡位，导致该车的故障现象。

另外，维修技术人员在排除故障的过程中，是利用真空表检测进气管真空度的方法来判定排气系统是否堵塞的，该方法是有效的。但是需要说明的是，影响进气管真空度的因素是比较多的，进气系统真空泄漏、配气相位错误、EGR系统工作错误也同样影响进气系统的真空度，上述因素影响进气系统真空度的特征是稍微有些差别的。判断排气系统是否堵塞，急加速时必须查看真空度的变化，作者在这一点上做得非常好，这也是诊断故障的关键所在。那么有没有更好的方法呢？有！那就是可以利用排气背压表检测排气背压和利用红外线测温仪检测三元催化器进、出口的温差来判定三元催化器是否堵塞，这样的方法比较直观和快捷。

帕萨特ESP报警灯亮

故障现象

一辆装备ESP系统的帕萨特V6 2.8，行驶里程为53000km左右。当车辆在市区频繁踩制动踏板行驶一段时间后，ABS警告灯与ESP警告灯同时报警。用电脑检查ABS，故障码为01435（制动压力传感器G201）。据车主反映，一个月前曾在地区级维修站更换了制动压力传感器G201后还存在上述故障，接着又更换ABS泵、制动灯开关，当时试车正常，但行驶大约10min后ABS与ESP警告灯又报警。

接车后，首先对该车进行电脑检测，ABS控制单元为“3U0 614 517B ABS/ESP”，故障码还是01435（制动压力传感器）。清除故障码后试车，的确如同车主描述一样，车速保持在30~40km/h，多次踩制动踏板后出现上述故障。再次用电脑查询，故障码还是01435，证明此故障确实存在，不是偶发性的，但该传感器以及ABS泵总成都更换了，为什么还是此故障呢？是不是线路出现问题呢？查找电路图后，对G201线路进行测量。

拔下G201插头，打开点火开关测量1与3号脚的供电电压在4.2V左右；测量2号脚（信号线），根据制动力大小，其电压也随着变化，证明压力传感器是正常的；再次测量线路G201至电脑的插脚是否通断，与正极、负极是否短路，也都正常。这下就开始有些迷茫了。

制动压力传感器G201已经更换多次，但没有排除故障。G201的作用是将制动回路内的当前压力信息发送给控制单元，控制单元由此计算出车轮制动力及作用于车辆上的纵向力，如果需要ESP进行干预，控制单元便会利用此数值计算侧向力。没有当前制动压力值时，系统无法正确计算出侧向力的大小，ESP功能失灵。

从上述分析来看，G201产生的是一个制动力反馈信号，而且导线测量是正常的，又没有显示线路故障码，因此肯定是一个由其他零件引起的故障。为什么在行驶过程中频繁踩制动踏板会导致故障的出现呢？怀疑是制动灯开关损坏，但制动灯开关也更换过。接下来只有进行制动灯开关检查，最直接的方法是踩制动跳板看制动灯工作是否正常。但这种方法只能检查制动灯开关和制动踏板开关F47是否正常。因此，还应检测F47的外围电路，如图所示。打开点火开关，拔下ABS插头，测量ABS泵37号脚时，发现轻踩制动跳板还有电压，将制动踏板使劲踩到底时才没有电压。由此证明制动灯开关位置没有调整好，所以会产生ESP系统没有接收到驾驶人的操作信号。也就是说，没有将驾驶人操纵制动的信息及时反馈给控制单元。

制动踏板开关F47外围电路图

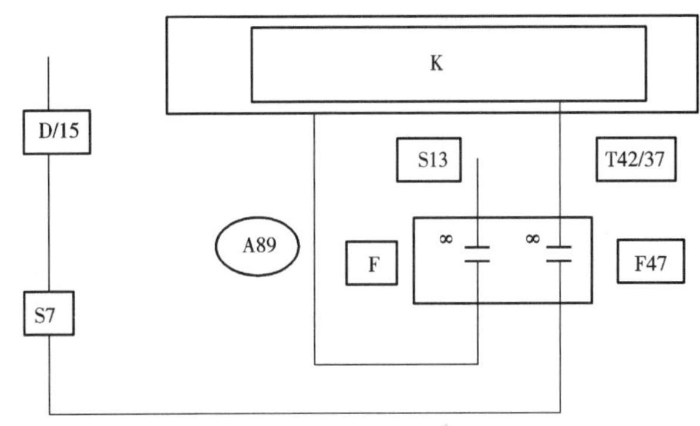

将制动灯开关拆下，把制动灯开关顶端拉出，制动踏板不能动，直接安装制动灯开关（旋转60°左右），再次测量，一切符合要求，装复ABS泵插头，进行匹配（注：因带有ESP系统的插头拔下，打开点火开关，ABS泵的编码将变为00000）。

连接电脑，打开点火开关，进入ABS系统，在进行设定前，车辆转向盘必须在直线行驶位置进入11，输入09597后进入07，编码输入04297后再进入11，输入40168后进入04，选择001进行匹配，匹配成功后，会显示OK字样，装复后进行试车，故障没有出现，问题排除。

小结

仅仅是一个小小的调整，就使ESP系统的故障得以排除。在检修汽车电子系统的过程中，我们只有真正掌握系统的原理后，才能明白每个传感器的作用，这样才能帮助我们快速查找故障原因。

帕萨特常见故障汇总与排除方法

故障现象

帕萨特汽车投产于1999年，在上海大众下线已经有12年了。2005年，上海大众推出了基于帕萨特B5的全新车型PASSAT领驭，由于该车型完全面向中国的市场和道路状况，被业内称为是帕萨特B5.5。目前，上海大众已售的帕萨特和PASSAT领驭总量已经超过100万辆，在国内中高级汽车市场中享有极高的声誉。笔者从事PASSAT维修多年，对于其常见故障及排除方法作一总结与大家共享，不足之处恳请各位同仁批评指正。

一、发动机故障

（1）发动机不易起动，有"突突"声。对于装配5气门的发动机，3个进气门结构提高了发动机的进气效率，却也更容易在进气门上产生积炭。一般行驶里程在5万～8万km时发动机会出现不易起动，起动后有"突突"声，甚至熄火，此种情况多为积炭引起的。因为积炭多为疏松多孔的物质，能够吸附大量的汽油。若积炭过多，在发动机低温起动时，积炭会吸附汽油，使发动机不能形成浓混合气，导致不易起动。起动后在暖机时，积炭又会吸附汽油使混合气过稀，发动机各缸工作不良造成发动机抖动，尾气排放超标。另外混合气过稀，混和气燃烧时间变长，造成排气门打开时燃气压力过高，排气噪声会变大，发动机会有 "突突"声，根据积炭的多少声音会持续1～3min。积炭的处理可以用免拆卸设备，也可以拆下来用机械方法清洗。笔者在维修中发现只要平时注意以下几点，便可以减少积炭：①保持空气滤清器清洁；②汽油中添加汽油清洁剂；③常更换汽油滤清器；④发动机高速、大负荷运转，有利于气门自洁。

（2）发动机有00515故障码。在维修中会遇到00515故障码（霍尔传感器G40对地短路），这一故障多为发动机正时装配错误。5气门发动机采用了双凸轮轴，其配气机构分为两部分：①曲轴正时与排气凸轮轴正时用同步带相连。其带轮护罩上均有明显的正时标记，维修中一般不会装错。②进气凸轮轴与排气凸轮轴采用链条传递，凸轮轴调整电磁阀N205位于进气凸轮轴下部，发动机电脑可以根据实际工况控制N205，将进气凸轮轴相对调整一个角度，使发动机进气充分、增大功率输出。两齿轮间链条为16节连接，一般在装配时容易出错。而G40安装在进气凸轮轴的另一端，信号与进气凸轮轴同步。当链条节数不对时，发动机控制单元通过转速传感器G28、凸轮轴位置传感器G40对比，得不到正确的相位。由于自诊断原则上只能识别电信号故障，因此就认为G40故障。装错进、排气链条还会导致发动机动力不足、加速无力等现象。

二、制动系统

（1）制动系统最常见的故障是ABS灯报警，有V64液压泵故障。此种情况多为ABS液压泵线路焊点脱焊，接触不良造成的，一般只要将其电脑板拆下，在后面打开一小口，重新焊接即可，基本不用更换ABS泵总成。

（2）另一故障是制动灯常亮或不亮，多为制动灯开关坏，同时电子节气门控制系统的EPC灯亮，在发动机控制单元中可以调出17087故障码。制动开关有F和F47（F为常开型，F47为常闭型）。F闭合时信号到制动灯、ABS、发动机ECU；同时F47断开到发动机ECU 的15号电。当制动开关失灵，发动机ECU得到错误信息，同时点亮电子节气门控制系统的EPC灯并出现故障码。对于自动挡的车来说，制动灯开关坏会导致变速杆挡位无法移动，因为自动变速器换挡锁止电磁阀N110需要制动信号。在此告诉大家一个简易方法，可以把后面的制动灯（左、右、高位制动灯拔插头）全部摘下，就可以不用踩制动踏板而自由移动挡位，此方法对于其他大众车也适用（注：若制动灯为发光二极管则无须断开，因为二极管电阻比制动灯电阻大得多）。

三、空调系统

帕萨特有手动空调和自动空调两种，在使用中会出现怠速时间长、空调不制冷的情况，原因是冷凝器散热不良、压力过大（空调压力开关F129的3、4常闭触点断开）起到卸荷作用以保护发动机。帕萨特B5最容易出现冷凝器脏堵、电子扇不转而导致开空调散热不良现象。虽然有双扇（硅油扇、电子扇），但效果不理想。笔者在冷凝器前部（与硅油扇相对位置）加装一个小电子扇（最大电流7A）可以缓解怠速停车时间长、空调效果不良的问题，共有35辆车作改装试验，无一例出现问题。而后，领驭就采用双电子扇散热来改变此种情况。

自动空调除上述故障外，还会出现空气流量计故障引起空调不工作的情况，这是因为空气流量计信号弱，引起发动机动力不足而关闭空调，可以进入08-08-001查询（0为压缩机吸合，1为压缩机断开）。

人为故障也比较多，最常见的是更换正时制动带后，会把F129（空调压力开关）插头线束压在保险杠前骨架内或忘记插插头。

四、舒适系统

遥控钥匙有时失效，此故障点多为点火开关的S触点有电（因为遥控是在S触点断电的情况下起作用的）。大众很多车型的点火开关都有S触点，有通用性。点火开关各触点连接情况是：无钥匙时点火开关30与P相通，钥匙插入后30与P、S相通，点火位置30与15、X、S相通，起动位置30与50、15、S相通。

舒适系统的另一常见故障是行李舱打不开，多为行李舱左侧铰链线束折断，导致行李舱开启电动机工作不良，出现此故障，线束折断有时还会导致仪表照明灯偶然点亮。

帕萨特大修后的疑惑

故障现象

一辆2002款的大众帕萨特B5，因发动机烧机油进行了大修。大修后，维修人员试车时发现，该发动机的转速忽高忽低，运转不平稳，运转一会儿有时发动机熄火，熄火后略等一会儿，再起动又会重复上述现象。

故障诊断与排除

接车后，先用大众/奥迪1552对其读取故障码，仪器显示：01165-节气门控制单元J338基本设定错误。消除故障码后，用1552对节气门控制单元重新进行匹配后再试车。起初，发动机怠速运转平稳；路试一段时间后，发现踩下加速踏板时，发动机的转速并不升高，反而降低，最终熄火了。此时用1552对其进行读码：00513-发动机转速传感器G28故障。笔者用万用表检测发动机转速传感器的电阻，其阻值是880Ω，正常。为了保证故障诊断的准确性，笔者在将车开回单位后，将汽车示波器连接到该传感器上测试，波形如图1所示。在检测波形的过程中，不停地抖动其线束，结果波形没有变化。该波形是正确的，说明线路也是正常的。

图1 发动机转速传感器G28的波形

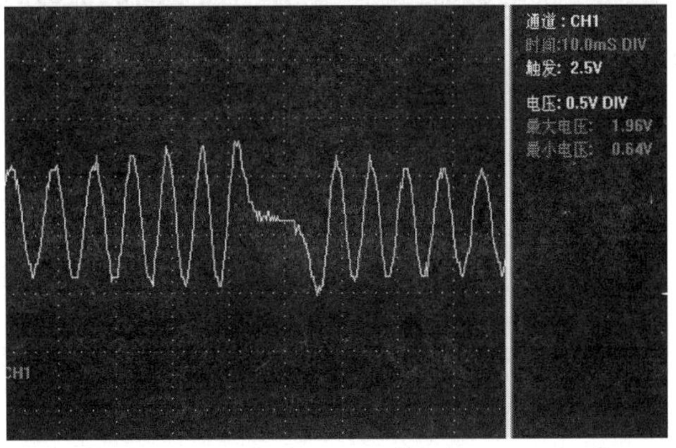

在机械部分正常时，发动机无法起动或熄火的故障原因无非就是“无油”和“无火”。而其中影响点火的主要因素是发动机转速传感器（即曲轴位置传感器），但根据上面的检查，可以排除发动机转速传感器发生故障的可能性。而“无油”，特别是运转一会儿“无油”的情况，则油路控制系统发生故障的可能性比较大，其中特别易发生故障的是汽油滤芯和汽油泵。于是笔者询问维修人员，维修人员说大修时将汽油滤芯和汽油泵都更换了新件，绝对不是它们的故障。为了验证笔者的思路，于是接上了汽油压力表。经检测得知，怠速时油压为250kPa，加速时为300kPa，而且熄火后也能保持很长的一段时间，看来好像油路也无故障。用万用表测量油路控制线路也正常，无连接插件松动、氧化和锈蚀现象。于是笔者将压力表接在车上进行路试，出现故障时，踩下加速踏板发现，油压不但不升高，反而越来越低，当油压降到很低时，发动机熄火了。至此该车的故障点找到了，那就是电动汽油泵有故障。更换汽油泵后，故障排除。图2所示为损坏的汽油泵。

维修小结

在笔者断定汽油泵有故障的时候，维修人员坚信不疑地说这个新油泵不会有问题。朱军老师早在多年前就提出一个观念：新的不等于好的。应该认识到现在的汽修配件市场鱼目混珠，这更需要我们维修企业和技术人员去辨别了。

图2 损坏的汽油泵

帕萨特怠速发抖

故障现象

一辆上海帕萨特B5 GSi 1.8 T，行驶里程为1万km，发动机在冷车和热车时均出现怠速抖动，其他工况下运转性能良好。

故障诊断与排除

笔者接车后，首先使用V.A.G1552对发动机电控燃油系统进行检查，显示1缸和2缸有偶然点火中断现象。根据点火系统电路图（图1）检查1、2缸的点火线路，线路连接正常。检查了相关的传感器，都在正常范围内。起初判断为1、2缸点火器故障（该车采用四缸独立点火，每个汽缸都有一个集成点火驱动模块、点火线圈和缸线的点火器），对1、2缸的点火器进行了更换，故障依旧。

故障也可能是1、2缸混合气燃烧不良。通过检查，空气流量传感器数值在正常范围。用汽油压力表测量在怠速工况时的压力，压力稳定在350kPa，

图1 点火系统电路图

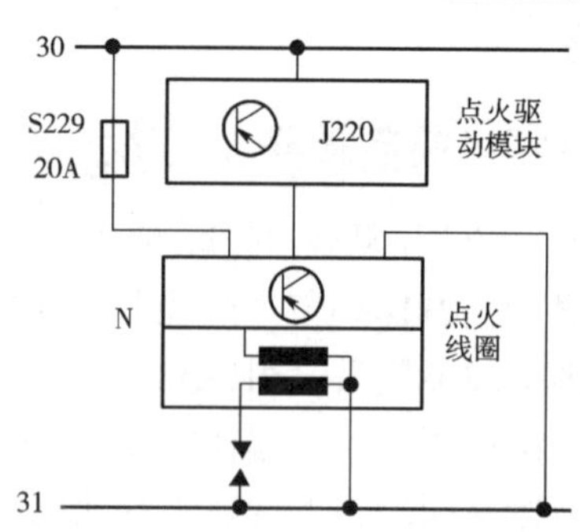

说明油压也正常。接下来检查发动机进气系统是否漏气，重新检查了各个接口的连接情况，如图2所示。

经检查，各个接口连接良好。对发动机进气系统进行了如下试验：由电子节气门进口处拆下在此之前的进气管路，使空气由电子节气门进口进入；同时,拔掉空气流量传感器插头，以免其错误信号影响发动机的运行；然后起动发动机怠速运行，用

图2 进气系统示意图

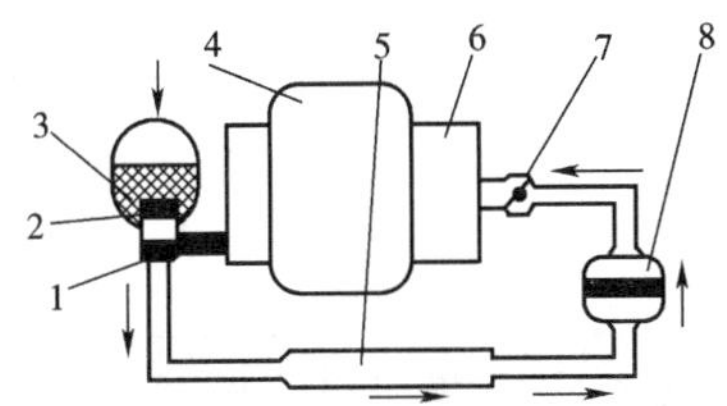

1–涡轮增压器；2–空气流量传感器；3–空气滤清器；4–发动机；5–进气管路；6–进气歧管；7–节气门体；8–冷却器

纸板堵死节气门进口，发现发动机并不熄火仍然运行。以上试验证明进气歧管存在漏气。随后又检查了接在进气歧管上的真空软管，分别拔掉软管，堵死进口。当对1、2缸分别进行这项操作时，发动机重复出现抖动。仔细观察发现软管上有裂纹，把纸条放在裂纹处，纸条被吸附，最后判断是这里出现轻微的漏气。

更换新的软管，故障终于排除。

维修小结

该故障是由于1、2缸进气管路出现漏气造成混合气燃烧不良，从而触发点火中断信号的假象。在维修时不能仅靠故障码的信息分析，同时，在检查进气系统时，应拔掉空气流量传感器插头，以免其错误信号影响发动机的运行，在维修时应当引起注意。

帕萨特发动机抖动

故障现象

一辆帕萨特B5 1.8L，手动挡，行驶里程为65 000km。发动机怠速抖动，变速器有异响。

故障诊断与排除

询问车主得知，发动机怠速抖动于一个多月前出现，变速器异响于一星期前出现。笔者认为发动机抖动与变速器异响是两个独立故障，应逐一排除。

该车发动机怠速时抖动明显，但转速表稳定，无游车现象，同时加速性能良好。因此判断问题并不在发动机本身。因此检查了发动机与车身及底盘各部位的连接情况，但没有发现异常。

接下来，从电路、油路、气路、机械四大方面对该发动机进行了系统检查。但所有的检测结果都是正常的，诊断工作遇到了困难。

于是转换思路，决定先解决变速器有异响。变速器有异响，听起来是变速器内部常啮齿轮相互碰撞的声音，踩下离合器后（一轴停转了）声音消失。经分析，笔者认为是一轴或二轴的轴向或径向间隙过大造成窜动所至。决定拆检变速器。

拆下变速器后，首先检查了一轴前轴承（曲轴后滚针轴承），果然已经损坏。同时发现压盘的边缘碰上了飞轮，留下了明显的擦痕。压盘原本就是刚性固定在飞轮上，怎么会相互运动呢？进一步检查分析，原来此飞轮称为双质量飞轮。其结构是曲轴带动大飞轮旋转，大飞轮通过一个扭转减振轴承与小飞轮相连，压盘和离合器片固定在小飞轮上。这个扭转减振轴承代替了原来老式离合器片上的减振弹簧的作用。检查发现，此扭转减振轴承已经损坏。这样，小飞轮与大飞轮不能同心旋转，所以，压盘与大飞轮相互摩擦。

至此，该车的故障原因开始清晰起来。由于双质量飞轮的扭转减振轴承损坏，小飞轮和大飞轮不能同心旋转，导致整个飞轮失去动平衡，进而使得曲轴失去动平衡，最终导致发动机抖动。同时此扭转减振轴承损坏后，引发了变速器一轴相对于曲轴也发生偏心旋转，继而一轴前轴承损坏，导致一轴相对二轴发生径向跳动，造成变速器常啮齿轮相互碰撞，产生异响。

更换双质量飞轮，装复后试车，发动机怠速抖动现象消失，变速器异响消失。

维修小结

汽车故障诊断最重要的就是有清晰的思路。该例中如果一开始就将两个故障现象联系起来分析，相信能早一些找到故障点，也省去了很多不必要的诊断过程。

专家点评

该案例应该从两个方面来评述：一方面是故障检测的方法，另一方面是故障诊断的思路。该故障的排除，输在故障检测的方法，赢在故障诊断的思路。

为什么说该故障的排除“输在故障检测的方法”？维修技术人员在排除发动机抖动的故障时，不但检查了发动机的“电路、油路、气路和机械”，并且检查了“发动机与车身、底盘各部位的连接情况”，还没有发现问题，从而使故障“诊断工作遇到了困难”。这是为什么？因为维修技术人员在发动机抖动故障的检测方法上存在不足，导致排除发动机抖动故障费了不少周折。发动机抖动有两个方面的原因：一是发动机各缸功率不平衡，也就是大家经常所讲的“缺缸”；二是发动机机械振动或者失衡。检测这样的故障应该首先检查发动机是否“缺缸”。关于是否由于“缺缸”导致发动机抖动的故障，可以通过很多方法快速检测出来，不会像维修技术人员那样费尽周折。譬如，我们可以通过四气体尾气分析仪配合发动机功率平衡试验（断缸试验）进行快速检测，通过该方法我们可以非常容易判定发动机有无功率不平衡（缺缸）的现象。另外，现代检测设备发展非常迅速，有很多设备可以提高我们故障诊断的效率和故障判断的准确性，譬如，目前在汽车故障检测中有红外测温仪，该设备可以快速测量温度及温度的变化，该设备应用在发动机功率平衡测试中非常方便，因为无论对汽缸进行断油还是断火，该缸均无法燃烧，那么该缸排气歧管的温度将下降。在进行断缸试验的同时，利用红外测温仪测量每缸排气歧管的温度，立即可以判断发动机是否存在功率不平衡的情况。无论利用上面的哪种方法，我们均可以快速判定发动机抖动是否由于“缺缸”引起。利用上面的方法，我们立即可以判定该案例中发动机不存在“缺缸”的问题，这样也就不用像维修技术人员那样对“电路、油路、气路和机械”等进行检查了。发动机不存在“缺缸”的问题却抖动，要么是发动机支承性能不良，要么发动机及其动力输出旋转部件存在动不平衡的问题。这样以来我们的故障诊断思路就非常清晰了，根据这一思路进行检测，可以非常容易确定故障的根本所在。

为什么又说该故障的最终解决又“赢在故障诊断的思路”呢？因为维修技术人员在对发动机进行发动机抖动故障排除无果的情况下，没有一头钻进去不出来，而是及时“转换思路”。正是由于这一“顺利的思路转换”，才得以发现问题，最终排除故障。这一点对于汽车维修技术人员而言是非常重要的，这就是“转换思维”在汽车故障检测诊断中的应用。我们经常发现很多维修人员在对车辆故障进行排除时，往往不厌其烦地重复进行某一作业。譬如，我们经常发现很多维修人员在进行自动变速器故障排除的时候，为了排除故障，维修人员能将自动变速器拆装数遍，这样修车是一种悲哀。而维修技术人员在故障排除的时候能够及时“转换思路”，是非常难能可贵的。这里也建议广大汽车维修技术人员在进行故障排除的时候也能够“引以为鉴”。

另外，该车的故障其实依然是维修技术人员在拆检的过程中“看”出来的，这也是广大维修技术人员最常用，也最擅长用的“故障诊断方法”。这样修车其实很累，我们在进行车辆故障的诊断过程中，一定要学会分析，学会利用检测的结果进行分析，维修中的“拆解”是在基本确定故障部位之后为了排除故障所必须进行的拆解，千万不能在没有确定故障部位的时候仅仅是“打开看看”。我相信没有哪个医生在完全没有确诊的情况下将患者的肚子“打开看看”的。

值得一提的是，该维修技术人员在文中对双质量飞轮进行了必要的分析，对广大维修人员理解故障和学习有很大帮助。

帕萨特领驭V6 ESP灯亮并间歇熄火

故障现象

2006款领驭 V6 BBG

2.8L偶尔出现ESP灯亮，有时熄火。

故障检测

该车为新车，客户刚接车不久，就出现ESP灯间歇亮，并有时运行中突然熄火，但立即起动又会着车。故障发生没有规律性，属于间歇偶发故障。接车后，首先用VAS5051B进入电控系统，进行引导型故障检测，对各个电控系统进行全面故障检测。

故障码存储器内容如下：

（1）发动机电控系统14检测故障：

16486 P0102 035 G70，空气流量计信号太低；

17522 P1114 035汽缸列1，氧传感器2，内部电阻太大；

17524 P1116 035汽缸列1，氧传感器1的加热器电路开路偶发故障；

17525 P1117 035加热电路，汽缸列1，传感器2对地短路；

17528 P1120 035汽缸列2，氧传感器1的加热器电路开路偶发故障；

17529 P1121 035汽缸列2，传感器2的加热器电路，对地短路；

17548 P1140 035汽缸列2，传感器2内部电阻太大；

17829 P1421 035N1 1 2，辅助空气进气阀搭铁短路；

17833 P1425 035燃油箱通风阀搭铁短路；

17843 P1435 035 J299辅助空气泵继电器搭铁短路；

17923 P1515 035 N156进气歧管转换阀搭铁短路；

17927 P1519 035进气凸轮轴控制，汽缸列1有故障偶发故障；

17930 P1522 035进气凸轮轴控制，汽缸列2有故障偶发故障；

17938 P1530 035凸轮轴调节对地短路。

（2）ESP电控系统：

ABSIEDLIASR / ESP Bosch；

5.73U061451 7D ABS / ESP front 1314；

编码4297 经销商编号00000。

故障分析与维修

18265 035 负载信号来自发动机控制单元的故障信号。

从上述检测结果看出，众多的故障码分别为发动机电控系统和ESP电控系统。发动机电控系统为什么一次出现如此之多的故障码？ESP电控系统有一个故障码，并且也是来自发动机控制系统电脑的故障信号。是这么多部件质量不可靠吗？难道是发动机电脑的问题？对于新车这种可能性很少，那么故障原因究竟是什么呢？

为了确认故障原因，应进一步分析领驭发动机电控系统电路图，从电路上分析上述部件的共同特点，寻找故障的根本原因。

根据故障码的含义，与故障码有关的部件有：N80活性炭罐电磁阀、N156可变进气门相位凸轮轴调节电磁阀1、N208可变进气门相位凸轮轴调节电磁阀2、G70 空气流量计、Z19位于催化转化器前的G39氧传感器的加热装置1、Z28位于催化转化器前的G108氧传感器的加热装置2、Z29 位于催化转化器后的G130氧传感器的加热装置1、Z30位于催化转化器前的G131氧传感器的加热装置2、J299位于发动机控制单元防护罩内附加继电器板2号位的二次空气泵继电器即373继电器、N112二次空气阀。

从电路图（图1～图6）上仔细分析，发现这些部件在电路上都是由在发动机总线束内E30线提供的电源，在电路图上位于坐标线的上部，即标记符号为“C”的线路。该线为正极电源线，由J17即位于驾驶侧仪表盘下面的中央继电器板上的4号位的372燃油泵继电器控制。

从电路图上（图1）看到J17燃油泵继电器工作后，触点将常相线30线的电源通过两条输出主线路输出。

第一条输出线路是由J17继电器的20/87a端子，到熔断器的S3/4接口。第二条输出线路是由J17继电器的23/87端子，到熔断丝S229和87F线路。

进一步分析第一条输出线路：由J17继电器的20/87a端子到熔断器的S3/4接口，再由一条2.5线径的绿/黑线到S234熔断丝，经过接口T10e/8端子，线束变为一条2.5线径的绿/黄线，输出到标记为（E30）的C线上。

在C（E30）线上，由其提供电源的部件基本都是发动机14个故障码中涉及的部件。具体电路图如图2所示。

图① 帕萨特领驭2.8L-Motronic/140kw发动机电路图(1)

图② 帕萨特领驭2.8L-Motronic/140kw发动机电路图(2)

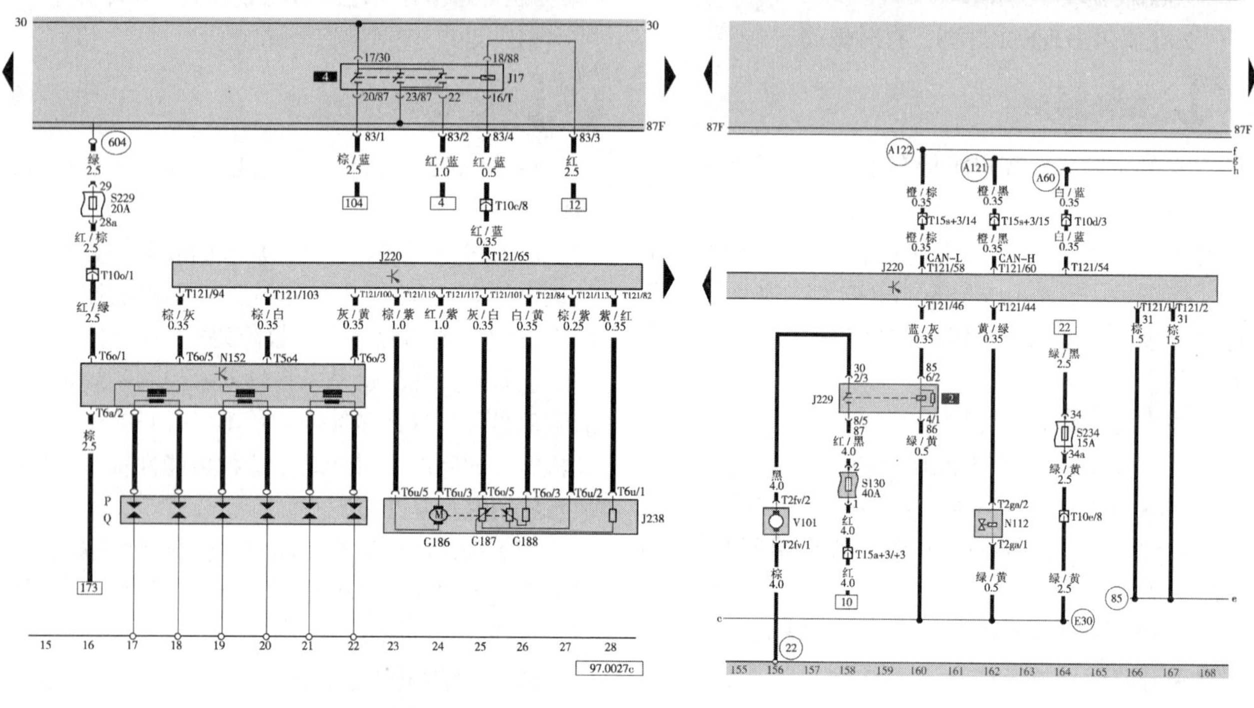

图③ 帕萨特领驭2.8L-Motronic/140kw发动机电路图(3)

图④ 帕萨特领驭2.8L-Motronic/140kw发动机电路图(4)

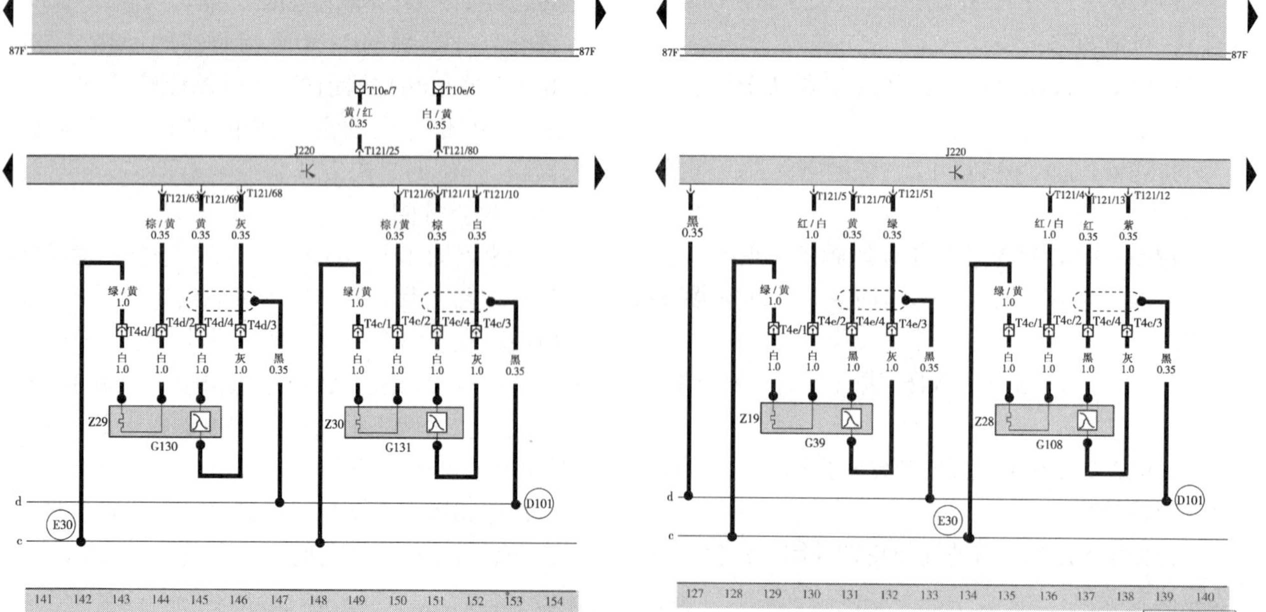

根据5051B检测报告和从上述电控系统电路图的分析，可以得出以下3个结论：

第一，故障的原因不是上述传感器部件本身的问题，而是其正常工作的电源没有得到保障。由于J17继电器输出的20/87a端子电源不良，使E30线上的电源不正常，导致出现了上述故障码。

第二，由于出现了上述故障码，发动机工作出现不稳定，通过CAN数据总线将信息传递到ABS IEDLI ASR／ESP电控系统。由于ESP电控系统是一个先进的综合的稳定驾驶控制系统，又由于发动机输出动力的不稳定，必将导致ESP电控系统正常发挥作用。而且这个结果，会影响车辆的安全运行。因此，ABS IEDLI ASR／ESP电脑输出报警信号，将ESP警告灯点亮。

第三，该车还有一个故障现象是间歇熄火。原因是什么呢？上述发动机14个故障码部件信号，如果未有效输入发动机电脑，虽然影响发动机正常运行，发动机电脑将会有替代数据运行，运行虽不是最佳状态，但不会出现熄火。

发动机间歇熄火的因素很多，从现有故障码又得不出可信的结论，那么，从电路图上可进一步分析。在坐标15～28的电路图上（图1），燃油泵继电器J17第二条输出线路是由J17继电器的23/87端子到87F线束和熔断丝S229。87F线在183～196的电路图上（图6），经过熔断器S2/5线束接口接脚和T6C/3接口给燃油泵G6供电。

在图1中，S229熔断丝给点火模块N152提供电源。如果J17继电器该输出电源出现异常，将导致油泵和点火模块不正常工作，这必将引起发动机熄火。所以，发动机间歇熄火与J17继电器检测接触不良有密切关系。

导致J17燃油泵继电器工作不正常的原因是什么呢？有两方面的可能：一是继电器控制线路不正常；二是继电器本身受热，触点接触不良。

针对继电器控制线路，检测从坐标12来的30线常相线电源，检测熔断器背部接口S3/3接脚和J17继电器的19/86接脚正常。检测控制端16/T、S3/6、T10b/8和发动机电脑接口的T121/65接脚正常。总之，经检测，由发动机电脑J220控制的J17继电器的控制线路正常。

鉴于上述检测和分析结果，确定故障点在J17燃油泵继电器触点受热后，间歇接触不良，需更换J17燃油泵继电器。维修前，该车平均一天出现两次故障，更换该继电器后，故障未再出现，车辆运行正常。

总结

该车为领驭V6新车型，对于这样储存大量故障码的车辆，不能机械地认为就是故障码所指的部件有问题，否则将浪费大量的时间和财力。应根据检测结果，一步一步地仔细分析，找出其共性，直至找到故障的真正原因，做出可靠的诊断结论。

图5 帕萨特领驭2.8L-Motronic/140kw发动机电路图（5）

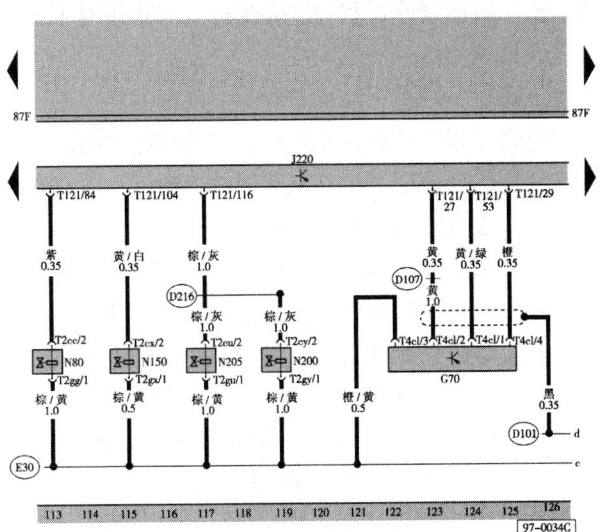

图6 帕萨特领驭2.8L-Motronic/140kw发动机电路图（6）

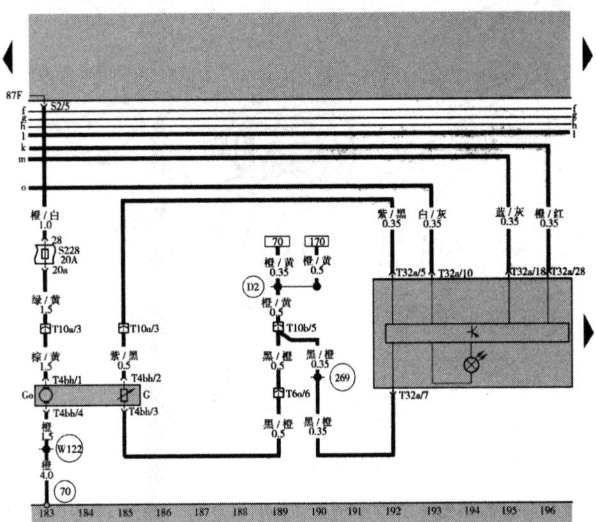

帕萨特突然熄火不能起动

故障现象

一辆帕萨特B5 GSi，行驶里程为5万km。车主反映该车在行驶过程中发动机前端出现异响，继续行驶一段距离，发动机突然熄火，再起动无反应。

故障诊断与排除

经用故障诊断仪V.A.G1551检测，发现故障码“00515”，其含义为：霍尔传感器G40对正极断路/短路或对搭铁端短路。因霍尔传感器信号为发动机控制单元提供1缸压缩冲程上的止点信号，用于顺序燃油喷射和爆震控制，如果没有霍尔传感器信号，发动机也能起动运转，但进入跛行状态，燃油经济性和功率也将降低。所以决定对霍尔传感器进行检查，其方法如下：

（1）拔下霍尔传感器的三针插头，如图1所示；

（2）借助导线V.A.G1594，将万用表接到插头的端子1和3上；

（3）打开点火开关；

（4）测量插头的端子1和3的电压，标准值不小于4.5V；

图1 拔下霍尔传感器三针插头1、2、3端子

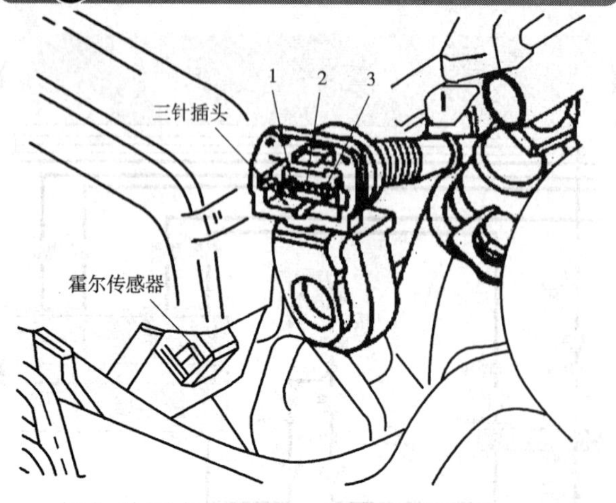

（5）关闭点火开关；

（6）将测试盒V.A.G1598/22连接到控制单元线束上，如图2所示；

（7）根据电路图，检查测试盒和插头之间导线的导通性，即端子1和插孔62、端子2和插孔76、端子3和插孔67应为导通，导线最大电阻值应为1.5Ω；

图2 将V.A.G1598/22连接到控制单元线束中

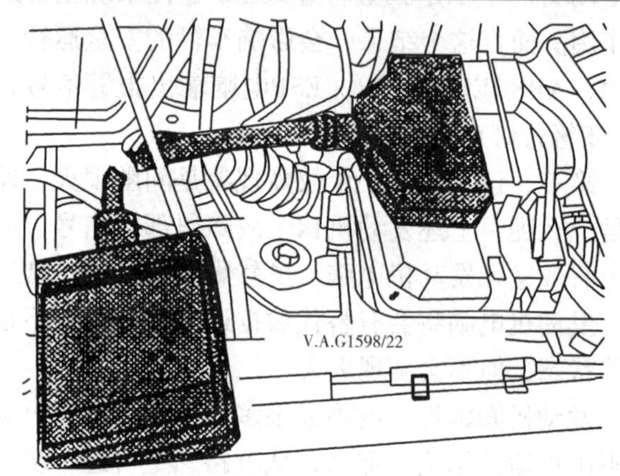

（8）检查导线之间是否相互不导通，导线之间的电阻值应为∞；

（9）如在导线中未发现故障，而在端子1和3间有电压，则应更换霍尔传感器G40；

（10）如未发现导线中有故障，而在端子1和3间无电压，则应更换发动机控制单元。

经上述检查，发现霍尔传感器和发动机控制单元均正常。

由于该车刚行驶5万km，机械方面应该无大故障。鉴于以前维修过程中曾遇到过因点火正时不对而出现误报霍尔传感器码的故障，于是拆下正时罩盖检查点火正时，用扳手转动曲轴却发现根本转不动。松开正时带张紧轮检查，发现正时带已被严重啃齿，初步诊断气门已被顶。于是又拆掉前熔断杠、冷凝器和散热器，检查发动机正时带驱动机构。

检查发现，水泵已严重漏水，水泵轴弯曲且已卡死转不动。正时带也因此导致阻力增大啃齿，从而出现了正时错乱顶气门，以致产生发动机不着车的故障。拆检缸盖，发现第3缸排气门被折断卡死在缸盖上，4缸排气门也严重变形，幸好活塞没有被损伤。

据车主反映，前段时间发动机经常缺水，汽修厂检查并更换了缸盖后面的水管三通，却没发现水泵漏水。这次故障的根本原因是由于水泵漏水造成的。该车主曾在一周前到汽修厂检修过漏水项目，

询问当时的维修工，维修工称看到缸盖后端有明显防冻液泄漏迹象，就更换了三通，却没有做冷却系统加压试验。由水泵卡死看来，漏水已有一段时间，证明上次汽修厂的工作的确没有完全到位。但发动机出现异响后，车主没有及时停车检查也有责任。

故障排除

更换水泵轴、正时带和第3、4缸排气门，做冷却系统加压试验，证实故障得以排除。

维修小结

帕萨特B5漏水是一个较常见故障，缸盖后端三通是最常见的故障点，同时水泵漏水现象也时有发生。但因水泵位置不易直观检查，而经常被忽视。可水泵长时间漏水将导致轴承卡死，会产生正时错乱顶气门的严重后果。由于帕萨特B5配备顶置20气门发动机，其修理费用之高可想而知。另外，发动机在更换气门后千万不要急于起动，应等待30min以上使液压挺杆及链条张紧器完全充满油，否则将前功尽弃，气门还会再被顶弯。因此检修帕萨特B5漏水时，一定要注意检查水泵是否漏水，同时也别忘了检查膨胀散热器盖的压力阀是否能在规定压力时卸压，否则会造成漏水久治不愈的顽疾。

专家点评

该故障非常具有代表性，在上海大众帕萨特B5及其他大众车系中时有发生。大家可能会有印象，很多人也都有经验教训，就是对于此类车型，要求在每次更换正时带时，一定要更换水泵，否则很容易发生因水泵卡死而导致的顶气门故障。很多人对此无法说明原因，其实，本案例对上述情况是一个很好的回答，由于水泵漏水，导致水泵突然卡死，从而导致正时带断裂，出现顶气门故障。

出现上述故障后，发动机的配气机构要重新装配，该车发动机采用可变气门正时系统，其配气正时包括曲轴与排气凸轮轴的正时，排气凸轮轴与进气凸轮轴的正时两部分。进排气凸轮轴上的花键槽之间应该有16个传动链节，很多维修人员会装配错误，要么装成15个传动链节，要么装成17个传动链节。为了保证装配正确，我们将此类配气机构的装配方法总结如下：

(1) 排气凸轮轴与曲轴采用正时带进行装配。正时带位于发动机前方，在排气凸轮轴带轮及曲轴带轮护罩上均有明显的正时标记，这部分的装配方法与大家熟悉的上海桑塔纳2000 GSi（时代超人）发动机配气机构的装配方法相同，因此这部分装配环节，汽车维修人员通常都能装配正确。

(2) 进气凸轮轴与排气凸轮轴则采用链条传动并作为可变气门正时机构的装配方式。链条位于发动机汽缸盖的后方，凸轮轴调节电磁阀N205（对于V形六缸发动机是凸轮轴调节电磁阀N205和N208）位于进气凸轮轴后部，用于实现可变气门正时功能，也就是说发动机ECU可以根据发动机的实际工况要求来控制凸轮轴调节电磁阀的工作，令进气凸轮轴相对调整一个角度，使发动机的进气更加充分，从而增大发动机的功率输出。凸轮轴调节器则位于两个凸轮轴链轮之间，它是依靠发动机运转后的机油压力绷紧链条。由于未绷紧的链条有一定的松弛度，当两根凸轮轴安装好后，验证正时标记时会发现：进气凸轮轴相对于排气凸轮轴存在一个比较明显的自由行程。这样就会随之带来一个问题：如果我们以凸轮轴对准瓦盖上的标记的常规装配方法进行装配，就会因为存在该正常的自由行程，进气凸轮轴在3个链齿角度内都可对正瓦盖上的标记，因此这种安装方法是错误的，不能作为此类发动机两个凸轮轴间验证正时的标准。我们查阅了原厂提供的维修手册，维修手册详细地说明了凸轮轴与链条的装配方法："不能用冲小点、刻槽或其他类似的方法作为标记，两个箭头以及颜色标记之间的距离为16个链节"，如图3所示，箭头是指两根凸轮轴链轮颈部的凹槽标记，以两个凹槽径向啮合的链齿为起点（包括这两个啮合的链节），之间共有16个链节，即为正确的装配角度。如果装成15个链节，就会导致进气门开启时间滞后，发动机进气不充分而功率不足，呈现出怠速转速明显偏低却运转相对稳定的故障特征，这种情况发动机ECU多数还会记录故障码00515（霍尔传感器G40对地短路）；如果装成17个链节，就会导致进气门开启提前，呈现进气回火的故障征兆，这种情况发动机ECU多数还会记录故障码17748（凸轮轴位置传感器或曲轴位置传感器位置装错）；无论装成15个链节还是17个链节，发动机冷热车均会不易起动，特别是冷车起动更加困难。

另外，维修技术人员文章最后提出的“发动机在更换气门后千万不要急于起动，应等待30min以上使液压挺杆及链条张紧器完全充满油，否则将前功尽弃，气门还会再被顶弯”非常重要，希望大家引起足够重视。

图3 链轮上第1个链节和第16个链节的位置

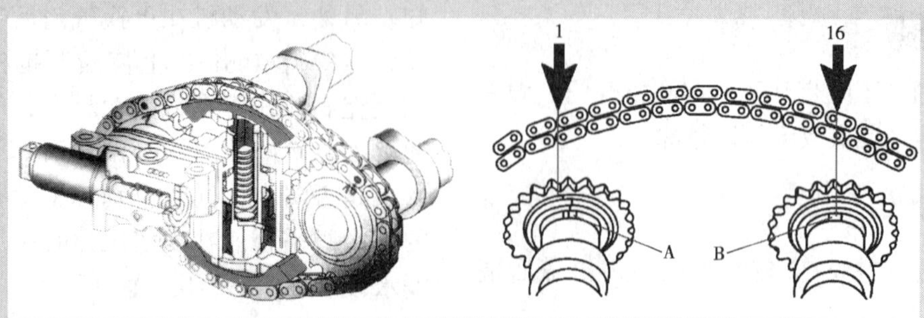

帕萨特总线通信错误引发的故障

故障现象

一辆2004年款帕萨特B5 1.8T，行驶里程为10 000km。该车因发生交通事故送入维修厂维修，维修后一切正常。但交付使用后不久便出现发动机不能正常起动的现象（在发动机起动2s后就自动熄火），于是进厂检修。

故障检修

来厂检修时发动机能起动，说明该车的点火系统和燃油系统都没有问题。这种现象很像是启用了防盗系统，但是防盗报警灯却始终没有点亮，也无法重新对防盗系统进行匹配。本着“代码优先”的原则，先从检查分析故障码入手。通过专用诊断仪，在发动机控制单元读到2个故障码，分别是18056——动力系统数据总线通信失败和17978——发动机控制单元被防盗控制单元闭锁。在中央仪表控制单元和网关控制器内也存有故障码01312，表示动力系统数据总线有故障。

由于发动机无法正常运转，当然无法对动态数据流进行分析并帮助查找其他的原因。因此先从显示的这几个故障点着手排除。帕萨特B5 1.8T车是采用CAN—BUS总线与多路信息传输系统控制的车辆，整车有2套总线网络系统——一套动力系统总线，一套舒适系统总线。动力系统总线连接发动机控制单元、仪表控制单元、ABS控制单元、安全气囊控制单元和自动变速器控制单元，采用星形接法。通过对两个故障码的分析，推断故障的原因很可能是动力系统数据总线有故障或缺陷（即数据通信质量不好等）。而该车的防盗控制器就安装在仪表总成内，若仪表控制单元与发动机电控单元因链路中断而不能通信，也就会发生“发动机控制单元被防盗控制单元闭锁”的故障。因此应重点检查仪表控制单元到发动机控制单元的网络通信链路。

故障排除

拆下仪表总成外壳，沿其连接线束向下查找，发现在发动机舱与驾驶室的连接防火墙线孔处网线表皮有磨损并发生搭铁。用胶带缠绕磨损的表皮，并用橡胶圈将其固定，清除故障码，故障排除，发动机正常起动。

维修小结

事后分析，发生这个故障的原因是网线没有固定牢固，在反复的拉扯和磨损中其绝缘层被破坏，造成搭铁，从而导致仪表控制单元与发动机电控单元因链路中断而不能通信，所以就出现类似防盗系统起动的现象。

随着现代汽车工业和电子技术的飞速发展，汽车上的电子装置越来越多。为了实现数据共享和布线的方便，CAN—BUS总线与多路信息传输系统被越来越广泛地应用到汽车上，并且有取代传统布线方式的趋势。这就要求我们不断更新传统观念，明了汽车再也不是单独的那几大总成，而变成了一个各种装置相互联系的整体。在维修汽车的时候，一定要注意它们的相互关系，注意到“牵一发而动全身”的可能性。

专家点评

对该故障我想说以下3点：

第一，该车故障也是由于上次事故维修的维修人员在布线的时候没有考虑周全，导致网线在发动机舱与驾驶室的连接防火墙线孔处磨损所致。为什么这样说呢？因为事故车维修是车身修复（钣金）人员完成的，而目前维修企业的钣金人员普遍对车辆的电路系统了解不多，一般在维修时也不注意这方面的问题，仅仅是进行钣金修复，确保钣金到位就可以了。我们经常发现很多事故维修后的车辆，由于钣金人员不了解电控系统的特性而导致这样那样的问题，有时甚至造成使车辆的一些系统无法正常工作的情况。这些故障的产生归根到底都是车身修复（钣金）人员不懂车辆电子常识导致的。当代车辆大量采用了电子控制系统，线路、电控系统的工作和车身的结构参数有非常密切的联系，因此对当代汽车进行车身修复作业时，一定要考虑对电控系统的影响，所以，车辆技术的发展要求车身修复（钣金）人员也要掌握一定的电控系统的基本知识，只有这样才能适应车辆技术的发展，那种传统的大手大脚的钣金修复手段已无法满足当代电控汽车的维修要求了。

第二，了解每个故障码产生的条件是正确排除车辆有码故障的关键。在故障码设计的时候，汽车设计人员设定每个故障码时均有一个条件，即“在……条件下，如果……便设置故障码……”。这里的故障码运行和设置条件对维修技术人员正确分析故障码非常有帮助。譬如，上海别克君威汽车发动机控制系统故障码P0101——空气流量（MAF）传感器性能，维修手册上就给出了以下运行故障码的条件：

（1）发动机运行；

（2）系统电压介于9.0～18.0V之间；

（3）节气门开度低于25%；

（4）进气歧管绝对压力和节气门位置（TP）稳定时间大于10s；

（5）废气再循环负载周期低于50%；

（6）废气再循环枢轴位置低于50%。

在上述条件下，如果实际空气流量与预计空气流量的差值大于标定值，ECU便设定故障码P0101。也就是说，如果上述任一条件不满足，ECU即使发现空气流量传感器信号不正确也不记录故障码，或者记录的故障码是错误的。另外，ECU在设置故障码时，是在一定的参数环境下，将某传感器的参数值和预计值进行比较以判定是否设置故障码的，所以，如果设置该故障码的参数环境发生错误，即使被考察的传感器参数正确，ECU也同样判定该传感器错误，从而错误地记录该传感器的故障码。这一点维修人员一定要注意。仍然以上海别克君威汽车发动机控制系统故障码P0101——空气流量（MAF）传感器性能为例，ECU设置故障码P0101是在大气压力、空气密度、节气门位置和发动机转速条件下，在空气流量（MAF）传感器实际信号和预计值不相符合的条件下设置的。比如，在发动机转速为800r/min，节气门开度为1%的条件下，空气流量（MAF）传感器的信号为2000Hz，这3个参数均输入ECU，ECU认为正常，不设置故障码；如果该车节气门位置传感器损坏，在发动机工作条件没有变化的情况下输送给ECU的节气门开度数据为3%，其实输入ECU

的信息便成了发动机转速为800r/min，节气门开度为3%，空气流量（MAF）传感器信号为2000Hz，而在发动机转速为800r/min，节气门开度为3%的条件下，空气流量（MAF）传感器的信号应该为2800Hz,ECU认为发动机转速为800r/min，节气门开度为3%的条件下，空气流量（MAF）传感器的信号应该为2000Hz不可信，因此也同样会记录P0101——空气流量（MAF）传感器性能的故障码。此时更换空气流量（MAF）传感器是无法排除故障的，但是如果更换节气门位置传感器，让其信号恢复到正常的1%，故障却可以排除。上述分析说明，在进行故障码分析的过程中，了解故障码设置条件的重要性。

该车的故障有3个故障码，维修技术人员根据：若仪表控制单元与发动机电控单元因链路中断而不能通信，就会发生“发动机控制单元被防盗控制单元闭锁”的故障。很方便地就确定了故障是由于CAN线路故障导致的。由此可见，了解故障码设置条件对排除有码故障的重要性。

第三，对检测CAN线路故障，维修技术人员采用了沿其连接线束向下查找的方法，虽然也很方便地确定了故障所在，但是并不十分科学。建议最好用示波器检测CAN-HIGH和CAN-LOW的相关波形，从而可以通过波形确定是CAN-HIGH中断、还是CAN-LOW中断、或者是两者均中断，这样排除故障更加科学合理。

01N自动变速器大修后主油压低的解决方案

故障现象

01N自动变速器大修后，油压测量值偏低。举升车辆试验，换挡品质正常，但路试有轻微打滑现象，此情况如果车辆继续行驶，可能会出现严重烧片，损毁变速器。

故障诊断与排除

此变速器大修时已更换了大修包、油泵和阀体总成，清洗了变矩器和散热器。在阀体安装之前对各执行元件进行了气压测试，测试值未表现执行器油路有泄漏。装车测试怠速油压，D位为3.4bar（1bar=10^5Pa）、R位为5.0bar，符合原厂值。但在路试中读数据流有打滑现象，感觉急加速各挡位换挡时也有轻微打滑，此情况不允许再长时间路试车辆。

回想更换的零件，在装配过程中都做过严格检查，不会存在质量问题；整个装配过程都比较顺利，各配合间隙都做过严格测量，不会出现异常。考虑是不是其他控制系统影响所致，随后对发动机等相关数据流进行分析，也未发现异常，无奈之下，考虑对变速器油压进行调整。

如图所示，在变速器阀体上箭头指示位置，主油压调整控制阀的端部有一塑料调整螺栓，此螺栓在出厂时，已调整到最佳位置，安装新阀体时一般不用调整。根据螺栓槽的外形我们能看到，在螺栓的外缘设计有防退齿，在调整此螺栓时，可顺时针将螺栓旋进，调整结果将使主油压升高。逆时针将螺栓旋出时，防退齿锁住螺栓不能后退，需用专用工具解锁后方能逆时针旋出。将调整螺栓顺时针旋进1/2圈后，怠速D位油压上升至3.6bar，路试车辆仍感觉有轻微打滑，状况有所改善，随后经多次调整，变速器怠速油压在4.2bar时，路试车辆行驶正常，又经几十千米路试，车辆一切正常。

01N自动变速器主油压调整螺栓

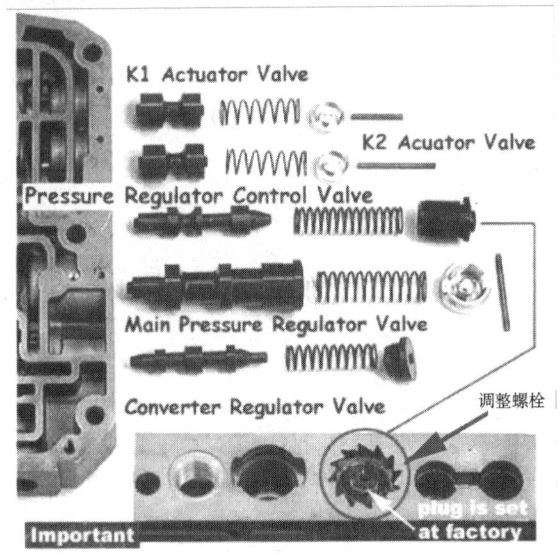

维修小结

01N自动变速器工作油压设计较低，运转中对油压要求也非常严格。油压过低时，变速器往往出现打滑现象，造成变速器过早损坏。在实际维修过程中，如确认零件和装配没问题的情况下，可以参照变速器油压表对变速器阀体进行适当调整，以确保变速器正常工作。

专家点评

厂家维修资料提供的系统标准油压值：发动机在怠速工况为3.4~3.8bar。虽说实际测量值基本符合要求，但仍处于偏低位置。从严格意义上讲，在保证油泵实际泵油能力及机械部件确实没有问题的情况下，则可能还是系统主油路，由于阀门的磨损存在轻微的泄漏，导致油压稍处于下限值，这样允许通过调整的方法来弥补轻微的泄漏。既然该故障车调整后的油压值为4.2bar，则更能够说明系统油压还是存在泄漏，虽经调整补偿（可能是车主为节省修理费提出的要求）自动变速器可以使用，但更换阀体才能使液压系统恢复到正常工作状态。

捷达、桑塔纳篇

捷达空调故障浅析J2932E工作原理

故障现象

捷达“都市春天”，手动挡，发动机排量1.6L，VIN：LFV2A11G163016389。夏季炎热，打开空调却没有冷风吹出，于是就将车辆开进了修理厂。经过检查，判断故障是由于空调系统内没有制冷剂造成的，检修工作就此按部就班地展开了，冷却系检漏、更换密封胶圈、抽真空、充装制冷剂。起动发动机，打开空调开关、鼓风机开关，但是空调压缩机、散热风扇却纹丝不动，看来问题并不像想象得那么简单。随后，维修人员经过询问车主得知，该车去年更换过发动机舱内的线束，但当时空调的工作十分良好，制冷效果令人满意。

故障诊断与排除

对此情况，维修人员进行了初步诊断，控制着空调压缩机、散热风扇工作的，是一个叫做冷却风扇控制单元长方形黑色的盒子，上有一零件编号：1GD 919 506 B，莫非就是这个黑盒子内部损坏了造成的上述故障？拆下此装置，更换新装置，空调压缩机还是不工作。于是，查阅资料，拿来该车型空调系统的资料，得知冷却风扇控制单元为J293，对照图纸检查了J293外围的所有线路，感觉没有问题。检查中发现，J293能收到J361发来的正触发信号（压缩机电磁离合器、散热风扇还是不能工作），但是J293却收不到J361提供的搭铁信号。如果人为地在J293的T10y/6连接一根搭铁线，散热器风扇V7、空调压缩机的电磁离合器N25就会立即工作。是不是发动机控制单元J361会出现故障呢？将J361拆开，同样也没有发现问题（该车发动机性能良好）。怀疑J361的根据是：当打开空调开关，J361接收到空调开关信号后，J361根据发动机水温转速等情况符合要求时，通过J361的T121/68的黄蓝色导线向J293提供一个正触发信号，稍后J361的T121/75针脚棕色导线会向J293提供一个搭铁信号，只可惜上述理由并不成立。至此维修陷入困境：J293换了、J361完好无损、G65压力传感器电源搭铁线路良好（它的输出电压为3.5V也符合要求）、J293外围线路检查若干遍了，并且对检查工作胸有成竹没有问题。实在是想不出哪里还会出现故障，没有办法，只有向友好的同行求援了。

笔者了解上述维修过程后，与该车维修人员共同对照资料分析故障的原因。既然J293冷却风扇控制单元是新品，零件编号和原车件也是一致的（1GD 919 506 B），更换后故障现象和原来一样没有改变，所以零件本身不会有问题。G65线路的各项参数也符合要求。所以断定故障的原因应该在J293的外围线路上，应当认真仔细检查。维修人员要求我们帮助检查一下，随后，笔者到达现场重新对线路进行检查，当检查到J293线束连接器T4z/3红色导线时却没有12V电压，其他（如T10y/9、T10y/7、T4z/4）向J293提供电源的线路均有12V电压。T4z/3红色导线是经过在继电器支架黑色插头T10c/5改变为红/黑色导线，由驾驶室内熔断器S42#30A熔断丝提供电源。检查该熔断丝，却早已熔断。安装一新熔断丝，再测量T4z/3，有了稳定的12V电源。装好T293、起动发动机、打开空调开关、暖风开关，只见空调压缩机电磁离合器立即吸和、散热器风扇立即运转，稍后，驾驶室内的空调出风口处源源不断地送出了凉风，故障排除。

维修小结

我们知道，维修现代汽车不但要有技术、有资料、有设备、有仪器，更要有脑子、有思维、有逻辑，还要认真、仔细、全面、准确。很简单的故障原因，却搞得很复杂，费时间、费人力不说，同时也给维修厂、客户带来了不良影响。

下面简单谈一下笔者对J293工作原理的理解。空调控制单元293电路如图所示。

J293是集控制空调压缩机电磁离合器、散热器风扇高低速运转的电子控制单元。其上有两个线束连接插座：一个为4针，图纸上的编号分别为T4z/1、T4z/2、T4z/3、T4z/4；另一个为10针，编号为T10y/6、T10y/7、T10y/8、T10y/9、T10y/10。它们的作用及线束颜色分别如下：T4z/1是向散热器风扇V7提供高速运转工作电源的红/黑色导线；T4z/2是向散热器风扇提供低速运转电源的红/白色

导线；T4z/3是为空调压缩机电磁离合器N25、散热器风扇V7共同工作提供电源的红色导线；T4z/4 是当发动机过热停车时为散热器风扇继续工作提供电源的红色导线。T10y/6是发动机控制单元J361向J293提供负触发信号的棕色导线；T10y/7也是为J293提供电源的红色导线；T10y/8是由发动机控制单元J361向J293提供正触发信号的绿/蓝色导线；T10y/9是向J293和G65提供工作电源的黑/黄色导线；T10y/10是向N25电磁离合器提供电源的绿色导线。

空调控制单元293电路图

J293-空调控制单元；J361-Simos发动机控制单元；N25-电磁离合器；T4z-4孔插头，空调单元上；T10b-10孔棕色插头，继电器支架上；T10c-10孔黑色插头，继电器支架上；T10y-10孔插头；T10z-10孔对接插头；2 -正极连接（15），车身线束内；⑲ -正极连接，车身线束内；⑱-螺栓连接（30），在继电器支架上；Ⓖ7-搭铁点，流水槽左侧

使用空调时的工作过程：按下空调开关，发动机控制单元J361接收到空调请求信号后，根据发动机的水温、转速等情况符合要求后，通过绿/蓝色导线也向J293发出一个正触发信号。在正常情况下，J293就会接通N25空调压缩机电磁离合器、V7散热风扇，它们的工作电源是由J293上的T4z/3红色导线提供的。但这时的散热风扇是通过J293的红/黑色导线提供的电源做低速运转。当空调压缩机运

转一段时间后，随着空调系统内的压力升高，G65高低压传感器白色导线的电压也逐步升高，J361通过白色导线接收到高电位后，J361又通过T121/75针脚的棕色导线反馈给J293一个低电位的信号。这时，散热器风扇V7就开始高速运转，它们的工作电源还是由J293上的T4z/3红色导线提供。

稿件写得很认真，在“故障诊断与排除”中讲述了检查思考过程，发现供给J239空调控制单元T4z/3脚的熔断丝S42烧断。故障原因虽然很简单，但维修技术人员在“维修小结”中详细介绍了J293各个插脚的作用和工作过程。我认为本稿件对于诊断2006年国Ⅲ带OBD程序捷达车压缩机不吸合故障非常有帮助。为使读者更方便的借鉴本稿件经验，不妨进行浓缩，对于电磁离合器N25不吸合故障的按以下步骤检查：

（1）查询发动机控制单元是否储存限制压缩机起动的故障码，检查是否缺少制冷剂。

（2）阅读电路图了解各插脚作用：

①T4z/1（红/黑4.0mm2），向散热器风扇V7提供高速正电源，促使V7高速转动；

②T4z/2（红/黑2.5mm2），向散热器风扇V7提供低速正电源，促使V7低速转动；

③T4z/3（红/黑2.5 mm2），为压缩机电磁离合器N25、散热器风扇V7提供的30号线；

④T4z/4 （红6.0 mm2），关闭发动机后为散热器风扇V7继续提供正电源；

⑤T10y/6（棕0.035mm2），发动机控制单元J361向J293提供负触发信号，促使V7高速转动；

⑥T10y/7（红1.0 mm2），为J293提供工作正电源；

⑦T10y/8（绿/蓝0.035mm2），发动机控制单元J361向J293提供正触发信号，促使N25吸合、V7低速转动；

⑧T10y/9（黑/黄0.5 mm2），为J293和高低压传感器G65提供工作正电源；

⑨T10y/10（绿0.5 mm2），向电磁离合器N25提供正电源，促使吸合。

（3）发现不正常查找原因并排除：

①检查熔断丝S42、S38、S19是否烧断；

②测量T4z/3、T10y/7、T10y/9（需开钥匙）是否有12V电压供给；

③测量T10y/8是否收到正触发信号；

④测量T10y/10有无输出电压；

⑤测量N25线圈和导线是否断路。

另外，捷达发动机舱线束和空调控制单元对不同车型有多种零件号，更换时一定要选择正确。

捷达车不易起动故障1例

一辆2002年出厂的捷达出租车，装备ATK 1.6L发动机和 5 挡手动变速器，行驶里程达到62万km。驾驶人反映该车近两个月油耗高，有时熄火后立即起动困难。该故障在热车时出现率高，若等5min左右，便能正常起动。驾驶人去过多家维修店都没查出问题，于是交给笔者检查。

故障诊断与排除

接到该车后，首先验证故障现象。反复熄火、起动，一切正常。连接1552电脑解码器，无故障码。察看数据流，都在正常范围内。我们建议客户在故障出现时再来检查，但客户坚持说，多试一会儿故障一定会出现，正说着，车辆就不能起动了。在熄火的情况下迅速检查数据流，发现水温传感器信号不准，水温信号从94℃突变到36℃。更换水温传感器，故障依旧。

根据电路图检查水温，电路如图1所示。传感器G62与发动机电脑间的连线正常，无短路、断路现象。轻晃水温传感器的插头，温度就有变化。更换水温传感器插头，水温显示正常。笔者心想这次故障该解决了吧，可是天不随人愿，经反复试车，故障又出现。经观察发现，在该车不能起动时，无论如何踩加速踏板都没有任何要着火的迹象，倒像是没油或者没火。根据这个现象，我们做了以下的检查和维修：

图1 2V-MPI电喷发动机电路图

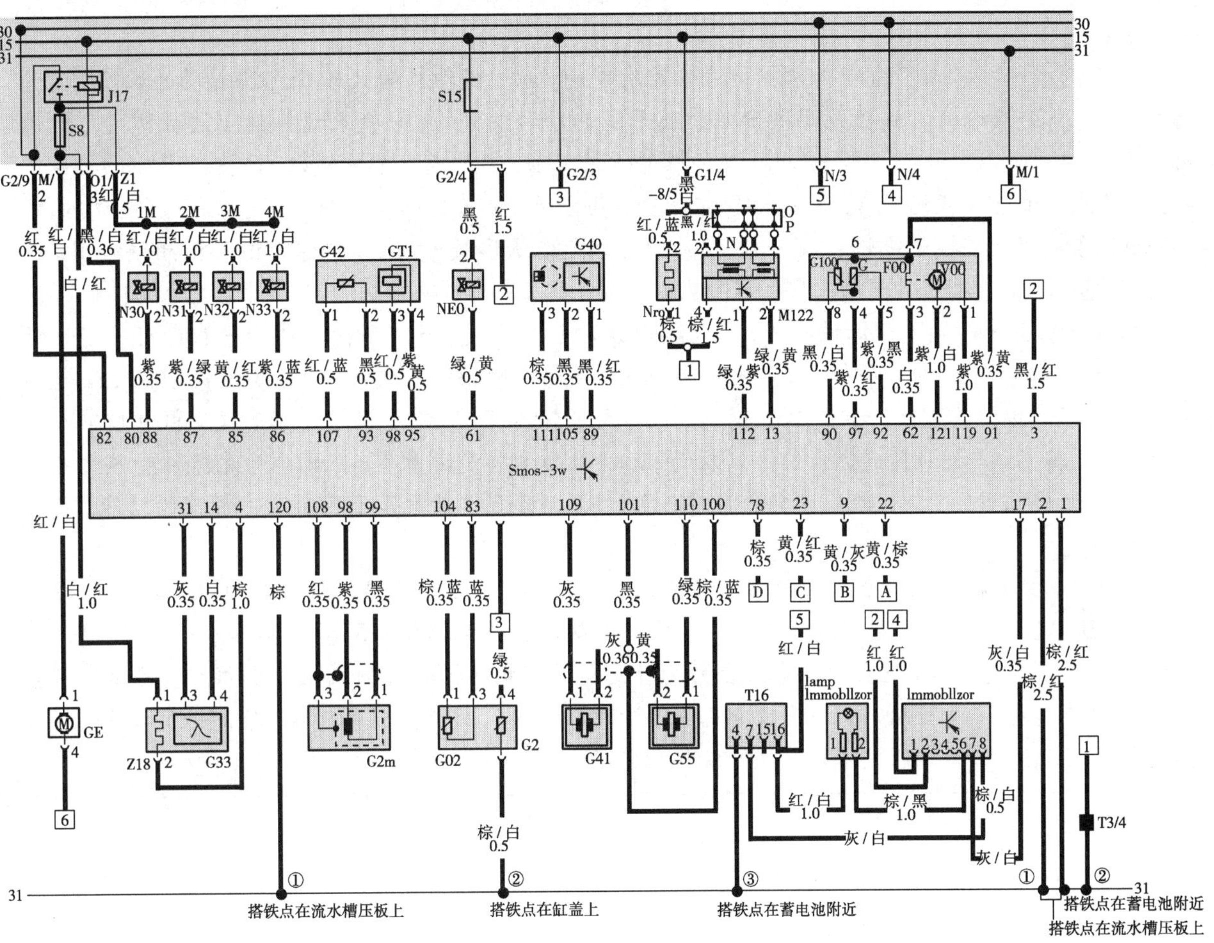

（1）连接汽油压力表检查汽油压力 。首先打开点火开关，检查预压为2.4bar（1bar =10^5Pa），保持压力10min不低于2.0bar 。在不能起动时检查，有油压2.5bar。燃油压力正常。

（2）检查火花塞。火花塞不潮湿，没有汽油味。依此可以确定出现故障时，喷油嘴没有喷油。

（3）检查喷油嘴控制信号。将VAG1527B二极管电笔连接到1缸插头触点上，起动发动机，二极管不闪亮。在2缸、3缸、4缸重复检查，二极管也不闪亮。将电笔一端搭铁，另一端接燃油泵继电器控制的1缸插头触点1，起动发动机，二极管闪亮。这说明发动机电脑没有给出喷油嘴的搭铁控制信号。检查喷油嘴与发动机电脑间的线路，正常。

（4）检查发动机转速传感器G28。连接1598/31 ，用VAS 5051 示波功能检查波形，如图2所示。波形表明G28功能正常。

（5）根据电路图检查发动机电脑的供电、搭铁，都正常。

（6）更换发动机电脑，做新换电脑的自适应、节气门匹配，故障排除。

图2 示波器显示波形图

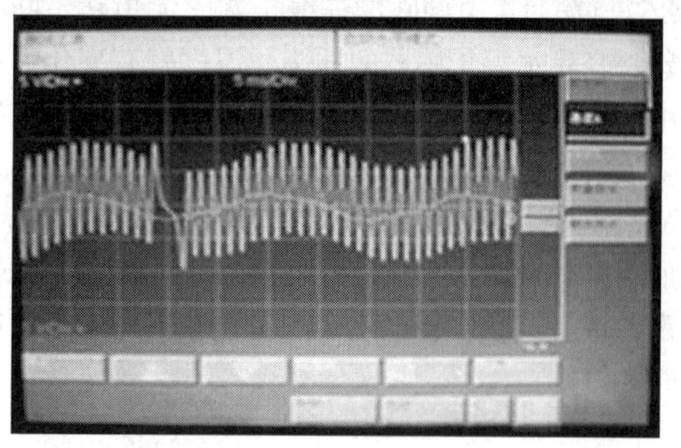

维修小结

这是一个综合的故障，造成的根本原因是发动机电脑的热稳定性差。对该故障的排除，应抓住故障出现的时机，利用手中的资料和工具，加上理性的分析检查，问题便会迎刃而解了。

专家点评

本案例维修技术人员的检测方法和思路是清晰的。对于发动机熄火或者无法起动的故障，在进行检测时，首先应该确认到底是哪种情况导致无法起动和熄火的。一般来说导致上述故障的可能性有以下5种：一是点火中断，但是喷油控制和燃油供给正常，这是点火系统线路问题；二是喷油控制中断，但是点火和燃油供给正常，这是电脑喷油控制部分问题；三是燃油供给中断，但是点火和喷油控制正常，这是燃油泵控制线路和油路本身的问题；四是点火和喷油控制均中断，但是燃油供给正常，这主要是判缸信号错误的问题；五是燃油供给、点火高压和喷油控制均正常，这是发动机机械方面的问题。我们在进行故障诊断的时候，只要判定发动机熄火是上述5种情况的哪一种即可确定故障的性质。像该车，只要用双通道示波器同时监测点火波形和喷油驱动波形，即可知道在车辆无法起动的时候没有喷油驱动信号。此时，只要确认电控单元的输入正常，即可判定故障是发动机电控单元损坏导致的。其实该车的故障是电子元件热衰退，此类故障主要是由于汽车上的电子元器件受热之后，性能发生变化导致的，即车辆在冷态的时候正常，当温度高了之后电子元器件失去原有的功能，从而导致故障发生。

另外，本案例中还有一个问题是水温传感器插头接触不良，但是维修技术人员根据检测的数据流，更换了水温传感器，发现问题没有解决，再检查却发现是水温传感器插头接触不良，可见更换的水温传感器何其冤枉！如果我们在首次检测的时候发现数据变化时就摇摇插头和线束，恐怕就不会误换水温传感器了。这里给我们一个教训：在进行故障检测和故障确认的时候，检测一定要全面，避免这样的误判，请广大维修技术人员从中吸取教训。

捷达车身前后窜动故障排除

故障现象

一辆捷达FV7160CIF E3，行驶里程为11450km。低速挡行驶，节气门加至2000r/min左右收油，车身前后窜动。

检修过程

首先用1552检测，没有发现任何故障信息。对节气门设定后试车，收节气门时故障依然存在。检查节气门，节气门不胀并且角度正常。其他可能引起此故障的还有火花塞、喷油嘴、车速信号、真空漏气等，经过一一检查，也没发现异常。

这时唯一的希望只有对照数据流查看信号，从中找到些蛛丝马迹。当检查到数据流第66组2区时，发现有一个离合器信号没有变化。拿出电路图对照检查相应电路，发现该车在外面安装过防盗器，安装时将前照灯开关下面的主线束里的离合器开关线剪断后没重新接上。分析可能原因是电线断路，离合器开关处于常开状态，节气门加至2 000r/min时收节气门本应该是超速切断状态，可由于离合器开关常开产生了怠速状态，导致窜车现象的产生。

故障排除

将离合器开关线路接好，故障排除。

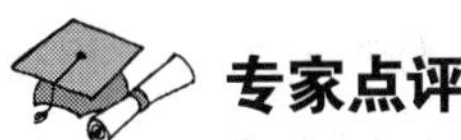

专家点评

通过该案例我们可以得到以下3点启示：

第一，该案例是车辆在进行其他相关维修操作之后出现的故障，就是这样的故障让后来的维修人员费尽了周折，检查了很多地方也解决不了问题，最后只能对照数据流一组一组地进行确认。其实在故障诊断中有一个非常重要的诊断方法：问诊，即无论我们接到的车辆是什么样的故障，一定要仔细地询问车主故障发生的前因后果。本案例中，如果维修技术人员在开始故障排除之前进行详细的问诊，车主肯定会告诉维修技术人员，该故障是在上次加装防盗器之后才出现的。这样，我相信查找故障时根据“加装防盗器”这一线索，肯定会起到事半功倍的效果。所以，在此再次强调故障诊断中“问诊”的重要性。

第二，该案例是上次维修技术人员加装防盗器时，“安装时将前照灯开关下面的主线束里的离合器开关线剪断后没重新接上”导致的。这里我要提出严厉的批评！本案例中，加装防盗器的维修技术人员将“主线束里的离合器开关线剪断后没重新接上”，这种错误让人啼笑皆非。我曾经多次批评过此类现象，也在多种场合讲过“车辆出故障有70%是我们维修技术人员修坏的，只有30%是用坏的”，该案例也更加证明我的这种说法一点也不过分。因此，在此再次提醒广大汽车维修技术人员：无论我们对车辆进行何种作业，一定要记得恢复车辆的原始技术状况。

第三，该案例是维修技术人员在费尽周折之后，再逐一查看数据流，才发现故障是由于离合器开关线路断路导致的。那么该故障的排除是否只能利用这种方法呢？答案是否定的。只要我们正确地理解和掌握离合器开关的功能，就可以轻松地分析出故障的可能原因。离合器开关的功能是在离合器接合和分离过程中，向ECU输入离合器的工作状态信号，以之作为喷油量及点火提前角控制的修正信号。也就是说，离合器开关是用来反映离合器踩下（分离）或未踩下（结合）的状态的，ECU接收到离合器开关的信号将其用于喷油量和点火提前角的修正。当离合器未踩下时，离合器开关接通，动力处于传递状态，适当加大喷油量和提前点火提前角度；当离合器踩下时，离合器开关断开，动力处于非传递状态，适当减小喷油量和推迟点火提前角度。该车正是由于离合器开关线路被剪断后未接，导致电脑始终接收到离合器开关断开的信号，使电脑认为离合器处于踩下的状态，从而喷油量和点火提前角度与车辆的实际工况不匹配，从而出现窜车故障，有点像间歇性断火或断油引起的故障。如果维修技术人员理解了离合器开关的功能，便可以通过故障现象分析到离合器开关信号失常的可能性，从而有针对性地进行检测，快速排除故障。

另外通过第三点的分析，我们也可以发现维修技术人员在文章最后的一段话，即“分析可能原因是电线断路，离合器开关处于常开状态，节气门加至2000r/min时收节气门本应该是超速切断状态，可由于离合器开关常开，产生了怠速状态，造成窜车现象的产生”的分析是不完全正确的，这也说明了维修技术人员对离合器开关功能理解不透。因此，广大维修技术人员要想提高分析故障和排除故障的能力，一定要正确理解车辆系统中所有部件的功能。

最后说明一下，维修技术人员在文章最后提到“节气门加至2000r/min时收节气门本应该是超速切断状态”，该表述不当，此状态如果 “断油”，应该是减速断油状态，而不是“超速断油状态”。

捷达怠速发动机抖动

故障现象

一辆捷达（BJG型发动机）累计行使11万km，客户反映怠速发动机抖动，尤其是开空调时抖动更加明显。

故障诊断与排除

首先试车检查，确如客户所说，发动机有轻微抖动但是坐在驾驶室里感觉有种类似共振的抖动；打开空调抖动变得很严重，急踩加速踏板时有“敲缸”的声音。很显然是混合气过稀或点火强度不够造成的，不会是共振造成的，因为共振不会影响发动机性能。接下来用VAS5051进行电脑检测，没有故障，怠速观察数据流：在第一组数据的三区观察氧传感器的数值在7%～8%变化；第二组数据的二区数值在20%～23%变化，三区的喷油脉宽数值为4.1ms；发动机转速没有太大的异常。

从喷油脉宽和氧传感器的数值分析，喷油量显然比正常值大，但是氧传感器还是显示偏稀，说明油路有阻塞或油压过低的情况。观察发动机负荷要比正常的18%左右要大，检查火花塞间隙正常；打火时有强烈的火花，而且尾气也没有异味，说明点火正常，故障原因还是在油路方面，接下来检查重点放在了油路方面。造成混合气过稀的原因主要有4个方面：燃油泵油压不足；油压调节器堵塞；喷油嘴积炭过多；喷油嘴本身故障造成喷油过少。

依据上述原因，首先检测燃油压力为2.4bar（1bar =10^5Pa），加油瞬间也能达到3bar的压力，但是捏住回油管时压力还是3bar，证明油泵的压力还是有点问题。更换油泵，故障略有好转。检查油压调节器，没有异物阻塞，观察喷油嘴，发现有积炭沉积，在客户同意下清洗了喷油嘴，试车还是抖动，但是急加速“敲缸”的情况消失了。接下来用断缸法检测喷油嘴，当断到第3缸时发动机变化不是很大，拆下喷油嘴进行喷油试验，与其他喷油嘴进行比较，发现喷油量很小，更换3缸喷油嘴，故障完全排除。

维修小结

3缸的喷油嘴喷油不佳，会使此缸功率偏低，此时电脑会以增加喷油量来弥补这部分功率缺失，而使发动机保持一个恒定的值。此时的发动机负荷数值随即增大，然而喷油量的增大，没有使内部存在故障的喷油嘴给此缸直接的能量补偿，而使混合气偏稀。

如果不仔细观察，该故障很可能将我们引入歧途，关键在于尾气有没有异味。如果点火不好，燃烧效果就会下降，势必会影响燃油效果，也使排出的废气或多或少都会有异味，但是该故障却是尾气没有异味，说明燃烧这方面问题不大。不考虑这一原因，很有可能对油路、电路方面都要查找原因，那样就走弯路了。

专家点评

文章撰写简练值得提倡，但有两点看法与维修技术人员商榷。

第一点，该车故障现象有两个，一是怠速发动机抖动，二是急加速有“敲缸”声音。前者是客户所述，后者是维修技术人员试车察觉。“敲缸”是指活塞在上、下止点换向时与汽缸壁横向撞击发出的连续不断的金属碰击声，冷发动机声响清晰，热发动机声响逐渐减小或消失，其原因是活塞与汽缸壁间隙过大或连杆弯曲扭曲，与混合气稀没关系。还有一种是转速提高或突然加速时发动机发出清脆的金属敲击声，称做爆燃敲击声或“叫杆”，原因是点火正时过早、汽油辛烷值过低或发动机水温过高，与混合气稀也没关系。维修技术人员察觉到“敲缸”故障现象，应称做“加速笄车”，火花塞点火缺失或能量不足、混合气过稀或过浓，导致燃烧不良转矩下降，均会出现这种现象。

第二点，维修技术人员在检查中使用了VAS5051、燃油压力表等仪器，怀疑混合气过稀，以废气中有没有异味来鉴别，不知是没有尾气分析仪，还是维修技术人员要用鼻子“PK”尾气分析仪。即利用嗅觉是早期诊断的做法，现在这种方法已经不适合，一则吸入废气有害健康，二则鼻子分辨不出尾气中有害气体CO、HC、NO和不平衡气体O_2、CO_2的具体含量。

我查阅捷达BJG型发动机电控系统维修手册，显示001组3区是催化转化器前λ调节值，规定值为-10%～10%，负值表示正在将混合气调稀，正值表示正在将混合气调浓。显示002组2区是发动机负荷，怠速工况规定值为11%～50%，在无负荷条件下应为19%～23%。显示002组3区是喷油时间，怠速工况规定值为1.9～6.8ms，在无负荷条件下应为3.1ms。维修技术人员测得3个数据分别是7%～8%、20%～23%、4.1ms，可以看出发动机负荷稍大但在规定范围内，而电脑正在将混合气调浓和增大喷油时间，说明故障原因是混合气稀。此时还应阅读前、后氧传感器信号电压，则充分验证混合气稀。用五尾气分析仪测量，如测得CO低、HC高、NO低、O_2高、CO_2低、λ大于1，则完全验证混合气稀。但还要注意3缸混合气稀，其他三缸会在λ调节下混合气变浓，造成尾气排放数值变化不稳。

喷油时间增加了混合气反而过稀，故障原因是燃油压力低或喷油器堵塞，接着就可以信心十足地测量燃油压力、检查喷油器的喷油量了。

捷达都市先锋机油灯警报

故障现象

一辆捷达都市先锋，行驶里程为26万km，该车曾经历过一次发动机大修。最近该车在怠速运转正常、发动机转速超过2000r/min时出现机油灯报警，同时伴有蜂鸣器响的现象，当转速超过3000r/min时报警停止。

故障诊断与排除

上一次大修后，该车才行驶了3万km。根据经验，故障发生在机械部分的可能性不大。该车有高压感应塞（白色），在缸盖后端；低压感应塞（蓝色），在机油滤清器座上。在仪表板内有一个报警控制器，其上有6个引脚，分别是：转速信号；搭铁；电源；机油灯；低压感应塞；高压感应塞。低压开关为常闭型，当机油压力超过30kPa时触点断开、机油灯熄灭。在打开点火开关时，如果低压感应塞至仪表机油报警控制器间的线路有断路，机油灯将闪一下就熄灭；而在线路正常时，点火开关打开若不起动发动机，机油灯应闪烁不停。高压感应塞是常开的，当发动机转速超过2000r/min时机油压力应达到180kPa，如果感应塞至仪表机油报警控制器间的线路有断路或机油压力不足，仪表将会发出蜂鸣声，同时机油灯报警。

根据故障原理分析，应先从检查高压开关及线路入手，拆下高压开关接线的搭铁，以区分是电路故障还是机械故障。若搭铁后发动机在转速2 000r/min以上运转时还继续报警，则为电路故障；如果消失则为机械故障。该车在接线搭铁后故障还存在，初步断定为电路故障。将接线接回高压开关并拆下点火线圈上的转速信号线，报警还是继续存在，看起来又像是机械故障。至此我们只能借用油压表对发动机机油压力进行检测，测得在怠速时机油压力为100kPa，超过下限30kPa，基本正常；转速达到2 000r/min以上时油压升为150kPa，此油压过于低了；当转速3 000r/min以上高速运转时，油压升至230~300kPa。由此看来达不到额定的油压是机油泵磨损所致。于是拆下油底壳，更换机油泵、机油滤清器和机油。一切安装完毕后试车，故障却仍然没有排除——发动机在怠速时运转正常，一接近2 000r/min就开始报警，当超过3 000r/min就停止报警。再用油压表测试油压，已完全恢复正常，发动机在2 000r/min以上运转时油压已达到300～400kPa。看来同时还有其他原因引发该车的故障。

作为引起机油灯报警故障的原因，最为典型的要数点火系统故障了。于是更换全部高压线，试车时故障还是未排除；随即又更换了点火线圈，故障依然发生；最后更换全部的火花塞，可故障还是没有排除。怀疑是不是更换的点火线圈、高压线火花塞等质量不够好，于是又从其他正常行驶的捷达车上拆下高压系统的部件换上，可故障依然没有排除。在百思不得其解时，大家聚在一起讨论，集思广益，最后发现电源没有检查。当拔下电动机充磁线插头后，故障消失，至此才彻底明白报警是因为电动机产生的电磁干扰信号引起的。这种情况虽有耳闻，但确实少见，使得我们一干人等焦头烂额时才得以解决，希望各位同行能得以借鉴。

专家点评

维修技术人员对机油报警装置的结构及工作原理非常熟悉，诊断思路清晰，故障排除成功。

由于该车发动机大修时间不长，维修技术人员暂时不考虑故障原因是油压真正低的情况，而是首先怀疑机油报警装置有问题。我认为第一步还是应该用压力表测量油压，这样就可以区分是油压真正低还是报警装置有故障，用时不多、事半功倍。

维修技术人员研究了仪表板内机油报警控制器6个电极的作用，又分析了机油低压报警、高压报警的条件，即报警取决于低压开关、高压开关触点的状态。低压开关是常闭触点，发动机起动后油压等于或高于 30kPa，若触点断开，机油警告灯熄灭；若触点不能断开，则机油警告灯点亮报警。高压开关是常开触点，当转速为2000r/min、油压等于或高于180kPa时，触点闭合，机油警告灯不点亮；若油压达不到180kPa，则机油警告灯点亮并且蜂鸣器发声。

维修技术人员强制让高压开关对地短路来观察机油警告灯是否熄灭，这是多年前就用来判断仪表和传感器好坏的传统方法，现在仍有实用价值，但现在很多维修人员懒得使用这种方法，而只靠换件来判断故障。检查报警装置没发现问题，维修技术人员转而又考虑是否油压真低的情况，此时维修技术人员使用压力表测量，发现油压真的低，更换机油泵等使油压恢复正常。

随后出现了蹊跷：油压正常，报警装置没问题，机油警告灯却谎报军情仍然报警。维修技术人员很快想到电磁波干扰的因素，首先排除掉点火系统，然后确定是发电动机带来的干扰，从而找到了本故障的原因。这同时也给我们一个启示：当仪表、警告灯显示错乱而又找不到原因时，它极可能就是电磁波干扰。

捷达王5V急加速无力

故障现象

一辆1999年出厂捷达王，装配AHP发动机，01M自动变速器。行驶里程为15.6万km。车主反映该车发动机有时急加速不良，急加油门时，发动机转速最高到2300r/min，同时油耗增加。

故障诊断与排除

接到该车后，首先验证故障现象。反复试车，故障未出现。连接VAG1552读取故障码为00561、01165。00561表示混合气自适应超过自适应界限逐渐减少，01165表示节气门控制单元J338基本调整错误。在怠速状态下读取数据流，发现节气门开度为11°（标准值为2°~5°）。曲轴每转一周的喷油时间2.4ms（接近上限，标准值为1.3~2.5ms），吸入的空气量为4.6g/s（接近上限，标准值为2.0~5.0g/s）。清洗节气门，匹配成功，同时清理了空气滤芯。再次连接VAG1552，无故障码存储。在怠速状态下读取数据流，发现节气门开度为2°，曲轴每转一周的喷油时间为1.8ms，正常；吸入的空气量为3.1g/s，正常。

再次试车时，刚出车间，发动机急加速不良的故障出现了，重新连接VAG1552，无故障码存储。读取数据流发现怠速状态下数据流正常，缓加油门也正常。但是一急加油门，发动机转速达到最高2300r/min。同时观察空气流量计的空气量最高才能达到10.6g/s（正常情况下空气量能达到42.0g/s），喷油时间短。根据数据流分析判断，空气流量信号不对。根据经验，初步判断空气流量计失效。取下空气流量计的插头，让发动机处于应急状态，故障依旧（按常规，此时急加速不良状况应有所好转）。更换一个空气流量计，发现故障依旧。由以上情况分析，原车空气流量计可能没有失效，又换上原车的空气流量计。

然后，根据电路图（图1），检查空气流量计与控制单元间的线路3与T80/12、4与T80/11、5与T80/13的电阻为0.3Ω，且对正极、对搭铁无短接现象，经测量线路正常。于是更换了控制单元，但是故障依旧没有排除。

这时听车主反映变速杆有点热，是不是三元催化器坏了？怠速时，真空表显示为49.5kPa，急加油发动机转速在2000r/min时，真空度能到0。所以猜测可能排气有堵塞情况。为进一步确定故障，利用万用表测温探头进行测量，发现三元催化器前部的温度为198℃，三元催化器后部的温度为214℃，温度相差16℃，说明排气系统正常。为了进一步确认三元催化器是否有故障，拆下三元催化器，故障依旧，因此排除了排气系统产生故障的可能。

重新整理思路，组织实施了以下维修方案：

（1）连接汽油压力表检查汽油压力（图2）：

图1 控制单元与空气流量计之间的电路

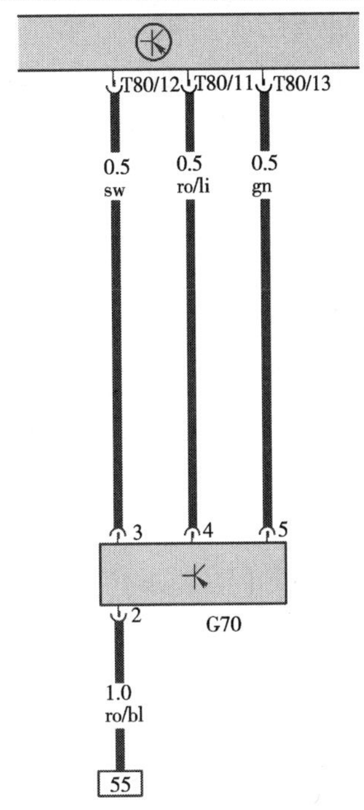

首先打开点火开关，检查预压3.0bar（$1bar=10^5Pa$），保持压力10min不低于2.0bar。怠速油压2.5bar。急加油，燃油压力能达到3.0bar，取下油压调节器上的真空管，燃油压力能达到3.0bar，说明燃油压力正常。

图2 测量汽油压力

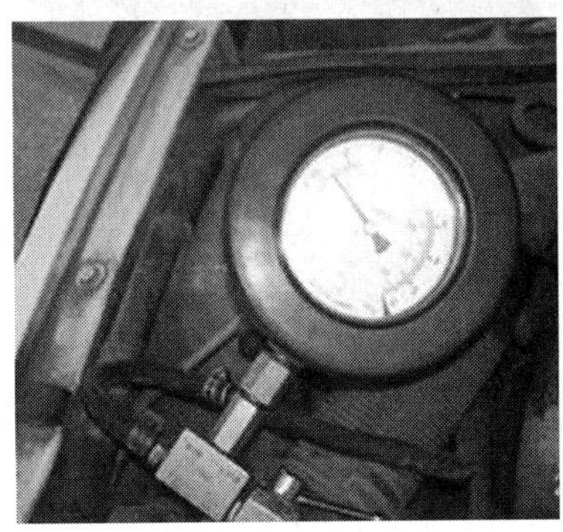

（2）检查汽缸压力：拆下火花塞，观察电极的颜色正常，说明火花塞工作正常。量取气缸压力1~4缸分别为11.4bar、11.6bar、12.1bar、12.6bar。标准压力为11~13bar，4缸与1缸压力差为1.2bar，小于3.0bar，说明汽缸压力正常。同时在拆装时，发现点火高压线已经老化，车辆已经行驶4万km，但火花塞没有更换过。更换了火花塞、高压线，故障依旧。

（3）检查正时标记：旋转曲轴，观察正时标记正确，传动带无爬齿现象。

（4）检查气门头部积炭：电喷发动机由于喷油器喷油正好喷到进气门头部，当汽油品质不佳时，很容易造成进气门头部积炭过多。在急加速时，喷油器长时间喷油，有一部分汽油会被节气门头部积炭吸收，造成进入汽缸的混合气偏稀，从而导致急加速不良。拆下进气管，发现进气管内与进气门头部积炭过多，用自制钩型工具清理积炭，故障不能排除。

（5）检查喷油嘴：在进气管上拆下完整的燃油分配器及全部喷油嘴，放入量杯VAG1349/2B中，起动发动机，观察喷油嘴的雾化情况，发现1缸、4缸喷油嘴雾化情况差，清洗喷油嘴，雾化、喷油量正常，故障依旧。

（6）检查节气门位置传感器：连接VAG1552，打开点火开关，进入01发动机地址，选08功能001数据组的第三区节气门开度信号，轻踩、急踩加速踏板，观察VAG1552 显示屏上的节气门开度也在变化，初步判断节气门没问题。

（7）检查发动机转速传感器G28信号：连接VAG1598/22，利用VAS5051的示波功能检查G28波形（图3），说明G28正常。

图3 发动机转速传感器G28波形

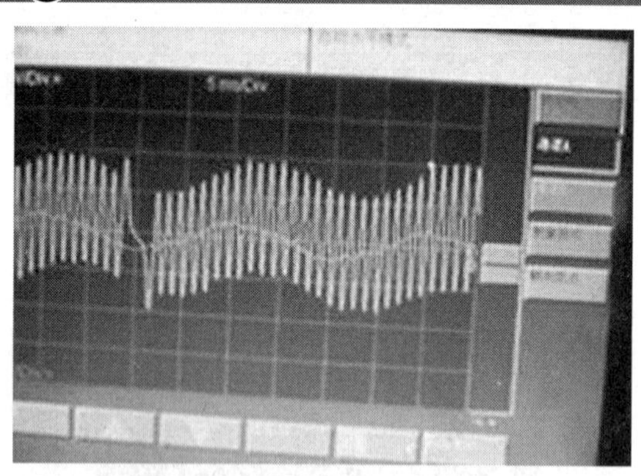

（8）更换一个正常的点火线圈，故障依旧。

有火、有油，进排气系统正常，汽缸压力正常，还有什么原因能造成急加速不良呢？忽然想到某维修杂志有一篇案例，说机油压力过高能造成急加速不良。于是检查该车机油滤芯，发现机油滤芯是副厂件，心中豁然开朗，更换机油滤芯后，车辆急加速正常。但试车到厂门口，故障再次出现。连接机油压力表VAG1342测量机油压力，怠速为2.5bar，2000r/min时能达到4.5bar，说明机油压力正常。我们知道捷达王有两个凸轮轴，排气凸轮轴通过链条驱动进气凸轮轴，机油压力通过链条张紧器调节链条的张紧度。当拆下链条张紧器时，发现过滤机油的小滤网已被油泥堵死，清洗装车，故障依旧。回顾以上的检查过程，发现还有一项没检查到，那就是搭铁线。彻底清理流水槽搭铁线（图4）与蓄电池前部的搭铁线（图5），故障依旧。这时有个维修工又取下空气流量计的插头，发动机进入应急状态，急加速有力。这说明原车空气流量计失效，重新更换新的空气流量计，故障排除。为了进一步确定故障的具体原因，我们又反过去验证，当我们把流水槽搭铁线拧松时，故障再现，说明搭铁不良是该故障的原因之一。

图4 流水槽搭铁线

图5 蓄电池前部的搭铁线

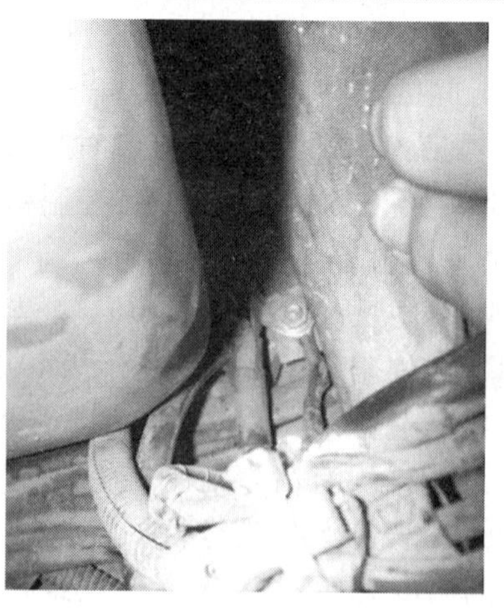

维修小结

该车故障是个综合性故障，造成该车故障的根本原因是空气流量计失效和搭铁不良，这是有多个原因造成相同故障现象的案例。之前的检查中更换了空气流量计，发现故障现象不能排除，就轻率地判断空气流量计没有失效，换上原车地空气流量计。在后面检查中忽略了搭铁线的检查，造成整个维修工作的复杂化。希望在今后的维修工作中加强搭铁线的检查，避免不必要的弯路。同时加强综合故障的分析判断能力，以适应现代汽车维修的需要。

专家点评

医院对医生书写病历有严格要求，而维修技术人员以书写病历的方法写诊断记录，并且图文并茂，足以体现维修技术人员认真的工作态度。为点评方便，我对病历做个化简：第1段，查询出两个故障码，阅读发现几个主要参数超过极限或接近极限，清洗了节气门并匹配成功；第2段，试车故障再现，更换了空气流量计，因未奏效又换回旧的；第3段，测量空气流量计线路和更换控制单元；第4段，筛除三元催化器堵塞；第5至第13段，测量油压、汽缸压力、喷油器、节气门位置传感器、发动机转速传感器，清洗进气道、喷油器，更换了火花塞、高压线、点火线圈；第14段，清洗流水槽下和蓄电池搭铁线，再次更换空气流量计，故障排除。

维修技术人员在“维修小结”中做了3条总结：①根据测量结果做出的判断不要草率推翻；②重视搭铁点的检查。我再补充一条：③长期不维护或只换机油的车辆应先做3万km或6万km维护，对维护大多数车故障均能排除，对少数故障未排除的车再进行诊断。以本案例举证，维修技术人员查询出故障码00561和01165，前者是混合气向稀的方向自适应（学习值）已超过极限，后者是节气门角度自适应（学习值）已超过极限，两者都是节气门脏的表现。既然节气门长期不清洗，那么别的部件也不会定期维护检查。向车主核实后，建议做一次高级别维护，并对损坏和使用期满的部件一并更换。对捷达车而言，维修技术人员清洁的两个搭铁点也要作为维护内容，因这两个搭铁点极易锈蚀，流水槽内存水会使发动机控制单元搭铁点锈蚀，发动机舱从来不清洗会使蓄电池搭铁点锈蚀。这两个搭铁点是控制单元负极电源的回路，接触不良会使控制单元工作不稳定。经此举就能排除因不维护而出现的各种故障，例如长期不换火花塞而出现的怠速不稳、动力变差，因空气流量计数值变大而出现的油耗增加，因氧传感器失效而出现的排放超标等。有些车主执意节省维修费用，不在乎车辆技术状况，这样会干扰维修技术人员的诊断思路，延长诊断时间和带来检查复杂化，希望维修技术人员不要被左右。要告诉车主，对长期不维护的车辆，即使报修的故障排除了，但该车动力性、经济性、环保性、可靠性等技术性能仍不能恢复，技术状况仍是不合格的。

捷达王发动机水温高

故障现象

一辆捷达王（GTX）乘用车，行驶里程为6万km，开空调时水温高。

故障诊断与排除

该车在怠速时水温正常，打开空调后，水温急剧上升。笔者怀疑是冷凝器过脏造成散热不良，于是打开前中网查看，冷凝器很干净，但此时水温已经达到110℃，而风扇依然是低速运转，这显然不正常。在水温达到105℃时，风扇就应该高速运转。将发动机熄火后（点火开关处于点火位置），打开空调开关，用一根导线短接空调高压开关，此时能听到风扇继电器吸合的声音，但风扇不转。用试灯检测风扇插座接头，当短接时风扇电源有电。怀疑风扇损坏，但是更换一新风扇后，高速挡也不转。再次短接高压开关时，用万用表检测风扇高速挡电压，仅为8V。到此时，可以确定风扇控制器出现故障，更换新的风扇控制器，故障排除。

维修小结

风扇控制器中的继电器控制风扇高速运转，而继电器供电端是双温开关和空调高压开关共同控制的，当水温达到指定温度或空调高压开关接通时，电源给继电器供电，使触点闭合，风扇高速挡工作，此时风扇高速运转。

专家点评

捷达散热风扇控制电路图

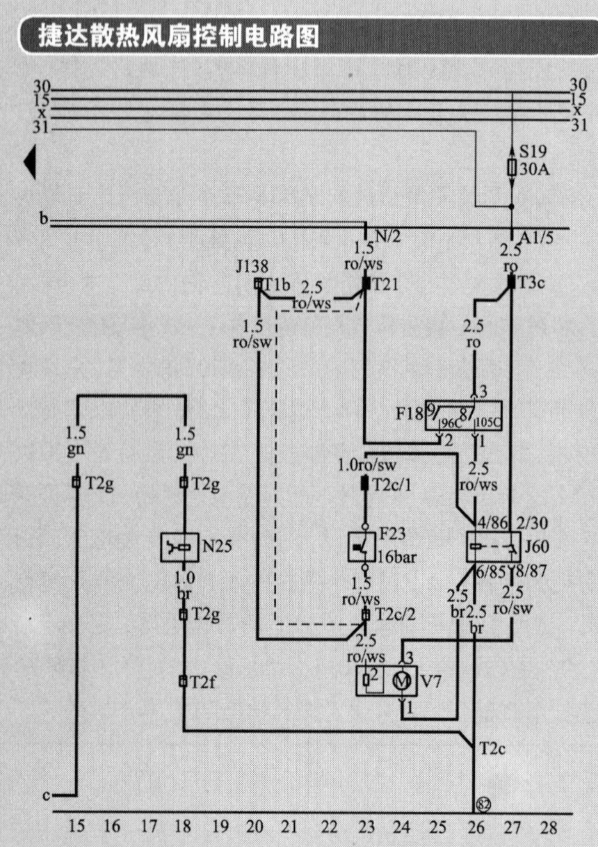

F18-散热器风扇热敏开关；F23-空调管路上的高压开关；J138-散热器风扇控制单元；N25-空调电磁离合器；T1b-单孔插接件；T2c/21-2孔插接件（发动机舱前）；T2f-2孔插接件（发动机舱前）；T2g-2孔插接件（发动机舱前）；T21-2孔插接件（发动机舱前）；V7-散热器风扇

该车的故障应该是不难的，但是维修技术人员在维修的过程中还是错误地更换了风扇，我们不能不为之惋惜。在维修技术人员的描述中曾经两次用到了“怀疑”两字，我记得在以前的文章点评中曾经批评过诸如“难道是……”、“也许是……”、“可能是……”、“我想……”、“我认为……”此类的语言。但是维修技术人员也许是个习惯，改不了，也许我们在实际的维修过程中本来就是这么做的。我们多次讲过，任何车辆的任何故障的发生均是有原因的，关键是如何通过分析和检测确定故障的原因。“故障分析”是有依据的，而“怀疑……”不能代替故障分析，更不能代替故障检测。

对于发动机水温高的问题，一般来说不外乎4个方面的原因：

第一个原因是冷却系统本身损坏或性能不良，包括散热器（内部或外部脏污）、节温器（性能不良）、水泵（泵水能力差）、水道（脏污、堵塞）。该原因导致发动机水温高的故障一般有以下故障特征：运行一段时间后发动机水温高，甚至开锅。

第二个原因是配气相位和点火正时错误。这两个方面错误，会导致可燃混合气燃烧时间延长，散发的热量增加，冷却系统来不及散热，导致发动机水温高，此类故障均伴随有发动机水容易开锅的故障特征。

第三个原因是汽缸垫烧蚀。这类原因导致的发动机水温高，大家都比较清楚，不再赘述。

第四个原因是散热控制系统性能不良。该系统能够根据发动机的温度和负荷，对发动机冷却系统的散热强度进行控制。分析电路图可知，如图所示，在冷却系统的温度超过设定的上限时，起动风扇的高速运转电路，增强风力，加大散热强度，使发动机温度迅速下降，从而达到调节水温的目的；在发动机负荷增大（比如开空调等）时，为了防止发动机因负荷过大而产生高温，从而强制起动散热风扇的高速运转，增强散热能力，此时即使水温没有达到设定的高速运转温度，散热风扇也高速运转。

该车的故障是，其他时候水温正常，仅仅是在开空调之后水温高，因此，我们根据故障现象的分析，首先应该得出的结论应该是散热控制系统性能不良，这样排除故障思路就非常清晰了。

捷达王换挡"闯车"、高速加速不良

故障现象

一辆捷达王汽车车主反映此车有换挡"闯车"和高速加速不良的故障。

故障诊断与排除

维修人员根据该车车主反映的故障和自己试车的情况，认为该车出现此症状无非是3种情况：一是发动机电控系统故障；二是点火系统工作不良；三是燃油系统的雾化不良。于是维修人员针对以上3种情况进行了检修。

首先，维修人员连接V.A.G1551检测仪，查询电控系统，未发现故障存储。

然后，对该车的尾气、火花塞、高压线、点火线圈等点火系统进行检查也未发现异常。尾气检查结果也无异常。

最后，检查燃油系统。各项燃油压力值均在正常的范围值内，喷油量、进气管真空度、汽缸压力等各项检测均正常。

检查到此为止，发动机的机械故障基本上都排除了，那么故障应该在发动机电控系统。虽然V.A.G1551检测仪显示无故障记忆，但也不能说明发动机电控系统工作完全正常。于是维修人员再次对电控系统进行检查。

维修人员根据以往的维修经验，首先检查空气流量计。连接V.A.G1551，进入发动机电控系统，检查发动机在各种工况下的进气量，结果未发现异常。

其次用V.A.G1551检查节气门位置传感器，发现节气门开度为4°，并且在迅速打开和迅速关闭时无卡滞现象，响应灵敏准确，节气门工作正常。

用V.A.G1551检查氧传感器工作电压在0.125~0.875V来回变化，说明氧传感器工作正常。

维修人员认为虽然发动机电控系统无故障存储，发动机的数据流也未发现问题，但是并不意味着相关的电控部件就没有问题。

因此决定对电控系统的各部件进行替换试验，于是找来一辆发动机完全正常的车进行替换，而替换的原则是把认为有问题的电控系统各部件换到工作完全正常的车辆上试车。先后把此故障车的空气流量计、节气门控制单元、点火线圈、高压线、电脑等部件换到工作完全正常的车辆上，试车后，发现换挡良好，并无"闯车"现象，高速试车动力澎湃，说明这些部件工作完全正常。

到目前为止，在机械方面和电控方面都没有发现什么异常情况，替换试验也没有解决问题，此时维修人员陷入了困境。

于是请来维修技术人员，维修技术人员了解维修过程后，又和该车车主进行了沟通，得知此车前部出过事故，之后就出现了这个故障。维修技术人员根据这些情况再次进行仔细检查，发现此故障车的爆震传感器G66为黑色插头，而捷达王汽车的爆震传感器G66为棕色插头。经查阅维修手册，捷达王汽车采用2个爆震传感器，分别安装在缸体进气侧1缸和2缸之间、3缸和4缸之间。1缸和2缸之间的爆震传感器G61插头的颜色是黑色，而3缸和4缸之间的爆震传感器G66插头的颜色是棕色的。由于2个插头形状完全一样，特别容易把2个插头插反，于是把2个插头做成2种颜色。如此看来，由于此车在上次维修时工作人员的疏忽大意造成了此故障。找到问题的症结后，维修技术人员将2个插头互换，试车后，完全正常。

在检修换挡有些"闯车"、高速加速不良时，不妨先检查一下G61和G66的插头是否插错，可以让我们少走弯路。

维修小结

爆震传感器的功用是当发动机发生爆震时，汽缸中产生的爆震信号传递到爆震传感器的压电陶瓷，在其上产生一个电压信号。发动机电控单元根据这个电压信号识别出爆震缸，并推迟该缸的点火。爆震传感器G61和G66分别根据1、2缸和3、4缸的爆震的程度，传递给电控单元。电控单元经过计算、分析、比较后，调整最佳的点火时刻。由于G61和G66接反，当1、2缸发生爆震时，电控单元实际收到的是3、4缸发生了爆震；当3、4缸发生爆震时，电控单元实际收到的是1、2缸发生了爆震，从而导致上述故障的发生。

为什么电控单元没有记录故障码呢？这是由于爆震传感器G61和G66本身和它们相关的线路都正常，而G61和G66的结构和性能完全一样，两者的线束插头又一模一样。而对于电控单元来说，线束插头如何连接都是一样的，所以它就不能判断出故障来。

由于此车为事故车，这两个插头形状完全一样，维修人员在操作中的粗心大意，使得两个爆震传感器的插头接反，导致电脑接收到错误信号，造成了发动机工作的异常，出现了换挡“闯车”、高速加速不良的现象。此事例告诫我们：在工作中一定要认真仔细，特别是线束插头一模一样的，在拆下时最好做上记号，以免安装时出现错误，造成不必要的损失。

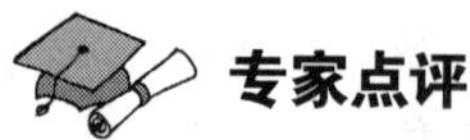

专家点评

该捷达王汽车故障现象是换挡闯车、高速时加速不良，维修技术人员做了相关检查直到陷入困境。维修技术人员接手该车后只做了两件事，第一件事询问车主此车是否发生过事故；第二件事检查线路，发现爆震传感器G61和G66插接器颠倒连接了。经维修技术人员正确连接，故障迅速排除了，维修技术人员诊断故障入手准确、工作效率高。

捷达王自学手册对爆震传感器的功能这样写道：“发生爆震燃烧时，汽缸中产生的振动传递到爆震传感器的压电陶瓷，由于振动在压电陶瓷上产生一个电压，作为爆震信号传给控制单元。控制单元根据这个电压信号识别出某缸发生了振动，将该缸的点火时刻向‘滞后’方向推迟；如果爆震燃烧持续，则点火时刻再一次向‘滞后’方向推迟。”本案例对捷达王能够单独控制各缸点火正时的功能做了验证。

做个比喻，有人出主意让老大和老二换穿衣服，老大淘气后，糊涂的家长就去打老二，结果老二受冤也去淘气，老大和老二都不好好学习了。“出主意”的就是错插G61和G66的维修技术人员。该发动机1、2缸发生爆震，控制单元却滞后3、4缸点火提前角。控制单元指令1、2缸点火提前到最大极限，一般是45°，使燃烧压力最大值出现在上止点之前，导致1、2缸转矩下降。控制单元指令3、4缸点火延迟到最大极限，一般是−10°，使燃烧压力最大值出现在上止点之后，活塞已下行很长距离，导致3、4缸转矩下降。4只汽缸的转矩都下降了，不好好工作了，最终造成换挡闯车、加速不良。

虽然1、2缸点火角提前到最大极限，3、4缸点火角滞后到最大极限，捷达王当初设计程序时没有设计点火角处于极限值的故障码，但是从数据块013显示组的4个区中，读1、2、3、4缸爆震点火推迟角，可以为判断故障提供线索。

根据捷达王自学手册上面那段话，我们还可以想到，1、4缸虽然共用一个点火功率放大器，但控制单元对1缸做功、4缸做功时的点火正时是单独计算的，1缸爆震滞后1缸，4缸爆震滞后4缸，所以说控制单元对点火正时可以精确控制到每个气缸。

桑塔纳2000 GSi 故障1例

 故障现象

一辆2002年购买的桑塔纳2000 GSi，行驶总路程12.5万km，2007年4月发现该车在怠速或行驶中，使用前照灯时光线偏暗，而且冷却液温度表指示值偏高。

 故障检查

指针在显示较高温度时，触摸上、下水管，并未感到温度异常，并且加液口处也无蒸气冒出，可以判断发动机冷却系统工作正常，故障可能是由于电气系统引起。

 故障诊断与排除

从故障本身出发，出现了前照灯光线偏暗和冷却液指示值偏高，我们从以下3个方面进行了推断：（1）前照灯光线偏暗有哪些可能的故障；（2）冷却液温度表指示值偏高又有哪些可能的故障；（3）两个故障是不是存在什么内在的联系。原理示意图如图所示。

原理示意图

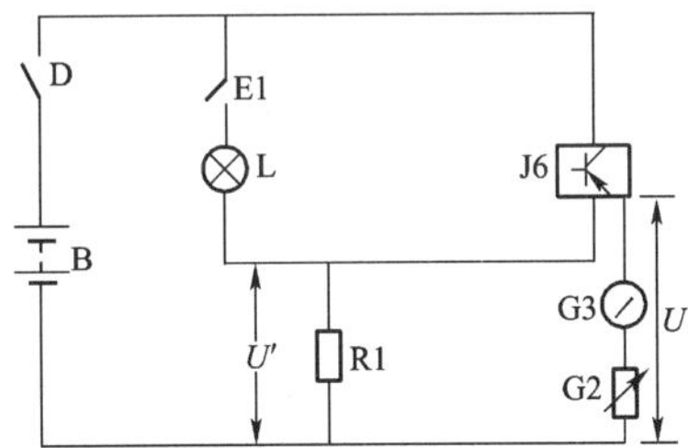

D-点火开关；E1-灯光开关；L-前照灯；R1-搭铁不实形成的电阻；J6-仪表稳压器；U-稳压器输出电压；U' -搭铁不良分电压；G2-冷却液温度传感器；G3-冷却液温度表

接到故障车后，针对故障，我们设计了两套解决方案。

第一种方案：按部就班法，针对第（1）个故障，逐一对电源，灯光开关，灯关控制元件及线路连接等进行排查。针对第（2）个故障，产生故障的原因有：①冷却液温度传感器与冷却液的接触面产生水垢，导致传感器电阻值发生变化；②仪表稳压器J6输出电压偏高；③连接导线接触不良。可以采用更换原件的办法逐个排除，再测线路连接。然后再去找两个故障之间的联系。

第二种方案是抓住关键点，因为通过询问车主和试车发现这两个故障，即灯光偏暗和冷却液指示值偏高是同时产生且同时存在的，那么这两个故障是不是有内在联系呢？我们先分别列出前面（1）和（2）两个问题的所有故障原因，然后找出相同的故障原因，或者直接从电路图上找出它们是否存在故障联动点。

根据以上思路，我们选择了第二种方案，即先找出两者的共同点。因为考虑到有效性和可靠性，找来电路图仔细查找前照灯和冷却液温度表之间的联系，发现前照灯与给冷却液温度表供电的仪表稳压器J6两者的搭铁端处有联系：前照灯的负极线是与仪表稳压器J6负极搭铁线在该车前围线束中相交于一点后集中引出的，在蓄电池负极桩处搭铁构成回路。此连接点松动，拧紧后灯光增强，冷却液温度表显示正常，故障现象消失。

维修总结

前照灯灯光偏暗能够让人较快地想到可能是线路接触不良的故障，本故障的重点是如何找到它与冷却液温度计之间的联系！

查找该汽车采用的是负温度系数热敏电阻式冷却液温度传感器，而冷却液温度计采用电热式结构，它是利用双金属片受热后变形的特性来工作的。即当流过双金属片上的电流越大，变形量也越大，指针的偏转角也越大。由于两者的共同搭铁点出现了连接松动，相当于在线路中接入了一个一定阻值的电阻。

当打开前照灯时，在电阻R1上形成分压电压U'，从而使得前照灯上的电压偏低，导致了前照灯灯光偏暗；对于冷却液温度表而言，由于分压电压U'的存在，影响了仪表稳压器的正常工作。根据稳压器的工作原理（晶体管导通时间决定稳压器输出电压U的高低）可知，仪表稳压器输出电压U升高，从而提高了流过冷却液温度的电流，使冷却液温度表指示值偏高。

专家点评

读罢此文，使我看到一个用思维修车的成功案例。两个故障的发生是有顺序的，当打开前照灯出现光线偏暗以后，冷却液温度表由温度正常变为温度升高。有的维修人员，可能会以两个独立的故障去查找原因，经过一个一个的换备件，当更换过灯光开关、前照灯、冷却液温度传感器、冷却液温度表后故障现象毫无好转，才想起检查找两个故障的共性原因。维修技术人员的思维非常正确，认为不打开前照灯冷却液温度正常，打开前照灯温度偏高，肯定是前者导致了状态变化而影响了后者。维修技术人员制定了两个方案，第一个是针对两个独立故障而言，第二个是挖出两个故障的共同祸根。维修技术人员将两个故障紧密联系起来，果断地采用第二个方案，这就叫“眉头一皱，计上心来”。维修技术人员根据电路图发现前照灯负极线与仪表稳压器J6负极线在线束中连接到一点，然后引到蓄电池负极桩。于是维修技术人员检查蓄电池负极桩头的电缆夹，将螺栓拧紧，使得两个故障同时排除。维修技术人员在维修总结时为使叙述的更清楚，画了一张电路图，画出了搭铁电缆夹由于接触不良而出现的接触电阻R1，做到了图文并茂，便于理解。

我对文章提出两处切磋，第一处是“冷却液温度传感器与水接触的表面出现水垢后，导致传感器电阻值发生变化”，这句话说得不够准确，由于水垢的隔热作用，使得冷却液温度传感器测量不准确。第二处是文章最后一段，维修技术人员论证稍欠说服力，因为稳压器J6是电子器件，属于非线性电路，我认为在R1有阻值和R1为0Ω的两种情况下，分别测量稳压器输出电压U，取得充足论据后，再进行论证就更有说服力。

桑塔纳2000GSi发动机“飞车”

故障现象

一辆桑塔纳2000 GSi，AJR型发动机，原地怠速运转及等速行驶时一切正常，在行驶中急加速，发动机有飞车现象。

故障诊断与排除

接车后，按车主陈述试车，果然与车主所说一样，刚起步时行驶正常，当加油时转速骤然升至2000～3000r/min，加速踏板自行加油（加速踏板自行往下运动）。

首先连接解码器，发动机没有故障码。怀疑节气门卡死、节气门拉索不回位或加速踏板变形，打开发动机罩，用手拨动节气门能看到动作自如。将节气门拉索拆下也没发现问题，检查加速踏板发现没安装踏板轴胶套（图1），造成加速踏板旷动量大。分析此车为事故车，可能是安装时维修人员粗心大意，没有安装加速踏板轴胶套，于是我们买来新配件，安装后试车，但故障依旧。

图1 没安装加速踏板轴胶套

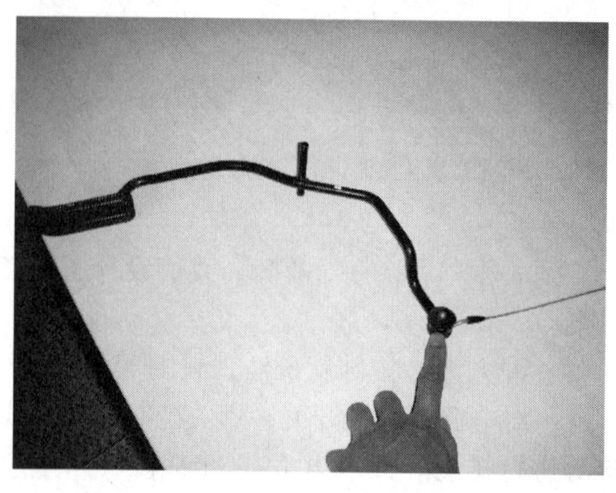

发动机控制单元对节气门怠速电动机输出指令，控制节气门开度以实现怠速自动控制，怠速电

动机和节气门位置传感器制成一体。我们怀疑是不是因为怠速电动机偶尔故障，节气门开度变大造成飞车，于是更换节气门总成，以为故障应该解决了，但试车后，故障依旧。

故障变得神秘起来，将车用举升机升起来，加油门试验,观察发动机没有飞车现象，这时更加感到故障的神秘性。于是在我厂试车区，将发动机罩打开，一人驾驶汽车，一人观察发动机和节气门的情况。当故障出现时，看到发动机总成向上顶起，节气门故障原因终于找到，是发动机机爪垫损坏，更换一个新机爪垫后，故障彻底排除。

维修小结

踩下加速踏板增加节气门开度时，发动机输出转矩很大，车辆向前行驶，但车轮的反向作用力，作用到发动机机爪。机爪垫开裂后，发动机就向上翘起，由于节气门体装在发动机上，随着发动机的向上翘起，节气门拉索另一侧与车身相连，就会拉动加速踏板和节气门（图2），使加速踏板向下运动，节气门开度瞬间自行开大，出现飞车。

图2 发动机翻转时节气门拉索拉开节气门

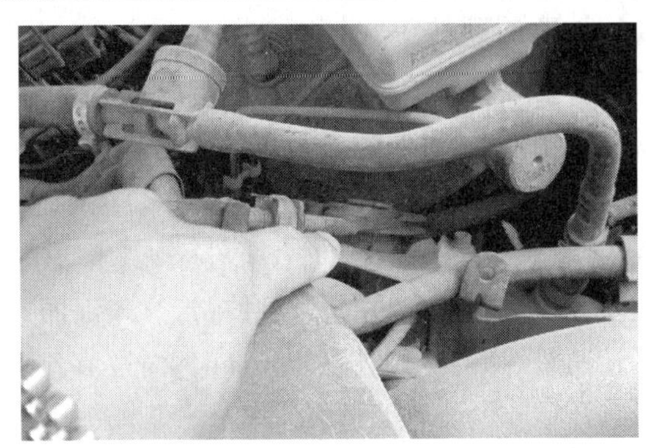

专家点评

本案例故障现象是急加速时发动机飞车，维修技术人员采用一人驾驶，一人观察的方法，准确地找到故障原因。

我们重新进行分析。对于电喷汽油发动机，飞车的条件是汽缸内进入大量的空气和燃油，包括两种情况：①空气由进气歧管泄漏处进入，这部分空气不经空气流量计G70计量，导致混合气过稀，控制单元根据氧传感器信号增加喷油量（增加量有限）。②节气门自行打开，进入的空气经过计量，控制单元同时发出指令增加喷油量，故障原因是节气门卡住、节气门拉索不回位或加速踏板卡住，或是“谁”动了节气门拉索。

图3 做功行程机件受力图

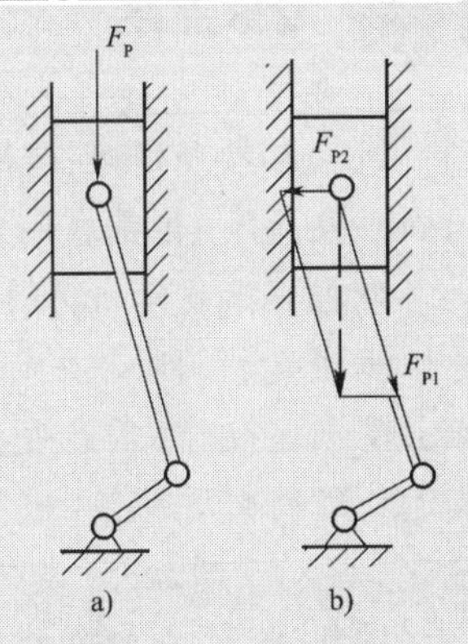

在做功行程，气体压力是推动活塞向下运动的力，这时，燃烧气体产生的高压直接作用在活塞顶部［图3a］。活塞将所受总压力F_p传到活塞销上，可分解为F_{P1}和F_{P2}两个分力［图3b］。F_{p1}通过活塞销传给连杆，沿连杆方向作用在曲柄销上。F_{P2}将活塞压向汽缸壁，形成活塞与缸壁间的侧压力，有使机体翻倒的趋势（从车前向后看，将发动机向左翻倒），故机体下部的两侧通过机爪垫支承在车架上。加油时F_P增大，F_{p2}也同时增大，对机体翻倒的趋势增强，如果机爪垫良好，则限制机体翻倒。如果机爪垫损坏，则左侧的（从驾驶室往车前看）机爪垫抬起，右侧的机爪垫压缩。节气门拉索在设计上本不受发动机机体翻倒的影响，如果节气门拉索外皮固定不良或损坏，有可能出现维修技术人员观察到的情况。

机爪垫损坏会导致发动机怠速运转时车身振动大。对于自动挡车当踩下制动踏板，换入“R”挡或“D”挡位未起步时，由于发动机负荷增加，坐在驾驶室内感觉振动更大。对于手动挡车起步时，听到发动机舱内发出“嗵”的一声，这是发动机突然翻倒而引起的。目前高档汽车的机爪垫采用内部充油，进行了周密设计和反复试验，减振效果非常好，但也增加了维修费用。

维修技术人员没有讲明试验时观察人员是随着车跑，还是趴在发动机舱上，这两种做法足以说明维修人员不怕苦的工作态度，第二种方法还有危险性，一定要保证安全生产。

桑塔纳2000“飞车”

故障现象

该车怠速行驶时正常，加油升挡时“飞车”，踩制动踏板、离合器才能安全停车。

故障诊断与排除

首先试车，刚起步时，行驶正常。当踩加速踏板时转速忽然升至2000～3000r/min，而且节气门开度一直在增大，造成“飞车”现象。

用检测仪读取故障码，没有故障码储存。分析此车故障原因，笔者怀疑节气门卡死、节气门拉索不回位或者加速踏板变形。打开发动机盖，用手拨动节气门，未发现问题，将节气门拉索拆下也没发现问题。检查加速踏板，发现加速踏板轴没有胶套，加速踏板旷量很大。安装新件后试车，故障依旧。

该车由电脑控制节气门开度来实现怠速控制，怠速电动机和节气门位置传感器为一体。是否因为怠速电动机偶尔损坏，节气门开度变大造成“飞车”呢？笔者将怠速电动机更换后，以为这次故障应该解决了。但试车后，故障仍然存在。此时故障变得神秘起来。

接下来，用举升机升起该车，将发动机盖打开，观察发动机和节气门的运动情况。当故障出现时，突然发现发动机总成向上顶起约6cm，使节气门开度增大、发动机转速升高。故障原因终于找到，是发动机机爪垫损坏。更换一新机爪垫后，故障排除。

维修小结

当加速行驶时，发动机输出很大功率带动车轮向前行驶，但车轮的作用力仅作用到发动机机爪上。机爪开裂后，发动机就向上翘起。由于节气门一侧翘起，而另一侧的节气门拉索与车身相连，就会拉动加速踏板和节气门，使加速踏板向下运动，节气门开度变大，造成“飞车”。

专家点评

汽油车按照道理是不应该出现“飞车”故障的，电控汽油发动机更不应该出现这种情况，该故障的确比较奇怪。但是我们只要明白发生该故障的机理，故障的解决就应该很顺利了。

电控汽油发动机为什么会出现这种类似“飞车”的故障呢？众所周知，电控汽油发动机的供油量是根据进气量的大小决定的。没有足够的进气量，喷油器不可能喷油，没有足够的燃油，发动机便不可能出现上述故障。因此发生该故障的根源是进气量过大。我们只要查明为什么进气量会加大，便可以确定故障的本质所在。进气量加大的原因一般有：进气泄漏；节气门或节气门拉索卡滞回位不良；外力导致节气门开度加大，类似于踩加速踏板（节气门）。

进气泄漏，一般发生空气流量传感器的后方。多余的空气没有经过空气流量传感器的计量，所以电脑不会增加喷油量。在加速时，发动机会由于混合气偏稀出现动力不足、顿车甚至熄火的现象，不会造成“飞车”。

节气门或节气门拉索卡滞复位不良，一般会导致加速踏板踩不动或阻力偏大。另外，在将加速踏板踩到某一开度时卡住，最多只会使发动机维持在某一转速降不下来，而不可能在不踩加速踏板的情况下，自动出现加速的“飞车”现象。排除了上述两种可能性之后，引发该故障的原因也就只剩下了第三种可能性，即外力导致节气门开度加大，类似于踩加速踏板（节气门）。

是否该问题引发的故障，只要我们通过电脑故障检测仪的数据流功能，在故障出现的情况下查看节气门开度是否继续增大便可以确定。针对该车的故障，如果我们这样检查，不难发现，在故障出现时，节气门开度参数会突然急剧增大。此时再打开发动机罩，有针对性地观察节气门拉索和发动机本身的动作状态，可以立即发现故障出现时发动机向上顶起的现象。如果故障出现，但节气门拉索没有拉动或者发动机没有顶起现象，便可以判定故障是怠速调节电动机线路和搭铁短路，怠速调节电动机一直将节气门向开度增大的方向调节。这样便可以有效地避免盲目换件。

桑塔纳2000发动机故障1例

故障现象

一辆桑塔纳2000，装备AFE发动机。该车加油门时回火，提不起转速；行驶中踩加速踏板时车速不升反降，严重发闷。该故障时有时无。

故障诊断与排除

首先检查并替换高压线，无效。然后使用诊断仪V.A.G1552检测，水温显示偏低，氧传感器显示混合气偏浓，怀疑氧传感器损坏，尝试更换新件后，故障依旧。拔下氧传感器插头，故障现象有所好转，怀疑排气系统堵塞，于是将三元催化器与排气管断开，故障无明显好转。又拆下喷油嘴，发现一缸喷油嘴的密封圈已经损坏，更换胶圈，装车试验，故障依旧。随即又检查了点火正时、配气正时和汽缸压力，均在正常范围之内。在着车试车过程中发现，在加不上油的时候向进气管内喷化油器清洗剂或用钳子夹紧回油管，故障就会消失，说明故障是因混合气过稀所致。但为何仪器又显示过浓呢？笔者感到十分困惑。测量蓄电池的充电电压时发现电压只有12.7V，低于正常的充电电压。因该车的发动机不是原厂配件，故认为发电量过小，未进一步检查发电量过小的原因。在反复发动车辆试验的过程中，偶然发现离合器壳体上的蓄电池搭铁处有火花冒出，经查是在维修离合器时电缆螺栓未紧固所致。重新将电缆螺栓紧固，再次试车，加速有力、响应迅速，故障彻底排除。

维修小结

因变速器壳体上的固定蓄电池负极电缆的螺栓未紧固，线路虚接，造成发动机运转过程中发电动机的充电电流没有构成回路，从而造成各个参数不正常，使ECU不能正常工作，以致出现加不上油、发动机状态时好时坏的故障出现。

专家点评

对于踩下加速踏板而发动机转速不能提升并伴有回火的现象，很可能是高压线有问题。维修技术人员第一招更换高压线，但没有奏效，看来急于求成的心愿没能实现。维修技术人员第二招使用V.A.G1552查询故障码，通读数据块，但不知维修技术人员是否观察了003组的第2区（蓄电池电压）。如发现蓄电池有问题就应分析原因进行排除。因搭铁线接触不良是偶发性的，也有可能蓄电池电压正常。下一步应分析加油回火的原因，主要有3个方面：①混合气过稀；②未点火或能量不足；③气门正时不正确。应遵守“先电后机、先简后繁”的检查原则，先检查点火方面故障，可能原因是元件故障或线路有问题。为此应先测量点火系统的各元件，如元件正常，再检查点火信号线路和电源供给线路；电源供给线路包括正极线路和搭铁线路。如果诊断思路清晰了，就会使诊断步骤合理、快捷。文中的诊断思路不够清晰，诊断步骤不够顺畅。但由于维修技术人员能观察到零件的细微之处，并及时发现变速器壳体的搭铁线冒火花，因而很快排除了故障。

桑塔纳2000起动后就熄灭

故障现象

一辆装有第二代防盗系统的桑塔纳2000早上起动后熄火。

故障诊断与排除

该车维修任务为外出抢修，接车后打开点火开关，起动后立即熄火，发动机油路不供油。考虑该车此前刚刚换的油泵，以及没有足够的检测设备，所以把车拖回维修厂进行进一步的检查。

经过仔细分析故障现象，认为很有可能是防盗系统被锁。该车的防盗指示灯闪烁，这表明防盗系统已进入保护状态。使用VAS5052进行了调码，故障码为：01176钥匙信号过小而不被认可和17978发动机控制模块禁用。

插在点火开关上的不是原车的钥匙，而是车主自己配来用于开门的钥匙。由于该车装配的是第二代防盗系统，它的钥匙带有芯片，普通钥匙无法正常起动汽车。 把故障码消掉后用原车钥匙起动汽车，还是无法起动，继续用VAS5052调故障码，又出现先前的故障码，疑是非法钥匙已把系统保存的数据消除了，所以把故障码消掉后，用VAS5052进行了钥匙匹配（需要原始的4位密码）。

重新匹配钥匙后，打开点火开关，故障消失。

维修小结

此车出现的故障完全是由车主自己人为造成，在维修过程中经常会遇到类似的事情。在此我想提醒我们有车一族把你自己的爱车使用说明多看几遍，对汽车的相应常识多了解一些。

专家点评

该案例其实应该是一个非常显而易见的故障，根据故障现象立即可以非常清楚地知道是防盗系统触发所致，只要查明导致防盗系统触发的原因，然后再进行防盗系统匹配，即可顺利解决问题。

需要说明的是，维修技术人员描述的故障现象非常笼统——“起动后熄火”。其实这样描述故障现象的方法不利于故障的正确分析和排除，所以维修技术人员在文章中写道：“经过仔细分析故障现象，还有可能是防盗系统被锁。”其实对于该车的故障现象应该表述为：“一辆采用第二代防盗系统的上海桑塔纳2000GSi，起动后立即熄火，且仪表上的防盗指示灯一直闪烁。”只要看到这样的故障现象，我们立即可以判定该车故障是防盗系统触发所致，维修思路也就非常清晰了。

现代汽车上采用了大量的电脑，特别是许多车辆还将车载电脑进行联网，每个电脑之间还要进行通信联络，所以在进行车辆故障信息读取的时候，弄清楚故障信息是从哪个电脑中读出来的非常重要。虽然该上海桑塔纳2000GSi车还没有采用车载网络系统，但是在读取故障信息的时候也应该弄清楚故障信息的来源，这对排除故障也非常有利。故障码01176应该是从防盗ECU（J362）中读出的，故障码17978应该是从发动机ECU（J220）中读出的。不能仅仅笼统地表述为“用VAS5052进行了调码，故障码为：01176 钥匙信号过小而不被认可和17978发动机控制模块禁用。”

既然读出了故障码，那么我们一定要仔细地分析故障码的含义。其实故障码01176在维修手册中有2个含义：一个含义是“钥匙信号太弱”，可能的故障原因是读出线圈或导线损坏（接触电阻/触点松动），点火钥匙内的脉冲转发器有故障或失效，点火钥匙齿形不对；另一个含义是“钥匙未适配”，故障原因是插入点火锁芯中的点火钥匙未进行匹配。根据该故障码的含义，立即可以明白应该检查钥匙是否正确。故障码17978的含义是“发动机控制模块禁用”，故障原因有：以非法钥匙进行起动；编码不正确；防盗系统故障；防盗控制单元故障/失效；更换发动机控制模块后未与电子防盗器匹配；通信线路短路。”无论出现上述哪个故障码，故障现象均是“发动机起动后立即熄火，仪表板上的防盗

指示灯闪烁”。这样2个故障码就已经充分表明了故障的根本原因是防盗系统触发。2个故障码含义中均有与点火钥匙有关的故障原因说明，因此读出这两个故障码首先应该检查点火钥匙是否正确，这样找到故障原因就非常容易和顺理成章了。

众所周知，汽车故障诊断过程和医生看病是一样的，也要进行“望、闻、问、切”。故障诊断的第一步应该是详细询问故障发生的前因后果，其实只要维修技术人员详细询问该车发生故障的经过，车主肯定会讲到使用了自己配的钥匙，这样故障原因一下子就明朗了，根本没有必要费那么多周折。因此在故障诊断中有一个非常重要的故障诊断方法，那就是“问诊”，也叫“客户调查”。有人要问了，故障车辆来了，我们作为汽车维修技术人员到底应该问些什么呢？根据本人的维修实践，向车主询问的内容主要包括以下5个方面：

(1) 使用情况。掌握汽车常在什么条件下运行，是城市道路还是乡间道路；了解汽车是经常低速行驶还是高速行驶；是否经常在城市中低速运行；常用什么挡位；汽车行驶里程等。

(2) 维护情况。例如：上次换三滤的时间，发动机机油和变速器油是什么时间更换的，各种油液液面是否在规定的范围内，拆装过哪些传感器，拆装调整过哪些零部件等，这些都有助于判断故障。

(3) 维修情况。了解汽车过去发生过什么样的故障，更换了什么样的零部件，最重要的是了解与现故障现象有关的零件，近期是否做过维修，维修后故障症状是否完全消失，维修后是否又产生其他异常现象等。有些汽车经其他维修厂维修后，经常因装配不当或漏装某些部件而引起新的故障。

(4) 改装情况。是否加装过防盗装置；是否重新配过钥匙；是否加装过音响；是否进行过车辆装潢；是否加装过倒车雷达；是否更改过车辆的线路等。

(5) 故障情况：

①故障出现的温度：故障是在冷车时出现、热车时出现，还是始终出现。

②故障出现的频率：故障是间歇发生、偶然发生，还是一直存在。有些故障有一定规律性，汽车行驶一段距离后故障出现，关闭一会儿点火开关，再起动发动机行驶，故障消失；而某些故障相反，开始行驶故障出现，而行驶一段时间后故障消失。

③故障出现时的转速或负荷：故障在什么转速或负荷下明显，是在怠速时出现、起步时出现、加速时出现，还是在高速大负荷时出现；或者与转速、负荷无关。

了解汽车故障发生的整个过程是诊断工作的第一步，这可以让维修技术人员理出思路，进行初步判定。这一过程虽不能代替要继续进行的直观检查、路试，但可以帮助维修技术人员分析故障原因，并有针对性地检查相关系统，对检查结果与故障现象分析比较，从而验证初步判断是否正确。

桑塔纳时代超人ABS不工作

故障现象

我站接修一辆事故车，修复后路试，发现该车ABS故障警告灯常亮，而且急制动时4轮全部抱死，也就是说ABS 根本不起作用。

故障检测与排除

用VAG1552对该车ABS进行故障检测，发现有好多故障码存储，但是大多是属于“软”故障码，用仪器清除掉后不再显示。只有00283号故障码——左前速度传感器G47没有清除。于是举起汽车，拆下左前轮的轮速传感器，发现表面很脏，而且传感器的触发叶轮上有很多泥垢。原来是由于传感器过脏，所以触发信号不能正确传送给ABS电脑而使电脑记录了故障。清理干净并装复传感器后，故障码不再出现，而且ABS故障指示灯也不再常亮了。

满以为该车故障已经解决，但是上路试车，发现ABS系统仍然不工作，紧急制动时4轮都拖滞。这是什么原因呢？再次接上仪器，没有发现故障码存储。怀疑制动系统的液压管路有气泡没有排除干净，又仔细按步骤进行排气，结果还是不行。百思不得其解的情况下怀疑新买来的ABS电脑有问题，所以进入“读取电脑版本号”功能，看电脑的版本号是否正确。在这里发现了新问题，ABS电脑的内部编码是00000，这肯定不正常。又继续查找另外一个正常的“时代超人”的ABS电脑内部编码为04505。于是利用仪器的“控制单元编码”功能给该车的ABS电脑进行正确的编码04505。然后路试汽车，故障彻底排除。

总结

现如今汽车电控系统故障的排除对专用仪器的依赖性越来越高。对于有些车型电控系统的维修，不是简单更换新配件就能解决问题，很多时候需要用专用的设备进行设定或编码。具备了高效的设备，有时候解决问题简直可以说是举手之劳。

专家点评

该车前面读故障码、清除故障码、按照故障码确定故障部位，找到ABS故障灯点亮的原因及故障排除过程，对制动系统进行排空气操作都是没有什么问题的，也没有什么可讲的。如果该故障仅仅如此，也没有讲的任何实际意义，这样的故障排除过程对于稍微有些电控车维修常识的人来说，都已经是常识了。

但是该案例后面的故障排除就有些让人无法理解了，对制动系统进行排空气作业后，故障依然存在，还在“百思不得其解的情况下怀疑新买来的ABS电脑有问题，所以进入‘读取电脑版本号’功能，看电脑的版本号是否正确”情况下，“发现了新问题，ABS电脑的内部编码是00000”，还“又继续查找另外一个正常的‘时代超人’的ABS电脑内部编码为04505”，最后“利用仪器的‘控制单元编码’功能给该车的ABS电脑进行正确的编码04505。然后路试汽车，故障彻底排除”。

说句不客气的话，维修技术人员根本没有按照该车的维修资料，或者说维修规范进行修车，而是“碰点子吃糖”。其实这根本不能成为该车故障的原因，该故障是车辆在进行事故维修时更换ABS控制器后没有进行重新编码导致的。我们查看一下该车的维修资料，不难发现，维修资料上明确提示：“通常ABS控制器在车辆出厂时已经编过码，维修供应的ABS控制器配件则没有编过码，因此更换ABS控制器后必须用VAG1552对ABS控制器进行重新编码”，“MK20-I型ABS控制器编码为04505”。

由此可见对ABS控制器进行编码操作是更换ABS控制器后必须进行的一项正常操作，维修技术人员不按照维修资料的要求进行维修作业，丢东漏西，给维修工作造成不必要的麻烦。另外MK20-I型ABS控制器编码是唯一的，而且是资料上明确告知的，根本不需要“继续查找另外一个正常的‘时代超人’的ABS电脑内部编码为04505”。由此可见，维修资料在汽车维修中的重要性是不容忽视的，严格按照维修资料给定的维修规范进行维修作业更加重要。在此，提醒广大汽车维修技术人员重视维修资料和维修规范在汽车故障检测诊断和排除中的重要性。

另外，维修技术人员在排除前面的故障码和进行制动系统排空气作业之后，车辆的故障现象没有确认，从而也为车辆故障的顺利排除造成不必要的麻烦。查阅该车的维修资料可以发现资料上明确给出：“如果ABS控制器没有编码（CODE 00000）或者编码错误，ABS故障警告灯和制动系统警告灯闪（1次/s），且ABS不能正常工作。”由此可见，如果车辆后面的故障的确只是ABS控制器没有进行编码的话，根据故障现象我们就可以确定故障的本质问题，也根本用不着在“百思不得其解的情况下怀疑新买来的ABS电脑有问题，所以进入‘读取电脑版本号’功能，看电脑的版本号是否正确”情况下，“发现了新问题，ABS电脑的内部编码是00000”。由此可见，有汽车维修资料进行车辆维修是多么轻松和快捷，没有汽车维修资料进行“碰点子吃糖”是多么不容易啊！

桑塔纳时代超人发动机自动熄火故障的检修与排除

故障现象

一辆桑塔纳2000时代超人，发动后不能正常运行，运转几分钟后就自行熄火，并且熄火后短时间内无法再起动着车；停放十几分钟后又能正常起动了，但过几分钟后又自动熄火。故障如此反复，无法正常使用。

故障诊断与排除

接修此车后，首先试起动发动机，发动机起动成功，运转较为平稳；原地加速试验，感到发动机很闷，响应不够灵敏，加速性能较差；运转3min左右后，发动机怠速出现不稳且抖动了几次就自行熄火了；立刻再次起动发动机，没有任何着车的迹象。

接上VAG1552诊断仪，读取发动机故障码，没有故障码。随后又对汽油压力、高压线、火花塞进行了检查，未发现异常。检查配气正时的情况，也未发现问题。经过以上几项检查，时间已用了十几分钟，而后再次试起动发动机，发动机居然又能正常起动运转了。趁着发动机尚能运转的时机，立刻读取了该车的数据流，也未发现明显的异常。大约3min后，发动机再次自行熄火，仍旧是无法立即起动着车。这个故障确实很奇怪！各项检查和数据都显示该车没有任何能造成发动机不着车的问题，那么问题究竟出在哪里呢？仔细回想一下之前的一系列检查过程，再结合加速性能较差的现象，最后把问题的焦点集中在了排气系统上。笔者让一名员工起动发动机，自己到车尾观察消声器的排气情况，发现在起动过程中，消声器处竟然一丝的尾气也未排出，由此可以断定问题的确出在排气系统上。将车辆架起，断开排气管与三元催化器的接口，再起动发动机，发动机顺利着车，怠速运转较长时间，也未出现自行熄火的现象。拆下三元催化器检查，发现三元催化器的内芯已经被严重堵塞。由此断定，这个怪病的根源就在这个堵死的三元催化器上。更换新的三元催化器后，试车，运转平稳，加速有力，故障彻底排除。

维修小结

当三元催化器完全堵死后，发动机运转时的废气无法正常排出；当排气侧的废气压力增大到和做功压力相近的时候，发动机就自动熄火；熄火后排气管内的压力无法马上消除，所以在熄火后立即起动时，无法再次着车。当排气管内的废气通过三元催化器内芯上残存的微小缝隙逐渐缓慢的卸压后，又能再次起动着车，这就出现熄火后等待十几分钟又能起动的现象。通过这个故障让我们认识到，对于一个故障的诊断，要全方位地去分析和思考，不能只局限于依靠仪器诊断的数据来判断。

专家点评

三元催化器堵塞开始时的表现是，行驶中发动机最高转速达不到设计值，导致汽车最高车速达不到设计值。随着堵塞越来越严重，最高车速变得越来越低，最后就出现本文所描述的故障现象，即发动机起动后运转几分钟就自行熄火，停放一会儿能再次起动，运转几分钟又再次熄火。

然而对于本文开头描述的故障现象，谁也不能说一定是三元催化器堵塞，因为它有多种可能的故障原因，最常见的有：①喷油量少导致混合气过稀；②高压火点火中断或点火能量差，导致不能正常燃烧；③三元催化器堵塞，使废气排不净，导致燃烧压力下降。使用仪器设备可以对以上3个原因做出正确诊断，但用时较多。如何快速判断是哪个原因呢？“第一斧”肯定是使用诊断仪，查询故障记忆和通读数据块。如诊断仪检测无问题，应了解该车的行驶里程和是否进行规范维护；如果里程很多而维护不规范，“第二斧”可以观察排气管在突然加油时的排气量，如该车比正常车排气量小，就可以怀疑三元催化器有问题；再拆开排气歧管与三元催化器的接口试车，如加油时转速提升迅速，就可以判断故障原因是三元催化器堵塞。由此可见，维修技术人员的诊断思路完全正确。

如果该车行驶里程较少又一直规范维护，并且三元催化器的外壳没有过火（经受高温）迹象，“第二斧”可以使用免拆清洗机供油起动发动机，用来快速判断燃油泵、燃油继电器、线路等是否有问题。如“第二斧”未奏效，“第三斧”应检查点火系统是否有故障。总之，每次出手都有目的，最好前三“斧”解决战斗。当维修中遇到顽固的对手，一定要坚定信心，才能取得最后胜利。

桑塔纳2000自动挡无法起动故障实例

故障现象

一辆装备自动变速器的桑塔纳2000（俊杰AT），在行驶中遇到一大坑，经过剧烈颠簸后，发动机熄火，起动时起动机没有任何反应。

故障诊断与排除

维修工人接修此车后，没有对车辆进行基本的检查，就盲目地认为是起动机的故障。更换新起动机后，起动机仍没有任何反应。我接手此车后，首先检查了位于发动机舱后部的通往起动机电磁开关的红色控制线，在起动起动机时此线没有电压信号。我直接从蓄电池正极引线短接此控制线，起动机正常运转。说明此线至起动机没有问题，问题在起动机的控制电路上。因该车装备为自动变速器，所以起动机的控制端为“起动机闭锁器和倒车灯继电器J226”（以下简称：组合继电器）。拆下仪表台的左下护板，拔下位于附加继电器板上的组合继电器，用导线跨接组合继电器插座上的2号和8号插脚，将点火开关转至起动挡，起动机可以正常工作。同时在检查时还发现当变速杆置于P挡和N挡时，变速杆P/N警告灯不亮，换挡锁止电磁阀也不锁止。检查了为其供电的S15号熔断丝状态正常。通过图1、图2的电路图可以看出与组合继电器和P/N警告灯、换挡锁止电磁阀相连的除了变速器控制单元（J217）外，还有位于自动变速器上的多功能开关（F125）。

将车架起，检查多功能开关，未发现异常情况。尝试性地更换为新的多功能开关，故障现象没有任何变化。鉴于多功能开关与自动变速器控制单元相连，于是连接上V.A.S 5051B综合诊断仪，当准备读取变速器系统的数据时，系统提示无法访问。又尝试进入发动机、气囊等系统也提示无法访

图1 桑塔纳2000发动机电路图1

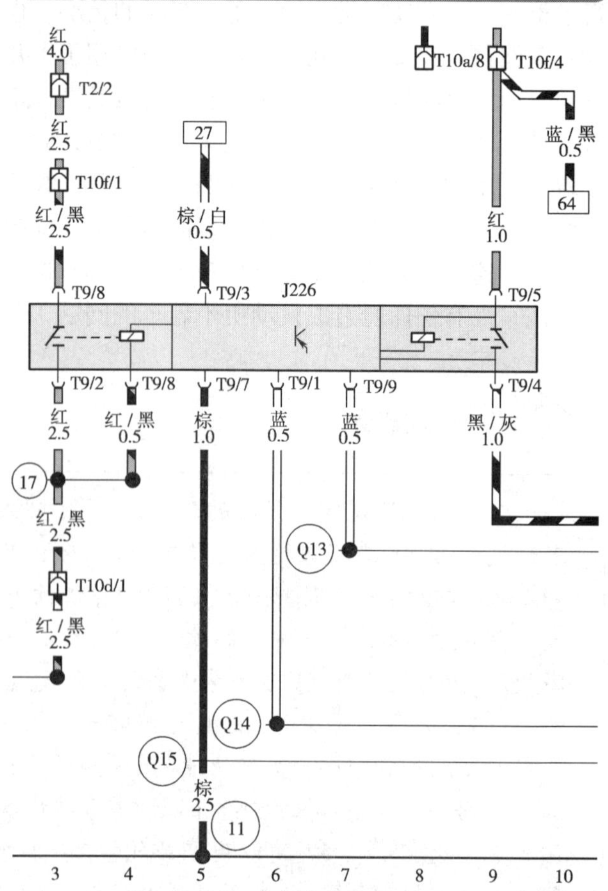

问。考虑到数个控制单元同时出问题的可能性极小，检查的重点就放在各个控制单元的共用线路上。首先依次检查了各控制单元的供电线路，没有发现异常，随后集中检查了各控制单元的搭铁线路，最后发现位于副驾驶人下方的车身搭铁点"11"松动，并且在搭铁线的接触面之间垫有一块塑料薄膜。清理干净并重新紧固好该搭铁点后，原来无法访问的控制单元都可以正常访问了，起动机也正常工作了，故障彻底排除。

图2 桑塔纳2000发动机电路图2

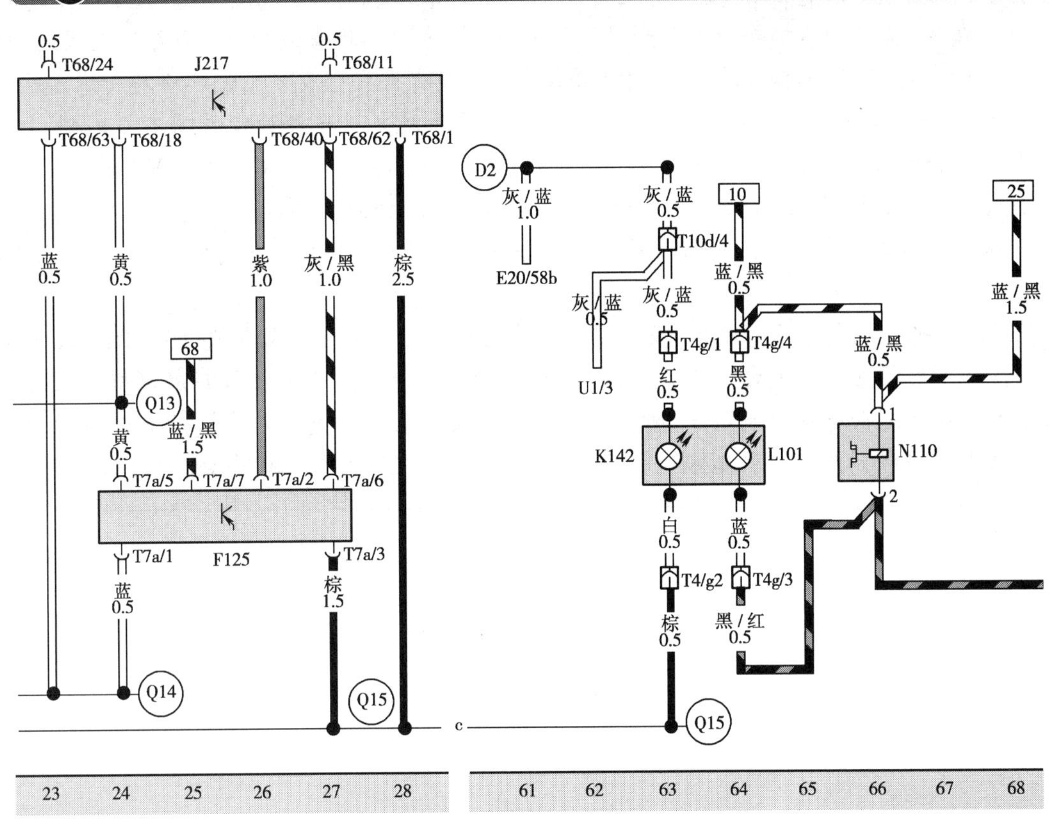

故障分析

该故障是因各控制单元的共同搭铁点垫有塑料薄膜，使搭铁的效果大幅下降，再加上在行驶过程中的剧烈颠簸后，造成螺栓松动，使本来就很脆弱的搭铁线彻底断开，导致各个控制单元和组合继电器失效，从而发动机熄火，起动机也无法正常运转。维修开始时更换了起动机，表明维修人员在接修此车后，没有仔细分析和研究，而是盲目地凭经验修理，造成了不必要的误诊。但我后来的诊断和维修也走了一段弯路，要是在跨接组合继电器时，顺便检查一下组合继电器的搭铁线便可以发现问题的所在了。望大家以后引以为戒，遇到问题多分析，反复推敲，才能从根本上解决问题。

专家点评

该案例并不复杂，但是通过该故障的排除我们发现以下3个问题：

第一，无论排除什么故障，一定要将故障发生的来龙去脉搞清楚，否则会走很多弯路。像本案例，车辆是在行驶过程中由于道路剧烈颠簸，导致车辆熄火后无法起动，但是前面的维修技术人员和现在的维修技术人员在排除故障时，都没有充分考虑到这一因素，反而相继更换了起动机、多功能开关等部件。要不是现在的维修技术人员"考虑到数个控制单元同时出问题的可能性极小"，可能还要更换相关的控制单元。我们试想一下，难道仅仅是路面颠簸一下就能将这些元件损坏吗？不可能。现在的维修技术人员在维修总结中虽然也意识到了这一点，但是分析车辆故障原因的时候为什么没有考虑到这一因素呢？这样更换元件是否太盲目了呢？考虑到故障发生的因素，我们应该非常清楚地知道该车的故障是线路连接或者搭铁不良导致的，应将故障检测的重点放在这一方面。所以，我建议广大汽车维修技术人员在故障排除的时候，要多询问驾驶人故障发生的过程，为我们排除故障提供诊断方向。

第二，该车的故障点是位于副驾驶人下方的车身搭铁点松动，但是发现该搭铁点垫有塑料薄膜。稍微有点电的常识的人都知道，塑料是绝缘的，没有人会在上紧该搭铁点时垫一个塑料薄膜。那为什么会有塑料薄膜呢？只有一个可能，那就是车辆在进行装潢的时候，装潢人员只管装潢，对其他问题往往容易疏忽，无意中将塑料薄膜弄到该搭铁点处，导致此类现象发生的。在维修实践过程中，经常发生这样的事情：事故车辆维修后，由于车身修复人员没有将安全气囊系统的碰撞传感器或者车身稳定系统的偏转率传感器恢复到位，从而导致安全气囊系统或者车身稳定系统工作失常；由于车身涂装人员在喷涂的时候没有注意，在车身搭铁点等处喷上油漆，从而导致系统接触不良，引发车辆电子系统故障。由此可见，随着当代汽车电子技术的广泛应用，作为汽车车身修复人员和涂装人员，也应该对车辆技术有所了解，并在进行事故车辆修复和车辆涂装的过程中多加注意，避免类似现象的发生。

第三，无论车辆发生什么故障，我们都要认真仔细地分析导致该故障发生的可能性，然后有的放矢地进行诊断。像该车颠簸之后车辆无法起动，检测的重点理所当然要放在起动机及其相关控制线路上，然后分析起动机的控制特点，便可轻松地排除故障。本案例如果能够根据最终的故障点再分析一下该搭铁点松动为何会引起起动机不转，并给出起动机的控制线路会更加理想。

波罗、速腾篇

波罗 1.4L发动机怠速严重抖动

故障现象

一辆搭载1.4L BCC发动机的波罗，发动机运转时出现有严重的气门异响，并在怠速运转时存在严重抖动现象，行驶时发动机动力明显不足。

故障诊断与排除

接修该车后，经初步检查判断，认为造成气门响的原因为液压气门挺杆损坏，故先对液压气门挺杆进行更换。在更换时，发现气门室盖罩内淤积有大量的机油油泥沉积物，并且机油很脏。更换液压气门挺杆后，对气门室盖罩内的油泥进行了清理，并更换了机油及机油滤芯。装复试车，在刚起动的约30s内，发动机运行十分安静平稳，而30s过后，发动机就又开始严重抖动，并伴有动力不足现象，但气门响的故障消失。

由于该车搭载的BCC型发动机缸盖结构较为特殊（凸轮轴安装在气门室罩盖上，气门、液压挺杆等元件则安装在缸盖部分），按照由简至繁的原则，用故障诊断仪1552对发动机电控系统进行了检测，未发现有故障码。逐一拔下喷油嘴插头对各缸进行断缸试验，发现各缸的工作都不是很理想，尤其第2缸最差，随后又更换了火花塞、点火线圈、喷油嘴，故障依旧。于是用缸压表检查了各缸的缸压情况，结果各缸压力显示均正常，因此认为汽缸压力足够。

随后对进气歧管进行检查，没有发现漏气现象，从而判定是油路或点火控制方面出现了问题。于是继续检查油路及控制系统，检测汽油压力也正常，检查各个缸的点火信号、喷油信号，均正常。又调换了点火线圈、火花塞及喷油器等部件，没有发现任何问题。怀疑配气正时错误，又拆装了2次气门室盖罩，反复检查配气正时，未发现异常。但从中发现有一个规律：每次拆装气门室罩后，都是在刚起动的约30s内，发动机运行平稳，而30s过后，就开始严重抖动。

通过上述步骤的检修，确定正时和控制部分都没有问题。对此车故障越修越觉得奇怪！所有和汽缸燃烧做功相关的条件都正常，发动机却出现明显的抖动，问题究竟出现在哪里呢？

针对此故障，重新进行分析。发动机抖动和做功不良应从机械部分和控制部分入手。既然已经调换过点火线圈、火花塞及喷油器等执行元件，又检查了点火、喷油和油路，且没有发现问题（因为这些都能做出直观的判断），那么就应该重新检查机械部分。经过测量，汽缸压力显示正常，似乎可以排除机械部分的问题，事实真是这样吗？如果不是机械故障，问题又出在哪里？

在找不到头绪的情况下，我又检测了机油压力，意外发现机油压力很高，怠速时油压达到了300kPa（大大高于规定值）。于是这次连汽缸盖一起拆下进行解体检查，也想顺便查找机油压力过高的原因。在拆下气门时，发现气门密封不是很严。正常气门的气门口处应该有一圈光亮的环带，基本能够看到金属的颜色，而此车所有气门口在环带上都有局部轻微发黑现象（其中第2缸最为明显），说明气门口有轻微的漏气现象。通过仔细的检查，还发现气门摇臂上部的油道孔已经被机油油泥堵死，如图所示，导致液压气门挺杆内的机油无法正常喷油，看来油压过高的原因与此有关。经彻底清理和疏通气门摇臂上部的油道孔后，装复试车，发动机抖动现象大幅好转，但还是存在抖动。

气门摇臂上部的油道孔被机油油泥堵死

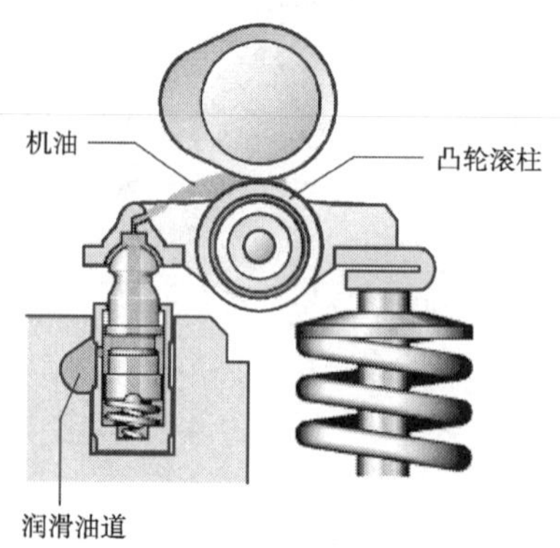

再次测量怠速时的机油压力，虽已下降至2.2bar（$1bar=10^5Pa$）左右，但仍高于规定值。随后对机油泵进行检查，发现油底壳内也有很厚的机油油泥，推断机油泵内部也有大量的油泥，在油压过

高时不能正常泄油。因此，我们就直接更换了机油泵，并对油底壳和机油油道进行了清理。装复后，起动发动机，抖动消失，运转平稳，上路试车加速有力，故障彻底排除。

维修小结

一般情况下，检测汽缸压力就可以知道机械部分密封是否良好，缸压足够说明气门密闭与活塞环密闭正常。但此车故障较为特殊，在刚起动时机油油压短时（约30s）内未达到过高，气门正常开启和关闭，所以发动机尚能运转平稳。由于摇臂上部的油道孔被油泥完全堵死，机油无法正常泄油，造成油压不断升高。30s后，由于机油压力过高，造成气门液压挺杆伸展过度，再加上缸内燃烧做功的压力，这样本来就很脆弱的密封就被破坏，从而导致发动机在刚起动的约30s内运行平稳，30s过后开始严重抖动的奇怪现象。

在本故障中，机油压力过高就是故障的真正原因。而缸压测量时正常，是因为检测缸压时发动机转速只有200r/min，负荷较小，所以在检测缸压时能够达到规定值。该故障具有很大的隐蔽性，需要全方位地仔细分析和检查才能发现问题。同时也说明及时地更换和检查机油，对于发动机的正常运转至关重要。

专家点评

该车故障最终解决了，维修技术人员在维修后的小结中也非常详细地分析了故障原因，应该是比较圆满的。但是，从该故障的整个排除过程来看，维修技术人员还是费了一番周折。究其原因，是作者在故障排除的过程中不彻底导致的，维修技术人员"在更换(液压气门挺杆)时发现气门室盖罩内淤积有大量的机油油泥沉积物，并且机油很脏"，但是维修技术人员仅仅"对气门室盖罩内的油泥进行了清理，并更换了机油及机油滤芯"。正是这样的故障排除方法，导致后面故障排除陷入困境。其实发现"气门室盖罩内淤积有大量的机油油泥沉积物，并且机油很脏"这种情况，就应该推断出润滑油路可能会被堵塞，油底壳中也同样会有"机油油泥沉积物"。实际上，气门的密封不良也是由于机油脏导致液压挺柱工作不良引起的，这样的状况，在首次维修的时候，维修技术人员就应该对整个润滑系统进行彻底清洗，如果这样的话，后面的颇费周折也就不存在了。

在汽车故障排除的过程中，我们经常发现很多维修技术人员总是"头痛医头，脚痛医脚"，根本对故障出现的前因后果不做分析和判断，仅仅将"眼前"能够直接看到的东西解决掉，往往忽略了这种眼前现象可能引发的其他可能性。发动机是一个相互关联的总成，每个部件都不是孤立工作的，我们在进行故障排除的时候，一定要找到每个部件之间的相互关系，学会推理，只有这样才可以将汽车故障排除做得很完美。

波罗发动机怠速不稳

故障现象

一辆2004款波罗，手动挡，怠速不稳，其行驶里程为10km。该车安装BBC型发动机，排量为1.4L，双凸轮轴16气门结构，发动机控制单元为4MV版本电控系统，电子节气门形式。

故障诊断与排除

检查发动机的其他工作状况基本正常，首先从发动机的怠速控制方面着手，怀疑是否电控系统有故障或者节气门污垢原因造成的怠速不稳。

首先使用VAS5051B检查电控系统，读取故障码，系统无故障码。读取到电脑版本为4837，是旧的电控软件版本，需要进行升级。

拆下节气门检查清洁情况，发现有轻微污垢，用清洗剂对节气门进行了彻底清洗。

此时，笔者认为故障原因：一是发动机电脑版本需升级新版本——6512；二是节气门脏造成的怠速不稳。先进行发动机电控单元升级，将VAS5051连接到诊断接口，打开点火开关；放入《波罗1.4L发动机电控单元刷新光盘》，选择车辆自诊断，进入发动机电子系统01，选择“升级–编程”，电控单元自动刷新为新版本6512，关闭点火开关，电脑升级完成。

不起动发动机，完成对刷新后的发动机电控单元进行清除原电脑自学习值、电脑编码和节气门初始化设定3项工作，关闭点火开关。

然后打开点火开关，起动发动机，待发动机升至水温80℃，怠速运转状态下打开和关闭汽车空调运转各约5min，使发动机电脑自适应学习。

此时，起动发动机运转，怠速稍有好转，但是仍未排除怠速不稳的现象。

节气门脏污及电控系统原因都已排除，怀疑发动机机械方面的原因。于是向车主询问发动机维修历史，车主说此前在其他修理厂曾更换过正时传动带。于是重新检查配气正时，发现进气凸轮轴与排气凸轮轴装配错了一齿，故障原因找到。按照正确的装配方法，重新安装调整配气正时，起动发动机，怠速运转正常。怠速不稳的故障排除，如图1~图3所示。

图1 两定位孔中心线对齐

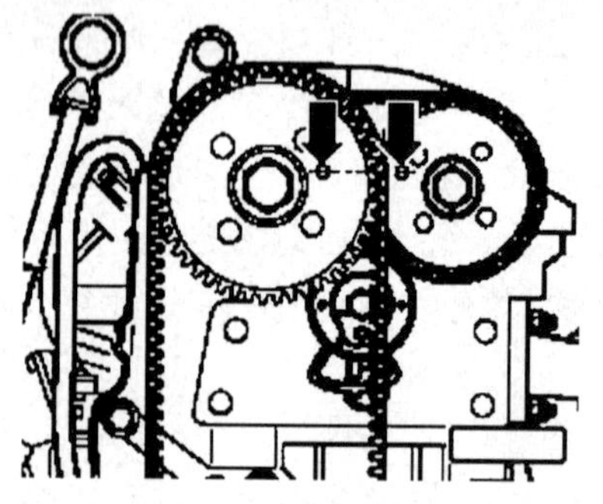

图2 使用专用工具定位

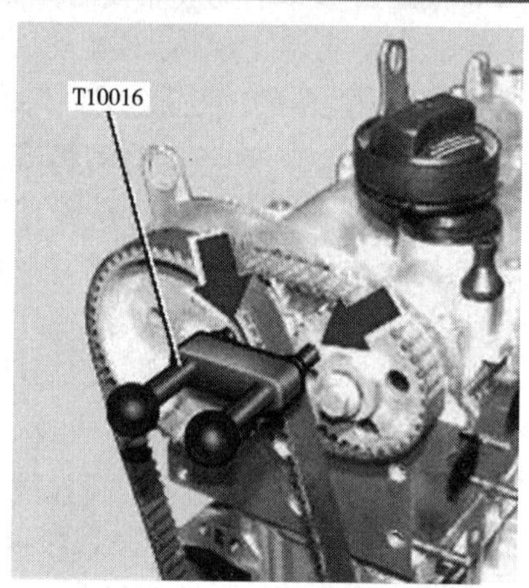

图3 曲轴带轮切口与O边沿对齐

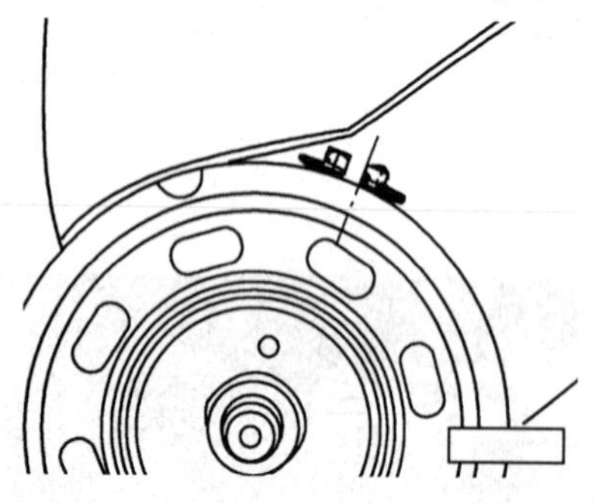

维修小结

对于电喷发动机工作运转有故障现象，如果电控系统无故障码，燃油系统、点火系统正常，应从机械装配（如配气正时等）方面考虑故障原因。另外，向车主询问故障出现的时间和维修历史也很重要。

波罗1.6L无倒挡

故障现象

一辆行驶里程20 000km、1.6L排量、装备09G变速器的波罗发生交通事故，在更换发动机和变速器线束后出现换倒挡不走车故障。

故障检查与排除

对比新旧发动机和变速器线束型号相同，安装可靠，没有问题。车辆停在举升架上，换R挡加速变速器没有反应。换D挡变速器工作，加速试验变速器升挡有冲击，车速表显示的车速及换挡时间值不正确，车速上升后又下降，类似内部摩擦部件存在干涉而下降，最高速度超不过95km/h。仪器检测没有读到故障码，数据块009组反映变速器电脑控制信号正常（图1～图3），速度输入和输出及其他信号也正常。拔掉14针变速器线束，利用故障应急模式进行机械控制试验，D挡和R挡都可以正常工作，故障码显示：三挡速比不对。

图1 数据块第009组“R”挡

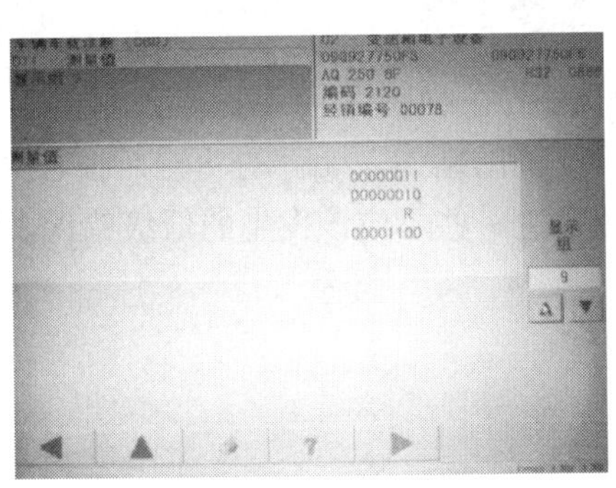

图2 数据块第009组“N”挡

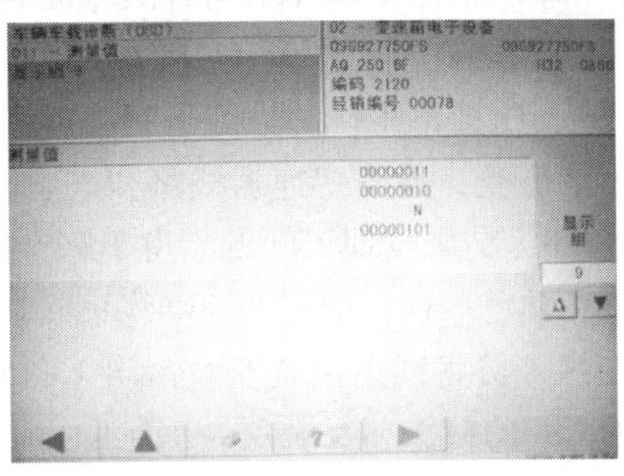

图3 数据块第009组“D”挡

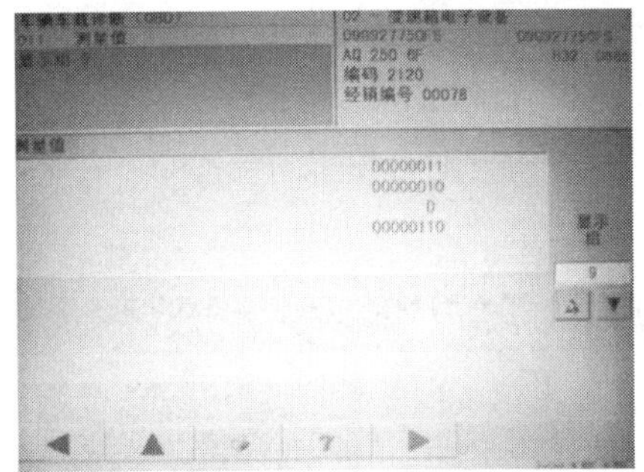

根据故障诊断仪检测的数据可以看出，各传感器的信号正常，电脑控制信号已经正确发出，电脑控制和传感器方面没有发现问题。机械控制试验的结果，可以认为变速器内部机械方面及变速器油压正常，排除机械传动和油压不足产生故障的原因。如果仅仅是R挡系统机械或控制方面出现问题，那么前进挡工作应该正常，而举升架上试验的结果是前进挡工作时也有异常，变速器内部部件存在干涉现象。根据挡位形成分析见表，R挡时K3、B2工

09G自动变速器挡位形成

挡域或挡位	电磁阀								换挡液压元件					单向离合器
	开关阀		压力阀						离合器			制动器		
	N89	N88	N92	N282	N90	N283	N93	N91	K1	K2	K3	B1	B2	F
P														
N														
R														
1	T	T											T	
2		Z												
3	T/Z	Z												
4	T/Z	Z												
5	T/Z	Z												
6														

作，相对应电磁阀N92、N282、N283工作。同时维修资料说明，N92控制K3工作，N282控制K2工作，N283控制B1工作，N88、N89同时断开，则制动器B2工作。由上面的分析可以认为：内部机械传动、油压、电脑控制正常，问题应该在油路控制阀或执行元件工作不当上。

根据前面的故障现象和原理分析，利用压力表进行外部油压测试。进入R挡时B2检测孔没有油压产生，K3检测孔油压正常（图4）。由油压测试结果可以认定R挡不工作的原因是制动器B2没有工作。拆下油底壳，检查变速器线路和电磁阀N92、N282、N283，结果发现了问题。由于3个电磁阀线束的接头和颜色一样，同时变速器线束安装在同一位置，维修人员将线束位置安装错误（图5），导致N282和N90的接头相互装反。R挡工作时，N282应该工作，而错误的装配，使N90参与了工作，N282不能正常工作，导致变速器不能形成R挡，而且内部产生了元件相互干涉，D挡工作也不正常。重新对照维修资料正确安装线束（图6），试车故障排除，变速器工作一切正常。

图4 油压检测螺栓

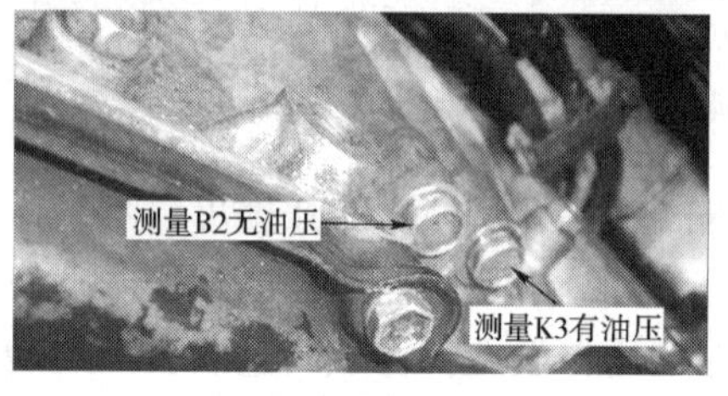

图5 线束安装错误

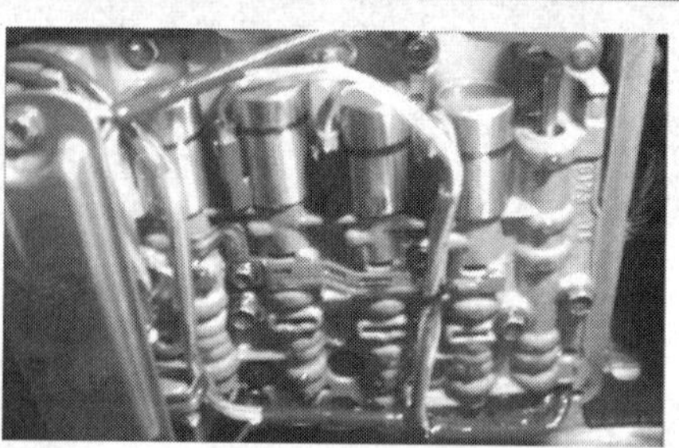

图6 线束正确安装

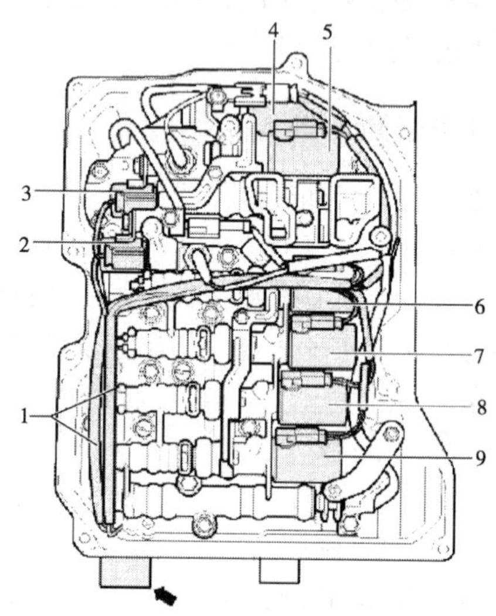

1–带14针插头（箭头所指）的电磁阀导线束；2–电磁阀1–N88；3–电磁阀2–N89；4–电磁阀4–N91；5–电磁阀6–N93；6–电磁阀5–N92；7–电磁阀9–N282；8–电磁阀10–N283；9–电磁阀3–N90

维修小结

维修人员在维修车辆和更换配件时，一定要详细了解车辆的结构、元件的功能，细心拆检和装配，避免发生一些不应该发生的低级错误。

专家点评

本案例的故障现象是换R挡不走车、换D挡加速有冲击、换挡时机不正确、最高车速受限于90km/h等。查无故障记忆，数据块显示挡域状态正常，以应急运行方式R挡可走车。由此判断是油路控制阀或执行元件工作不正常，换入R挡，测量B2检测孔没有油压，测量K3检测孔却有油压。拆开油底壳后，看到控制B2的N282插头与控制K1的N90插头相互插反，对调后故障排除。这是上一次维修技术人员犯了张冠李戴的错误。在整个诊断过程中思路正确，步骤顺畅。

波罗、途安车装备09G–AG6自动变速器，这是由大众公司和日本AISIN（爱信）公司合作开发的，自动变速器及其控制单元均由AISIN公司制造。09G特点是质量轻、总速比大、体积小和换挡舒适性高、具有手动换挡程序（Tiptronic）等。最大转矩250N·m，质量约82.5kg，ATF规格G 052 025 A2，新车加注量7L（长效加注）。

09G自动变速器采用Lepelletier齿轮组方案，将一个单排行星齿轮组与一个串联的拉维娜齿轮组相结合，巧妙地用5个换挡元件K1、K2、K3、B1、B2实现6个前进挡。

电磁阀分为开关阀（N88、N89）和压力控制阀（N90、N91、N92、N93、N282、N283）。

电磁阀1–N88：通电阀打开，接通油通道，可切换4～6挡，还可改善5～6挡的换挡过渡。信号失灵或电磁阀损坏，不能再切换4～6挡。

电磁阀2–N89：通电阀打开，接通油通道，可增大变矩器锁止离合器的油压。如果N88与N89同时打开，则制动器B2接合，且在手动换挡程序的1挡"发动机制动"起作用。信号失灵或电磁阀损坏，不能给锁止离合器施加最大油压，不能"发动机制动"行驶。

电磁阀3–N90：无电阀关闭，供给K1最大油压；通电后调节K1油压。信号失灵或电磁阀损坏，可能导致挡位1、2、3、4换挡变硬（发闯）。

电磁阀4–N91：无电阀关闭，变扭器锁止离合器断开；通电后调节锁止离合器油压。信号失灵或电磁阀损坏，锁止离合器不接合。

电磁阀5–N92：无电阀关闭，供给K3最大油压，通电后调节K3油压。信号失灵或电磁阀损坏，可能导致挡位3、5、R换挡变硬。

电磁阀6–N93：无电阀关闭，供给最大的主油压；通电后调节主油压。信号失灵或电磁阀损坏，所有挡的换挡变硬。

电磁阀9–N282：无电阀关闭，供给K2最大油压；通电后调节K2油压。信号失灵或电磁阀损坏，挡位4、5、6换挡变硬。

电磁阀10–N283：无电阀关闭，供给B1最大油压；通电后调节B1油压。信号失灵或电磁阀损坏，可能导致挡位2、6换挡变硬。

波罗无法起动

故障现象

一辆2002款两厢波罗，排量1.4L，发动机型号：BCC，发动机管理系统为Magneti Marelli 4MV，手动挡，行驶里程为107 456km。由于交通事故，车前端遭到重创，经过几家维修厂维修，始终不能起动。

故障诊断与排除

据车主介绍，该车已换了ECU、五六个传感器（进气压力传感器、凸轮轴传感器等）、上凸轮轴及壳体总成，发动机依然无法起动。

接车后，连接VAG1552，打开点火开关，进入01–02，检测到一故障码18044——Data bas drive no message from Airbag CU，含义为从气囊控制单元数据总线处没得到信号。认为此故障对起动不会有影响。而且转向盘中根本就没装气囊。

将点火线圈取出，插上火花塞并使其搭铁，火花塞的点火能量较弱；拔出油轨喷嘴试喷，有油喷出；测试汽缸压力，只有7.5bar（1bar=10^5Pa）。分别在各火花塞孔内打了一些机油，汽缸压力上升至10.5bar，再起动发动机，依然无法起动，而且进气管内有"扑、扑"回火声和排气管内"崩、崩"的放炮声音。根据经验判断，像以前时规齿轮断齿后导致点火不正时而引发点火紊乱。

该故障现象与曲轴位置传感器失效的现象很相似，曲轴位置传感器失效后，导致发动机控制模块不能精确确认曲轴一缸上止点位置和发动机转速，导致无法起动。因为波罗升级了电控系统，即使拔掉曲轴位置传感器也能起动：发动机控制单元J448就进入紧急运行状态，控制单元J448会根据凸轮轴位置传感器所提供的信号，来计算发动机转速并确定凸轮轴位置。为保护发动机，其电控单元采取了降低发动机最大转速。此时，决定拔掉曲轴位置传感器试试看，拔掉传感器插头后，发动机可以起动。

接下来检查转速传感器。发动机转速传感器（G28）的传感器触发轮集成在曲轴后密封凸缘中，拆下变速器后，发现固定G28传感器的内六角螺栓的螺孔内有外六角扳手断头，正好与螺栓平面平齐已无法拆卸。用梅花扳手套在前曲轴皮带盘螺栓上，顺时针慢慢转动发动机到一缸上止点位置，经检查发现传感器触发轮上的参考标记与传感器垂直扫描位置有28个齿（应为14个齿），而且触发轮上的安装定位孔与传感器刚好对齐。猜测以前的维修人员在安装该传感器轮时把其安装定位孔当成标记，以此为准，导致标记差异。由传感器对此扫描出错误曲轴位置信号，传到发动机控制单元，凸轮轴位置信号与曲轴位置信号发生了信号冲突，导致无法起动。后经更换1个新的曲轴密封凸缘和曲轴位置传感器，将触发轮面上的定位孔与密封凸缘上箭头记号（右下角）对齐，用工具缓慢压入，装好密封凸缘定位螺栓，再将其附件以及变速器装复，试车，故障排除。

维修小结

在排除这个故障的过程中感觉到，很多问题是人为而成的。没有搞清楚机理、位置，凭感觉操作，往往给维修工作带来更大的困难。

专家点评

首先，该故障的排除得益于技术信息的掌握，如果没有掌握波罗升级电控系统的相关信息，可能还不很容易解决问题。所以无论修什么车，我们都要及时掌握车辆的技术信息和控制特性，这样，故障诊断的思路就非常明确，故障排除就非常容易了。

譬如：对于大众01M型自动变速器，如果将两个速度传感器的插头插反，自动变速器无法升挡，而是在1挡和2挡之间反复跳动。这样的技术信息如果不知道，遇到这样的故障，维修技术人员会将注意力集中在自动变速器本身的维修上；如果知道了这样的技术信息，遇到该故障现象，我们的第一反应便是检查这两个速度传感器的导线插头是否插反。这样，故障的排除就会少走弯路了，所以建议广大维修技术人员一定要注意搜集和整理车辆的相关维修信息。

其次，该车的故障是以前的维修人员所造成的人为故障。为什么会出现这样的人为故障呢？关键是在进行维修作业的时候，没有按照相应的技术规范进行作业：以前的维修人员在安装该传感器（G28传感器）轮时，把其安装定位孔当成标记。可以肯定的是，哪个是安装定位孔，哪个是安装标记，在维修手册上写得非常清楚，出现这样的问题，不是我们的维修人员水平不行，而是维修人员没有按照规范的作业步骤进行维修作业，从而导致故障的发生。如果维修人员严格按照技术规范进行维修作业，这样的故障是不会发生的。还有很多这样的案例，例如：一辆长安之星汽车发动机大修后，发动机能起动，但是运转不良，维修人员多次维修无法解决。该维修人员安装正时的方法：将缸体上的正时刻线和带轮上3根正时刻线的中间一根对齐；而维修手册上明确提示：在进行正时安装的时候，缸体上的正时刻线一定要和带轮上3个正时标记右边的字母T对齐；通过以上说明，维修人员在进行车辆维修的时候，一定要严格遵守维修技术规范，绝对不能随心所欲。

该车的故障是有油、有火无法起动，立即可以判断为正时错误或发动机本身机械问题，故障诊断思路就非常清晰了。

波罗转向沉重

故障现象

上海大众2003款波罗，手动挡，行驶里程为32 550km。该车在行驶过程中转向沉重，仪表板上的故障警告灯偶尔出现全部闪烁警告的现象。

故障诊断与排除

首先试车，打开点火开关，仪表指示灯显示正常。起步后，发现转向确实沉重。行驶一段路程后发现仪表板上的动力转向故障警告灯点亮。连接金奔腾CS-538“彩圣”汽车电脑解码器进入“辅助转向”系统读取故障码，显示01309 辅助转向（J500）控制单元。清除故障码后，发现仪表板上的故障警告灯全部闪烁警告，再次连接电脑解码器居然已经不能进入“辅助转向”系统。后来利用电脑解码器进入发动机系统进行检测，结果显示“系统正常”。进入车载网络控制单元后，发现了2个故障码：01312动力系统数据总线；01760 辅助转向控制单元（J500）无通信。进入网关（J533）数据总线，也检测到了2个相同的故障码。

结合电路图（图1）检查了辅助转向控制单元电路及线路，均正常。接下来检查网关J533，因网关J533与车载网络控制单元J519是一体的，只能更换车载网络控制单元J519，更换后，故障依旧存在。根据前面所检测到的故障码的提示，该故障也可能与转向助力控制单元有关。于是将转向助力控制单元J500上的插头拔下，并观察仪表板，结果发现除了转向助力警告灯点亮外，其余的警告灯都熄灭了。至此，发现故障，将转向助力控制单元更换后，用金奔腾CS-538“彩圣”汽车电脑解码器对辅助转向控制单元编码后，故障排除。

图1 波罗转向系统电路图

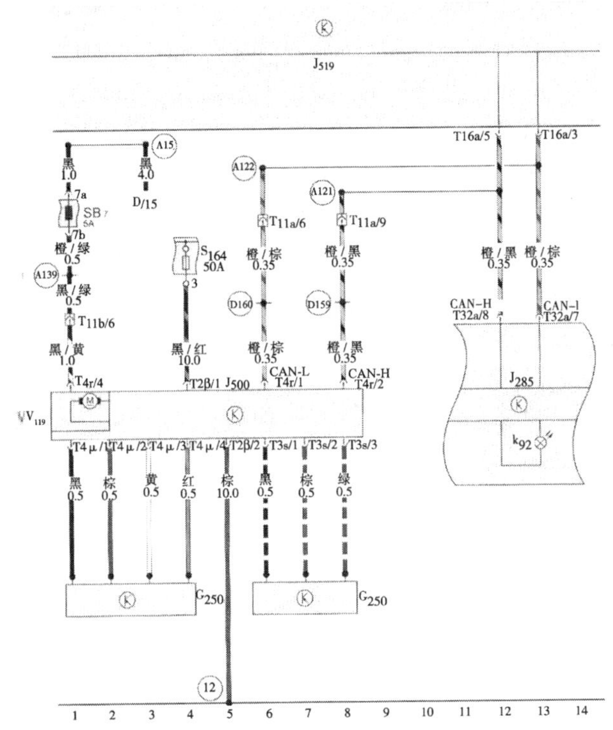

D-点火/起动开关；G250-转向助力的传感器；285-仪表板中带显示单元的控制单元；J500-转向助力的控制单元；K92-助力结构的信号灯；S164-熔断丝-3-（30），在熔断丝支架/蓄电池中；SB7-熔断丝-7-，在熔断丝支架上；T2β-插头连接，2针脚；T3s-插头连接，3针脚；T4r-插头连接，4针脚；T4μ-插头连接，4针脚；T11a-插头连接，11针脚，白色，在前隔板左侧，在紧凑型组合插座D号位上；T11b-插头连接，11针脚，在前隔板左侧，在紧凑型组合插座K号位上；T16a-插头连接，16针脚，×S6号位；T32a-插头连接，32针脚；V119-转向的液压泵；12-搭铁点，在发动机舱的左侧，在左纵梁前部上面；A15-正极接点，在仪表板线束中；A121-连接（High-Bus），在仪表板线束中；A122-连接（Low-Bus），在仪表板线束中；A139-连接-3-（15），在仪表板线束中；D159-连接（High-Bus），在发动机舱线束中；D160-连接（Low-Bus），在仪表板线束中

维修小结

由于现代汽车的技术水平大幅提高，要求能对更多的汽车运行参数进行控制，因而汽车电控单元的数量在不断地上升，从开始的几个发展到几十个以至于上百个控制单元。控制单元数量的增加，使它们互相之间的信息交换也越来越密集。

该车采用新一代的CAN-BUS系统（图2），来为汽车的控制器之间进行数据交换，在系统内的控制单元之间采用了铜缆（双绞线）串行连接方式，即各控制单元都串行连接在一起。

控制单元之间的信息传播采用的是广播式传输方式，这样，在某个控制单元发出信息后，由接收控制单元自由选择是否接收信息。因CAN收发器安装在每个控制单元内部，它同时具备接收和发送的功能。该车的组合仪表、ABS、安全气囊及转向助力同属于驱动系统，都在1条数据线上。由于转向助力控制单元损坏，使得其他控制单元均无法通信，这种故障属于CAN-BUS系统在控制单元内线路的短路。

图2 波罗车CAN-BUS系统

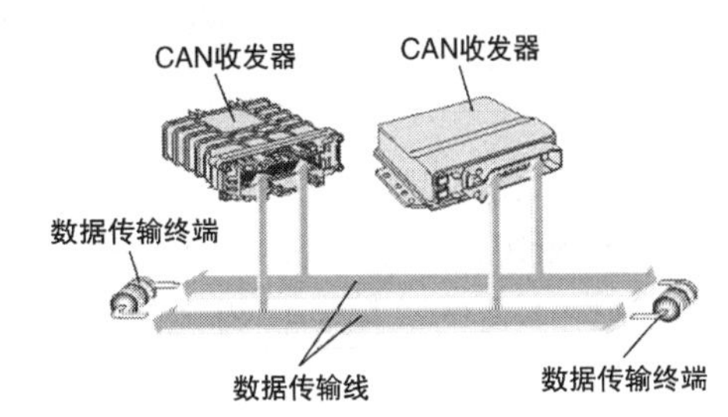

波罗劲情空调不制冷

故障现象

两厢波罗劲情，行驶23 965km，装备1.4L发动机，手动变速器，半自动空调。车主反映空调不制冷，有时发动机水温偏高。

故障诊断与排除

接修此车后，首先对车主描述的故障进行验证。起动发动机，打开空调开关后，空调确实不制冷，同时散热风扇也无低速挡。测量空调系统内的R134a压力和纯度，结果正常。随后连接VAG5051B对空调系统进行检测，无故障码，然后进入08查看测量值数据块，在002组1区显示的压缩机输出功率为76%，说明控制单元已经给压缩机输出了工作信号。用万用表测量位于压缩机上的电控阀电阻，电阻为10.3Ω，在正常范围内。

详细询问车主后得知，该车在不久前发生了一次前部事故，是在非4S店进行的维修，当时更换了散热器、冷凝器、格栅、前杠等部件，并在未断开空调传动带和未加注冷媒R134a的情况下，起动过车辆。因波罗使用的是可变排量压缩机，取消了电磁离合器，所以一旦发动机运转，压缩机即同时开始运转。因空调系统内未加注R134a，使压缩机内部部件得不到及时的润滑，就会造成压缩机烧毁。更换压缩机，重新加注足够的R134a后，空调系统开始工作制冷。

随后检查散热风扇无低速挡的原因。拔下电子风扇插头T3i（图1），测量供给电子风扇的电压正常为12V，接上试电笔，电笔点亮。推断可能是电子风扇存在故障，但更换新的风扇后，发现电子风扇依然无低速。通过电路图（图2）可知，电子风扇是由风扇控制器J293控制的，同时通过电路图可看到电子风扇的低速供电，是通过T4bn/3号插脚由位于蓄电池上部的熔断器内的S180熔断供给12V电压的。

图1 散热器风扇电路

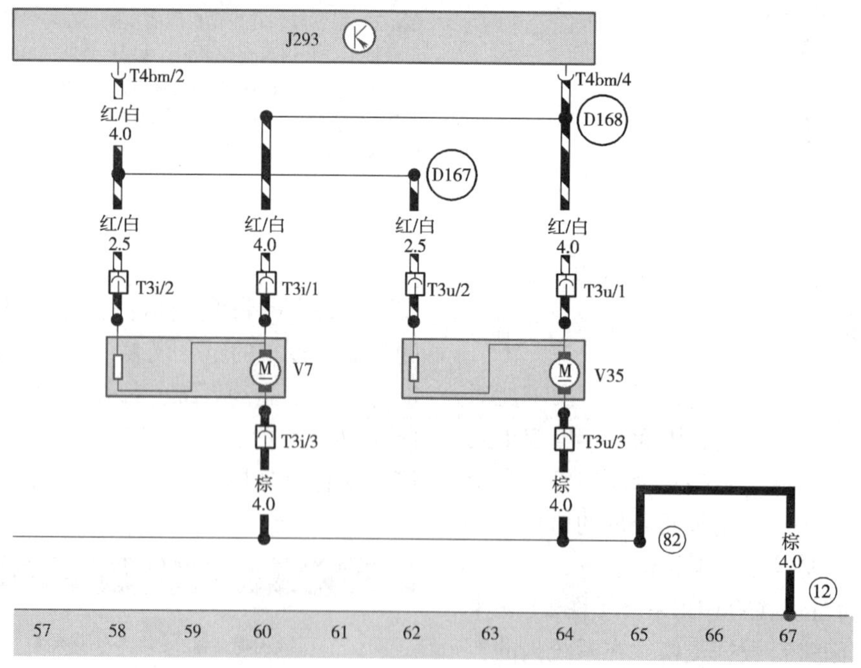

于是将T4bn/3直接与T4bn/2用电线跨接，风扇依然不转。由此断定在电子风扇供电或搭铁的线路中肯定存在接触不良的故障，使得风扇的工作电流不够，风扇无法工作。首先检查搭铁点，牢固可靠没有问题。然后打开蓄电池护盖，检查S180熔断丝，用电笔测量熔断丝两端，皆有电，但在拔下该熔断丝时发现熔断丝是熔断的，只是在熔断丝上稀松地缠着一根铜丝。更换熔断丝后，开空调试车

图2 J293继电器正极供电

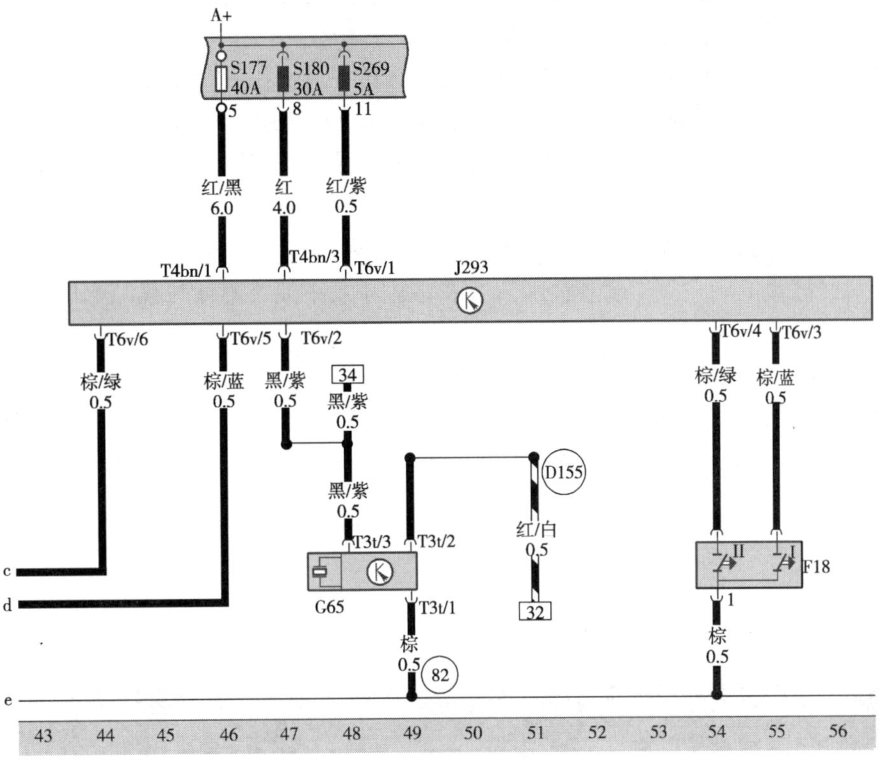

30min，风扇正常运转，空调制冷正常，发动机水温正常，故障彻底排除。

维修小结

在非4S店维修时，因该维修厂不了解波罗空调系统的特殊性（波罗为可变排量压缩机，无电磁离合器，与发动机同步运转，严禁无冷媒运转，否则会造成压缩机的烧毁），违规操作，造成压缩机烧毁。同时在维修过程中违反操作规程，未将已熔断的熔断丝及时更换，而是采取了缠绕铜丝的方法凑合使用，而电子风扇在起动瞬间需要大电流，因熔断丝上缠绕稀松的铜丝无法提供较大的电流，使得风扇无法正常运转。从该案例可以看出，维修过程中了解车辆的结构原理和严格按照操作规程维修是非常重要的，可以避免出现很多次生故障。

专家点评

该车报修故障之一是空调不制冷，维修技术人员首先验证故障现象，然后用诊断仪检测、查阅电路图、测量电磁阀N280电阻值，这些检查步骤是正确的。

经上述检查未发现问题，维修技术人员怀疑压缩机在未加入制冷剂的情况下运转被烧毁，更换压缩机后制冷正常。我们进一步分析，传统的制冷系统在管路上装有低压开关，当压力低于2.1bar（1bar=10^5Pa）时，控制电路强制电磁离合器不能接合，避免压缩机在制冷剂不循环的情况下运转，导致磨损和做无用功。波罗压缩机未装电磁离合器，利用电磁阀N280调整斜盘的角度，当N280不通电时斜盘角度很小，活塞行程很小，耗功也很少。压缩机虽然总被发动机驱动，压缩机被烧毁仅是一种可能。电磁阀N280损坏也会导致不制冷，测量N280电阻值正常，只能说明电磁线圈正常，因为N280还包括阀杆等元件。N280是压缩机的一个零件，不论压缩机损坏，还是N280损坏，只能更换压缩机。

该车报修故障之二是发动机水温有时偏高，维修技术人员发现风扇电动机低速挡不转动，用试电笔试电动机正极供电，看到灯点亮，根据此检查结果更换风扇电动机。维修技术人员使用试电笔测量供电电压是否正常，这种方法不准确，在串联电路中，接有蓄电池电缆夹、熔断丝、开关触点、继电器触点、负载、搭铁点等，负载两端的电压与负载大小有关系。

如果拆掉负载，使用万用表测量两点间电压，万用表内阻充当了负载，万用表内阻很大，流过的电流很小。串联电路中的接触电阻，例如电缆夹接触不良、熔断丝两端接触不良、开关或继电器触点接触不良、搭铁点接触不良等形成的接触电阻，所产生的电压降可以忽略不计，所测两点间电压接近蓄电池电压。

在两点间并联与负载电阻值相等的电阻器（可以用旧灯座装上灯泡，引出两条线，即可作为电阻器，又能通过点亮判断是否有电流通过），如果接触电阻过大就会产生很大电压降，用万用表测量两点间会大大低于蓄电池电压。维修技术人员在维修小结中没有总结到接触电阻会产生电压降，也没有总结用光敏二极管测量供电电压是不准确的。

判断电动机是否良好，可以测量电动机的电阻值，如电阻值正常，再接一条临时正极线，观察电动机运转情况（注意安全）和测量电动机起动电流、工作电流。只凭猜测，盲目更换备件会降低修车效率，使备件库储存大量装用过的备件；对于非4S店，还会造成大量备件积压。

燃油品质问题引发的故障排除

故障现象

一辆上海大众波罗1.4L，加完油后在院子里停放了两天，再起动时发动机便无着火迹象。

故障诊断与排除

将点火开关置于起动挡，发现发动机空转，无丝毫着火阻力。经检查，燃油分配管无油。进一步检查，发现汽油泵不工作，但直接通电也不能运转，油泵电阻为2Ω，并未烧毁，判定为油泵内部机械卡死。用专用工具拧开加油口盖后取出油泵，发现油泵表面及滤网无明显胶质存在，但油箱内汽油呈明显的黄色混浊状。经询问，车主在两天前从私人加油站加了93号汽油，而且以前一直使用93号汽油从未出现此类问题，故初步断定为汽油质量问题引起的故障。

拆除位于气门室盖上方的点火线圈，拧出火花塞发现积炭非常严重，但高压线火花正常，使我更加怀疑为汽油质量的问题，故更换了火花塞。经车主同意，将油箱内剩余汽油放净，更换燃油泵，加入清洁的93号汽油并在油箱中加入燃油系统清洗剂，对整个燃油系统进行彻底清洗，再次起动发动机，故障排除。

维修小结

汽车燃油品质出现问题往往首先导致发动机爆震，引发敲缸，表现为发动机抖动并发出异响。燃油系统的故障往往还会导致发动机起动困难、怠速不稳而熄火、热车怠速过高、怠速上下波动、动力不足直至发动机不能发动等故障，从车辆修理记录和故障汇编中可以直观发现上述故障相当部分是由油品不佳而引起的。

1. 燃油对油泵和汽油滤清器的影响

从一些维修记录来看，有些汽车在加了不合格的燃油后，不久油泵会发出异响，随之燃油压力开始下降，进而出现起动困难、怠速不稳、动力不足等现象。另外一些私家车在停止使用几周甚至只有几天的时间后，再起动时，就发动不了。这时，将油泵从油箱取出后可发现，油箱内剩余燃油呈黄色，油泵滤网被深棕色胶质粘住；也有些油泵滤网表面虽然没问题，但油泵内部被卡住无法运转。同样情况，汽油滤清器在正常维护里程以内，却已经积满了胶质等杂质的现象。车辆被迫提前做维护，否则就将抛锚。

2. 燃油对喷油器及汽缸的影响

喷油器的工作好坏，对每台发动机功率的发挥起着决定性的作用。由于燃油品质问题导致喷油器工作时燃油雾化不良，这将使油气的混合受到影响，不能形成良好的混合气，从而使进气道、气门及汽缸内积炭严重；汽缸壁、活塞环加速磨损。

3. 燃油对电喷系统其他部分的影响

燃油品质差会使燃油不能充分燃烧，使尾气超标，油耗增多，大大缩短了氧传感器和三元催化转化器的使用寿命，严重影响空燃比控制精度和三元催化转化器的转化率。

目前人们对车和燃油之间关系的认识还处于初级阶段，尤其随着油价的不断上涨，养车费用的增加，一些车主想尽办法节油。据了解有不少的私家车主为了节省开支，竟然选择更便宜的低标号汽油，殊不知这一时的节省将带来的后果是汽车出现动力不足、油耗过高甚至给汽车造成无法挽回的损失。其实，汽车在出厂时就严格规定了该使用什么规格的汽油，并不是使用的汽油标号越高发动机的动力就会越好。一般来讲，发动机压缩比在8.5以下的应选用90号汽油；8.5～9.5应选用93号汽油；压缩比在9.5以上的选用97号；10以上的选用98号汽油。车主应严格按汽车发动机不同的压缩比，选用相应标号的车用汽油，才能使发动机发挥出最佳的效能。车主可以在汽车说明书中查到压缩比，除说明书以外，汽车生产厂也会在油箱盖内侧标注推荐使用的燃油标号。所以从驾驶人角度应该根据车辆要求来选用油的牌号和品质，从而改变“是汽油就可以加”的观念。

在这里笔者要提醒驾驶人的是，一旦发现自己的汽车不小心加了不符合规范的燃油，则应该马上把车开到修理厂将燃油放净，并用专用的燃油系统清洗剂对燃油系统进行清洗，或使用免拆洗燃油系统清洗装置对喷油器、进气道、气门及燃烧室进行彻底清洗，必要时更换油泵或汽油滤清器等，以免由于一时的疏忽而使爱车在路上抛锚。

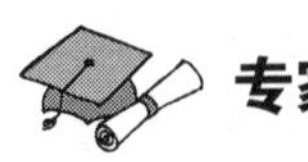

专家点评

故障出现得很简单，故障排除得也很简单。正常的波罗车，加汽油后停放两天就不正常了，不能起动。维修技术人员非常准确地怀疑供油系统，检查油管不出油，燃油泵不转，汽油呈黄色混浊状，测量油泵电动机导通，判定燃油泵卡住（实则是粘住），其原因是燃油品质问题。

汽油主要成分是C4～C12烃类，主要是芳香烃和烯烃，是一种无色或淡黄色、易挥发和易燃液体，具有特殊臭味。汽油质量主要检验项目是抗爆性（一般用研究法辛烷值）、蒸气压、硫含量、苯含量、腐蚀等。高标号并不等于高质量，标号只代表辛烷值，并不代表品质和清洁度。品质差是形成积炭的主要原因，清洁度低是堵塞的主要原因，品质好、清洁度高的汽油会使供油系统故障率降低。我完全赞同作者总结出品质和清洁度不佳带来的危害，从轻到重的顺序是：①燃烧室、火花塞等易形成积炭；②喷油器、压力调节器易堵塞；③燃油泵滤网、汽油滤清器易堵塞；④燃油泵电刷易磨损、止回阀易密封不良；⑤尾气超标；⑥氧传感器、三元催化转换器寿命降低；⑦燃油消耗增加。

本案例虽然不复杂，但是维修技术人员写的“维修小结”，以前面“故障诊断与排除过程”2倍的文字，认认真真地分析了汽油品质对发动机的影响，是一种难能可贵的工作态度。

速腾车门控制单元故障

故障现象

速腾1.6，自动挡汽车，生产日期是2007年8月28日，行驶里程12 814km，没有加装过任何辅助部件，没有发生过事故，维护手续齐全，驾驶状况良好。车主反映前天开始，右前门、右后门的升降器、中控锁均不受中控开关控制，且独立操作也无法实现功能。

故障诊断与排除

连接诊断仪VAS5052A进行检测，发现无法进入右前门、右后门地址，且网关、中央电器控制单元中均有右前门、右后门无信号的常发故障码。

显然，这两个控制单元根本没有工作，完全失效，原因在于控制单元无供电、无搭铁、总线故障、控制单元本身故障这3方面。

维修思路如下：无供电、无搭铁的原因在熔断丝、线路、连接件、搭铁本身这几方面，要依据电路图和维修手册逐一进行排查；控制单元本身故障完全失效的可能性很小，排除上述问题后才能确定。

速腾车型的舒适系统结构和控制较复杂，不同车型的结构和部件本身区别很大，在检查之前要认真分析，具体如下。

图1所示为生产日期在2006年7月31日之前速腾车的网络拓扑情况，可以看到，J386驾驶侧车门控制单元、J387副驾驶侧车门控制单元、J388左后车门控制单元、J389右后车门控制单元均是通过舒适CAN总线进行的连接，直接通过J533网关进行通信和信息交换。生产日期在2006年7月31日之后的速腾车的网络拓扑结构如图2所示（G85转向角度位置传感器除外），J388左后车门控制单元通过LIN总线与J386驾驶侧车门控制单元连接和受控，J389右后车门控制单元通过LIN总线与J387副驾驶侧车门控制单元连接和受控。

图1 2006年7月31日之前网络拓扑结构

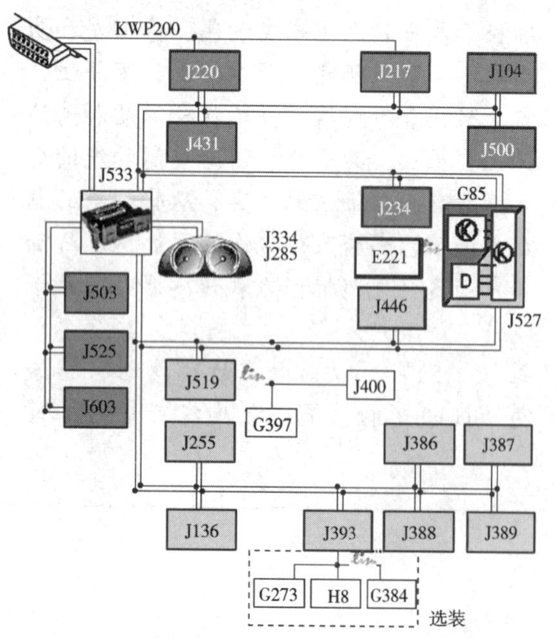

图2 2006年7月31日之后网络拓扑结构

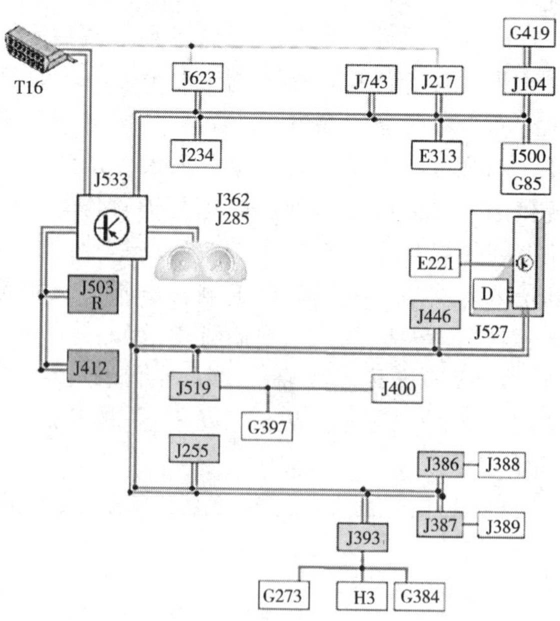

同时在相关零件方面分为3种（以右后车门控制单元为例）。

在上述两种情况中，此车属于第二种车型，即J388左后车门控制单元通过Lin总线与J386驾驶人侧车门控制单元连接和受控，J389右后车门控制单元通过Lin总线与J387副驾驶人侧车门控制单元连接和受控。

一汽-大众将其改为LIN总线连接的主要目的是

减少布线，降低成本，提高系统稳定性。

根据对此车型电器设备方面的维修经验，此类问题主要集中在控制单元或者模块本身的内部结构和软件上，且此故障非偶发故障，无论从便捷性还是故障原因可能性上综合考虑，还是要从线束侧检查起。

从其构成出发，在检查的时候要从副驾驶人侧车门控制单元相关部位查起，即使右后车门控制单元完好，也会因为副驾驶人侧车门控制单元不工作而没有信号。即使右后车门控制单元完全损坏，也不会造成副驾驶人侧车门控制单元不工作（特殊情况除外，如火灾车或者进水车）。这也就是LIN总线与CAN总线的一种连接上的区别，前者为串联，后者为并联，其他区别不再赘述。

检查J387副驾驶人侧车门控制单元的相关熔断丝，正常；检查J389右后车门控制单元与J387副驾驶人侧车门控制单元共同经过的熔断丝，正常；测量熔断丝侧的各相线，正常；检查J387副驾驶人侧车门控制单元相关搭铁点，正常；检查相关可视插头并测量，正常。

查阅电路图，准备检查线路，在检查线路的时候，同时还包括了对总线的检查。

在查阅电路图时要注意针对舒适系统选择不同的年型。

J387副驾驶人侧车门控制单元具体电路图如图3所示。

图3 J387副驾驶人侧门控制单元电路图

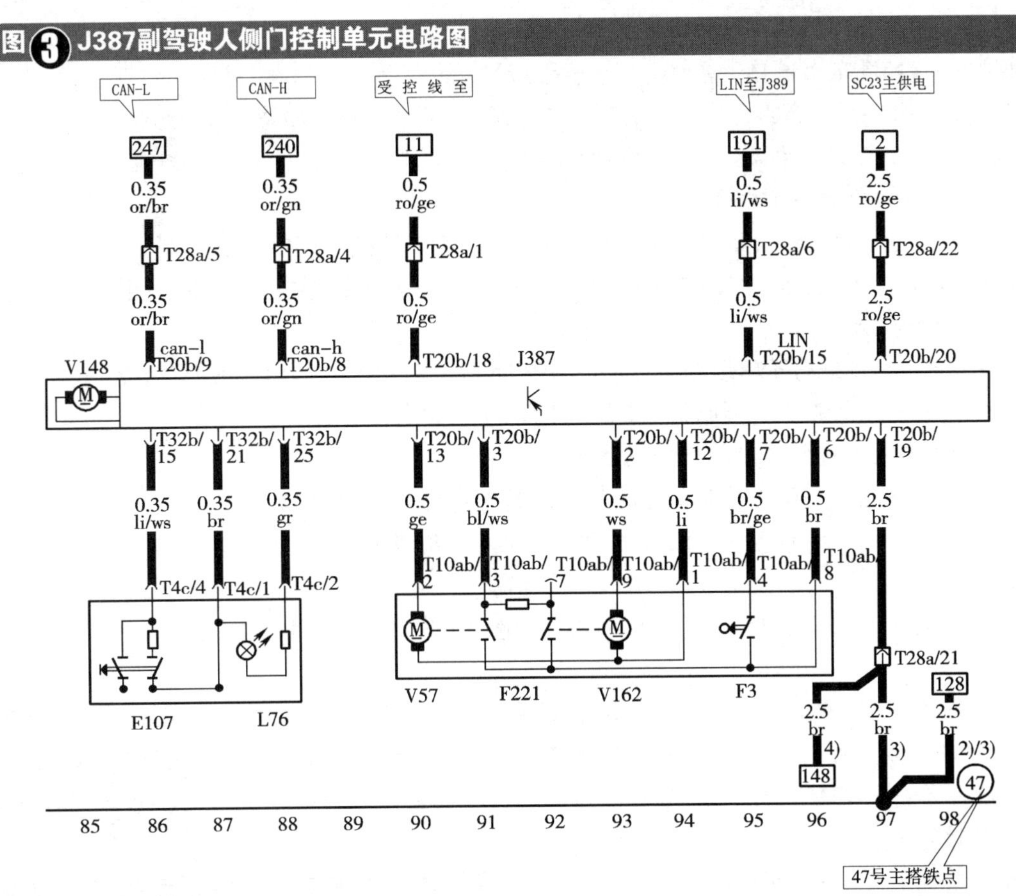

分别测量连接器T28a的线束侧22、19、18角，状态正常，测量总线端子的电压，均存在，证明线路连通。至此，相关线路检测完毕，均无异常。拆下右前门控制单元检查外观，无异常，更换后，故障排除。

维修小结

对于年型较多的车辆，在维修前必须弄清所修车辆的年型位置和结构关系以及相关备件、系统的变化关系。

对电路图的理解和总结是技术人员的基本素质，每次维修后，要根据电路图对相关系统进行总结、汇编，制作出便于快速维修的电路图，用于培训或类似故障的维修。

对于总线的测量其实是没有必要的，如果舒适系统的总线出现了问题，从原理上讲就必定会造成舒适系统所有控制单元无法到达，不会只有2个控制单元无法到达；如果J533网关出现问题造成个别控制单元不工作或是无法到达的可能性很小，多是造成某个系统（如舒适、娱乐）整体瘫痪，而不是某个控制单元，所以一般情况下应把J533网关的问题放在最终进行参考。

专家点评

本篇案例诊断思路清晰，文字和插图清楚。当维修技术人员完成电控系统第一步骤VAS5052A检测后，什么也不拆卸，对照电路图静心分析：①网关电脑记忆副驾驶人侧车门控制单元J387、右后门控制单元J389无信号故障码，说明总线没有短路故障。②阅读资料了解该车J387通过LIN线控制J389，J387不工作会导致J389不工作。③网关通往J387的总线断路、J387失去供电，会使网关电脑记忆上述故障码，J387损坏也会记忆上述故障码。

接着，维修技术人员测量了G387的CAN-H及CAN-L线、G387的供电均正常，所以判断是G387故障，将其更换，故障排除。

为加深对本文的理解，我写出一些网络术语的解释，希望对读者有所帮助。

计算机网络——由若干个计算机组成的使电信号按一定要求传输的电路，通过网络实现资源共享和信息通信。

互联网络——在无限区域连接计算机的网络。

局域网络——在有限区域连接计算机的网络。

车载网络——在汽车上连接计算机（控制单元）的网络。

多路传输——指在同一条线路上分时传递多路信息，一些汽车公司亦将车载网络称为多路传输。

数据总线——是各计算机之间运行的数据线，可以是铜导线、光学纤维或蓝牙无线通信，一条数据线传递的信号被多个控制单元共享。

通信协议——通信约定和规则集合称为通信协议，即各计算机“说同样的语言”。

CAN——英文“Controller Area Network”的缩略语，中文意思是“控制器局域网”，是车载网络应用最广泛的一种通信协议。

链路——“链”指用金属连环套而成的索链，而“链路”指各计算机之间的通信线路。

模块——即电子控制装置，包括计算机（控制单元）和智能传感器。

节点——车载网络中连接各计算机的接线点。

车载网络拓扑结构——研究控制单元的相互位置关系而不考虑它们的距离。

总线型网络连接——将所有计算机通过分接头接入一条载波传输线上，每台计算机都具有优先控制级别。

星型网络连接——以一台中心处理计算机组成的网络，其他入网计算机均与中心处理计算机由物理链路相连。

动力总线系统——与驱动有关的计算机连接成网络，包括发动机控制单元（ECM）、自动变速器控制单元（TCM）、动力控制单元（PCM）、制动防抱死控制单元（ABS）等，采取总线型网络连接。

舒适总线系统——与舒适功能有关的计算机连接成网络，包括中央控制单元、4个车门控制单元等，采用星型网络。

信息娱乐总线系统——与通信、视听功能有关的计算机连接成网络，包括车载电话、音响功放、导航等。

网关——在一辆车上将各总线系统相联接的计算机服务器，作用是各总线系统信息共享、速率转换、不产生协议间的冲突，并监视各模块有无通信差错。

传输速率——反映信息传递的快慢，单位是bit/s （位/秒）；1bit （位）既二进制的一个“0”或一个“1”；bit/s也可以写成bps。换算关系：

1kbit/s $=10^3$bit/s

1Mbit/s $=10^3$kbit/s$=10^6$bit/s

数据组——一般由108“位”组成的串行数据，包括开始域（1位），状态域（11位）、未用域（1位）、检查域（6位）、数据域（最大64位）、安全域（16位）、确认域（2位）、结束域（7位）。

高速（C类）总线——数据传输速率在125kbit/s~1 Mbit/s，采用两条数据总线，用于动力系统通信。

中速（B类）总线——数据传输速率在10~125kbit/s，采用两条数据总线，用于舒适系统通信。

低速（A类）总线——数据传输速率低于10kbit/s，采用单条数据总线，用于智能传感器和执行器的串行通信。

LIN总线——是A类总线首选协议，以一块控制单元为中心，例如本文中副驾驶人侧车门控制单元J387，通过LIN线（单根）控制右后门控制单元J389。

速腾怠速时电子扇常转不停

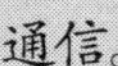

故障现象

一辆速腾1.6 MT，行驶里程为2.29万km，领证日期为2007年1月29日。客户反映发动机怠速时电子散热风扇工作时间过长不停，高速时风扇起动频繁，而水温正常。

故障诊断与维修

（1）冷却液温度检查：目测水壶中冷却液位正常，目测仪表板冷却液温度表显示正常。

（2）散热器检查：更换同一型号的散热器并清洗冷凝器外部，保持散热良好，试车，故障依旧。

（3）冷却液循环检查：拆下节温器用水煮法检查，正常；拆下水泵进行基本检查，正常；检查各冷却液散热管连接处，无渗漏现象；用打压法检查水壶盖能正常开启或关闭，用吹气法检查散热器放气小水管，正常。

（4）连接诊断仪VAS5052，进入发动机系统，查询无散热控制器故障记录。速腾1.6发动机装有两个冷却液温度传感器，在汽缸盖出水口装有G62，在散热器下方出水口装有G83，如图1所示。原地起动发动机怠速试验，读取08数据块131组第1区缸盖出水口G62温度为94.5℃时，电子扇开始运转，而这时131组第3区散热器出水口G83温度不到20℃。继续怠速运转，缸盖出水口G62温度已经达到了99℃，而G83的温度还不足25℃。从这个可疑点说明由于G62温度偏高，因此发动机控制单元要不间断地发出指令让散热器风扇降温，从而造成电子扇常转的故障现象。

图1 冷却液温度传感器G62与G83的安装位置

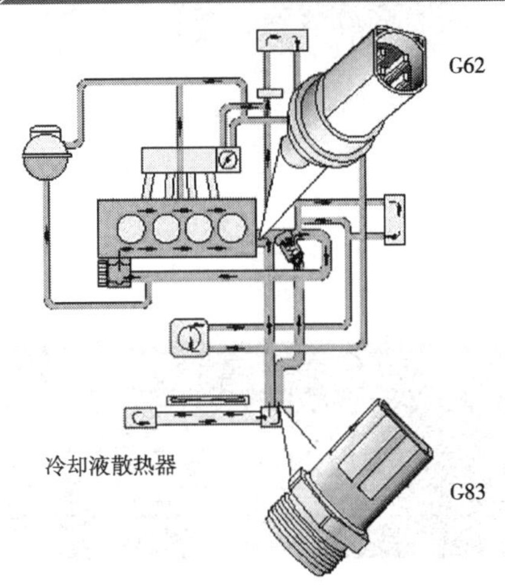

（5）怠速时，电子散热风扇工作时间过长现象最为严重，而加速到2000r/min时故障现象好转。

（6）利用红外测温检测仪测量G62和G83的温度，与VAS5052检测到的G62和G83温度对比，结果证明传感器工作正常，排除了传感器失效或误报数值造成的故障假象。

（7）利用G62和G83的数值进行分析，根据发动机冷却液循环原理，G62温度应该随着散热风扇的运转而下降，可是此车恰恰相反。怀疑冷却液循环失常，为了慎重起见，通过拆除节温器，用透明水管连接发动机上、下水管，分别进行怠速与高怠速试验。通过透明水管观察到怠速时无循环，高怠速时循环正常，通过上述试验，说明怠速冷却液循环不足是故障根源。

（8）根据冷却系工作原理对故障根源进行分

析，以及对其他相关部件的排查情况，怠速与高怠速的区别就是循环流量与压力的差别，流量与压力是由水泵在缸体里产生的离心力形成的。再一次拆检水泵，分析水泵结构，因为泵轮的长短、泵轮与缸体的配合间隙都会影响到冷却液循环流量。怀疑水泵有故障，在水泵排查过程中发现同一备件号为L06A121011Q而不同批次的水泵有不同之处，如图2所示，以红色线为基准，原车水泵A叶轮比新水泵B叶轮低2mm，并且原车水泵A的叶轮有7个叶片，新水泵B的叶轮有8个叶片。

图2 原车水泵（A）叶轮比新水泵叶轮（B）低2mm

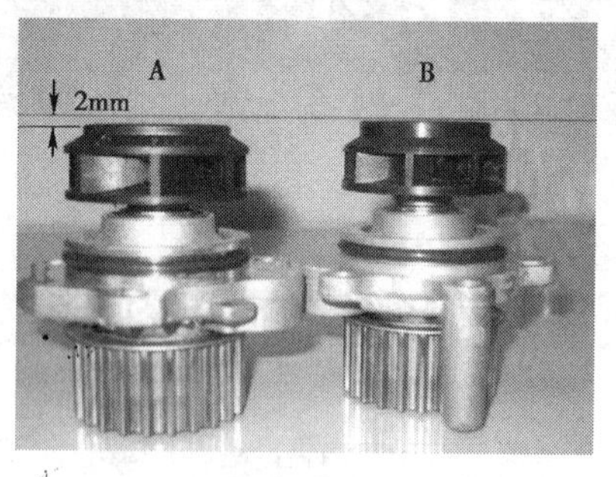

故障排除

将新水泵换上，发动机怠速运转，接通VAS5052读取数据块131组第1区G62为94.5℃；第三区G83为79.5℃，散热风扇开始运转。读第1区G62为93℃，第3区G83为61.5℃，散热风扇停转。故障现象消除。

维修小结

（1）造成本故障的原因是：由于水泵叶轮结构不同，造成原车水泵怠速时循环能力不足，产生回流，不能进行有效的大循环，从而散热能力不足。正是由于速腾冷却液温度控制系统的独特控制方式，发动机控制单元识别G62的温度高，起动高温应急模式，散热风扇常转，从而防止了冷却液温度上升，这是速腾冷却液温度控制系统的一个特点。

（2）同一备件号的水泵产生不同程度的冷却效果，应是产品质量问题，有必要上报生产厂商。

速腾空调右侧温度风门失效

故障现象

速腾车舒适型，打开空调暖风挡位时右侧出风口出冷风。

故障检修

速腾车舒适型采用全自动分区空调，操作空调面板可对车内前排左右区设置不同的目标温度，全自动空调控制单元接收各温度传感器的反馈值，通过控制温度翻板位置及鼓风机转速等执行元件来实现目标温度。将左右区设置为高温挡时，右侧出风口仍出冷风，说明右侧温度风门自动调整响应失效；用VAS5051查询发现在08空调电控单元内有一个故障码存储，“01810 右温度风门定位电动机-V159”，由此可将故障点缩小为：①自动空调控制单元故障；②右侧温度风门电控电动机V159 电路故障；③空调电控单元至V159线路故障；④右侧温度风板机械卡死或脱开故障（风板的工作位置异常反馈也会引起V159报警）。

读取数据流08-08-13组，第1区显示为38，第2、3、4区皆显示为零，调整右侧温度开关旋钮至不同设定温度值，数据流都无变化。对于13组，1区为右侧温度风门当前值，2区代表空调控制单元对右侧温度风门规定值进行设置状态，3区代表右侧温度风门冷止动位标准值，4区代表右侧温度风门热止动位置标准值。2、3、4区皆显示为零，说明空调控制单元不能正常显示控制目标值所对应数据块，集成在V159上的伺服电动机电位计G221的反馈值一直为38，也说明右侧温度风门实际风板位置在冷风温度位置未作调整，而对比观察12组的数据流在HIGH挡数据流和在LOW挡数据流都能按所设定3区或4区设定的目标值变化，如表所示。

数据流12组和13组显示值

设　置	数据组	1区	2区	3区	4区
设置右侧LOW挡	013组	38	0	0	0
设置右侧温度HIGH挡	013组	38	0	0	0
设置左侧LOW挡	012组	29	25	25	231
设置左侧HIGH挡	012组	225	231	25	231

检测至此，似乎可推论为空调电控单元控制元件损坏，引起了不能控制对右温度风门伺服电动机V159的调节。为此要先对空调电控单元是否对V159发出了控制指令进行验证。由图1右侧温度风门伺服电动机及电位计线路图可知，空调电控单元的16芯插头T16f的11端子和12端子分别连接V159的两端子，将空调电控单元向外拉出，以电控单元的T16f/11和T16f/12为测量点，在空调工作状态下，测量11端子和12端子的输出波形，如图2、图3所示。在将右温度设置旋钮设在高温挡时，波形为正向脉宽控制；当将旋钮设置在低温挡时，波形为负向触发脉宽控制，符合直流电动机的控制模式，由此可初步排除自动空调控制

图1 右侧温度风门伺服电动机及电位计线路图

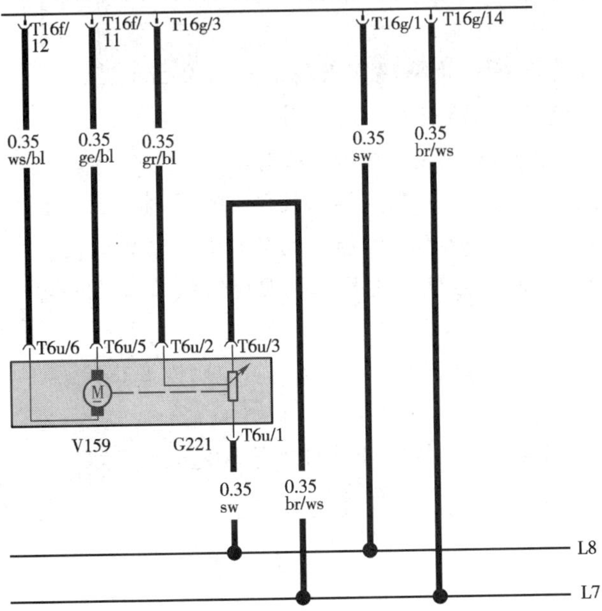

G135-除霜风门伺服电动机内的电位计；G221-右侧温度风门伺服电动机的电位计；J255-Climatronic自动空调控制单元；J519-车载电网控制单元；T6q-6芯插头连接；T6u-6芯插头连接；T16f-16芯插头连接；T16g-16芯插头连接；V107-除霜风门伺服电动机；V159-右侧温度风门伺服电动机

单元的故障。接下来断开空调电控单元的T16f插头连接，测量与11端子和12端子相连接的线束插脚之间的电阻为无穷大，说明V159电动机线路断路；拆下杂物箱和右侧空间出风口，断开伺服电动机V159的插头连接，分别测量V159电动机的6孔插头的5脚和6脚至空调电控单元的11端子和12端子之间的电阻，皆小于0.5Ω，说明断路发生在V159内部，实测也说明了这一点。

图2 设在高温挡位时控制波形

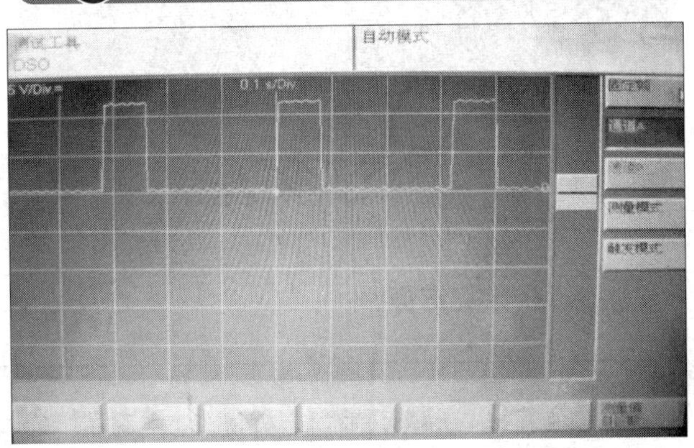

图3 设在低温挡位时控制波形

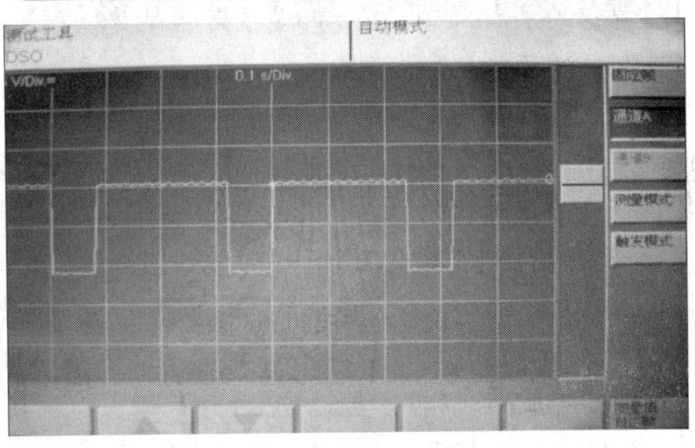

故障排除

更换集成有右侧温度风板位置传感器的V159电动机，风门当即能自由调整，说明风门的机械调整机构也正常，观察13区数据流全部恢复正常，最后应用VAS5051的引导功能做基本设定，成功，由此，故障彻底排除。此时，再测试空调电控单元的16插孔的11端子和12端子的输出波形，较之前有了一定的变化，如图4、图5波形显示，在空调电控单元发出相应工作指令后便处于待工作状态，直至V159电动机实际调整到规定位置，而且在正常工

作状态时的波形所含的信息也有所不同。由此，可分析，空调电控单元在识别到执行元件电路故障时，报故障码的同时，也进行故障应急工作模式：一方面控制数据流的非正常显示，另一方面是以规定的脉宽控制执行元件V159做重复再工作的尝试。

图4 故障排除后设在低温挡位时控制波形

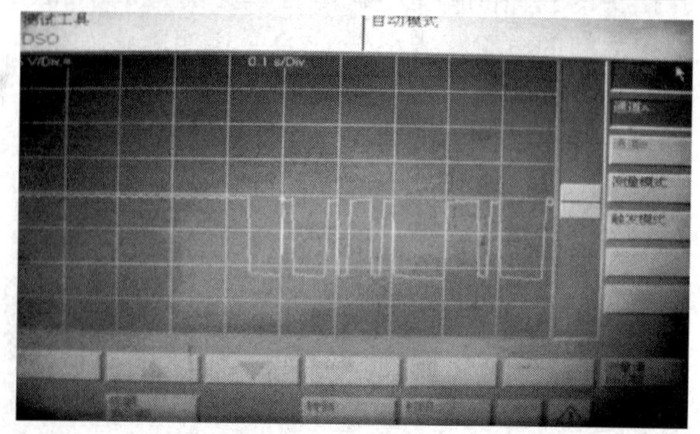

图5 故障排除后设在高温挡位时控制波形

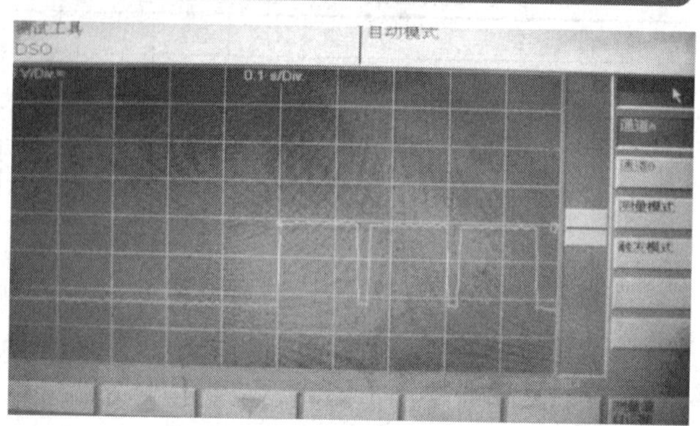

专家点评

这篇文章思路清晰，分析得当，体现了维修技术人员丰富的工作经验和缜密的逻辑思维，是汽车维修同行们值得借鉴的一个范例。

我们简要概括一下维修技术人员的整个维修流程：

(1) 验证故障现象——打开空调暖风挡位时右侧出风口出冷风。此时，维修技术人员并没有下意识地去怀疑故障点，而是很理性地先回顾了一下速腾空调系统的特点，并利用VAS5051查询出了相关的故障码。

(2) 圈定故障范围——①空调电控单元故障；②右温度风门伺服电动机V159故障；③空调电控单元与右温度风门伺服电动机V159线路连接的故障；④右温度风门机械故障。在此前提下，通过比较左右温度风门的数据流进行下一步。

(3) 制定排查顺序——从文中可知，维修技术人员是在对故障码和数据流进行分析的基础之上，按照"由主至次，由简至繁"的原则制定了故障排查流程，接着进行故障排除。

(4) 依次排除故障——首先，维修技术人员分析了空调右侧温度风门伺服电动机及电位计线路图，利用示波器观察空调电控单元的输出指令——指令正常，接下来对空调电控单元线束端子上的右侧温度风门伺服电动机两个端子进行测量，发现了断路情况，于是又对电控单元与右侧温度风门伺服电动机间的线路进行了测量——正常，接下来依次类推，再测量右侧温度风门伺服电动机线束上的两个相关端子，证实伺服电动机内部有断路故障，决定更换部件。

(5) 故障排除验证——最后更换了V159电动机，重新执行空调暖风挡动作，一切恢复正常，从而验证了故障排查的正确性。

由此可见，维修技术人员完整地执行了汽车维修的科学流程，排除故障自然是水到渠成之事。

速腾离合器打滑故障排除

故障现象

一辆速腾2.0，行驶里程为5 000km，底盘号为LFV3A11K363020680，发动机号为 BJZ009698。该车离合器打滑，当转速达到3 000r/min时，5挡车速仅能达到45km/h。

客户强调离合器一直有打滑的迹象，平时该车行驶距离短、速度低，又是新车，以为磨合磨合就会好了，今天跑高速，发现离合器打滑非常严重，才来报修。

检修过程

离合器打滑的检验方法：手动，使车辆处于完全制动状态，踩下离合器踏板，然后在一挡发动，再放开离合器踏板。此时如果发动机能够熄火，说明离合器无故障；反之，离合器有打滑，需拆卸、检查离合器。

试车后，确定离合器打滑，同时能闻到离合器打滑的糊味。更换离合器片、压盘后行驶了两天，高速时离合器又出现打滑现象。

对造成离合器片打滑的原因通常从两个方面分析：

（1）离合器无自由行程。分离机构顶死分离指：造成离合器分离指没有回位空间，压盘压紧力降低，离合器传递转矩变小，严重时不能传递转矩，造成离合器打滑。

（2）驾驶人操作问题。行驶中没有完全放开离合器踏板，过多使用半脚离合状态，超载运行，爬陡坡，使离合器磨损严重。

造成离合器打滑的具体原因有以下7个方面：

（1）从动盘摩擦片磨损过度或铆钉外露，摩擦片粘油、炭化、烧损、破损。

（2）离合器压盘弹簧过软或折断，膜片弹簧破损，压盘工作端面磨损超过0.3mm、变形，安装螺钉松动，分离指端面跳动量超过1mm。

（3）离合器踏板自由行程过小。

（4）飞轮工作面磨损大，超过0.5mm。

（5）分离拨叉或分离轴承无游动余量。

（6）离合器总泵回油孔堵塞。

（7）离合器分泵不回位。

上述的（1）、（2）、（4）点经检查，确认正常。检查离合器踏板自由行程太小，同时离合器踏到底再松到很高程度，才能起步。拆下离合器分泵，轻轻按压离合器分泵的推杆，能按压到底，并能回位。轻踩离合器踏板，分泵推杆能伸出，放松离合器踏板，分泵推杆能回位。这与新车对比相同，大致判定离合液压系统正常。这时用手晃动分离拨叉，发现拨叉没有游动余量，同时拨叉烫手，不能回位。在大多数情况下，离合器片、压盘与飞轮都是处于接合的状态，以保证动力的最大传递，此时，分离拨叉与分离轴承处于自由状态，不参与工作。当踩下离合器踏板时，离合器分泵的推杆推动分离拨叉，分离拨叉推动分离轴承，分离轴承前移，克服压盘弹簧的压紧力，推动从动盘移动,使从动盘逐渐和飞轮分离,达到切断动力传递的目的，此时，分离拨叉、分离轴承处于工作状态。当需要重新恢复动力传递时，为使汽车速度和发动机转速变化比较平稳，应该适当控制离合器踏板回升的速度，使从动盘在压紧弹簧压力作用下，向接合的方向移动与飞轮恢复接触，两者接触面间的压力逐渐增加，相应的摩擦力矩也逐渐增加。当飞轮和从动盘接合还不紧密，两者之间摩擦力矩比较小时，两者可以不同步旋转，即离合器处于打滑状态。随着飞轮和从动盘接合紧密程度的逐步增大，两者转速也渐趋相等，直到离合器完全接合而停止打滑时，汽车速度方能与发动机转速成正比。只有当离合器打滑时，离合器片才摩擦生热，产生的热量通过压盘、分离轴承，传到分离拨叉，造成分离拨叉温度异常。分离拨叉为什么没有一定的间隙？带着这个疑问，通过仔细检查，发现固定换挡支架的固定螺栓拧入变速器壳体过多，正好挡住分离拨叉,致使分离拨叉不能回位，这是造成离合器打滑的根本原因。通过与新车对比,发现固定支架橡胶内应有一个铁套，所修的车没有铁套，如图所示，造成螺栓拧入过多,挡住分离拨叉,致使分离拨叉不能回位，导致离合器打滑。

所修车辆漏装铁套处

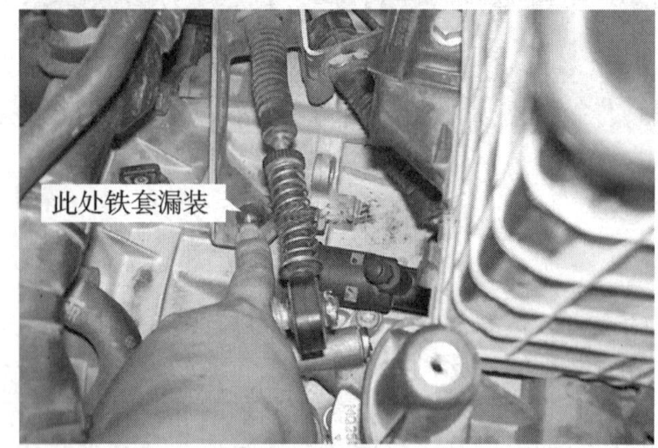

故障排除

装上相同规格的铁套，故障排除。

维修小结

根据故障现象，加强修车前的检查和诊断工作，才能提高解决问题的能力。别让经验主义占据我们的大脑，在我们的维修工作中，有着太多的经验教条，这些经验扼杀了我们发现问题、处理问题、解决问题的能力。我们要加强分析思考诊断能力，才能适应现代汽车维修的需要。

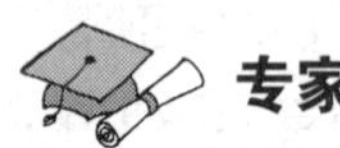

专家点评

维修技术人员对离合器打滑的原因分析得非常透彻，检查思路清晰，检查过程认真、仔细，值得广大维修技术人员学习。

通过该案例，我们发现一个问题，为什么会出现该故障？该车仅仅行驶了5 000km，是新车，那么为什么换挡支架橡胶内会缺少一个本来应该有的铁套呢？如果该车的确没有进行过维修，说明该车是在整车组装的时候就少装了一个支架橡胶内的铁套！对该车来讲，虽然少装这样一个铁套仅仅是导致离合器打滑故障的出现，但是试想，如果少装的是和行车安全有关的部件，从而导致车毁人亡的事故出现时，应该由谁来负责呢？近年来，我在维修实践中，已发现多起新车出厂就存在漏装、少装、装配不到位的情况。曾有一辆宝来，车主购车时说要试车，试车时踩制动踏板，结果制动踏板全无。最后发现，制动主缸上的制动液管路居然没有连接！简直荒唐至极！我呼吁整车生产厂家要加强生产管理，规范生产行为，杜绝此类情况发生。

如果该车是在售出后，曾经因为某些小问题到服务站进行过维修，以前的维修技术人员曾经拆装过换挡支架等，而在重新安装的时候，以前的维修技术人员将拆下的固定支架橡胶内的铁套漏装，从而导致出现上述故障的情况，那我们的维修技术人员在维修的过程中是多么的不负责任。其实在维修实践中，由于维修技术人员不按照车辆的技术要求和操作规程进行维修作业，导致维修之后的车辆出现这样那样的问题的例子是举不胜举。曾经有一个车主，开的是广本飞度，在首次维护时更换三滤，3天后发现发动机漏机油，到维修站检查，发现原来在更换机油滤清器的时候，旧的机油滤清器密封圈没有取下，而新的机油滤清器是带密封圈的，这样一来，机油滤清器就有两个密封圈了。结果呢？漏油了！最后负责更换机油滤清器的维修人员却轻描淡写地讲了一句："还好！发动机还没有拉呢！"这就是我们维修技术人员的责任心！以前我也发表过不少人为修出来的故障案例，在点评中也曾经多次批评过此类情况，再次希望广大维修技术人员引以为戒，着实提高自己的"执行能力"！永远记住，修车就是按要求、按规矩、按规程进行作业，不能随心所欲。

迈腾、开迪、高尔篇

迈腾ABS、ASR警告灯报警

故障现象

一辆迈腾1.8T FSI AT，车主反映车速达到60km/h以上时ABS、ASR警告灯报警，如图1所示。

图1 ABS、ASR警告灯位置

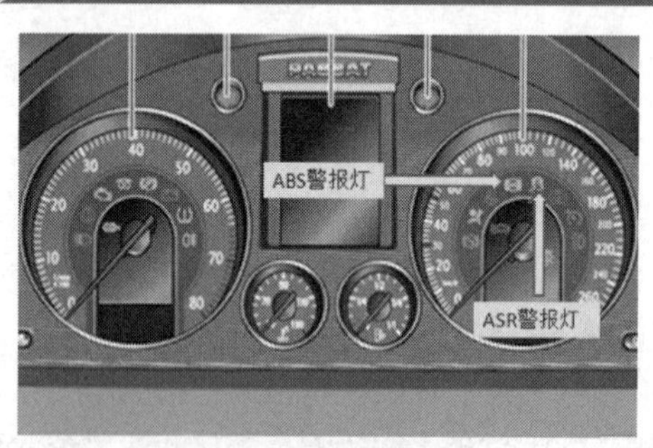

故障诊断与排除

（1）用VAS5051检查车辆DTC存储器，存储故障码为00287：右后轮轮速传感器信号不可靠。

（2）删除故障码后进行试车，发现的确有车主所述的故障现象，再次进行检测时，故障依旧为原故障码。

（3）决定拆除右后轮轮速传感器检查，经检查，轮速传感器表面未发现明显问题。

（4）检查控制单元与传感器之间的线路是否存在短路、断路情况，检查结果均正常，如图2所示。

（5）拆卸左前轮制动器，检查ABS磁性传感器靶轮，发现靶轮处有一个类似于铁屑的东西，如图3所示。

图2 ABS控制单元与转速传感器接线图

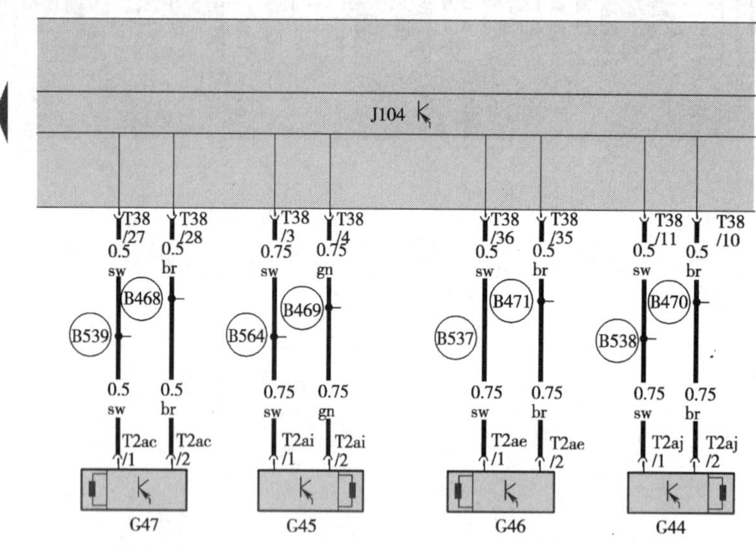

（6）清理铁屑，安装后多次试车，故障消除。

图3 故障点位置

维修小结

经过对故障的分析，造成此故障的原因是ABS磁性靶轮吸有铁屑，造成轮速传感器接收转速信号时信号发生紊乱。ABS磁性靶轮为永磁性，当铁屑被吸住后就不容易脱落。铁屑被吸住后就造成了轮速传感器与磁性靶轮之间局部间隙发生了变化，随着车速的升高接收错误信号的频率也随之加快，造成了控制单元接收到的各轮转速信号不一致，这时ABS与ASR警报灯点亮。

知识链接

（1）ABS技术在20世纪90年代初期就已成熟，近十年来没有突破性的发展，但对ABS技术进行了扩展，ABS的内涵有了很大的提升。ABS最初的扩展是防滑控制系统，它分为电子差速器（EDS）和驱动防滑（TCS）两部分，有时统称为ASR。在此基础上扩展了后轴制动力感载控制，即EBD功能，以及电子助力制动（EBA），这些扩展功能仍以ABS功能为基础。20世纪90年代中期，ABS进入了一个全新的发展阶段，ABS只是作为全新系统的一个子系统，而不是一个主要的系统，但ABS仍然是重要的组成部分。

（2）ABS由两大组成部分：①传感器。传统的ABS传感器以电磁感应式传感器为主，目前国内市场90%以这种传感器为主，气动ABS几乎100%采用这种传感器。这种传感器的优点是成本低，抗恶劣环境的能力强；但缺点是要求工作间隙较小，低速时往往没有信号。近几年由于半导体技术的发展，霍尔传感器逐步在液压ABS系统中采用，它的特点是体积小，工作间隙大，信号幅度与速度无关，还可以测试间隙及方向，特别是用于ABS升级的产品，所以霍尔传感器呈现逐步增多的趋势。②ABS控制器。目前ABS控制器主要以16位单片机为主，一般采用双CPU，也有采用单CPU的。其所用的各种硬件芯片，国外大的半导体厂商都有成熟的解决方案，所以硬件方面已比较简单，如图4所示。

图4 ABS构成

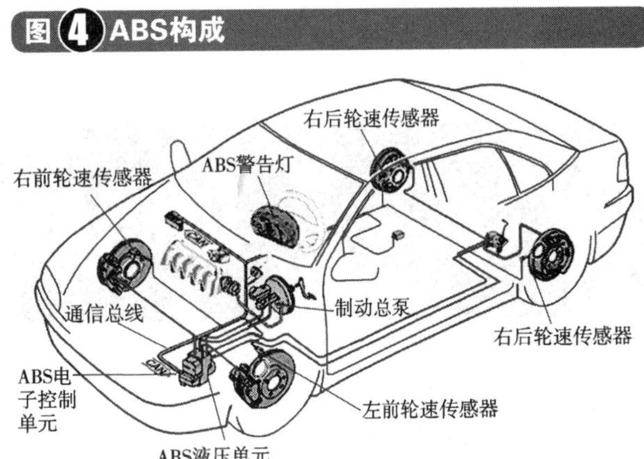

专家点评

本案例故障现象是ABS与ASR警告灯同时报警，故障码为右后轮速传感器信号不可靠，由于维修技术人员非常了解迈腾轿车轮速传感器的结构和工作原理，所以排查过程非常顺利，我仅对“知识链接”再做一些阐述供讨论。

当车轮制动力大于路面附着力，车辆在惯性力作用下移动，车轮不转称做滑移；当驱动车轮的驱动力大于路面附着力，车辆不移动，车轮转动称做滑转。若两前车轮或两后车轮同时滑移或滑转，因车轮横向控制力为零，则出现车头或车尾侧滑；若两前车轮或两后车轮其中一个车轮滑移或滑转，则汽车沿圆周轨迹行驶。总之，都会改变直线行驶性。因此世界各汽车公司在ABS基础上不断增加新的功能，但是起的名称不尽相同，下面以大众车系前轮驱动车为例做ABS扩展功能的解释。

（1）ABS（防抱死制动系统），紧急制动时车轮抱死出现滑移，通过降低抱死车轮制动力，防止前轮因侧滑发生摆头，防止后轮因侧滑发生甩尾，并保持方向可操纵和缩短制动距离。

（2）EBD（电子制动力分配），在ABS起作用之前，或者由于特定故障导致ABS失效后，当后轮因制动力过大而出现滑移，EBD通过降低后轮制动力，防止后轮因侧滑发生甩尾，代替以前通往后轮分泵油管中间的感载比例分配阀。

（3）EDL（电子差速器锁止），两驱动车轮与之接触的路面附着系数不同而出现单侧车轮滑转，EDL通过对打滑车轮制动，防止汽车沿圆周轨迹行驶。

（4）TCS（驱动力控制系统），汽车在沙石及冰面上起步或加速时，驱动车轮出现滑转，TCS通过对驱动车轮制动和降低发动机输出转矩，防止前轮因侧滑发生摆头。

（5）ESP（电子稳定程序），汽车以高速转弯时，因两驱动车轮与之接触的路面附着系数不同而出现单侧车轮滑转，当发生不足转向时（转向半径增大），ESP制动转向内侧的后轮，当出现过度转向时（转向半径减小），ESP制动转向外侧的前轮。

（6）EBC（发动机制动力控制），汽车高速行驶中驾驶人不慎突然挂入低速挡，驱动车轮转速因低于车辆惯性力维持的车速而滑移，EBC通过降低发动机转矩而降低车轮驱动力，防止前轮因侧滑发生摆头。

以上按序号由低级功能扩展到高级功能，中间不可缺少。

迈腾EPC灯报警

故障现象

迈腾1.8TSI，手自一体变速器，EPC电子节气门警告灯报警，发动机熄火。

故障诊断与排除

用VAS5051检查发动机控制单元故障码为：000400，G247电器故障；000835，G40超出范围。据车主叙述，这是第二次出现故障，第一次出现是在外地，当时给当地的服务站打电话救援，到服务站后，维修人员将故障码清除后，故障便消除了。

这次又出现故障后，我们对电路图进行分析，得知G247燃油高压传感器与G40凸轮轴位置传感器共用一根供电线，这根供电线是来自发动机控制单元的第T60ya/29号脚。这两个传感器唯一的联系就在这根供电线路上，只有这根供电线路出问题，才会导致两个传感器同时报故障码。相关的电路图如图所示。

ECU、燃油压力传感器、凸轮位置传感器连接线路图

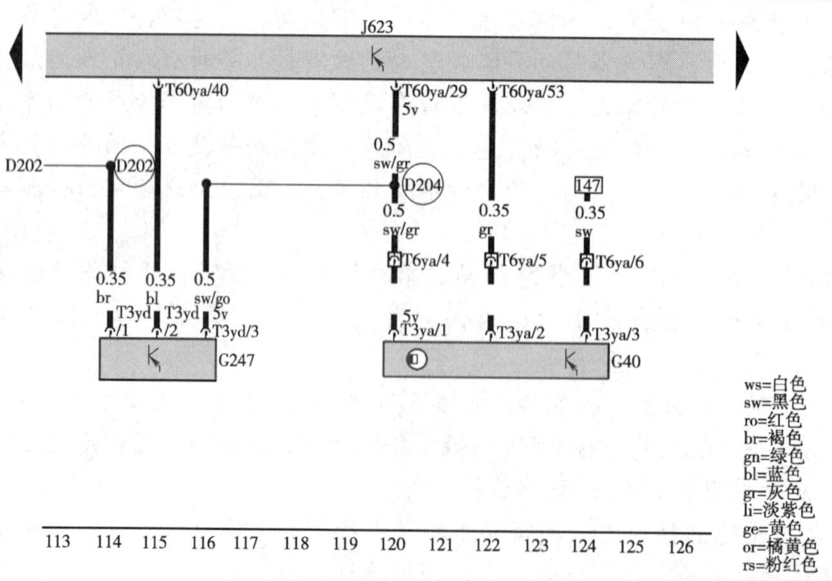

G40—霍尔传感器；G247—燃油高压传感器；J623—发动机控制单元；T3ya—3芯插头连接；T3yd—3芯插头连接；T6ya—6芯插头连接；T60ya—60芯插头连接；D202—连接，在发动机预接线线束中；D204—连接，在发动机线束中

根据以上分析，进行了如下的检查：

（1）检查两个传感器的插头，均未发现腐蚀及进水现象，检查线束的短路与断路情况，也都正常。

（2）检查发动机控制单元插头及传感器，均未发现异常。

（3）按常规，先检查处理搭铁线，处理发动机线束的插头连接处。为了更好地连接可靠性，将发动机控制单元插头处用电烙铁进行焊接，大众车系控制单元的插头几乎都是压接连接，有时会出现虚接现象。

（4）在拆装发动机线束插头T60ya/29后，发现发动机进入了防盗状态，此时无法起动车辆，但是在停放一会儿后又恢复正常，这是不正常的现象。

（5）为了验证是否每次拔插头都会出现此故障，多次拔下插头试验，均未发现故障出现，我们怀疑是不是要等一段时间才会出现，然后就等了一段时间，可是也没发现故障出现。

（6）根据以上情况分析，我们怀疑是发动机控制单元内部有问题，所以决定更换发动机控制单元进行试验。更换发动机控制单元匹配完毕后，经过多次试车，没发现有故障出现，确定为发动机控制单元内部问题。

维修小结

通过对本车维修做出总结，我们维修车辆时，应该注意在维修过程中的每一个细节变化，这样会更有利于判断故障点及发现一些我们想不到的问题。

专家点评

迈腾车型于2007年6月上市，索赔期为2年或6万km。索赔期内很多车主对车辆技术状况要求苛刻，这有两个原因：第一是珍爱用重金购买的爱车，第二是工料费不用自己掏钱。服务站的索赔工作既要让主机厂满意，又要对车主负责，是故障不许推诿，不属于故障不要误索赔，所以要合理、稳妥地对待车主提出的问题。本案例处理方法是：①接车问诊，该车EPC灯报警、发动机熄火故障是第二次发生，查询出故障码与上次相同，为高压燃油压力传感器G247和霍尔传感器G40故障。②查阅电路图，维修技术人员目的是确定测量点，在查阅时又有新收获，发现电脑T60ya/29针是5V基准电压，引出两路供给G247、G40，所以怀疑线路或电脑接口有问题。③维修技术人员对G247、G40的5V供给导线做断路、短路检查，其实只能感觉插头松不松，因此时故障没出现，测量数值不存在问题。④消除隐患，因电脑T60ya/29针与导线可能虚接，维修技术人员对其施以锡焊。⑤验证疑问，在连接T60ya/29针时电脑进入防盗状态，这本是不应该的，维修技术人员经几次试验，原来纯属偶然。⑥维修技术人员怀疑电脑有问题，修理厂没有检测手段，只能更换电脑，观察故障是否再现，如不再出现，就是更换电脑的最好理由。

迈腾1.8TSI高压燃油系统油压为30～110bar（1bar=10^5Pa），G247信号中断，电脑会通过燃油压力调节阀N276，使高压油泵输出较低油压，加油时因喷油量不足而熄火。由于电脑硬件、软件非常复杂，需要设计、制造、质量、OEM供应商等单位进行检测研究。

迈腾车右近光灯不亮

故障现象

迈腾舒适型仪表出现灯光报警提示，打开近光开关，右侧近光灯暗亮5s熄灭，左侧近光灯显示正常。

故障检修

首先用VAS5051进行故障查询，在09中央电器电控单元内存在两个关于右侧近光灯线路短/断路的故障，其中有一个故障存储不能清除：“00979近光大灯右M31对地短路”。

由迈腾灯光控制功能原理和电路图可知，当前照灯开关处于远近光挡或AUTO挡时，同时变光开关位于近光灯工作位置被J527转向柱电控单元识别，中央电控单元J519通过对以上信息的分析产生近光灯开启的控制指令，从而通过内部控制线路提供给插头A上的T11/2插脚工作电压，右前照灯插座的T10r/6 脚通过线径为1.5mm的黄/蓝线接收来自T11/2脚的电压，使M31右侧近光灯工作发亮。

单从右侧近光灯不亮分析，分析可能产生的故障的原因有：J519内部电路控制线路故障，导致无正常工作电压输出；J519电控单元外围执行控制线路（包括右前照灯近光灯或前照灯内近光灯连接线束）存在线路故障；电控单元识别指定故障后进行了功能关闭；近光信号输入故障。

对于近光信号输入故障，因为J519是通过总线接收到J527的相关信息后进行远近光功能控制的，从线路上讲，此总线信号或前照灯近光挡位信号同时输入J519后，再由J519进行分析后分别进行单线控制，因为现在的现象为左前照灯远近光控制执行线路正常，因此，近光信号输入故障的可能性可首先排除。

再根据故障实测，右侧近光灯暗亮5s熄灭，说明J519输出的电压能传递到执行元件右前近光灯，J519至前照灯线路存在线断路/短路故障和近光灯本身线路断/短故障也可排除。

最后结合故障码所示，永久性故障近光灯右M31对地短路说明，J519电控单元监控到J519部件本身或J519外围执行线路存在对地短路点。由前所述，J519不可能存在单纯外围电路对地短路现象，由此分析，J519内外部电路可能存在产生大幅压降的因素，符合了J519的对地短路的报警机理。另外，近光灯暗亮数秒后即可熄灭的状态，也需要做进一步的检测。

作为PQ46平台上的迈腾，各控制单元本身提供了较完全的检测功能，借助于数据流读取和分析，能快速地协助维修的精确诊断。进入09-08通道，读取02数据组第二区右近光灯状态，在刚打开近光开关后，先显示为 100%，然后持续约5s后，显示变为0，说明右前照灯近光未接收到来自J519的控制电压。此时拔下右前照灯的插脚测量T10r/6在近光状态下无工作电压，接下来J519的输出脚T11/2脚进行测量也无电压输出。

检测至此，问题基本可以定义为J519内部电路故障了。然而，对外围电路故障引起J519功能关闭的充分性还未进行验证，对于现代高集成性能的电控单元来讲，可能会因为执行元件或线路的故障引起电控单元对相关功能的应急功能关闭。为监控这一点，我们将左前照灯插头拔下来，观察在左侧近光线路断路的状态下，读取09-08-02组 1区在近光开启状态下显示仍为100%，而右侧为0；说明迈腾的J519电控单元的前照灯近光执行信号输出并不受J519外围线路断路故障的影响；接下来再对线路的“故障性搭铁”的可能性进行验证，断开右前前照灯插头和J519的A脚插头，用VAS5051的电阻测量工具测量连接T11/2脚黄/蓝线，无对地电阻皆无穷大，不存在假设的以小于前照灯电阻方式与地短路现象，检测至此，可将前述其他几种原因全部排除，只有J519内部出现问题了的可能性了。不妨推出如下结论：J519内部的电路故障使在控制输出的监测点上产生了大的压降，监测点界定为超出正常前照灯分压值的极限，根据报警机制，报出相应线路对地短路的故障码，此时在较小的工作电压下，右前照灯近光只能微弱闪亮，5s后J519检测到近光灯控制线路处于失效工作状态，出于安全考虑，切断此线路供电工作电压，右前照灯近光便不再闪亮。

故障排除

更换J519后，故障排除，此时测量前照灯插头的输出端子，在打开前照灯时有12V电压输出，右前照灯近光灯开始正常闪亮。但仪表板上仍有灯光报警提示，查询故障码有3个故障码存储，分别为刮水器控制和左右尾灯M4、M2电路中有电器故障。对比新更换的J519编码与原车J519编码，发现第一个字节84变为了8D，增加了安装后刮水器功能和安装后座椅识别系统选项。因喷水功能由J519控制实现，而此车无后刮水器功能，因此会出现“02398 后风窗玻璃清洗泵触发断路/对地短路”的故障码，改此字节为84，故障码消失，如图1、图2所示。另外发现第24字节变为了19，对比原编码为00，增加了后尾灯的监控功能，而此车J519监控功能和此项不匹配，因此会出现“左尾灯M4和右尾灯M2电路中有电器故障”的故障码，从而使仪表再次出现灯光报警，将长编码按原车J519的长编码重新编写，灯光报警消失，故障彻底排除。

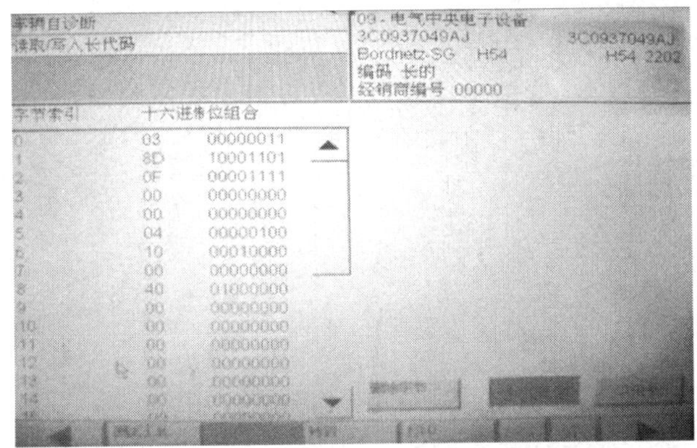

图1 更换新的J519后的编码界面

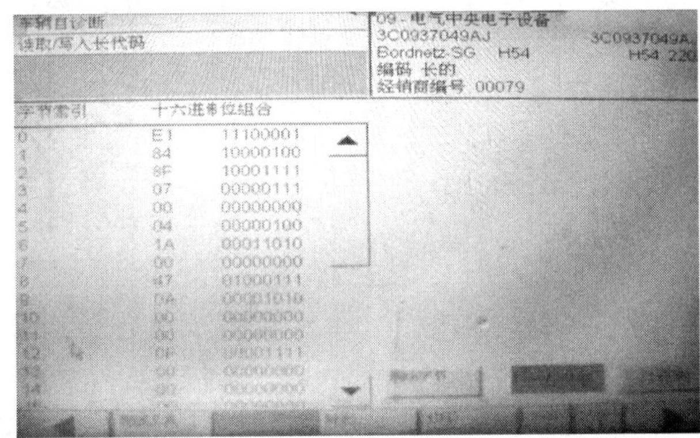

图2 未更换J519时的编码界面

专家点评

对于以前常规电路系统的车辆来说，汽车前照灯不亮应该说是再普通不过的小故障了，而阅读了本篇案例之后，我们会发现，对于迈腾来说，前照灯不亮的故障并不是那么容易解决，为什么？答案就是：总线控制系统的运用使然。不仅是迈腾，近年来，越来越多的汽车都广泛应用了（网络）总线系统，因为总线的应用，使得更多的功能在汽车上的实现成为可能，但同时，总线在汽车上的应用，也给我们汽车维修人员提出了新的课题，那就是，如何运用新的检修思路和方法对这些车辆进行快捷、有效的维修？

维修技术人员以迈腾右前近光灯不亮这一故障为例，以清晰的思路、全面的分析向我们展示了维修总线控制车辆的正确方法和流程，值得汽车修理同行很好地借鉴。

通读全文，我们很容易将维修技术人员的故障排查思路归纳出来，具体如下：

在明确了故障现象及故障码的前提下，维修技术人员首先对迈腾前照灯的总线控制系统进行了深入了解，如图3所示，中央电气系统控制单元J519接收前照灯开关及转向柱开关模块（变光开关位置）的信号，控制前照灯（远光或近光）是否点亮（控制远、近光灯的电源）。

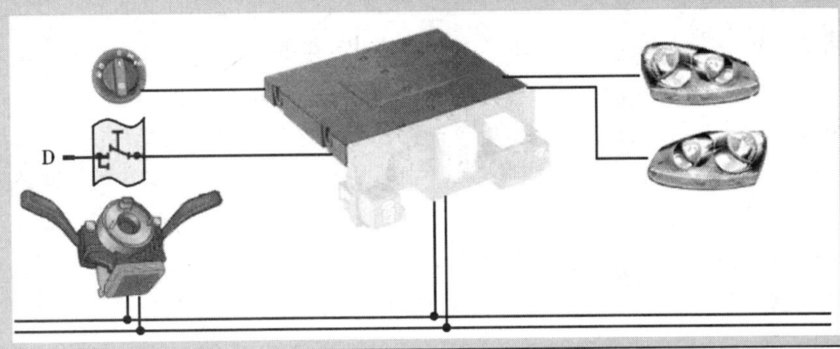

图3 迈腾前照灯的总线控制原理

在此基础之上，维修技术人员又对前照灯控制电路进行了分析（图4、图5），并对可能的故障原因进行了比较全面、客观的归纳（只是其中“J519至前照灯线路存在断路/短路故障”这一原因，我们认为没有道理）。

图4 迈腾左前照灯电路图

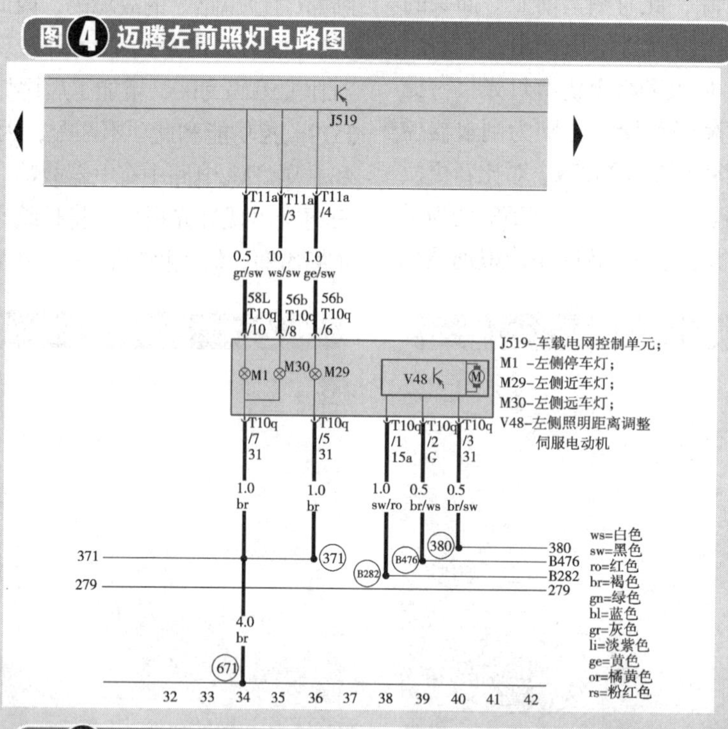

图5 迈腾右前照灯电路图

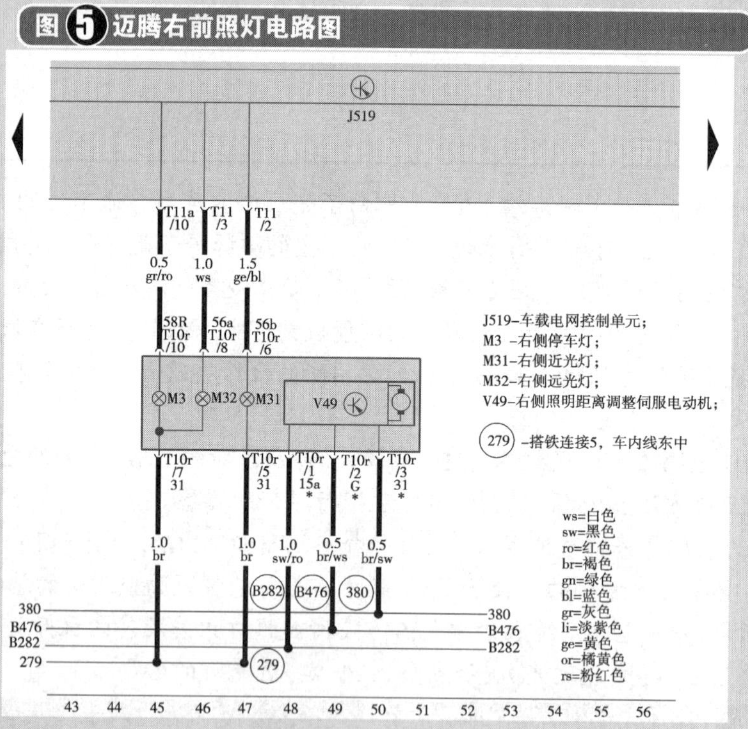

在故障排查过程中，维修技术人员基本上是按照由易到难、由主到次的原则，主要采用排除法，最终将故障锁定在J519。在这里，我们对维修技术人员故障排查的方法提一点建议，为了在更换J519之前就能100%地确定故障就出在J519身上，完全可以利用替换法进行测试。分析灯光电路可知，J519对左前近光灯和右前近光灯的控制是一样的，唯一的区别就在于连接插脚不同，根据这一特点，只要将左、右近光灯与J519的插脚进行调换，如果变成左前近光灯不亮，就可以肯定故障点在J519上。

最后值得说明的是，在更换了J519之后，近光灯的故障消除了，但新的故障提示又显示出来了，维修技术人员通过对新的J519编码匹配，故障彻底排除。这项操作告诉我们，在今后更换电控部件的时候，不能仅仅安装上就万事大吉，头脑中一定要考虑到是否需要匹配或重新编程。

迈腾防眩目后视镜不起作用故障分析

故障现象

一辆一汽大众迈腾1.8T，车主反映防眩目后视镜不起作用。

故障诊断与排除

1. 防眩目后视镜原理

防眩目后视镜是指具有防眩功能的车内后视镜，这主要是防止后面汽车的前照灯过强时，照射在车内后视镜上影响驾驶人的注意力，就是俗话说的“晃眼”。

防眩目后视镜一般安装在车厢内，它由一面特殊镜子和两个光敏二极管及电子控制器组成，电子控制器接收光敏二极管送来的前射光和后射光信号。如果照射灯光照射在车内后视镜上，如后车灯光强于前车灯光，电子控制器将输出一个电压到导电层上。导电层上的这个电压改变镜面电化层颜色，电压越高，电化层颜色越深，此时即使再强的照射光照到后视镜上，经车内防眩目后视镜反射到驾驶人眼睛上则显示暗光，不会耀眼。镜面电化层使反射光根据后方光线的入射强度，自动持续变化，以防止眩目。当车辆倒车时，车内防眩目后视镜防眩功能被解除，右外后视镜自动照射地面。

2. 诊断与排除

迈腾车防眩目后视镜除由本身开关控制外，还由门灯开关、车内灯及倒车灯来控制其工作与否，所以造成防眩目后视镜不起作用的可能原因是防眩目后视镜本身有问题、熔断丝、车内灯线路短路或断路及倒车灯线路短路。检查过程如下：

（1）电脑检测各控制单元无故障存储。

（2）检查熔断丝架SC8号熔断丝（后视镜供电熔断丝），均正常。

（3）检查线路短路、短路情况，均正常。（T6t/1及T6t/2）

（4）检查倒车灯线路T6t/3号插脚，正常。

（5）检查与两前门连接线路T6t/4、T6t/5号插脚，均正常。

（6）检查后视镜与车内灯连接线路T6t/6号插脚时，发现此插脚常搭铁为不正常现象，因为此插脚搭铁以后，防眩目后视镜是不起作用的，所以确定故障点就在此线路上。经过对线路的测量，未发现线路上有短路情况，线路的另一端是连接车内灯总成的T6b/6号插脚，这时怀疑车内灯内部是否短路，于是决定更换车内灯以证实。

（7）更换车内灯后，故障消除，便可确定故障点就在室内照明灯里面。

故障点分析

（1）虽然更换车内灯后故障消除，可是真正的故障点又在什么地方呢？经过仔细查看电路图（图1）及测量车内灯总成的线路板，发现线路板内有一处加工时未切断的连接（图2），此处正好与车内灯照明供电端子31（搭铁）相连接，这样就造成了车内灯照明T6b/4号插脚与防眩

图1 车内灯电路原理图（1）

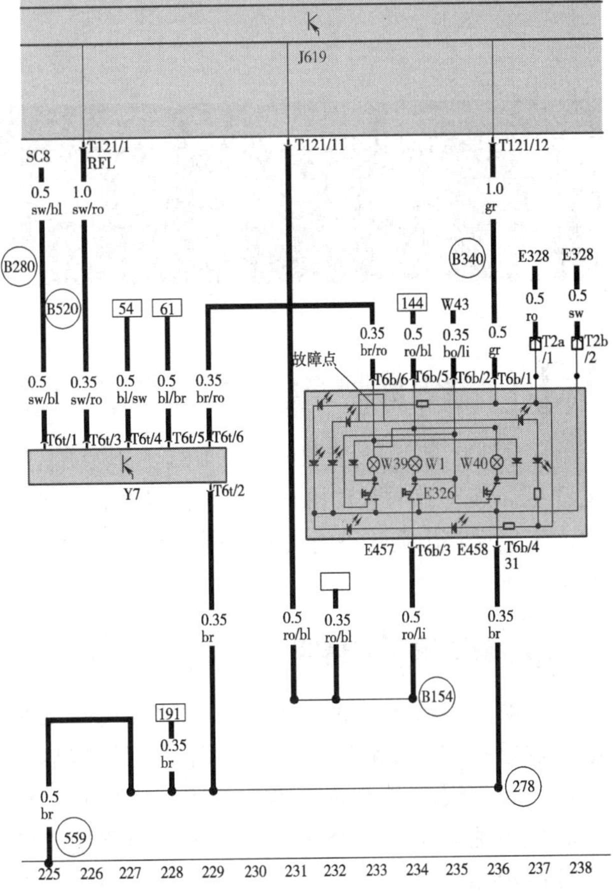

图1 车内灯电路原理图(2)

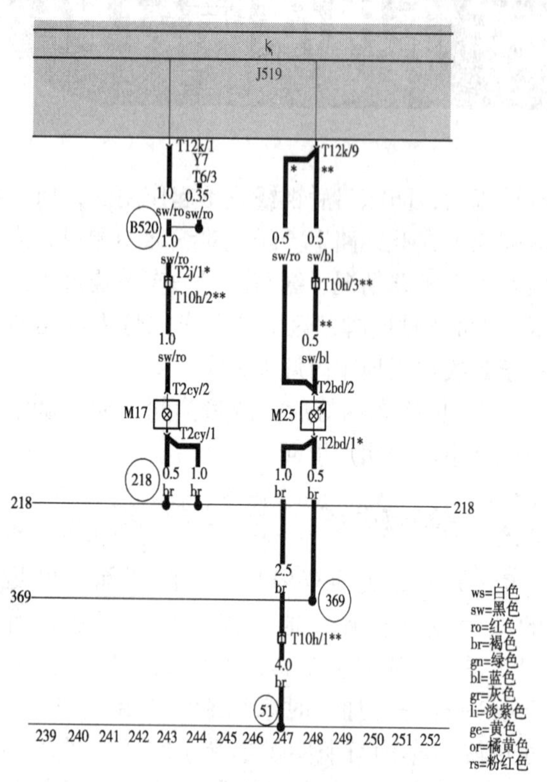

目后视镜T6t/6号插脚相连接的现象。车内灯T6b/4号插脚为常搭铁，而如果防眩目后视镜T6t/6号插脚搭铁，则防眩目后视镜将不起作用，这就是造成故障的原因所在。

（2）对车内灯照明线路板进行处理后，再次装车试验，故障现象消失。

图2 防眩目后视镜不起作用的故障点

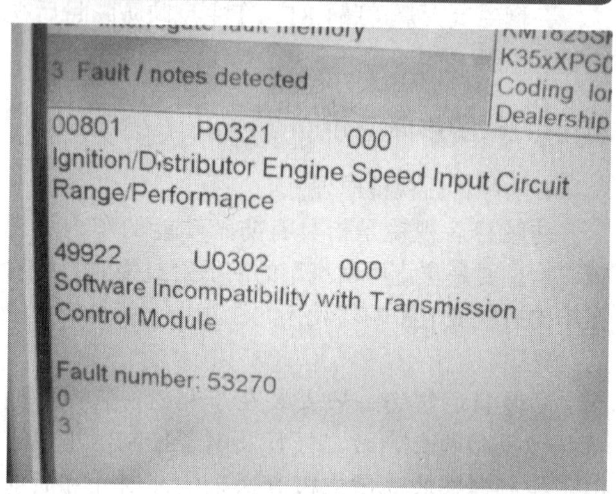

迈腾故障1例

 故障现象

一辆2007年迈腾,装载EA888 1.8T FSI燃油直喷发动机。该车有时起动困难,高速抖动厉害,加速无力。车主反映出现这种情况已一周左右，车辆无维修史。

 故障诊断与排除

起动发动机,点火起动正常，无明显的抖动和熄火现象；用VAS5052读取故障码,没有发现故障码；查看点火波形,波形正常，排除点火故障；检查高压燃油泵工作是否正常，油压传感器给出的信号在200bar（1bar=10^5Pa）左右，属于正常值范围。由于考虑该车是新车,机械故障的概率很低,怀疑故障出在电路系统。

进行路试,起动正常。用VAS5052读取故障码,无故障码显示。但当转速增加到3212r/min时，VAS5052突然出现转速传感器故障码，如图1所示。这时我们会有这样的疑问：为什么起动时有时正常、有时不正常？为什么高转速时会出现故障码？分析原因，很可能是由于发动机线束与ECU接触不良造成的，重新插一下线束,但故障依旧。用电阻表检测线束中转速传感器的线路，显示通路；又用电阻表检查转速传感器,电阻值显示在正常范围之内，看来不是转速传感器的故障。重新装好转速传感器,清除故障码进行路试,故障排除。在高转

图1 转速传感器故障码显示

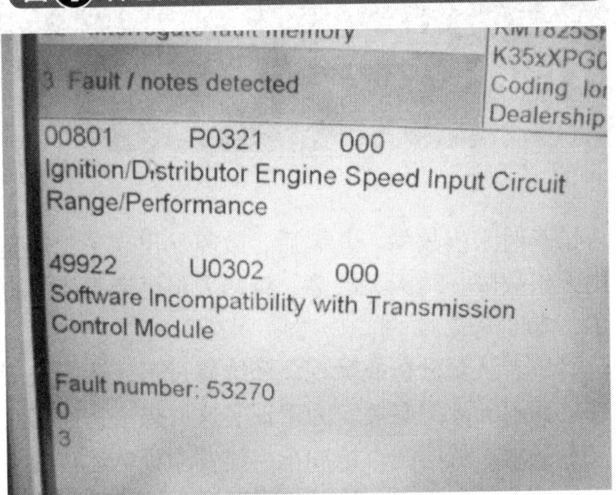
3 Fault / notes detected
K35xXPG0
Coding
Dealership
00801 P0321 000
Ignition/Distributor Engine Speed Input Circuit
Range/Performance
49922 U0302 000
Software Incompatibility with Transmission
Control Module
Fault number: 53270
0
3

速时，也没有再出现故障码,发动机起动正常。后来询问车主，没有再出现故障。

分析故障原因，问题在于转速传感器的螺栓拧紧力矩不够，造成接触不良，使信号传递有时中断，从而引起发动机抖动、加速无力的间歇性故障。

维修小结

我们面对故障维修的时候，对于间歇性故障应进行跟踪试验，以免误判或走弯路。对检测仪给出的故障信息不能完全依赖，应当深入分析，究其原因的根本所在。

专家点评

该案例也充分体现了“故障检测一定要在故障状态下进行”的思想。维修技术人员在静态下检测车辆故障码，系统无故障码记录，但是维修技术人员并没有由此判定电控系统无故障而开始胡乱检测，而是在车辆高速行驶时故障发生的状态下继续监测相关信息，从而发现在故障发生的同时存在转速传感器的故障码，继而为故障的进一步检测奠定了基础，这一点值得称赞，也是该车故障顺利解决的关键所在。

另外，我想再说明的一点,就是维修技术人员在发现了故障码之后，采用的检测方法不是那么理想，继续采用了传统的万用表检测线路、电阻等的方法，费时费力。试想一下，在有转速传感器故障码的状态下，我们应如何进一步确定故障部位？我们检测什么参数可以快速发现故障点、确定故障性质？维修技术人员采用的是排查的方法，这种方法固然也可以解决问题，但不是最好的方法。那么最理想的方法是什么呢？是检测传感器的工作结果。什么是传感器的工作结果呢？即传感器输出的信号波形是否正常。我们只要利用示波器在图2中的①和②处分别检测转速传感器的信号波形，便可以确定故障是线路部分接触不良或损坏，还是传感器本身损坏或安装不良造成，这样故障点就可以快速确定了。

从文章中的描述发现，维修技术人员手中有示波器，却没有充分发挥该检测设备的功能，十分可惜。建议广大维修技术人员要充分利用手中已有检测设备的功能，这一点非常值得重视。

图2 点火线圈波形

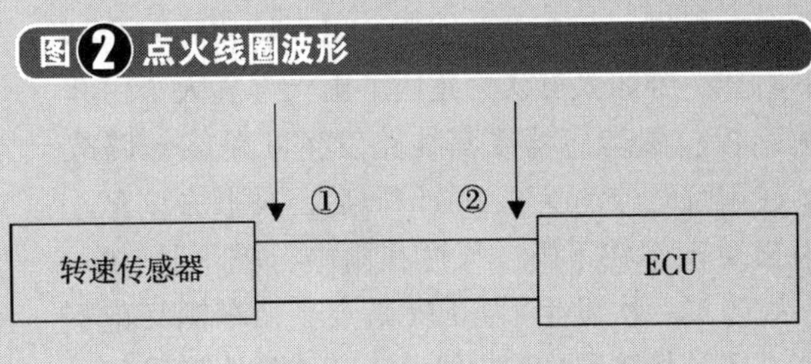

开迪EPC灯雨天常亮

故障现象

一辆大众开迪，雨天时EPC灯常亮。

故障诊断与排除

据车主叙述，行驶到途中突然感到加速踏板失效。此时无论加速踏板踩大踩小，车速都一样，还一冲一冲的。平路4挡车速也就是40~50km/h，空挡时发动机转速较高。［编者注：仪表板EPC（电子动力控制）灯点亮后，发动机进入了故障安全模式，加速踏板不起作用，可低速行驶到维修厂，也称“跛行回家功能”。］

维修人员用解码器来读码，读到故障码是18038/偶发，含义是加速踏板位置传感器信号太弱/偶发性故障。用解码器消了码，EPC灯也熄灭了，试车后一切正常，车主将车提走。几个月后，同样故障又发生了，维修人员又上演了数月前的一幕，车辆又一切正常了，车主又将车提走。这次车辆只好了几天，同样故障又发生了。维修人员先消了故障码，接着又检查了加速踏板位置传感器到发动机控制单元间的线路，没有发现线路有断路或短路情况。试车30km也没有出现故障，维修人员认为这样试车已表明加速踏板位置传感器和线路没问题，不需要修。3天后，同样的故障又出现了。不过，这次车主提供了一个重要线索：出现该故障时全都是下雨天。维修人员认为是因下雨天湿气大，引起加速踏板位置传感器或其线路发生断路或短路故障。在用解码器消除这一故障码后，马上去试车。因为当时正好在下雨，果然在雨中行驶不足10km后，故障又一次发生了：EPC灯点亮，车辆又跑不起来，还是故障码18038/偶发。而消除故障码后，再试车时未出故障。几天后，故障又出现了，还是雨天出故障，晴天无故障。维修人员已经无能为力了，求助笔者。

笔者认真分析故障现象和维修过程，认为故障现象和雨天潮湿有关。为了证实这一想法，而当时又不下雨，就用洗车枪冲车，让发动机也运转着，但是过了半个小时，故障也未出现。熄火后，蒙上不透气的车罩，又放了一天，发动机舱内和乘客舱内潮气十足，可是在再次发动后，故障却未出现。试验否定了是雨天潮气引起故障的假设。

再次分析故障现象：只要雨天行驶，偶发故障就频繁发生。根据经验，频繁出现的偶发故障常常和线路有关。雨天必用的就是刮水器，于是就在原地开着刮水器（接通前风窗玻璃冲洗器）运转发动机，但未发生故障，又开着刮水器试车，7~8km后故障就出现了。

拆开前导风板和落水板仔细检查发动机控制单元和刮水器线束，结果发现发动机控制单元线束和刮水器工作臂靠得很近，怀疑刮水器工作时工作臂会和发动机控制单元线束相刮碰。拉起线束查看时，发现线束有一小的磨损口，其中一根电线磨得已露铜线了，而这根电线正是加速踏板位置传感器G67到发动机控制单元的信号线。找到了故障原因，对线束进行了处理后，技术总监感到电线束和刮水器工作臂靠得过近，汽车运行中线束和刮水臂还可能刮碰。因此不解决这一靠得过近的问题，故障还是没有彻底排除。此时参与检查的电气技师提出把发动机控制单元反个面固定，这样线束离刮水器较远。于是就将发动机控制单元换一个面固定，使线束远离了刮水器。然后开着刮水器试车20km，故障也未出现。

专家点评

本案例的故障其实一点也不复杂。EPC灯常亮——有故障码18038（加速踏板位置传感器信号太弱/偶发性故障）——加速踏板位置传感器G67到发动机控制单元的信号线磨破——处理破线后故障排除。这么简单直观的一个故障，从维修技术人员的故障描述中发现反反复复很多遍，这样的故障排除过程难道不值得我们反思吗？在故障排除的过程中，维修技术人员发现有故障码，不是对故障码产生的原因进行仔细分析，而是用故障诊断仪“一清了之”，让人无法理解。经过多次反复，又回到起点。我相信，作者只要对故障码“追根溯源”，肯定可以在第一时间发现故障的根本所在，但是维修技术人员错失了良机。

另外，维修技术人员文中讲到的刮水器工作时，工作臂和发动机控制单元线束相刮碰，是由于电线束和刮水器工作臂靠得过近。这可能是故障的根源所在，维修技术人员对此给出了一个独特的处理方法——把发动机控制单元反个面固定，使线束离刮水器较远，从而将故障彻底解决。这说明该车可能在设计上就存在问题。但是，反过来装是否是最合理的处理方法，值得商榷。因为这样毕竟让有些线束承受一些不应该有的外力，是否会出现其他后遗症，需要实践的检验。如果真是这样，建议汽车制造厂提出一个合理的解决方案，并通知所有的汽车售后服务系统，对这些车辆进行召回检修，以免其他车辆发生类似的遭遇。维修技术人员这种彻底解决故障的意识值得倡导。

维修该故障的正确流程我在本点评一开始就给出了，其详细过程如下：

EPC灯亮——读故障码——发现故障码18038（加速踏板位置传感器信号太弱/偶发性故障）——仔细检查加速踏板位置传感器线路是否存在接触不良或偶发性断路或短路——发现刮水器工作时工作臂会和发动机控制单元线束相刮碰，将加速踏板位置传感器G67到发动机控制单元的信号线磨破漏铜——查明为什么刮水器工作时工作臂会和发动机控制单元线束相刮碰并处理——故障解决。

开迪后刮水器不工作

 故障现象

一辆一汽-大众开迪，发动机为4缸汽油机BRY，行驶里程6 026km，后刮水器不工作。

 故障诊断与排除

（1）首先连接VAS5051查询所有控制单元，均无故障记忆。

（2）使用VAS5051对中央电器控制单元（J519）进行执行元件自诊断，（具体步骤进09-03），后刮水器和后喷水嘴均可工作，这说明执行器部分是好的，无故障。

（3）接着使用VAS5051中的故障引导功能读取（转向柱控制单元J527）后刮水器开关的信号（信号需要在操作中读取），发现数据正确。进入中央电器控制单元（J519）读取后刮水器的操作信号时无反应。我们分析可能是中央电器控制单元（J519）损坏，因仓库暂无该配件，随将我公司开迪救援车的中央电器控制单元（J519）拆下装到故障车上测试，发现后刮水器、后喷水嘴均工作，故障排除。

（4）配件订购到货后，装到故障车上，并按要求进行编码，但是意外发生了，后刮水器仍旧不能工作。维修工作陷入了僵局，为什么从开迪救援车上拆下的配件装到故障车上，故障就能排除，新订购的配件安装后无法排除故障呢?难道是配件有问题？我们再次订购一个配件，安装后仍旧无法排除故障。

（5）维修工作陷入僵局。我们再次对该故障进行重新分析研究，并且将故障车辆与本公司开迪救援车对比分析，发现故障车与开迪救援车存在一个明显的不同点，那就是公司开迪救援车为低配车，无舒适系统。即车辆在不关闭行李舱门时后刮水器也可以工作，而故障车属于开迪高配车，有舒适系统，行李舱门不关闭时后刮水器禁用。

（6）为了验证以上论断，我们查找电路图，如图所示，做进一步证实，具体操作步骤如下：

大众开迪车行李舱、尾门相关电路图

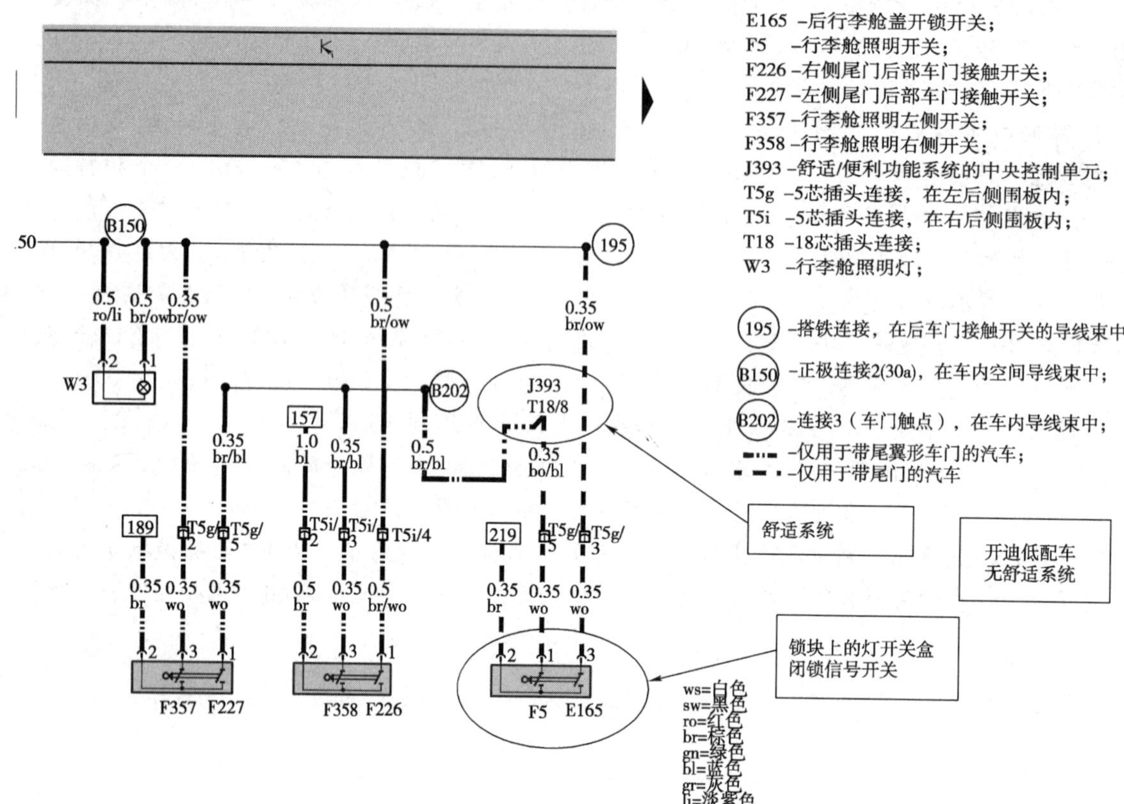

①将故障车的尾门关闭后发现行李舱灯熄灭，尾门打开后行李舱灯点亮，按常理说，故障车的锁块应该是正常。

②但是查看开迪电路图后，发现尾门锁块内有两个开关，分别控制行李舱灯和给舒适系统信号控制后刮水器工作。打开或关闭行李舱门，行李舱灯点亮或熄灭，这只能说明控制行李舱灯的开关正常，而控制后刮水器的开关不一定正常。

③进一步测量此锁块，闭锁状态下两个开关都应为断路，但是该车控制后刮水器的开关仍有230Ω的电阻，这说明控制后刮水器的开关存在问题，行李舱锁块有故障。

（7）更换新的行李舱锁块，故障排除。

维修小结

（1）故障车的后刮水器必须在尾门关闭的情况下才可工作，而柴油版的救援车则在尾门开启的情况下也可工作（因为低配车没有舒适系统）。

（2）尾门锁块内的开关由两个开关组成，分别控制行李舱灯和给舒适系统来控制后刮水器。

（3）此故障是由于反映尾门开启或关闭状态的开关，在尾门关闭状态下仍有230Ω的电阻，舒适系统误认为尾门为开启状态，舒适系统将此信息通过舒适CAN总线传递给J519，使 J519将后刮水器禁用。

目前大多数车辆采用CAN总线进行数据传递，这大大提高了车辆数据传递的迅速性、及时性，并且减少了车内线束，能够使我们及时利用诊断仪查找故障。但是我们不能忽略传统的维修方式，如果一开始我们就利用传统的方式结合VAS5051进行诊断，该故障就会很快地被解决。这说明传统的维修方式在现在维修中还是起到至关重要的作用的。

专家点评

开迪汽车采用PQ35技术平台，P指产品平台，Q指发动机横置，3指A级车，5指第5代产品。同为PQ35平台的还有速腾、途安。开迪尾门有两种，一汽-大众公司生产的是单尾门车（电路图中称尾翼形车门），德国大众还生产双尾门车（电路图中称尾门）。

故障车在质量担保期内，后刮水器不工作，该车装有舒适CAN总线系统，后刮水器受转向柱控制单元J527和中央电器控制单元J519控制。维修技术人员查询J527数据正确，查询J519信号无反应，更换本厂救援车上的低配置J519故障排除，更换订购的高配置J519故障仍旧。维修技术人员判断出高配置J519程序中有后刮水器工作的限制条件，尾门打开时后刮水器禁用。提供尾门打开信号的是E165后行李舱盖开关，E165在尾门关闭时电阻值应为无穷大，尾门打开时应为0Ω。维修技术人员怀疑E165有故障，测量E165在尾门关闭时电阻值为230Ω，从而找到了故障原因。

本故障对于4S店，可以用更换电脑的方法甄别J519或线路开关哪一个有故障。对于综合车型修理厂，不允许储备很多备件，应首先寻找电路图，读懂后刮水器控制原理，再针对性的测量线路及开关，以甄别J519或线路开关哪一个有故障。

此故障案例启发维修技术人员，要全方位思考问题。执行器不工作，不仅要考虑操纵开关、控制单元、执行器等是否有故障，还要考虑执行器不能工作的限制条件。当今汽车电子控制系统越来越复杂，执行器工作的限制条件越来越多。例如大众汽车“四门、两盖”的任何一个开关没闭合均会导致防盗器不能预警，制冷压缩机不能吸合是由于发动机电控系统存在故障。类似的例子很多，汽车技术在飞跃，考虑问题排除故障也需要全方位思考。

高尔发动机丢转速

故障现象

一辆高尔汽车，行驶里程为15 200km，在中速（车速80km/h，发动机转速为2000r/min）行驶时，出现发动机丢转速现象（转速下降200r/min左右）。它有时是瞬间几秒，有时时间稍长一些，然后发动机又恢复正常工作，丢转速故障的时间间隔没有规律性。

故障诊断与排除

接车后，用检测仪检测故障码。只有在发生发动机丢转速的时候，才会读出00537/偶发故障码；00561/偶发故障码（图1），但故障码可以清除。就故障信息为“00537—λ控制和00561—混合气匹配超出上、下极限”分析来看，此故障与发动机的燃油系统、进气系统、点火系统以及机械因素有关。而又属于偶发故障现象，针对汽车出现故障的现象和故障码，采取了以下的步骤进行故障排除：

首先检查发动机的燃油泵供电电路，先怀疑燃油泵继电器J17的故障，更换了燃油泵继电器，故障未能排除。

图1 调取故障码时检测仪的显示屏

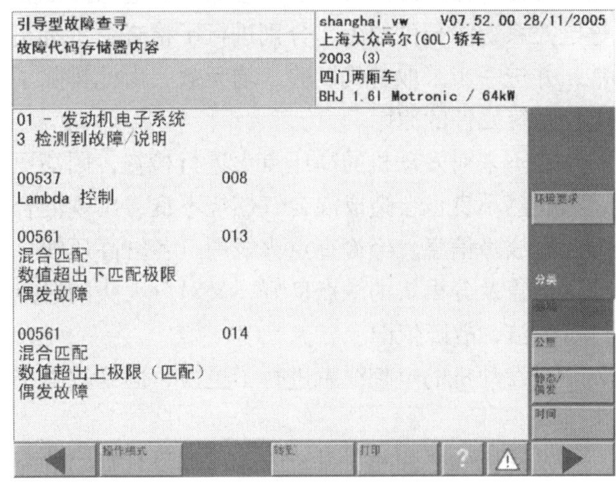

随后检查电动燃油泵，但燃油压力在各工况都正常。考虑到是偶发故障，故对电动汽油泵的工作可靠性有怀疑。是否电动汽油泵出现瞬间工作不可靠？于是在电动汽油泵的工作电路串联电流表，进一步检查当发动机在丢转速时电动汽油泵的工作电流的状况。汽车行驶中，发动机正常工作时，电动汽油泵的工作电流为3.6A，当发动机出现丢转速故障时，电动汽油泵的工作电流仍为3.6A，没有变化，这也验证了电动汽油泵工作是良好的，故障原因不是电动燃油泵。

经检查进气口和油箱，没有异物堵塞（本人曾遇到过此类故障案例），表明故障未在燃油供给系统和进气系统。

考虑到故障码显示的是00537—λ控制和00561—混合气匹配故障信息，进而对其电控系统进行检查。

因是氧传感器的故障信息，首先检查氧传感器的工作性能。经检查氧传感器信号的电压和波动的频率都符合要求，是否氧传感器加热电阻的故障因素影响氧传感器信号所致？先排除氧传感器的电路因素，重点检查其搭铁点情况：对照电路图，43号搭铁点在右A柱底部，经检查连接良好。为排除氧传感器加热电阻的原因，于是在氧传感器的加热电阻上串接电流表，观察加热电阻的电流变化情况，氧传感器加热电阻的电流冷车时为2.4A,热车时为1.3A左右，比较稳定，也未见电流波动。

把氧传感器的线束拔下后，行驶一切正常，故障现象未出现，只是油耗增加。但是，只要插上氧传感器的插头，就会出现上述故障，并且还都是该故障码，说明氧传感器只是在闭环控制上起作用，但氧传感器无故障。

于是，考虑节气门位置传感器、喷油器、进气压力传感器、冷却液温度传感器、分电器及电脑等电控系统的部件原因，分别进行了检查，也都正常，并进一步采取替代试验，均无效，由此排除了电控系统元件的原因。

接下来对发动机的高压点火进行检查，因高压点火偶然不良也会造成混合气燃烧不良，出现混合气匹配故障信息。经检查点火线圈、各缸高压线、分电器盖及分火头的触点良好，又对分火头的触点进行清洁，故障依旧。

对发动机的电控线束进行了更换，但是故障仍未排除。

发动机的燃油喷射系统的元件都没有查出故障原因，是否电控单元软件控制喷油和点火有问题？接下来读取发动机在丢转速时发动机电控系统的控制数据。连接VAG1552进行动态观察和读取测试：首先进入01—08—02、09、12、16、17，分别观察发动机的转速与进气量、喷油的时间、氧传感器电压的变化和显示的数据流。又连接电控系统连接插头VAG1598-5/20，分别检测电脑各脚的电压。另外在喷油器的电路并联SVW1527B，观察是否有停喷现象。

在试车测试过程中，读取的数据流基本正常，都在标准范围内。当出现故障时，数据流未有异常变化；发光二极管闪烁也未见明显变化。对此，一时陷入了迷茫。深思后再推敲故障码信息，都是偶发故障，并能清除，按着以往维修经验，问题可能是在电控系统的线路上。看来故障还是在发动机线束上的可能性较大，又仔细检查发动机线束。

这次是从检查线束的各连接电阻值、电压为切入点，重点放在线束的搭铁线上。当检查到发动机的电控单元T55a/2、T55a/14、T55a/24的插脚汇集总搭铁点49与蓄电池的负极桩头连接电阻时，发现阻值为5Ω，显然过大（这是唯一没有检查的部位），经过清洁处理，恢复正常。再仔细检查各处线束连接情况，确属正常后进行试车。

原来行驶一段就会出现故障，现在行驶10km没出现故障。由此可见，该故障是由ECU的负极搭铁接触不良造成。

再进一步检查整个汽车的电源情况，用电压表测量发电动机及蓄电池的工作电压，黑表笔搭铁，红表笔测量发电动机的正极接线柱输出为14V；蓄电池的正极桩头为13.6V，而测量15号线（点火开关）为12.8V，又查出发动机机体与车身的连接线接触疑点，经清洁后，电压达到13.9V。

至此再进行长距离的试车，故障再未出现，发动机中速丢转速的故障得以排除。

维修小结

该故障是由于发动机电控单元的搭铁线与蓄电池负极连接不良，造成发动机电脑出现瞬间控制失常。

几经周折才检查出故障点，通过此故障的维修得到以下3点感悟和启发：

（1）通过这一案例说明，当遇到电控系统存储有偶发故障码时，不要只局限于故障码的信息。首先，检查蓄电池的电压和电脑的工作电压是否一致，是否符合要求；其次，对照电路图检查线束的连接电阻值要小于0.4Ω，还要重点检查线束的搭铁点；然后，再进行其他部件的常规检查。

（2）故障出现时，用VAG1552故障阅读仪读取数据流没有明显的变化，原因是故障出现的时间太短，电子仪器有一定的反应时间，所以动态显示没有明显的变化。

（3）故障为何只在汽车发动机中速时，才会出现λ控制混合气匹配超出上、下极限故障码，原因是发动机电脑只有在发动机水温正常后，汽车处于在中速时，通过氧传感器的信号修正喷油量，控制空燃比在14.7左右。当发动机在怠速及低温时，或发动机在加速及大负荷时，发动机电脑不进行空燃比的修正，以保证发动机此工况的正常运转。

所以，发动机电脑在中速时因电源故障出现瞬间喷油控制失常，使混合气的浓度不符合要求造成动力下降，而氧传感器检测到了此信号，作为偶发故障码存储在电脑的RAM读写存储器中。

专家点评

该车故障的排除的确费尽了周折，检测出现的两个故障码（00537和00561）都是与混合气浓度和燃油修正控制有关的故障码。确实是有很多因素会引起这两个故障码的存储，但是这两个故障码均属于非常态的偶发性故障码，排除这样的故障的确是比较烦琐，需要检查和监控的参数比较多。

该故障的排除过程大家都看到了，就不必细说了。下面介绍一下电脑搭铁不良（接地电阻增大）导致该故障产生的原因。

在电控燃油喷射系统中，从理论上说，如果燃油压力和进气压力的压差、蓄电池电压、喷油器的几何尺寸等保持恒定的情况下，喷油器的喷油量取决于电脑控制喷油器通电时间的长短。但是理论和实际是有差距的，在实际控制电路中，实际喷油量的大小并不是完全取决于电脑控制喷油器通电的时间，而是取决于喷油器实际打开的时间。举个极端的例子，喷油器卡死在完全关闭位置情况下，电脑控制喷油器通电的时间再长，实际喷入汽缸中的燃油依然是零。

那么，在其他条件（蓄电池电压、燃油压力和进气压力的压差、喷油器的几何尺寸等）不变的情况下，喷油器的实际喷油量还受一些因素影响。喷油器触发脉冲和喷油器针阀工作特性的关系如图2所示。由于喷油器针阀的机械惯性和电磁线圈的磁滞性以及磁路效率的影响，任何喷油器，在触发脉冲加到电磁线圈后，从脉冲开始到针阀呈最大升程状态，需要一定时间T_0，称之为开阀时间；当脉冲消失到针阀落座关闭，也需要一定时间T_c，称之为关阀时间。由图2可知，喷油器针阀的升起和落座与脉宽并不完全吻合。同时还可以看出开阀时间T_o比关阀时间T_c长，（T_o-T_c）的时间是不喷射汽油的时间，称为无效喷射时间。开阀时间T_o受流过喷油器电磁线圈中的电流大小影响较大，而关阀时间T_c受流过喷油器电磁线圈中的电流大小影响较小。

图2 触发脉冲和针阀工作特性

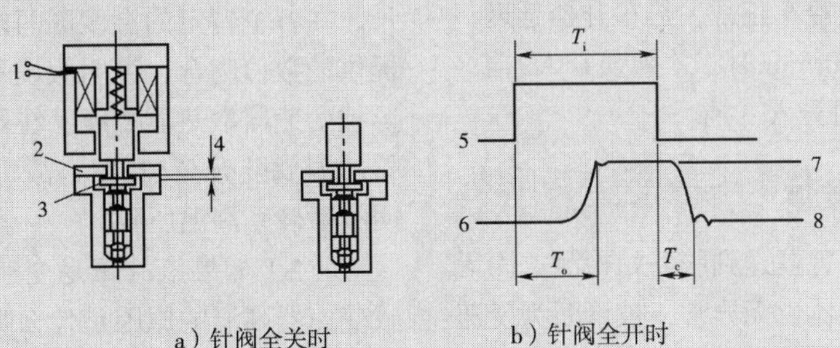

a）针阀全关时　b）针阀全开时

1-驱动脉冲输入；2-调整垫；3-针阀凸缘部；4-针阀升程；5-触发脉冲；6-针阀升程；7-针阀全开位置；8-针阀全关位置；T_i-通电时间；T_o-开阀时间；T_c-关阀时间

分析认为喷油器的实际喷油量和流经喷油器电磁线圈的电流大小有关，当流经喷油器电磁线圈的电流增大时，电磁线圈的吸力能较快地增大，从而使喷油器的开阀时间T_o缩短，针阀全开时间即有效喷射时间增长，喷油量增加；反之，当流经喷油器电磁线圈的电流减小时，电磁线圈的吸力增大缓慢，从而使喷油器的开阀时间T_o延长，针阀全开时间即有效喷射时间缩短，喷油量减少。

对于喷油器控制电路（图3）而言，由于电脑的搭铁线搭铁电阻增大（由正常的0.4Ω增大到故障状态下的5Ω），等于在喷油器控制电路中串联了一个附加搭铁电阻R_3。

图3 喷油器控制电路

在系统搭铁正常的情况下，流经喷油器电磁线圈的电流I_0=蓄电池电压U/（喷油器电阻R_1+正常搭铁电阻R_2），但是如果电脑的搭铁电阻增大，等于在喷油器驱动电路中增加了一个附加电阻R_3，此时流经喷油器电磁线圈的电流I_1=蓄电池电压U/（喷油器电阻R_1+正常搭铁电阻R_2+附加常搭铁电阻R_3），显然I_1远远小于I_0。由此可见，当电脑的搭铁电阻增大后，流经喷油器电磁线圈的电流明显减小，从而使喷油器的开阀时间增大，从而导致喷油器的实际喷油量小于正常喷油量。因此，在车辆运转时，混合气浓度偏稀，氧传感器检测到混合气偏稀时，向电脑发出增加喷油量的信息，电脑增加喷油量，如此循环，电脑认为λ控制和混合气调节不正常，从而记录故障码00537和00561。在记录上述故障码后，电脑根据氧传感器进行混合气加浓的控制停止，从而导致喷油量不足，出现发动机转速下降的故障现象。这就是该车故障发生的详细经过。

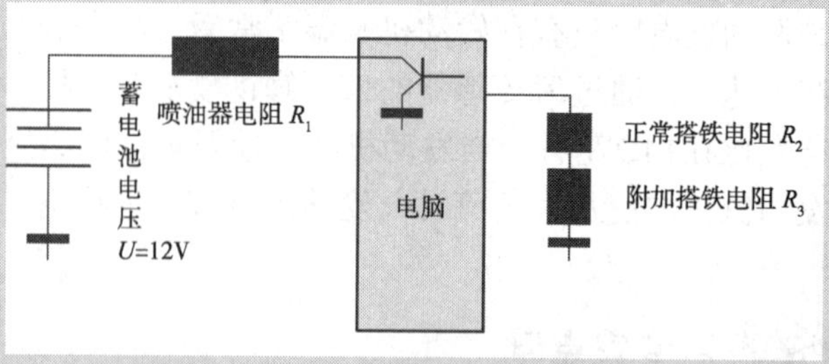

高尔夫自动变速器升挡困难

故障现象

一辆2003款高尔夫，搭载了01M自动变速器，行驶里程为50 000km，冷车正常，热车升挡延迟，当发动机转速升至2 800r/min时，才勉强升入2挡；升至3 600r/min时，方可升入 3 挡。

故障诊断与分析

此车出现该故障后曾被送到服务站检测，因无故障显示，且相关传感器也无异常，被诊断为变速器内部故障。但车主不太信服此诊断，故到我处进行检查。

接车后笔者对故障现象进行了核实，情况与车主叙述完全吻合。进行常规检查，其结果是油压正常、变速器油无异味、油质透亮纯净无杂质、油位符合标准、自动变速器控制单元无故障码。但用VAG1552查看自动变速器动态数据流时，发现变速器油温上升过快，结合该车热车后才出现延迟升挡故障的现象，笔者分析如下：

（1）会不会是油温传感器信号偏移，给控制单元一种假象？随后我们对油温传感器进行了测量，在各个特定的温度区间内，实测值与维修手册提供的数值吻合，说明假设不成立。用红外测温仪监控变速器散热器温度，在行驶一段时间后，变速器油温就陡升至120℃，故障随之再次出现，这说明故障确系高温所致。

（2）如果该故障是变速器高温引起，那么导致变速器高温的原因是什么呢？可能的原因有：离合器、制动器打滑；箱体内润滑不良；变矩器锁止离合器不能锁止；散热器散热不良等。

因该车在升挡、降挡期间均未出现过跑空和发动机转速陡升而车速变化不正常的现象，可以排除离合器制动器打滑。若箱体内润滑不良，就会造成行星齿轮机构和轴承铜套的磨损，严重时会使太阳轮秃齿，但该车未发现这些症状，因此也可以排除润滑不良。若变矩器锁止离合器不能锁止，将会导致油温升高，经检测TCC锁止工作，表现正常，观察变矩器完全锁止很长一段时间后，油温还保持在120℃左右，并不下降，应该排除变矩器工作不良。

若散热器散热不良，将直接导致变速器高温。为进一步证实，用红外测温仪测量变速器散热器进出口温度，发现进出口温差很小，遂怀疑是散热器的散热问题。将散热器卸下，用风枪疏通，吹出许多黄色的泥状沉积物，用清洗剂反复清理后装复，经长达2h的试车，变速器油温始终保持在96~97℃，升降挡时机恢复正常，故障排除。

经询问，车主在一年多前添加了不同牌号的防冻液，使冷却系统遭受腐蚀而产生了大量的离子颗粒，导致散热器堵塞。

故障分析总结

当散热器发生堵塞后，单位时间内的冷却液流量减少，产生散热不良，使流回油底壳的变速器油携带着大量的热量，导致油温迅速升高，控制单元通过油温传感器上获得的电压信号，感知当前油温异常，为达到保护变速器的目的而执行了延迟升挡时机的保护控制模式。

自动变速器保护功能是自动变速器控制单元的一种工作模式，至于什么时机、满足什么条件、执行什么保护，这取决于变速器控制电脑的软件版本。对该例故障所表现出的热保护功能，笔者的理解是：

（1）带有油温传感器的自动变速器主要是监测变速器低温和高温两种状态，因为在低温时由于变速器油流动性差会影响润滑，所以在控制上，延迟升挡时机，尽量使变速器处在低负荷状态下工作，暖车后才进入正常状态，以达到保护变速器和发动机的目的。

（2）当变速器油温达到设定的高温极限时，变速器也要执行延迟升挡时机的控制，因为如果升为高挡，变矩器因承载转矩增加，变速器油温也跟着增加，所以对油温的提升又起到了推波助澜的作用，这种后果将会造成变速器因润滑和密封不良而出现故障，故推迟升挡时机，以减少热量的产生。

综合以上两点，变速器油温低时推迟升挡时机，可以起到暖机效果，以此来保护变速器和发动机减少磨损。变速器油温高时推迟升挡时机，可以抑制变速器油温升高，达到保护变速器的目的。

专家点评

该故障不难，但是非常典型。故障排除过程行云流水，非常顺畅；故障分析有理有据，非常到位，的确是一个非常好的案例，值得大家借鉴。

该车曾经在服务站进行过维修，由于没有故障显示，便判定为变速器本身有问题，我们不知道服务站都做了什么检测。该车到该维修技术人员手中，该维修技术人员根据故障现象进行仔细分析，并基于相关检测数据，一步一步地找到故障根源，虽然都是维修“差别咋就这么大呢！”，归根结底是正确的故障分析和科学合理的故障检测，我们可以看出，该维修技术人员在该案例的排除过程中给出了很多有效的检测数据，这是顺利排除故障的根本。

本文最后的故障分析总结也非常到位，对维修人员理解故障的来龙去脉非常有帮助，让读者知其然又知其所以然，建议广大维修技术人员在今后写故障案例时，均能有个这样的总结和归纳，这对维修技术人员本身无疑也是一个很大的提高。

该故障的排除，主要得益于维修技术人员拥有有效的检测设备——红外测温仪，可以方便地检测出自动变速器各处的温度变化情况，利用“数据”说明问题，迅速找到故障点。由此可见，必要的维修检测设备在现代车辆的故障诊断中是非常重要的。前面的服务站正是由于没有这些必要的检测（可能是没有必要的检测工具吧！），才判定自动变速器本身有故障。试想，如果车主让该服务站解体维修自动变速器，服务站能够将该车的故障排除吗？可以肯定地说，不能！解体发现不了问题，就只有进行更换了。其实，即使更换一个新的自动变速器总成，该车的故障还是无法解决的。

作为技术人员之间的一种交流和提高，对该故障的排除，我还是要提些不同意见。根据该车的故障现象，冷车正常、热车异常，故障现象和温度有关，温度变化对自动变速器的影响主要是自动变速器油的黏度。温度低，自动变速器油的黏度大；温度高，自动变速器油的黏度小。因此该车的故障前期分析应该考虑自动变速器内部泄压、自动变速器油散热不良和自动变速器油温度传感器信号失准等3

个方面的因素，再根据自动变速器油液检查结果，排除内部泄漏打滑的情况，主要检查自动变速器油散热不良和自动变速器油温度传感器信号失准的问题。

该案例的排除过程中，维修技术人员采用了方便快捷的红外测温仪，非常好，但是，从检测中发现，并没有充分发挥红外测温仪的功能。第一，只要将测量自动变速器油的温度和检测仪读取的自动变速器油温度数据进行对比，即可以判定自动变速器油温度传感器信号没有问题，没有必要再测量自动变速器油温度传感器的参数变化；第二，用红外测温仪检测温度，不能只是检测一处的温度，应全面检测温度发生变化的地方，对检测的温度值进行分析，即可快速地判断出故障。如果维修技术人员第一次就能借助红外测温仪进行全面的温度测量，便可及早发现散热器进出口处的温差较小，从而发现是由于散热不良引起的故障，也就没有必要在进行大量分析和检测之后，第二次使用红外测温仪检测时才发现是“散热器进出口温度温差很小了”。这样故障检测就更加顺畅合理，也就更加省时省力，这是个人意见，仅供参考。

雪铁龙篇

富康988急加速时发咽，怠速时熄火

故障现象

一台富康988，发动机型号为TU3JP/K1.4L，采用BOSCH MP5.2喷射系统。该汽车为出租车，行驶18.2万km。前些日子出现急加速发咽，怠速熄火现象，当时踩下离合器猛轰几脚油就好了。最近几天出现的频率越来越高，于是就到路边小维修店进行排除，进行了火花塞的更换和喷油器及节气门的清洗工作，故障依旧。经推荐来到富康专业售后服务站进行维修。

故障诊断与排除

经过问诊得知，以上的故障现象和维修过程。随后维修工进行路试，结果与车主陈述的故障现象完全吻合。接着停车着火试验，在急加速时发咽不到1s时间就过去了，即转速很快就升到正常转速，但是一松节气门拉索就熄火。这与化油器式汽油机急加速泵损坏时的现象完全一样。据经验判断，油路故障可能性最大。根据电喷汽油机故障诊断，排除的特殊性，可能原因有以下7种：①喷油器临时发卡不喷油；②进气管有轻微漏气；③进气压力传感器信号有误；④氧传感器有故障；⑤点火正时控制装置有故障；⑥火花塞有临时不跳火现象；⑦汽缸压力不足或气门临时性关闭不严等。

首先对进气系统进行仔细检查和密封处理，没有漏气的地方；接着更换了进气压力传感器、氧传感器、火花塞，均无效果，故障依旧。其中更换火花塞的理由是：怠速时发动机不抖动，火花塞就不会有问题，这是过去传统修车的经验之一；虽然火花塞在空气中都能跳出蓝色火花，并能听到“噼里啪啦”的跳火声，就认为在诊断电喷汽油机也会适用，这是不妥当的。这是没有考虑到电喷汽油机压力高，在空气中的电离程度和在发动机燃烧室内混合气的电离程度有很大差别这一因素。在空气中做跳火试验时跳火良好，并不能说明火花塞在发动机缸体内的高温高压潮湿恶劣的环境下也能跳火良好。

接着对点火正时进行了重新校对，对喷油器进行第二次清洗和密封性检查，密封良好。进行着火试验，故障依旧。此时笔者来到故障车现场，建议再做一次汽缸压力试验，结果4个缸均在0.92MPa左右（标准值为0.93MPa），看来汽缸压力和气门密封均在正常范围。随后主修师傅提出要调换一下发动机主线束，虽说没什么道理，可车修到这份上，也只好试一试了。由于是专业维修站，用了不到20min就将另一台同型号的线束拆下来换上，打着火试验，实在是令人失望，毫无效果，故障依旧，而且怠速时还出现游车现象。

于是又把线束调换过来，笔者建议读一下数据流，结果在发动机怠速时，进气压力传感器绝对压力值为340mbar（标准值为270～320mbar）；氧传感器在0.1～0.9V之间变化（标准值为0.1～0.9V）；喷油脉宽为2.4ms（标准值为2.2～2.4ms）。结果也没有看出什么大的问题。随后，笔者和其他同事共同进行了分析，得出的结论是：如果进、排气门太脏或进、排气门上积炭太厚，也会在急加速时，混合气中的汽油被积炭吸附饱和后，才会有正常混合比的混合气进入汽缸内，转速由瞬间发咽后转入正常转速。于是主修师傅先用化油器清洗剂向进气管喷射，结果故障现象有明显好转，看来问题就在这里。随后，将缸盖抬下来，拆下进、排气门，果然发现进、排气门上确实积有很厚的积炭。将积炭清除干净，又将进气门进行了研磨，排气门状态很好。组装后着火试验，一切正常，故障彻底排除。

维修小结

排除该车故障的过程中走了不少弯路，关键是把问题想得太复杂了。从另一个角度看，还是对电控汽油喷射汽油机维修经验不足所至，另外该车的故障也比较特殊一点。所以，维修工在日常的工作中也要加强理论学习，用理论去指导实践。笔者建议同行们订阅几种关于汽车修理方面的杂志，从中可以学到很多知识和经验，以此来提高自身的业务素质，这是笔者多年来的亲身体会。

专家点评

排除该故障的确是费尽周折，维修技术人员更换了很多元件，故障也没有解决。维修技术人员和同事进行分析，最后得出结论，也没有讲明分析的过程——其实这一点非常重要，但是维修技术人员在写本文的过程中，非常重视其他人都做了什么工作，而对自己是怎么分析出该故障的，却没有详细叙述，我认为维修技术人员在这一点上应该详细叙述，讲明自己分析出该故障的过程。这是这篇文章的弱点所在，如果维修技术人员能将这一点详细叙述和分析，那将是非常好的一个故障分析案例。

其实任何一个故障的发生都是有原因的，故障原因和故障现象之间也是有一定的因果关系的。在排除故障的过程中，作为维修技术人员一定要分析这两者之间的因果关系，才能明白其中的奥秘所在，但是很多维修技术人员拿到车辆后，往往不进行详细分析就进行元件更换，这是不可取的。

当前，排除汽车故障不再是凭经验，一定要用数据说话。该故障排除过程中，维修技术人员大都没有按照数据进行确定故障点，而是凭感觉进行元件的更换，这样的方法实在是不可取。例如，维修技术人员在判定是否需要更换火花塞时，依然采用的是跳火的方法，而现在已经有示波器了，只要用示波器检测次级点火波形，根据测出的次级点火波形就可以分析出点火系统是否存在问题，同时也可以判定汽缸压缩情况、混合气浓度是否合适等相关问题。其实，该故障只要在故障状态下测量次级点火波形，根据波形就可以分析出故障的本质所在——混合气偏稀——这一点在点火波形上是有反映的：可燃混合气过稀会导致火花线向上倾斜。通常情况下，汽缸内的混合气越稀，火花线就越陡；混合气过稀也导致异常的粗糙、锯齿状或奇怪的火花线。根据这一点我们就可以分析出故障的本质是混合气稀的问题，那么再确定具体的故障点就非常容易了。

富康起步易熄火

故障现象

一辆富康AX1.6，行驶里程为2万km。该车起步时易熄火，熄火后无法起动，需等待一段时间后才能起动。

故障诊断与排除

试车时出现熄火现象，再次起动时起动机运转正常，但无高压电。用万用表测量点火线圈插接器的第三脚，起动时没有电压。由发动机燃油喷射控制系统电路图可知，如图所示，点火线圈低压电由双密封继电器提供，而双密封继电器又受控于发动机电脑板。由此可知，发动机电脑板不控制双密封继电器吸合，从而不给点火线圈供电，导致不能起动。

测量发动机电脑板与双密封继电器之间的导线，均通路，晃动时不断路。又用替代试验的方法，依次将发电动机电脑板、双密封继电器更换，均不能起动。

将原件复装后又可以起动了，反复试车，无上述故障。车主有事将车提走，次日故障再次出现。

是否电控系统输入或输出信号有误？带着这 个疑问将雪铁龙专用仪器PROXIA连接至诊断口，读取故障码为：发动机转速信号过晚。由于发动机转速信号是由曲轴位置传感器感知的，于是将曲轴位置传感器拆卸下来，发现磁感部位严重变形，从外观上看应是受热而变形的。更换新的曲轴位置传感器，消除了故障码，反复试车，熄火现象不再出现。

与车主沟通后得知，该车主有一个驾驶习惯：总踩离合器，等红灯也带着挡、踩着离合器。据我分析，可能是车主经常踩离合导致飞轮温度升高，时间久了，就将曲轴位置传感器的信号端烤变形了。车主提走车，一周后回访，行车正常。

发动机燃油喷射控制系统电路图

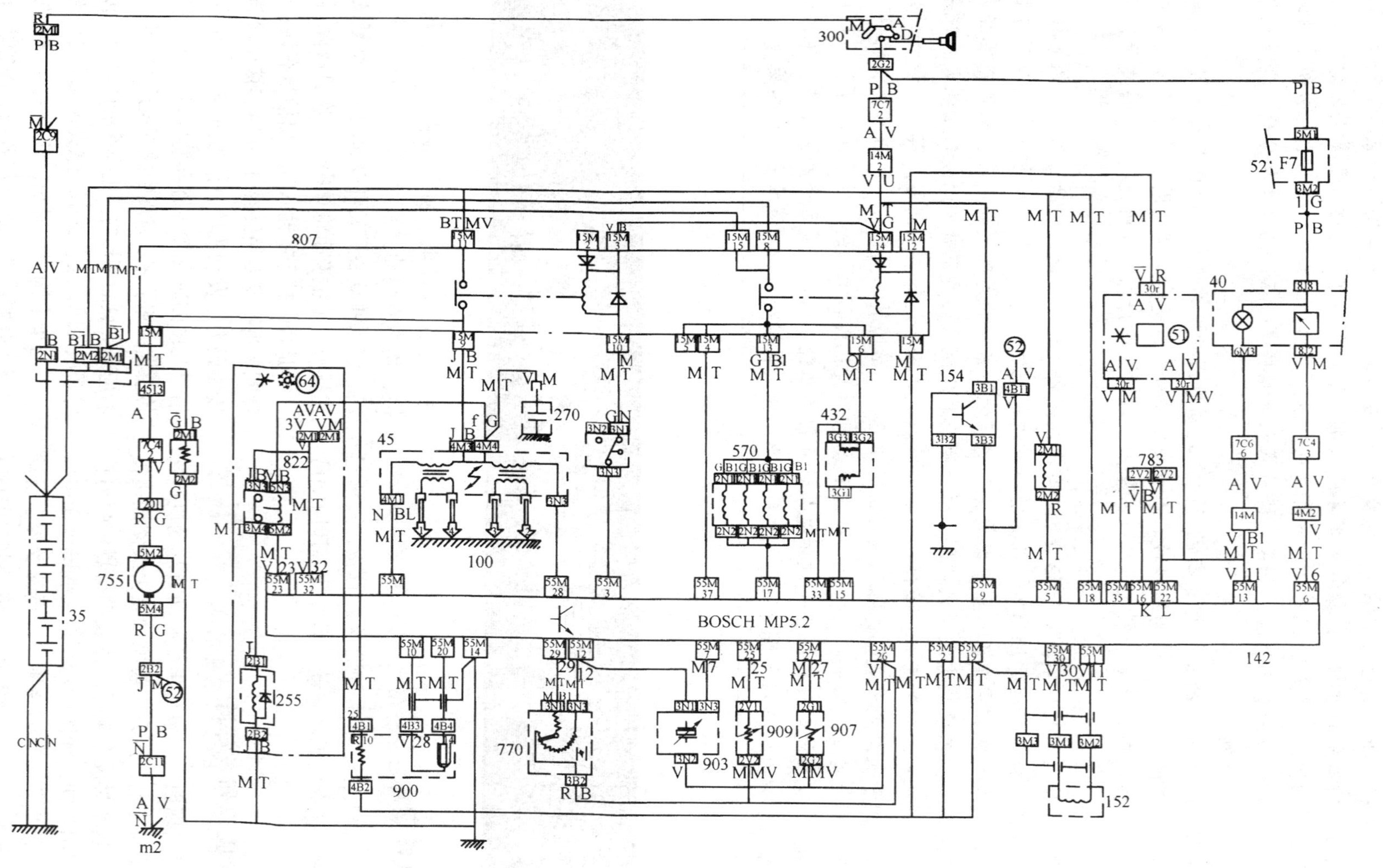

35–蓄电池；40–仪表板；45–点火线圈；52–驾驶室内熔断器；100–火花塞；142–发动机控制单元；152–发动机转速传感器；154–车速传感器；255–空调压缩机离合器；270–点火线圈电容；300–点火开关；432–怠速控制阀；570–喷油器；620–惯性开关；755–燃油泵；770–节气门位置传感器；807–双密封继电器；822–空调压缩机继电器； 900–氧传感器；903–进气压力传感器；907–进气温度传感器；909–冷却液温度传感器

维修小结

这是一例典型的因驾驶习惯不良引起的故障。在排查故障的过程中除了掌握基本工作原理外，还需借助于专用仪器，收集与故障有关的车主信息来综合分析，从而最终准确无误地判断出故障。

专家点评

通过该案例，我们可以得到以下3点启示：

第一，故障检测一定要按照由简到繁的步骤进行，维修技术人员检测出了故障码，故障码分析在电控汽车故障检测诊断中是非常容易的事情，无论车辆发生什么故障，如果有故障码存在，我们都要首先排除“故障码指示的故障”。但是维修技术人员首先做了大量工作，还更换了发动机控制单元（电脑板）和双密封继电器，最后才“带着这个疑问”检测故障码，实在让大家不能理解。

第二，维修技术人员在文中强调车辆无法起动的时候“无高压电”，“用万用表测量点火线圈插接器的第三脚，起动时没有电压”，还根据电路图说明了为何无高压电，其实我们根据该车的电路图可以非常清楚地知道，双密封继电器不但控制点火线圈的电源，还控制喷油器、燃油泵、怠速控制阀、氧传感器加热器的电源。发动机不给双密封继电器提供搭铁回路，上述元件均无电、不工作。所以该车不是仅仅没有高压电，而是不但没有高压电，而且喷油器和燃油泵也不工作。所以该车无法起动的故障不是“无火”无法起动，而是“无油无火”无法起动。出现无油无火无法起动的故障，本身就应该检查发动机的主信号——发动机转速传感器信号。也就是说，就是没有读故障码，根据上述检测结果，同样能够考虑到发动机转速传感器这个故障原因。这是很多维修人员在故障检测中都容易犯的一个错误：检测片面，只检测一个方面，而不对车辆进行系统的检测。这样往往导致失去快速确定故障部位的良机。

第三，维修技术人员对故障发生的过程给予了说明，是驾驶人的驾驶习惯不良，这一点也非常重要，治病一定要治根。

富康松离合时易熄火

故障现象

一辆装备TU5JP/KG型电控发动机的富康，在行车过程中，松离合时易熄火。

故障诊断与排除

据车主反映，该车在另一家维修厂维修过，其维修人员进行了怠速阀的清洗，但不久故障再次出现，有时发动机故障灯还会点亮。

用检测仪读取到的故障码为蓄电池电压过低。读取到的数据流见表。

检测仪读取的数据流

项　目	数　据
发动机转速	840r/min
空气温度	26.5℃
水温	87.2℃
蓄电池电压	13.8 V
节气门开度	10.9°
燃油喷射时间	2.1ms
氧传感器电压	0.1 ~ 0.7 V
车速	0
减速断油	否
空气恒温输入	否

从数据流上，看不出明显的问题。为确认节气门体及怠速阀在上一次维修时是否彻底清洗干净，于是再次检查这两个部件。经拆检，发现两个部件都比较脏。清洗后，又检查了进气压力传感器的插

头及连接进气压力传感器的真空管，没有发现问题。检查氧传感器时，发现其线束没有固定，由于长时间与变速器外壳摩擦，线束外皮已经磨破。对磨破的线束进行包扎固定，经过几天的试用，该故障未再次出现，证明故障已排除。

维修小结

分析该故障的原因，笔者认为是在离合器接合时，由于惯性，磨破的氧传感器线束与变速器外壳发生短路，造成系统电压太低，引起发动机熄火，并存储“蓄电池电压过低”的故障码。由于该故障是偶发性故障，所以在停车时，读取的数据流是正常的。这种偶发性的故障是不容易诊断出来的，这就需要我们对故障现象进行认真的分析，仔细地检查，最终排除故障。

专家点评

第一，该车的故障是在行车中松离合时发动机易熄火，维修技术人员在怠速运转时对该车的数据流进行了检测，由于此时故障并不存在，所以检测出的数据流并不能反映车辆的故障状态，虽然读取的故障码是“蓄电池电压过低”，但是数据流中显示的蓄电池电压为13.8V，该电压并不低，因此，该车的故障并不是根据数据流的检测结果判断出来的，而是维修技术人员在无意中发现的。如果我们用故障检测仪跟车进行数据流的检测，根据故障码的提示，在“松离合时发动机易熄火”的情况下，关注一下数据流中的“蓄电池电压”信息，可以很容易地判定故障是由于线路间歇性短路引起的。

第二，维修技术人员在故障小结中说故障是“氧传感器的线束与变速器外壳短路”，但是维修技术人员没有讲明是氧传感器加热器的电源线与变速器外壳短路。从图中可以看出，该电源线由燃油喷射继电器15M9端子提供给点火线圈45，然后再从点火线圈45出来，同时提供给

发动机燃油喷射控制系统电路图

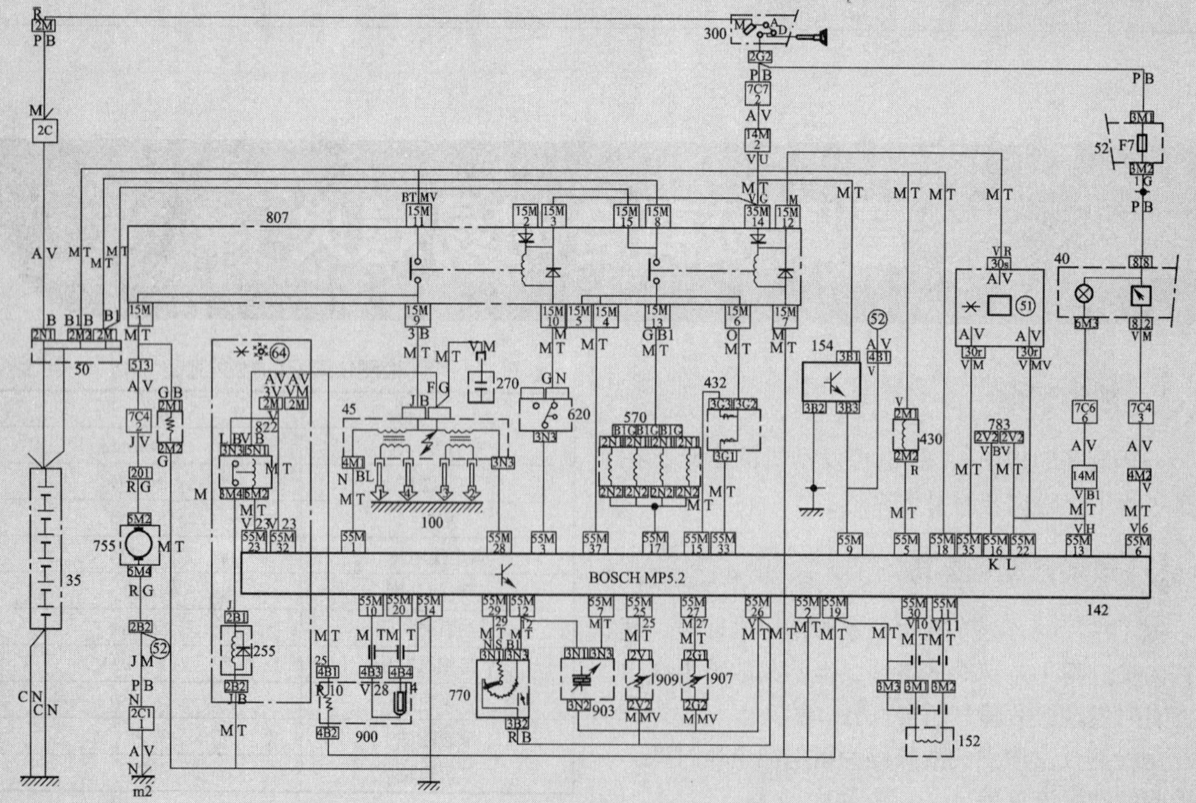

35–蓄电池；45–点火线圈；50–发动机盖下熔断器；100–火花塞；270–点火线圈电容；300–点火开关；432–怠速控制阀；570–喷油器；620–惯性开关；755–燃油泵；807–燃油喷射继电器；900–氧传感器

点火线圈电容270、氧传感器900的加热器、空调压缩机继电器的。如果氧传感器加热器的电源线和变速器外壳短路，会导致燃油喷射继电器15M9端子提供给点火线圈45的电源直接通过短路处的电压降过大，导致点火线圈的供电电压偏低，从而影响点火线圈产生足够的点火高压，最终导致松离合器熄火的故障发生。

第三，该车的故障是由于“氧传感器线束没有牢靠固定”，由于长时间跟变速器外壳摩擦而造成短路。那么“氧传感器线束没有牢靠固定”是什么原因呢？这是由于维修人员在对车辆维修的时候，动过线束之后，没有按照技术要求对车辆线束进行固定导致的。这里提醒维修人员，在对车辆进行维修的时候，一定要按照技术规范进行，千万不能“随意性太强”，否则车辆会越修故障越多。现在的车辆，30%是用坏的，70%是维修人员修坏的。

第四，维修技术人员在文章中提出，前面的维修人员对车辆进行维修时，曾经清洗过怠速控制阀，但是维修技术人员“为确认节气门体及怠速阀在上一次维修时是否彻底清洗干净，于是再次检查这两个部件。经拆检，发现两个部件都比较脏。”这里我们要讲了，本案例提出的故障现象，的确有可能是节气门体及怠速阀脏引起的。既然曾经清洗过，为什么还脏呢？这是因为维修人员在进行故障排除时，检查、维护不彻底。如果该车的故障真是节气门体及怠速阀脏引起的，由于我们处理问题不彻底而没能排除故障，您将做何感想呢？

富康经常熔断熔断丝

故障现象

一辆富康，行驶2000km。开空调正常行驶过程中，一声很轻微“啪”的响声后，空调停止工作。

故障诊断与排除

检查发现座舱熔断器中的F2熔断丝熔断。由富康空调系统控制电路图可知电路图如图所示，F2熔断丝给如下元件供电：一路是给空调温度放大器供电；一路是给804继电器的控制脚供电;另一路是经空调开关给空调放大器提供空调信号。熔断熔断丝无外乎两种可能:电路负荷过大和供电线路有搭铁或“软搭铁”的现象。将F2熔断丝更换，开空调行驶不出现故障。车主将车提走，不过一会儿又回来了，故障又出现了。再将F2熔断丝更换，反复试车，发现颠簸时故障出现。这应该是F2控制线路有破皮处在晃动时搭铁。查看电路图得知，F2熔断丝直接控制的线路均在仪表台内。起动后，用手晃动F2熔断丝控制的仪表台线路，F2熔断丝不会熔断。

反复试验，无意中站在右前轮位置，用左手晃动发动机线束发电动机固定处， F2熔断丝熔断。寻找故障点，发现在空气格总成下方的发动机线束中有一黄色线束绝缘皮有破损。该处线束没有准确固定到位，从而磨损破皮。将该线包好，重新固定好，换上新的F2熔断丝，再试车，现象不再出现。一周后回访，车主反映故障现象不再出现。

故障排除了，不过本人有一个疑问：参考电路，F2（5A）熔断丝所控制电路应该为非执行电力，不负责大的用电设备的供电，5A的电流不足以给执行电器供电，空调压缩机的供电为F3熔断丝，而压缩机线路搭铁不熔断F3而熔断F2是何原因?望专家给予指教!

富康空调系统控制电路图

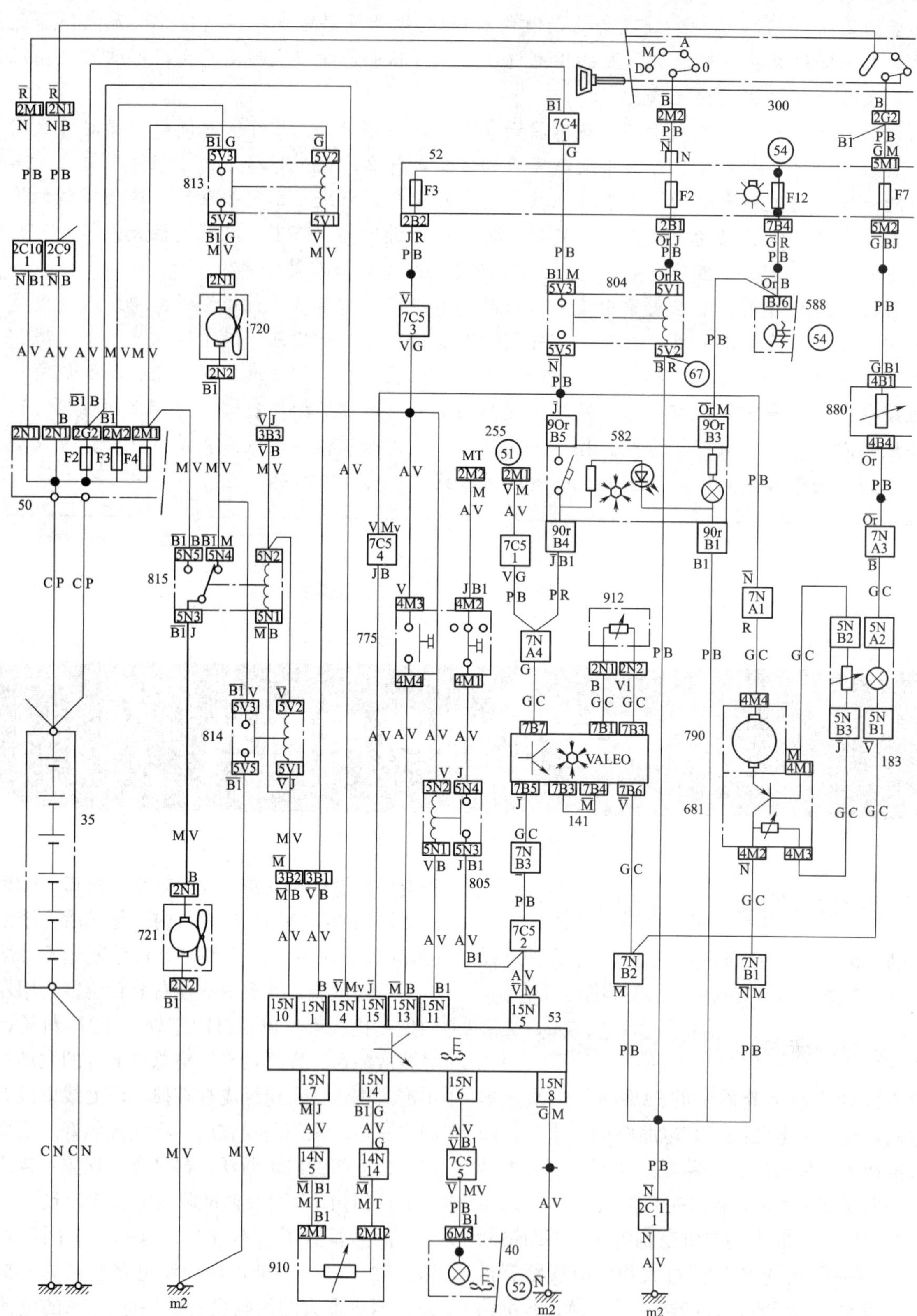

35–蓄电池；40–仪表板；50–发动机盖下熔断器；52–驾驶室内熔断器；53–冷却液温度控制器；141–空调调节控制器；183–鼓风机开关；255–空调压缩机离合器；300–点火开关；582–空调开关；588–后雾灯开关；681–鼓风机控制模块；720–电动风扇（单只或左边）；721–电动风扇（右边）；775–压力开关；790–鼓风机；804–空调继电器；805–温度控制继电器；813–低速电动风扇继电器；814–高速电动风扇继电器；815–电动风扇转换继电器；880–仪表照明变阻器；910–冷却液温度传感器；912–蒸发器温度传感器

专家点评

维修技术人员在文章最后提出一个问题：参考电路，F2（5A）熔断丝所控制电路应该为非执行电力，不负责大的用电设备的供电，5A的电流不足以给执行电器供电，空调压缩机的供电为F3熔断丝，而压缩机线路搭铁不熔断F3而熔断F2是何原因？这个问题其实很简单，从电路图中可以看出，F2和F3之间通过相关元件还是具有一定的联系的（蓝色框内）；另外，从电路图中可以看出，F2控制的电路的搭铁点是m2。其实在修车过程中仅仅通过电路原理图不足以看出相关联系，还应该看该车的线路布置图，从线路布置图中可以看出，F2控制线路的搭铁点正好是在发动机舱内，和空调压缩机的线路共用一个线束。有了这一点，就不难理解压缩机线路搭铁，为什么熔断F2了，正是因为F2是5A的熔断丝，而F3允许通过的电流值要大的多，所以熔断了F2，而F3安然无恙。

另外，维修技术人员在排除故障的过程中，当发现F2熔断后，虽然也分析了电路熔断的原因无外乎两种可能:电路负荷过大或供电线路有搭铁或“软搭铁”的现象。但是并没有仔细查正上述两个原因，在没有找到故障的情况，仅仅更换了F2熔断丝，就“让车主将车提走”了，由于故障没有真正解决，所以出现“不过一会儿又回来了，故障又出现了”的情况就不足为奇了。

很多维修人员都有这样的经历，在没有找到引发故障的真正原因的情况下，仅仅更换表面上损坏的部件。这是一种不负责任的态度，任何故障我们都要追根溯源，大家一定要明白任何故障的发生都是有原因的，在没有查明故障真正原因的情况下就更换部件，只会使更换的部件再次损坏，增加维修成本，对解决故障无任何帮助。虽然本案例中是个小小的熔断丝，没有多少成本，如果是个电脑呢？在没有查明原因的情况更换电脑，将电脑再次烧坏，这样的损失应该谁承担呢？因此我们倡议广大维修人员要有追根溯源精神。

维修技术人员排除该车故障是“无意中站在右前轮位置，用左手晃动发动机线束发电动机固定处，F2熔断丝熔断”后发现故障的，这是偶然，我们只能感叹维修技术人员的运气不错。其实只要充分运用相关维修资料（线束布置图），发现车辆故障应该是情理之中的事情，而不应该是“偶然”发现。

爱丽舍AL4型自动变速器疑难故障解析

故障现象

一辆装备AL4自动变速器的爱丽舍，行驶里程为1 000km。该车的变速器油温度升高到94℃以上后，车辆不能起步。

故障诊断与排除

先试车，发现变速器油温度在94℃以下时，行车、换挡一切正常；94℃以上时，车辆不能起步。人为换到雪地模式时，也不能起步。此时，倒挡工作正常。故障报警灯“SPT”和“*”不闪烁。车辆出现故障时，不能自动进入强制3挡应急模式。

用诊断仪读取故障时，没有永久性故障，只有输出速度临时性故障。拔掉TCU或者节气门位置传感器后，可以自动进入强制3挡应急模式。

分析：该自动变速器没有备用模式，如果有轻微的故障时，变速器自动进入降级模式运行（这时可能对换挡的质量有轻微影响）；如果关键的传感器或电磁阀等出现故障时，也应能够自动进入强制3挡应急模式行驶，但是现在车辆明显存在故障却不能进入强制3挡应急模式，而仪表上的故障报警灯和诊断仪又无故障显示。因此必须根据自动变速器的控制原理，逐步地分析判断。

当故障出现时，车辆不能起步，说明没有1挡（在正常情况下，自动变速器用1挡起步）；在雪地模式下也不能起步，则说明也没有2挡（雪地模式时，自动变速器用2挡起步）。该车同时没有1挡和2挡。

因为自动变速器的任何挡位，都是由变速器油的压力和流向来控制的，如果油量不足或品质差也可能导致没有挡位。

对该车的自动变速器油油面高度和品质进行了检查，一切正常，可以排除“油”的因素。

分析：根据1挡和2挡的动力传递路线（图1）、主动齿轮与止动齿轮及控制元件的动作情况可以知道，1挡和2挡都需要止动的部件是前太阳轮，也就是说如果前太阳轮不能止动，则会出现同时没有1挡和2挡；而前太阳轮的止动是由F3制动器的制动来实现的，那么，F3制动器的活塞、活塞密封圈、制动带等出现故障，也会发生没有1挡和2挡。本着从易到难的原则，因此检查F3制动器的控制元件情况。根据油路图（图2）可以知道F3制动器的控制电磁阀是EVS4，各个电磁阀位置如图3所示。各挡位执行元件状态见表。

图1 AL4自动变速器1挡和2挡的动力传递路线

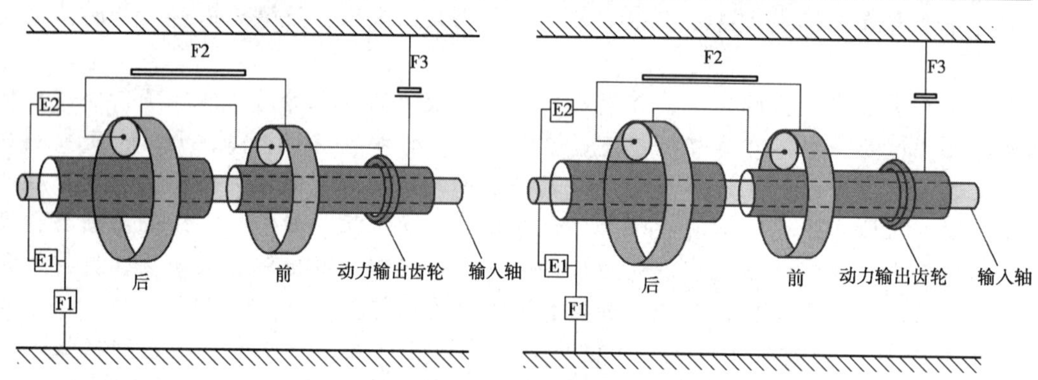

各挡位执行元件状态

挡位	主动齿轮	止动齿轮	工作元件		说明
			离合器	制动器	
1	后太阳轮	前太阳轮	E1	F3	两行星排均传递动力
2	后行星架、前齿圈	前太阳轮	E2	F3	两行星排均传递动力
3	前、后行星排都跟输入轴	锁止成一体	E1、E2	—	直接挡
4	后行星架、前齿圈	后太阳轮	E2	F1	后行星排传递动力
R	后太阳轮	后行星架、前齿圈	E1	F2	后行星排传递动力

对于电磁阀的故障一般有两种情况，一种是电控方面的问题，如果这方面的问题，TCU应该能够使变速器进入强制3挡。而故障现象表明是不能进入强制3挡，而且用诊断仪检测电磁阀也没有发现问题，由此看来电的问题可能性较小；再就是机械方面的问题，电磁阀虽然动作了，但是没有起到控制油液的作用，而且故障现象是在94℃以上才出现故障，又与温度有关，因此更有可能是电磁阀机械方面的问题。

拆检顺序电磁阀EVS4（其工作原理如图4所示）并不复杂，拆下后经仔细检查才发现，在O形圈上有一道小裂纹。更换O形圈后试车，温度上升到117℃时也没有出现故障，在后来的跟踪中也没有出现故障，证明故障彻底排除。

维修小结

故障的真正原因就是O形圈的小裂纹，当温度较低时，自动变速器油的黏度大一些，而且O形圈本身的密封效果也要好一些，因此在泄漏量不大，还能够使滑阀动作，表现出来工作正常；反之当温度升高时，自动变速器油的黏度会变小，而且O形圈本身的密封效果也要变差，泄漏量加大，滑阀不能动作，F3制动器活塞无油压驱动，因此没有1挡和2挡。

图2 AL4自动变速器油路图

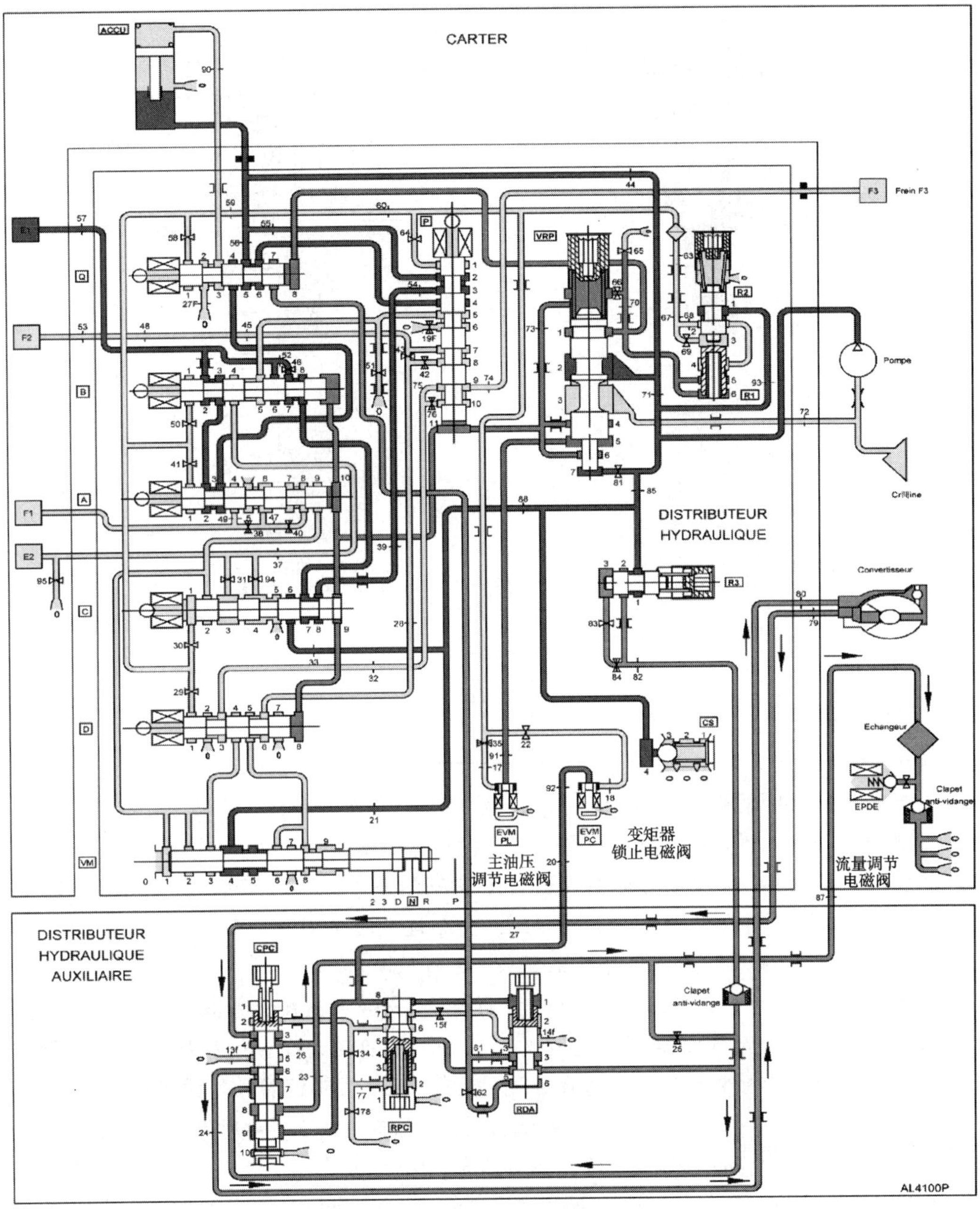

CARTER

ACCU

F3 Frein F3

E1

F2

F1

E2

Q

B

A

C

D

VM

P

VRP

R2

R1

R3

CS

Pompe

Crépine

DISTRIBUTEUR
HYDRAULIQUE

Convertisseur

Echangeur

EPDE

Clapet anti-vidange

EVM PL

EVM PC

主油压
调节电磁阀

变矩器
锁止电磁阀

流量调节
电磁阀

2 3 D N R P

DISTRIBUTEUR
HYDRAULIQUE
AUXILIAIRE

CPC

RPC

RDA

Clapet anti-vidange

AL4100P

图3 顺序电磁阀位置

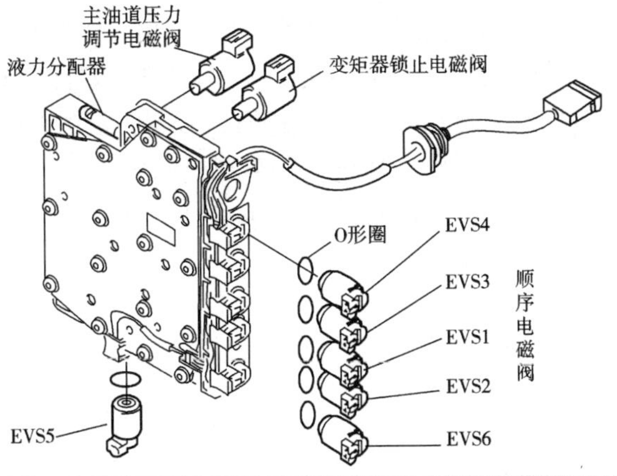

图4 电磁阀工作原理

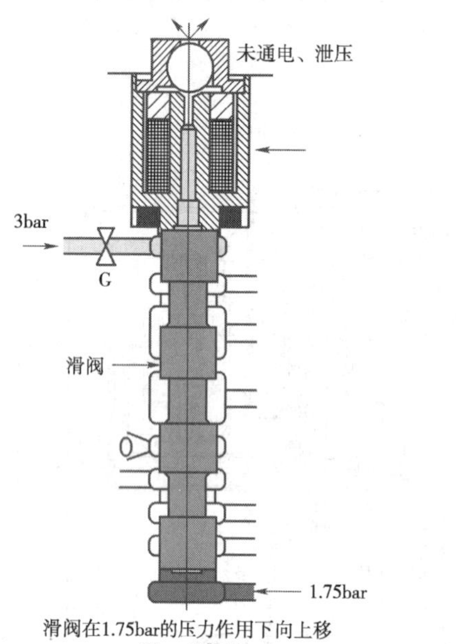

滑阀在1.75bar的压力作用下向上移
(1bar=10^5Pa)

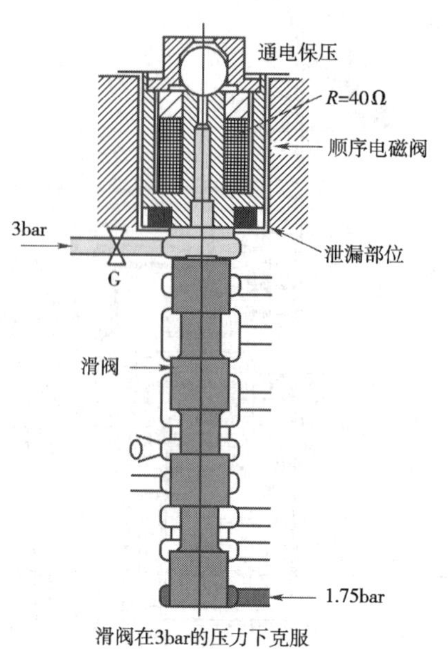

滑阀在3bar的压力下克服
1.75bar压力向下移

专家点评

对于自动变速器的故障判断，不能仅仅依靠诊断仪，诊断仪的显示结果也只能作为参考。更换零件之前，应该进行参数测量，以便确认故障。对于诊断仪读不出的故障，首先必须确认故障，同时应测量故障发生时的其他各种参数，与标准值进行比较有无异常，从故障现象最直接的原因开始，根据自动变速器的结构和控制原理，一步一步地向上追索，逐渐把问题缩小到部件再到零件，然后本着从易到难的原则，拆检零件，找出问题，排除故障。

AL4型自动变速器的TCU采用模糊逻辑控制理论，内部存有10种换挡规律，可以根据传感器的信号模拟驾驶人的习惯，计算出各种坡度和载荷的大小后，自动选择合适的换挡规律进行换挡。它还控制油温、油压、变矩器锁止、仪表挡位显示、在特殊情况下对变速器的保护等功能。TCU通过各种传感器获得信息，通过各个电磁阀来控制液压装置，控制自动变速器内所有液压元件（阀和活塞）的液压油的流向和压力，从而控制自动变速器内部离合器和制动器的接合或分离，以改变行星齿轮系统的传动比来实现换挡。换挡时机是TCU根据各种传感器的信号和内部换挡规律来确定的。

在AL4型自动变速器的电子控制系统中，还设有自诊断功能，对于各控制部分进行实时的检测，如有异常则通过仪表上的故障报警灯“SPT”和“*”闪烁，发出警示给驾驶人，同时变速器转入备用方式工作，可以继续行驶至维修站。维修人员可以通过诊断仪的提示，大多数都能够判明故障可能发生的原因和部位。然而，在对自动变速器维修时，如果仅仅依靠诊断仪寻找故障，往往会出现判断上的失误。实际上诊断仪显示的结果仅是TCU认可的一个“是”或“否”界定结论，不一定是自动变速器的真正故障部位。因此，在对自动变速器的车辆进行维修时，应在充分了解其控制原理和结构的基础上，具体分析，综合判断，结合汽车的故障现象来寻找故障部位。

凯旋AL4自动变速器故障3例

实例1

变速杆无法从P挡移出

一辆凯旋行驶3 200km后，出现了车辆虽可以起动，但AL4自动变速器变速杆无法从P挡移出，且侧组合仪表上无挡位显示的情况。

故障诊断与排除

用PROXIA3诊断仪进行全车电控单元整体测试时，诊断仪显示与BSI（它是车上功能最多的一个电控单元）、发动机电控单元1320均有对话，但与自动变速器电控单元1630无对话。根据以往的检修经验，出现这种情况的主要原因有：①CAN网网线有故障；②电控单元缺少供电。于是首先检查CAN网网线，导线9000和9001的电位分别为2.6V和2.4V左右，导线9000与9001之间的电阻为61.2Ω，检测结果基本正常。

根据电路图（图1）检查自动变速器电控单元的供电，发现56V NR插头的56脚为正常的蓄电池电位，而56V NR 插头27脚上的导线在点火开关接通时理应为蓄电池电位，实际检测电位却为0。27脚上的导线由发动机舱控制盒PSF1内熔断丝F6供电，但检查发现该熔断丝熔断。更换熔断丝F6，起动车辆，操纵变速杆时F6又熔断。显然电路中有搭铁短路故障。关闭点火开关，拆下蓄电池搭铁线，为安全起见，首先拆下自动变速器电控单元。为了寻找搭铁短路的故障点，用一只发光二极管串一只电阻作为试灯。先拆下F6熔断丝，然后将试灯跨接在F6两端，此时试灯亮，说明搭铁短路点不在自动变速器电控单元内部。先后从AL4变速杆附近的主线束10PR上拆下变速杆锁止继电器1642插头和脉动控制开关1602插头检测时，发现1602插头2、3脚相通，造成短路搭铁。将1602插头修复正常后，故障排除。

故障分析

由于脉动控制开关1602插头2、3脚相通，造成当变速器换挡操作时短路搭铁，使PSF1中F6熔断丝熔断，因此自动变速器电控单元的27脚因缺少供电，无法与PROXIA3诊断仪对话；同时变速杆锁止继电器1642也因缺乏供电不能工作，使变速杆无法从P挡移出。

实例2

最高车速无法超过100km/h

故障现象

一辆凯旋行驶14 763km后，无论怎样加速，车速达不到100km/h，侧组合仪表上自动变速器故障灯不闪烁，多功能显示屏无故障提示。

故障诊断与排除

用PROXIA3诊断仪读取故障为：①输入输出速度传感器故障；②节气门位置传感器故障，而且这两个故障均为临时性故障。一般临时性故障读取以后均可彻底删除，但这两个故障删除后又会出现。为了进一步查找故障原因，又进行了试车检查。在试车中发现，自动变速器无法稳定在D4挡运行，一进入D4挡马上强制进入D3挡（这种情况只有在自动变速器电控系统有故障时才会出现）。

试车时自动变速器能够在D1、D2、D3挡正常运行，不能进入D4挡，于是用诊断仪对控制D4挡的电磁阀EV1、EV2（表1）进行执行机构测试，测试结果EV1、EV2动作正常。考虑到自动变速器电控单元是根据各传感器的参数来控制各换挡电磁阀工作的，于是继续用诊断仪对自动变速器各传感器的参数进行检测。在参数测量时，发现油压传感器的参数为7bar（$1bar=10^5Pa$），并且该参数在发动机油门加大和自动变速器变换D1、D2、D3挡时都不发生变化。由此判断油压传感器电路有故障，检

各挡位执行元件状态　　表1

挡位	工作元件		
	离合器	制动器	工作电磁阀
D1	E1	F3	EV3、EV4
D2	E2	F3	EV2、EV4
D3	E1、E2		
D4	E2	F1	
R	E1	F2	EV1、EV2

图1 凯旋车AL4自动变速器电路原理图

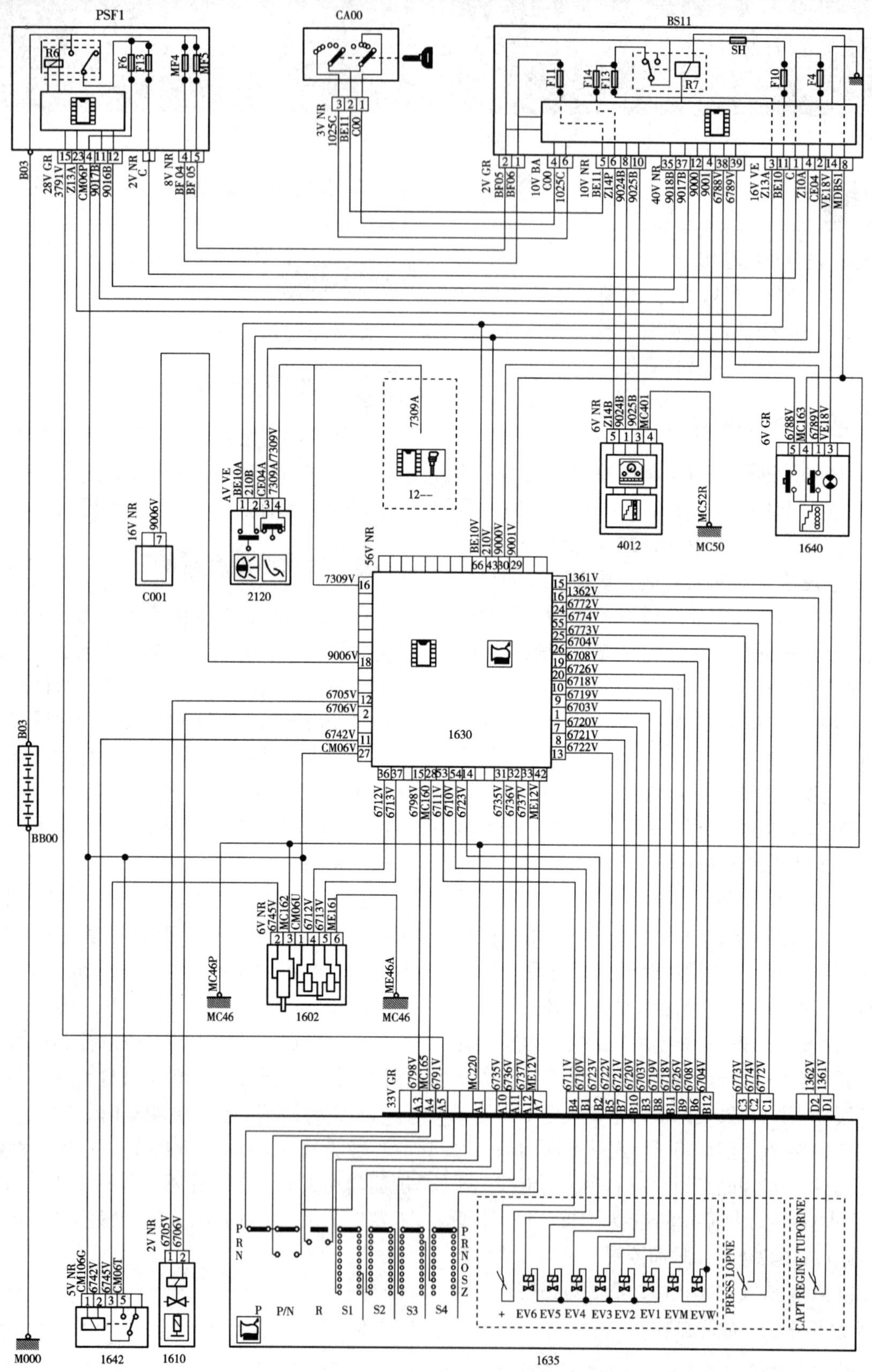

PSF1-发动机舱控制盒；CA00-防盗点火开关；BSI1-智能控制盒BSI； C001-诊断插头；2120-双功能制动开关；4012-侧组合仪表；1640-自动变速器程序选择器；1630-自动变速器电控单元；BB00-蓄电池；1602-脉动控制开关；1610-热交换器流量控制电磁阀；1635-多功能开关和自动变速器电液盒（其中：P、P/N、R、S1、S2、S3、S4-多功能开关触点；TEMP HUILE-油温传感器；EV1、EV2、EV3、EV4-换挡电磁阀；EV5、EV6-渐进电磁阀；EVM-主油压调节电磁阀；EVLU-变矩器锁止电磁阀；PRESS LIGNE-油压传感器；CAPT REGIME TURBINE-输入速度传感器）

查油压传感器线路正常，于是更换油压传感器。再用诊断仪检测油压，怠速为2.5 bar（250kPa），发动机节气门加大或自动变速器换挡时，油压随之变化。而且更换了油压传感器后，原来检测到的两个临时性故障也能顺利删除。经试车，变速器能稳定在D4挡运行，车速能超过100km/h，故障被彻底排除。

故障分析

自动变速器电控单元是根据各传感器的参数来控制各换挡电磁阀的工作，从而实现换挡控制的。本案例由于油压传感器损坏，造成该传感器传递给自动变速器电控单元的油压参数不变化，于是自动变速器电控单元不能控制换挡电磁阀EV1的正常工作，不能实现对D4挡的控制。而且有时传感器出现故障后，有可能干扰电控单元的正常工作，使电控单元中记忆了两个临时性（非真实）的且无法删除的故障。

换至倒挡时，无倒挡显示，且倒车雷达不工作

故障现象

一辆凯旋，换至倒挡（R挡）时侧组合仪表上无倒挡显示，且倒车雷达不工作，多功能显示屏上无倒车雷达显示（图2）。

图2 凯旋车CAN舒适网电路

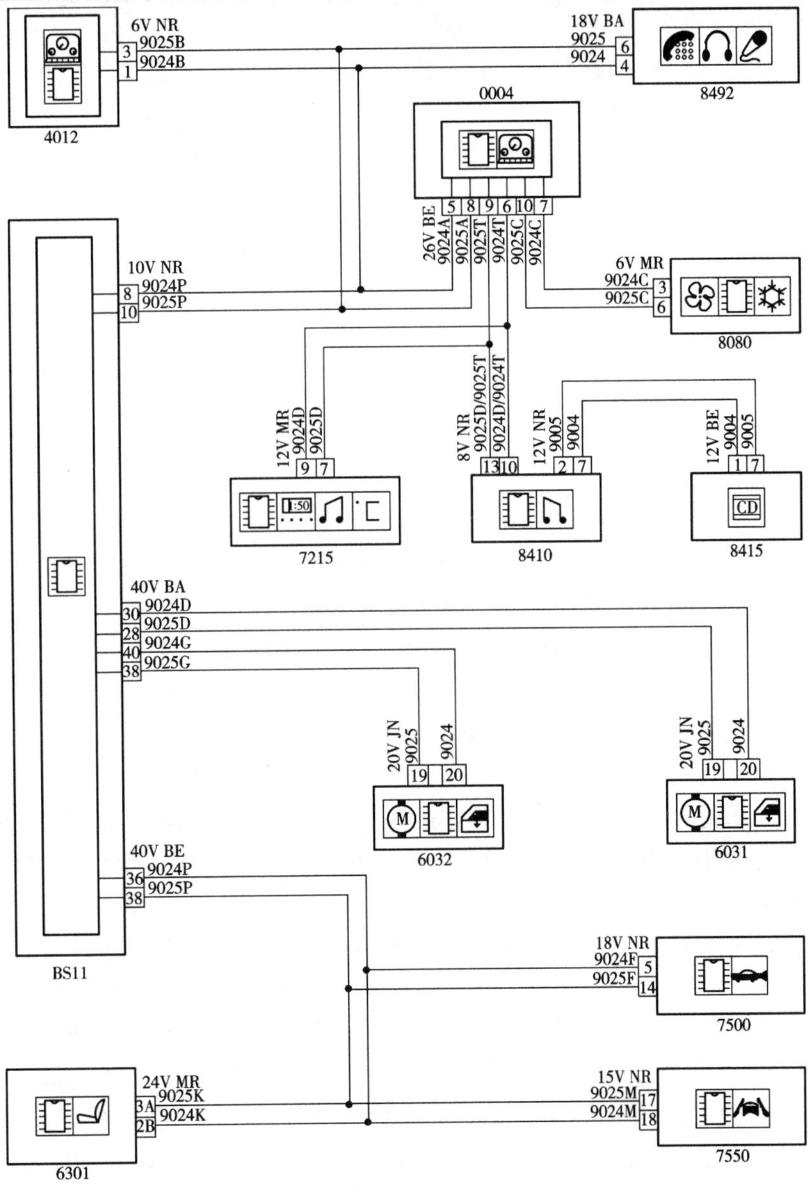

4012–侧组合仪表；8492–免提电话控制单元；0004–组合仪表；8080–空调电控单元；7215–多功能显示屏；8410–收放机；8415–CD换碟机；BSI1–智能控制盒BSI；6032–驾驶人车窗控制盒；6031–乘员车窗控制盒；7500–倒车雷达电控单元；6301–座椅、后视镜控制盒；7550–横向轨迹跟踪电控单元

故障诊断与排除

用PROXIA3诊断仪对全车电控单元进行整体测试，使诊断仪进入自动变速器电控单元读取故障记录，故障记录为：P（P表明该故障为永久性的、检测时仍然存在的故障）多功能挡位开关倒挡信号故障。为了缩小故障的范围，接着用诊断仪进行参数测量，测量中发现在变速器换倒挡时，变速器电控单元没有收到R挡信号。初步判断，引起该故障最可能的原因是：①多功能开关调整不当或触点损坏；②多功能开关与自动变速器电控单元之间导线或插接器故障。

考虑到拆装和检测方便，先对自动变速器电控单元的插接器进行检查，各插脚与插座接触状况良好。再检测多功能开关的插接器和多功能开关，检测中发现多功能开关和自动变速器电液盒1635插头33V GR（33通道灰色）中的A2插脚后缩变形。将A2脚修复后，检测多功能开关内的P、P/N、R等触点导通正常（表2）。将多功能开关和变速器电控单元装复后，换至倒挡，侧组合仪表上的挡位显示正常，倒车雷达工作正常，多功能屏上倒车雷达也显示正常。

多功能开关各触点导通情况表　　表2

挡位	P	P/N	R	S1	S2	S2	S4
P挡	○	○	×	×	○	×	×
R挡	×	×	○	×	○	○	○
N挡	×	○	×	×	×	○	×
D挡	×	×	×	×	×	×	○

注：○表示导通；×表示不导通。

故障分析

由于多功能开关和自动变速器电液盒1635插头33V GR中的A2插脚后缩变形，造成断路点，当换倒挡时，智能控制盒BSI收不到倒挡信号，BSI就不能将倒挡信号通过CAN舒适网线（见图1中的粗导线9024B和9025B）传递给侧组合仪表，造成侧组合仪表上无倒挡显示。同时倒车雷达电控单元7500和多功能显示屏7215也不能通过CAN舒适网线（见图2中的粗导线9024F、9025F和9024D、9025D）收到BSI传来的倒挡信号，于是倒车雷达不工作，多功能屏上无倒车雷达的显示。

专家点评

实例1：

在本案例中，维修技术人员一开始充分利用检测过程中发现的问题（检测仪器和自动变速器电控单元无法进行对话）分析了诊断仪与自动变速器电控单元无法对话的原因，并根据这一分析，根据电路图进行有针对性的检测，从而发现了问题所在——F6熔断丝熔断。检测到这一步可以说故障已经能够排除了，但是维修技术人员此时盲目更换了F6熔断丝，然后“操纵变速杆时，F6又熔断”，此时才判定“显然电路中有搭铁短路故障”，这是不明智的。这样的检测方法在维修实践中普遍存在，很多维修人员在发现某部件出现一种迹象后，不弄清原因，便将其更换，导致更换的部件再次损坏，造成不必要的损失。虽然该案例中再次烧断的只是一个小小的熔断丝，但是如果检测中发现损坏的是“自动变速器电控单元”呢？如果也这样盲目更换，将造成多大的损失呢？所以建议，无论在故障检测中发现什么故障现象，一定要追根溯源，千万不能一换了之。像本案例，正常情况下熔断丝F6是不会熔断的，熔断丝F6的熔断已经充分说明其相关线路中存在“短路”故障，在更换F6之前，就应该先检测相关线路，以避免上述二次损坏的现象。为了加深大家的印象，我们再列举一个“二次损坏”的案例，以作警示。

一辆2002年产红旗7200E发生事故后，导致右前轮转向臂总成报废，维修时连同右前轮速传感器一起更换。维修后车辆紧急制动时ABS灯点亮，维修人员读出故障码为22（右前轮速传感器或齿圈的信号丢失）和23（右前轮速传感器脱落）。根据故障码维修人员发现右前轮速传感器未完全装到座孔中（和左前轮速传感器对比，尾部长出大约2mm），造成传感器头与半轴上信号盘齿间的间隙调整不当。维修人员重新安装右前轮速传感器后试车，发现ABS灯变为常亮。维修人员再读故障码为21（右前轮速传感器断路或短路），测量右前轮速传感器阻值为无穷大，拆下传感器发现其端部多了一

个明显的压痕（传感器已顶到信号盘齿圈）导致传感器报废。最后再检查发现，事故维修时更换的右前转向臂为非原厂件，导致右侧轮速传感器座圈与半轴信号盘齿圈的距离比左侧的短1.5mm。原来事故维修时并非人家没有将传感器装配到位，那么我们二次维修发现右前轮速传感器没有安装到位时，有没有问为什么？如果弄清了原因，就不会导致右前轮速传感器报废了。

实例2：

维修技术人员在故障排除过程中根据故障现象进行了检测，读出了故障码并根据故障现象查看了相关的数据流，根据数据流中的相关参数确定故障点，这种思路是正确的，但是并没有对电脑为什么会记录输入输出速度传感器故障和节气门位置传感器故障码进行深入分析。应该怎样分析呢？我们应该在故障发生的状态下查看一下这两个传感器的数据流，将其与正常车辆的数据进行对比，便可以清楚地知道电脑为什么会记录这两个故障码了。其实该车的故障是由于油压传感器损坏，导致传递给电脑的油压信号错误，自动变速器进入D4挡工作后，电脑根据油压传感器信号，判定该油压不适合D4挡工作，所以D4挡打滑，锁入D3挡，就在这一瞬间，电脑根据传感器信号，判定节气门开度信号和输入输出速度传感器信号之间不匹配，从而记录上述两个故障码。

维修技术人员在排除该故障的过程中还有一个问题，电脑检测发现油压不正确，检测了油压传感器线路没有问题之后便更换了油压传感器。那么如果是油压本身不对呢？就这样更换油压传感器是否太盲目了呢？其实在发现油压数据不正确时，应该先用油压表检测一下油压是否符合车辆技术要求，如果油压正确再更换油压传感器也不迟。

实例3：

本案例根据故障现象和故障码检测结果可以非常轻松地划定故障范围，即变速器电控单元没有收到R挡信号，然后根据电路图进行相关检测即可确定故障点。同时维修技术人员也分析了倒车雷达无法正常工作的原因，诊断思路非常清晰，简明扼要。

凯旋发动机故障4例

案例1

故障现象

一辆手动挡凯旋，发动机有时能起动有时不能起动；不能起动时，起动机没有工作响声，发动机无起动征兆。

故障处理过程

发动机有时能起动，说明油泵电路、点火电路没有大的问题，故障部位可能在发动机控制电路。用修车王-28诊断仪读取发动机电控系统的故障为：①U2003遥控唤醒：主唤醒信号和电信号间不一致；②U2000 遥控唤醒：主唤醒信号接收故障；③U1693 发动机起动和停止遥控指令接收故障。

用凯旋发动机电脑MM6LPB的专用诊断分流线束4371-T（检测发动机电脑的32V MR棕色插头）、4229-T（检测发动机电脑的32V GR灰色插头）、4382-T（检测发动机电脑的48V NR 黑色插头）和发动机电脑故障检测盒检测发动机电脑线路时，发现发动机电脑48V NR插头上K3脚的导线7842E接触不良。将该导线修复，删除发动机电脑中的故障后，发动机起动工作正常，故障被排除。

故障分析

凯旋，发动机电脑48V NR插头上的K3脚与智能控制盒BSI 40V NR 10脚之间的导线7842（图1）是遥控唤醒发动机电脑所在CAN动力网（又称CAN

图1 凯旋发动机电路原理图

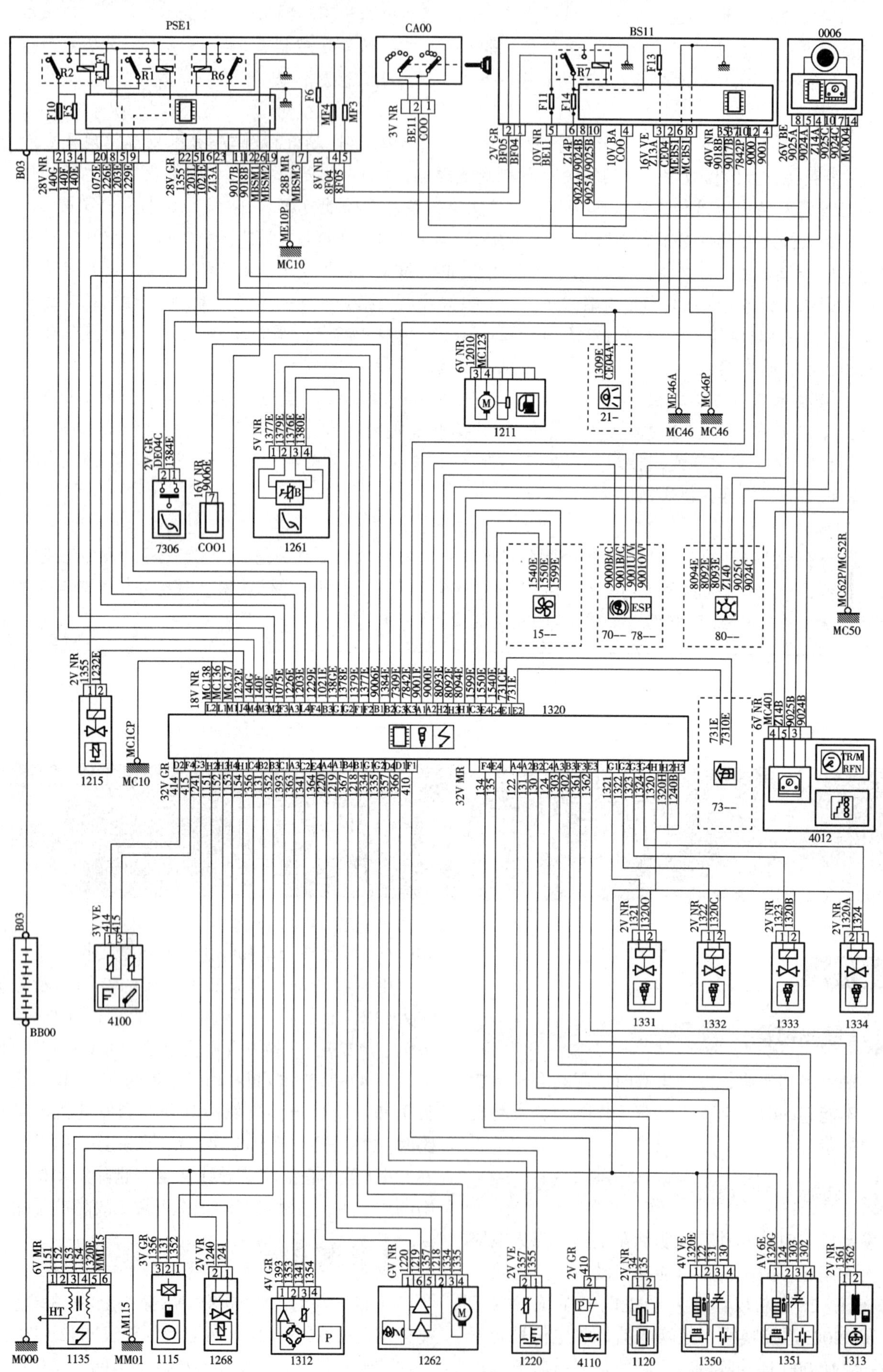

I/S网、CAN高速网，其传输速率为500kB/s）的网络控制线。起动时，防盗点火开关CA00通过3V NR 1脚上的导线C00给BSI一个电信号，BSI就通过导线7842把唤醒CAN动力网的信号传递给发动机电脑，于是CAN动力网被唤醒进入工作状态，钥匙应答器（在点火开关内的防盗芯片中）、BSI、发动机电脑1320之间就通过CAN动力网顺利地进行电子防盗对话（凯旋上的防盗系统为第二代数码防盗系统，简称ADC2）；防盗对话成功后，发动机电脑就可控制车辆起动。当关闭点火钥匙，CAN动力网在30s以后就进入休眠状态；CAN动力网进入休眠状态后，如防盗点火开关无电信号传递到BSI，BSI也无唤醒信号通过导线7842传递给发动机电脑，CAN动力网就不能脱离休眠状态而进入工作状态，于是钥匙应答器、BSI、发动机电脑之间就不能通过CAN动力网进行的防盗对话，从而造成发动机电脑被锁定，导致发动机不能起动。本案例中，由于唤醒控制线7842与发动机电脑接触不良，于是出现如下两种情况：当该导线与发动机电脑接触良好时，该导线就可以唤醒CAN动力网，发动机可以起动；当该导线与发动机电脑接触不好，而且恰逢CAN动力网进入休眠状态时（注：在本案例处理过程中，笔者曾检测过当CAN动力网没有休眠时，即使将唤醒控制线7842断开，发动机也可以起动），接通点火开关后该导线就无法传递唤醒CAN动力网的信号，发动机就不能起动。

案例2

故障现象

一辆行驶了3万km的凯旋，突然出现了发动机无起动征兆，且出现组合仪表0004上车速表、总行驶里程表、燃油可续驶里程、保养里程等均无显示的故障。

故障诊断与排除

接通点火开关起动挡，发动机无起动征兆，这有机械、油路、电路等多种原因。考虑到发生故障时组合仪表上无车速、行驶里程等显示，肯定存在电路方面的故障。于是首先用修车王-28诊断仪进入MM6LPB发动机电控单元内读取故障，故障显示为：①U2000 遥控唤醒：主唤醒信号接收故障；②U1693 发动机起动和停止遥控指令接收故障；③U1003 网络通信不存在。根据故障现象和故障码的提示，初步判断发动机电控单元所在的CAN动力网有故障。接着用凯旋发动机电脑检测线束4371-T、4229-T、4382-T、发动机电脑检测盒等，重点检测发动机电脑48V NR 插头上A1脚、A2脚两根CAN动力网网线的电阻和电位。检测A1脚、A2脚之间的电阻为110.2Ω；A1脚、A2脚的电位分别为1.12V和1.55V，表明该车的CAN动力网的电阻和电位均不正常。根据凯旋CAN动力网的结构（图2），分别仔细检查了智能控制盒BSI、电子稳定程序计算机（ESP）7800、发动机电脑1320上的CAN动力网网线，发现发动机电脑48V NR 插头的A2插脚与插孔配合不良，导致A2脚处网线9000E接触电阻过大。将该处修复后，重新检测A1脚与A2脚之间的电阻为61.6Ω。接通点火开关M位，检测A1脚和A2脚的电位分别为2.35V和2.57V。用诊断仪删除故障后，发动机起动工作恢复正常，故障排除。

图2 凯旋CAN动力网（CAN I/S网）

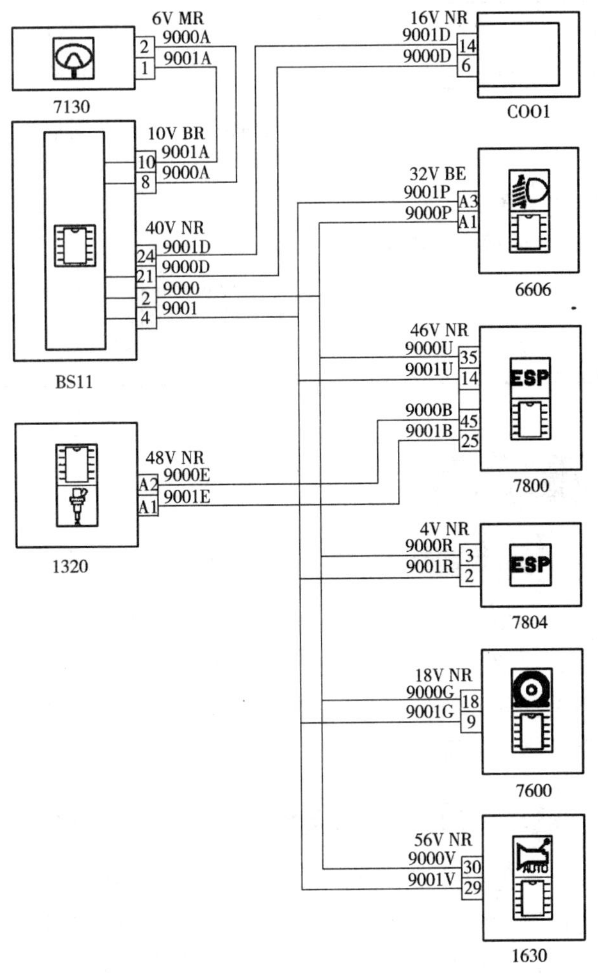

故障分析

凯旋的CAN动力网有如下特性：

（1）智能控制盒BSI和发动机电脑处在CAN动力网的二终端，BSI和发动机电脑中各有120Ω的电阻，CAN动力网两根网线之间的标准电阻为60Ω（当CAN动力网没有故障时，笔者多次实际测量两根网线的电阻都稍大于60Ω）。

（2）CAN动力网中每一个电脑上都有两根网线分别称为CAN-H和CAN-L，见表；当CAN动力网正常工作时，CAN-H的电位在2.5V以上，一般为2.6V左右；CAN-L的电位在2.5V以下，一般为2.4V左右。

（3）CAN动力网必须同时满足两根网线之间的电阻在60Ω附近的电阻条件和两根网线的电位分别为2.6V左右、2.4V左右的电位条件时，才能正常工作。

（4）当CAN动力网的任一根网线断路（包括接触电阻过大）、搭铁、接电源正极或两根网线相连、同时断路，CAN动力网就不可能同时满足上述的电阻条件和电位条件，CAN动力网就陷入瘫痪。这样，不能传递信息。

本案例中，因CAN动力网一根网线的接触电阻过大，不能满足CAN动力网正常工作的电阻电位条件，所以CAN动力网陷入瘫痪，一方面造成不能传递防盗信号，发动机电脑不能控制发动机起动；另一方面造成电子稳定程序计算机（ESP）7800的轮速传感器不能通过CAN动力网把车速、行驶里程等信息传递到BSI，并再由BSI通过CAN舒适网把车速、行驶里程等信息传递到组合仪表上显示出来。

凯旋CAN动力网各电控单元的名称和网线编码

电控单元名称	CAN-H	CAN-L	电控单元名称	CAN-H	CAN-L
转向盘角度传感器7130	9000A	9001A	诊断插头C001	9000D	9001D
智能控制盒BSI	9000A	9001A	前照灯动态调节控制盒6606	9000P	9001P
	9000D	9001D			
	9000	9001			
发动机电脑1320	9000E	9001E	电子稳定程序计算机（ESP）7800	9000U	9001U
				9000B	9001B
	9000R	9001R	气压不足监测计算机7600	9000G	9001G
偏航率传感器7804	9000V	9001V			

案例3

故障现象

一辆行驶正常的手动挡凯旋，在车库停放一夜后出现车辆无法起动的现象。将点火开关接通起动挡，起动机无工作响声；组合仪表上无报警灯报警；多功能屏上也无报警提示。

故障诊断与排除

首先进行直观检查，经检查确认蓄电池连接电缆接触紧固良好，蓄电池上的内置密度计为绿色，发动机电喷系统各传感器、执行器无松脱现象，组合仪表上反映还有半箱燃油。直观检查没有发现问题后，接着用雪铁龙专用诊断仪PROXIA3对车载电控单元进行整体测试，结果显示智能控制盒BSI和电子稳定程序计算机ESP内有故障：诊断仪与发动机电脑无对话。用诊断仪读取BSI内的故障为：①P 与发动机控制计算机通信缺乏的故障：本地，故障码为F015；②P 与挂车伺服控制盒计算机或车身变形控制盒计算机无通信的故障：本地，故障码为F035；③P与数字化高保真放大器没有通信的故障：本地，故障码为F044。根据以往的检修经验，为验证故障的性质，将BSI中的故障先删除后，再次读取BSI中的故障为：P 与发动机控制计算机通信缺乏的故障：本地，故障码为F015。该故障应为目前存在于BSI中，是影响车辆起动的真实故障。用诊断仪读取ESP 8.0（注8.0为ESP电脑的

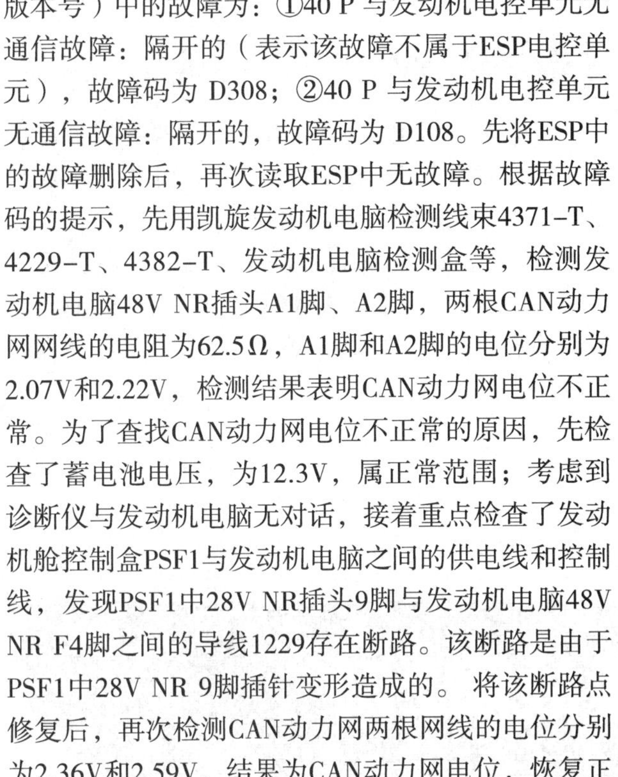

版本号）中的故障为：①40 P 与发动机电控单元无通信故障：隔开的（表示该故障不属于ESP电控单元），故障码为 D308；②40 P 与发动机电控单元无通信故障：隔开的，故障码为 D108。先将ESP中的故障删除后，再次读取ESP中无故障。根据故障码的提示，先用凯旋发动机电脑检测线束4371-T、4229-T、4382-T、发动机电脑检测盒等，检测发动机电脑48V NR插头A1脚、A2脚，两根CAN动力网网线的电阻为62.5Ω，A1脚和A2脚的电位分别为2.07V和2.22V，检测结果表明CAN动力网电位不正常。为了查找CAN动力网电位不正常的原因，先检查了蓄电池电压，为12.3V，属正常范围；考虑到诊断仪与发动机电脑无对话，接着重点检查了发动机舱控制盒PSF1与发动机电脑之间的供电线和控制线，发现PSF1中28V NR插头9脚与发动机电脑48V NR F4脚之间的导线1229存在断路。该断路是由于PSF1中28V NR 9脚插针变形造成的。将该断路点修复后，再次检测CAN动力网两根网线的电位分别为2.36V和2.59V，结果为CAN动力网电位，恢复正常；再次用PROXIA诊断仪对车载电控单元进行整体测试，结果为BSI中无故障，诊断仪与发动机电脑恢复对话，发动机电脑中无故障。再次接通点火开关起动挡，发动机起动工作正常，原故障被排除。

故障分析

根据发动机电路原理图（见图1，图1中各元件的名称见表）分析可知，由于PSF1与发动机电脑之间的导线1229断路，造成发动机电脑不能控制PSF1中R1继电器工作。查阅《凯旋电器电路图》维修资料可知，R1继电器是发动机计算机主继电器。R1继电器不工作后，一方面造成发动机电脑缺少供电（从图1可知，当R1继电器工作后，PSF1中28V NR插头5脚上的导线1203E会给发动机电脑48V NR插头的L4脚供电），CAN动力网电位不正常，诊断仪不能与发动机电脑对话，无法诊断发动机电控系统的故障；另一方面造成功率继电器R2也不能得电工作。R2不工作，燃油泵1211等功率元件也不能得电工作，发动机不能起动。

笔者在本案例的处理过程中，曾试验性地断开过PSF1中28V NR插头5脚与发动机电脑48V NR插头L4脚之间的导线1203E，在该试验中发现，断开导线1203E后的故障现象和各种诊断检测结果与本案例基本相同。

案例4

故障现象

一辆备件组号为10689、行驶里程不足 5 000km 的凯旋新车，发动机熄火1h后，接通点火开关起动挡，可听到起动机工作响声，但起动不了发动机；组合仪表和多功能显示屏无故障报警。

故障诊断与排除

因发动机是在正常工作熄火后不能着车，检查燃油箱（有油）、检测蓄电池电压（正常）、智能控制盒BSI和发动机舱控制盒PSF1中各熔断丝（无损坏）后，用PROXIA3诊断仪对各电控单元进行检测，测得下述各种故障。BSI中的故障为：①P 与挂车伺服控制盒计算机或车身变形控制盒计算机无通信的故障：本地，故障码为F035；②P 与数字化高保真放大器没有通信的故障：本地，故障码为F044。为验证故障的性质，先删除BSI中故障，再次读取BSI中无故障。发动机电脑中的故障为：①40 P 发动机计算机供电故障：本地，故障码为P1601；②39 F 炭罐：本地，故障码为P0445；③40 P 1缸喷油器故障：本地，故障码为P0261；④40 P 2缸喷油器故障：本地，故障码为P0264；⑤40 P 3缸喷油器故障：本地，故障码为P0267；⑥40 P 4缸喷油器故障：本地，故障码为P0270。为验证故障的性质，先删除发动机电脑中故障，再次读取发动机电脑中的故障为：40 P 发动机计算机供电故障：本地，故障码为P1601。电子稳定程序计算机ESP中的故障为：①34 F 与发动机电控单元无通信故障：隔开的，故障码为D308；②34 F 与发动机电控单元无通信故障：隔开的，故障码为D108。为验证故障的性质，先删除ESP中的故障，再次读取ESP中无故障。根据故障码的提示，用凯旋发动机电脑检测线束4371-T、4229-T、4382-T、发动机电脑检测盒等，重点检测发动机电脑48V NR插头上的供电脚和控制脚。检测中发现CAN动力网两根网线的电阻和电位均正常；发动机电脑48V NR插头F4脚和L4脚的电位分别为0.5V和11.9V，此项检测表明PSF1中的R1继电器已工作；而发动机电脑48V NR插头M2脚、M3脚、M4脚的电位均接近0，此项检测表明PSF1中的R2继电器没有工作；进一步检测中发现发动机电脑48V NR插头A3脚导线根部折断。将该导线修复后，再次用PROXIA3诊断仪对各电控单元进行检测，BSI中的故障为：①P与挂车伺服控制盒计算机或车身变形控制盒计算机无通信的故障：本地，故障码为F035；②P与数字化高保真放大器没有通信的故障：本地，故障码为F044，删除后无故障。发动机电脑中的故障为：39 F发动机计算机供电故障：本地，故障码为P1601，删除后无故障。电子稳定程序计算机ESP中无故障。接通点火开关起动挡，发动机起动工作正常，故障被排除。

故障分析

由于发动机电脑48V NR插头A3脚导线根部折断，造成发动机舱控制盒PSF1中的功率继电器R2不能工作；R2继电器不工作后，R2继电器的触点就不能为发动机电脑提供功率电器的用电，于是1~4缸喷油器、炭罐电磁阀等出现控制性故障。当所有的喷油器不工作时，必然造成发动机不能起动的故障。

凯旋中控锁故障2例

案例1

故障现象

一辆凯旋的车主反映，头天将车停在停车场，用车钥匙锁的门，第二天发现车门被打开了，车内放的一个皮包也被盗了。经检查发现该车右前门打开时，按遥控器上的锁定按钮，中控锁不反弹，仍可控制其他车门闭锁。

故障处理过程

凯旋中控锁系统正常时的控制特点是：当任何一个车门打开或未关好，用车钥匙或遥控器控制锁门时，各车门落锁（锁定）后立即反弹开锁，中控锁系统以“锁定后立即反弹”的方式提醒驾驶人将各车门关好后，再用车钥匙或遥控器控制锁定车门。为什么该凯旋在右前门打开时，可以用车钥匙或遥控器控制中控锁正常落锁而不反弹呢？为了寻找故障原因，笔者用PROXIA诊断仪进入中控锁的电控单元BSI读取故障，结果BSI中没有与中控锁系统有关的故障显示。接着又在BSI中进行了与中控锁系统有关的参数测量，在对左前门、右前门、左后门、右后门、行李舱门等车门开关门的状态参数进行检测时发现，当打开左前门、左后门、右后门时，门的状态参数为“开启”；当关上左前门、左后门、右后门时，门的状态参数为“关闭”；而在右前门无论是打开还是关上，右前门的状态参数始终为“关闭”。于是根据凯旋中控锁电路原理图（见图），重点检测了右前门锁6207总成上6VMR（6通道棕色）插接器3号脚到BSI智能控制盒40VBA（40通道白色）插接器5号脚之间的导线。检测中发现连接该导线的一中间插接器IC71 20V JN（20通道黄色）9号脚接触不良，导致该导线不能将右前门6207表示“开门状态”的搭铁信号传送到BSI，将中间插接器IC71 20V JN接触不良的故障点修复后，该故障被排除。

故障分析

从凯旋中控锁电路原理图可知，左前门、左后门、右前门、右后门、行李舱门等各车门都有“开门”和“关门”两种状态，各车门锁总成内有一个反映车门开门或关门状态的开关。当某车门打开时，该车门锁总成内的“门状态开关”就闭合，然后通过连接在门状态开关上的导线，将反映该车门处于“打开状态”的搭铁信号送到智能控制盒BSI。当BSI通过各门的状态开关上的导线检测到有搭铁信号时，就知道有车门没有关或未关好，于是在控制中控锁系统锁定落锁时，立即反弹，提

凯旋中控锁电路原理图

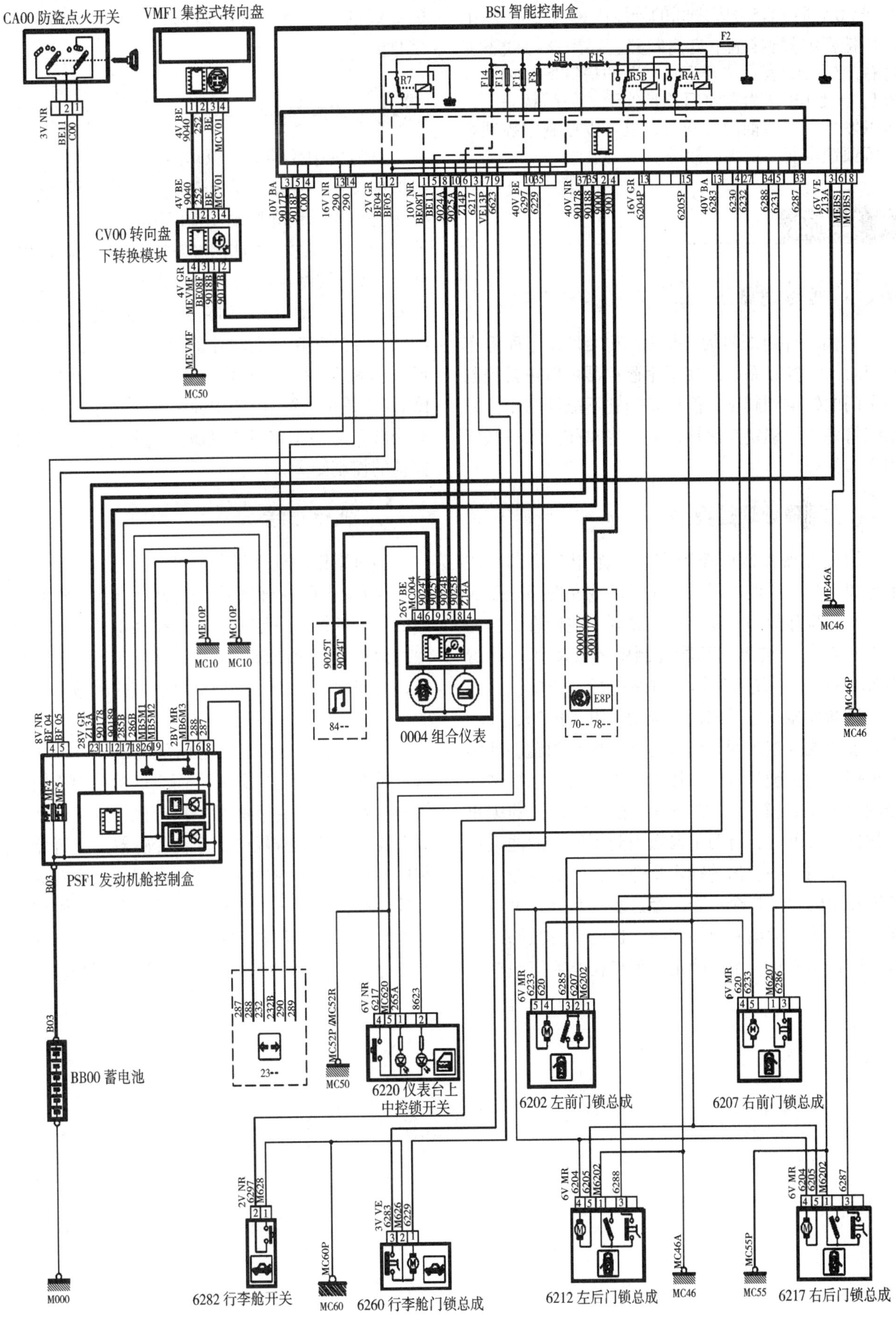

CA00 防盗点火开关

VMF1 集控式转向盘

BSI 智能控制盒

CV00 转向盘下转换模块

0004 组合仪表

PSF1 发动机舱控制盒

BB00 蓄电池

6220 仪表台上中控锁开关

6202 左前门锁总成

6207 右前门锁总成

6282 行李舱开关

6260 行李舱门锁总成

6212 左后门锁总成

6217 右后门锁总成

醒驾驶人将各车门关好后再锁门。本案例由于右前门6207总成上6VMR插接器3号脚与BSI智能控制盒40VBA插接器5号脚之间的导线因IC71 20V JN中间插接器9号脚接触不良而断路，导致该导线不能将右前门6207表示“开门状态”的搭铁信号传送到BSI。于是BSI认为右前门总是处于“关门状态”，所以发生了在右前门打开时，也可以控制中控锁系统落锁锁定而不反弹的故障。

案例2

故障现象

一辆备件组织号为10668的凯旋，在车库停车锁门时，中控锁系统出现了用遥控器可以正常控制各车门的锁定和解锁，但用车钥匙不能控制中控锁系统将各车门锁定与解锁，只能将左前门的机械锁锁止与打开。

故障处理过程

用遥控器控制中控锁有效，而用车钥匙控制中控锁无效，说明故障点在车钥匙或左前门锁总成上。本着排除故障从易到难的原则，先检查该车的两把车钥匙，结果都不能控制中控锁动作。接着用PROXIA诊断仪对车钥匙重新进行电子配钥匙操作，诊断仪显示电子配钥匙成功。电子配钥匙成功充分说明这两把车钥匙确实是该车的车钥匙。证实了车钥匙的正确身份后，接着用诊断仪对中控锁的控制单元BSI进行了参数测量。在对中控锁的锁止参数进行检测时，有两个参数引起了笔者的注意：①由左前门车锁发出的锁定指令：否；②由左前门车锁发出的解锁指令：否。经过多次观察，笔者发现当用车钥匙拨动左前门锁时，这两个参数始终为否，而且不变化。由此确定故障点在左前门锁总成上。拆下左前门锁总成，经过仔细观察发现，左前门锁总成6202插接器6V MR（6通道棕色）2脚上的导线断路，将该导线断路点修复后，故障被彻底排除。

故障分析

从凯旋中控锁电路原理图可知，左前门锁总成6202插接器6V MR（6通道棕色）2脚上导线6207的作用是：将车钥匙拨动左前门锁时发出的“锁定”或“解锁”中控锁的指令传送到智能控制盒BSI，然后由BSI控制中控锁系统锁定或解锁。本案例由于左前门锁总成6202插接器6V MR 2脚上导线6207断路，导致车钥匙拨动左前门锁时发出的“锁定”或“解锁”中控锁的指令不能传送到智能控制盒BSI，于是BSI就不控制中控锁系统锁定或解锁，故车钥匙只能将左前门的机械锁锁止与打开，而对中控锁的控制则无效。

案例小结

通过案例的处理过程，可以得到如下启示：

（1）电路原理图是我们分析查找电控系统故障的主要依据，一定要在彻底搞清电路原理的基础上，分析和定位故障的原因，并要善于透过故障现象，寻找故障原因，这样做可以使排除故障的思路清晰，少走或不走弯路。

（2）在分析和查找电控系统故障时，切不可盲目拆卸和检测电气元件，而应尽量使用诊断仪提供的故障阅读、参数测量、执行机构测试、示波器等功能来检测和查找电控系统传感器、执行器、控制器的故障。因为盲目拆卸和检测电控系统的电气元件，不仅浪费人力和物力，而且有可能使故障范围扩大，有可能使我们误入歧途；用诊断仪来检测故障，付出的检测代价最小，而且即方便又快捷。

凯旋中控锁故障3例

故障现象

案例1

故障现象

一辆行驶了3万km的凯旋，突然出现无论是按门锁遥控器的锁定或开锁按钮，所有车门锁均不动作，但用车钥匙可正常开门和锁门。

故障诊断与排除

根据以往的检修经验，笔者首先检查遥控器内电池电量和电池与遥控器集成电路板的接触状况，检查结果正常，没有发现问题。接着用PROXIA诊断仪检测智能控制盒BSI中的高频遥控器参数时发现，在按遥控器上的锁定或开锁按钮时，有两个参数始终为“否”，而且不变化，即：①BSI检测到高频遥控器上的锁定按钮被按了一下：否；②BSI检测到高频遥控器上的解锁按钮被按了一下：否。于是怀疑遥控器受到电磁干扰，造成遥控信息丢失。接着对遥控器进行初始化操作，操作方法如下：打开点火开关，按住遥控器上的锁止按钮10s以上，然后关闭点火开关，拔出钥匙等待1min左右。第一次对遥控器进行初始化操作没有获得成功，接着进行第二次遥控器的初始化操作后，遥控器能正常控制各车门的锁定和解锁，至此故障被排除。

维修小结

现代汽车使用的高频遥控器，在受到较强的电磁干扰后，很容易造成正确的遥控信息丢失，而不能控制各车门中控锁的锁定与解锁。在东风雪铁龙汽车的智能控制盒BSI中，存储有中控锁的遥控信息，在车门遥控器受到电磁干扰失效后，我们一般都可以通过对遥控器进行一次或多次初始化操作，使失效的遥控器重新从BSI中获得正确的遥控信息。在获得正确的遥控信息1min以后，遥控器就可正常控制各车门的锁定和解锁。

案例2

故障现象

一辆行驶了2年的凯旋，在一周内连续烧坏了2个门锁驱动器。

故障诊断与排除

该车第一次在路边汽车修理店换了一个右前门锁驱动器，第二天就烧坏了。车主怀疑路边汽车维修店换的门锁驱动器质量不好，是“水货”。于是第二次在一家东风雪铁龙4S店，又换了一个门锁驱动器，3天后这个门锁驱动器又烧了。接受前两次的烧门锁驱动器的教训，第三次换门锁驱动器之前，笔者认真检查了新门锁驱动器的质量。经过核实和对比，确认新门锁驱动器没有质量问题；接着反复检查了右前门锁驱动器的安装部位，发现该车因发生过交通事故，右前门锁部位存在局部变形，使门锁驱动器运动时受到卡滞和阻碍，将右前门变形部位校正和修复，再装上新的门锁驱动器后，该车门锁一个多月一直工作正常，至此该故障被彻底排除。

维修小结

凯旋的门锁驱动器为一永磁直流电动机，如果驱动器附近脏物过多或车门机械变形，将造成门锁驱动器工作时阻力过大，驱动器电动机电流过大而烧损。所以当门锁驱动器烧损时，一定要注意清除门锁驱动器附近的脏物，并认真检查该车门是否发生了机械变形。

案例3

故障现象

一辆手动挡凯旋，行李舱门闭锁后就打不开了。

故障诊断与排除

行李舱门锁打不开，主要有两种可能：一是行李舱驱动器电路有故障；一是行李舱门锁的控制电路有故障。从行李舱门锁控制电路原理图（见图）可知，行李舱驱动器受智能控制盒BSI的控制。根据这个思路，笔者首先用PROXIA诊断仪进入BSI电控单元进行执行机构测试，当笔者通过诊断仪发出“行李舱打开”的执行机构测试命令后，行李舱门锁可以打开，由此说明行李舱门锁驱动器电路没有故障。接着在检查行李舱门锁的控制电路时发现，行李舱开关6282插头上的插脚变形，造成1脚与导线M628断路。将行李舱开关6282插头上变形插脚矫正修复后，行李舱门锁可以正常开启，该故障被排除。

行李舱门锁控制电路原理图

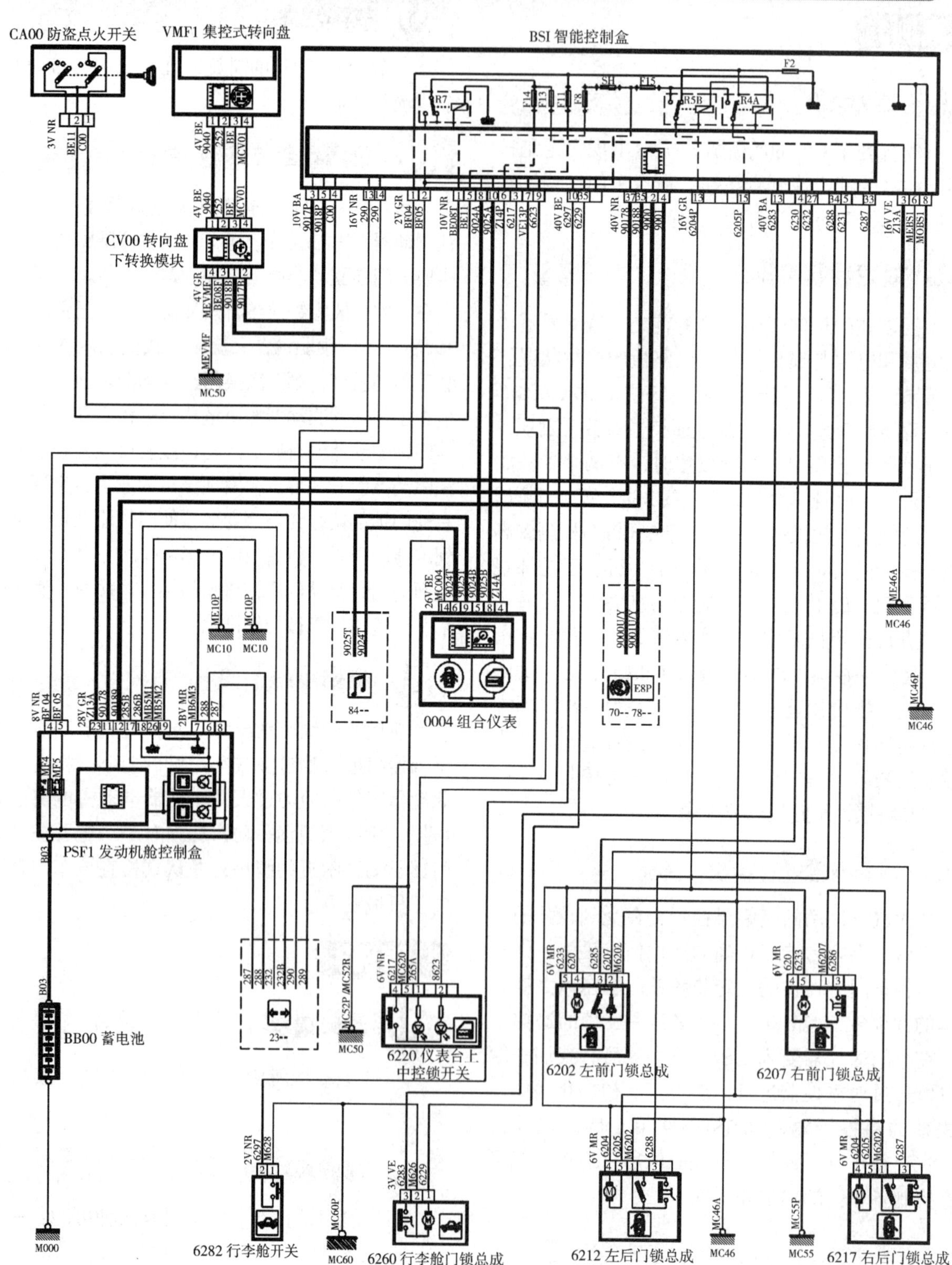

维修小结

从凯旋中控锁的工作原理可知，打开行李舱门锁的条件有两个：一是全车中控锁处于解锁状态（在进行智能控制盒BSI的中控锁控制程序设计时，就规定在全车中控锁处于锁定状态时，为了安全起见，不能单独打开行李舱的门锁）；二是用手按压行李舱门上的开关6282，该开关上的导线6297将一搭铁信号送到BSI智能控制盒40VBE（40通道的蓝色）插接器的10号脚，请求BSI将行李舱门锁打开。在本案例中，由于行李舱开关6282插头1脚与导线M628存在断路点，造成用手按压行李舱门上的开关6282后，该开关上的导线6297不能把“请求BSI将行李舱门锁打开”的搭铁信号送到BSI，于是BSI就不控制把行李舱门锁打开。

专家点评

上述3个案例从不同的角度向大家呈现了凯旋门锁的故障类型，并由此深入解析了其门锁的控制原理。俗话说：“触类旁通”，尽管这些案例都是来自凯旋的，但读者通过对这些案例的解读，可以看出现代汽车门锁控制的共同之处。

这3个案例虽然故障类型不同，但仔细推敲，我们可以看出维修技术人员的维修思路都是相同的。首先就是验证故障现象，然后根据资料分析可能的故障原因，最后按照主次顺序逐项排查，直至最终查出真正的故障原因，思路清晰，分析有据，值得借鉴。

其 他 篇

保时捷Boxter987曲轴箱通风系统故障

故障现象

一辆保时捷 Boxster987进行维护，并报修发动机部位有异响，行驶76 000km。

故障诊断与排除

进厂时明显听到有类似带轮轴承干磨的啸叫，特别刺耳，根据经验判断，特别像发动机传动带打滑时发出的响声，初步定为发动机传动带部位异响。由于车辆刚刚停驶并且还是中置发动机，发动机舱内温度较高，所以没有立即进行故障检修，先进行了正常保养。

在做完维护后，起动车辆，发现发动机右后部位冒出浓烟，就如同发动机有自燃的现象似的，立即停机进行检查，并没有找到具体可疑的故障点，比如哪里有电器短路或自燃的地方。然后再次起动车辆，浓烟却没有再次出现，可是奇怪的是由于发动机温度在维护的过程中下降了许多，刚才那种异响没有出现。为了试验故障现象发生在什么情况下，依然让发动机继续运转，并用PIWIS TESTER进行了故障查寻，也没有发现有故障码及不正常的数据出现，直到水温表刚好在80℃时，啸叫的响声开始出现，并且响声是由轻到重逐渐增大，并随发动机转速增高而增大。然后使发动机熄火并拆下发动机传动带，重新起动发动机，观察30s后响声又出现了，证明故障现象不是发生在发动机传动带部位；将发动机传动带装复后，再次起动发动机，等到出现响声后（该车型的发动机室安装部件紧密、空间小，给异响的判断带来了一定的困难），在上部利用听诊器进行诊断后，再次举升车辆，对发动机及自动变速器部位进行听诊诊断，最后认为有可能是自动变速器液力变矩器故障。随后将车辆发动机和自动变速器一起从车辆上拆卸下来，分解开自动变速器与发动机后部连接，拆下液力变矩器送修后，经专业检查并没有发现有异常现象。重新安装好液力变矩器，并组装自动变速器与发动机后，装复到车辆后，再次起动车辆，冷车时没有响声，等到发动机温度上升后，异响就又出现了。这次在排气管中冒出了浓烈刺鼻的蓝烟，只是短时出现后就没有了，原来保养后第一次起动发动机时冒出的烟是排气管排出的，并窜到发动机舱内的。通过排气管废气的颜色和气味，可以准确地判断为发动机有燃烧机油故障。

再次进行路试，车辆的动力性很好，可以确定汽缸工作状态良好。之后在试车的过程中发动机部位发出有啸叫声，还是像平时的传动带打滑响声似的。车辆停放冷却后，再次起动车辆，冷车时没有响声，并且也没有蓝烟从排气管口冒出，说明从气门油封进入发动机燃烧室的机油的可能性不大。等到发动机水温升到正常温度时，突然出现有啸叫声，并同时出现浓烈的蓝烟！根据故障现象，和本车辆配备用水对置发动机的特点，从发动机汽缸壁串入燃烧室的机油可能性更大，难道是由于曲轴箱通风系统热变形堵塞导致曲轴箱通风不畅，造成曲轴箱积压过高造成？根据检车人员提供的故障信息，还有点像是哪个部件有漏气的声音，但如果是发动机进气系统有泄漏的现象，发动机多少会在动力上受到影响的，比如说发动机怠速不稳、加速不畅等故障现象会出现，但是在这台发动机上没有明显感觉到有从外部进入进气系统不规则的进气量现象存在。

根据故障分析，拆掉中置发动机盖板，进行曲轴箱通风油气分离器的工作性能检查（见图）。还是等到啸叫出现的时候，断掉曲轴箱通风油气分离器与进气道之间的波纹管连接，并迅速堵上通向进气管的波纹管口，防止发动机进气系统由于不可测量的外泄空气量进入，造成发动机空燃比的突然变化使故障判断的准确性降低。当断开该曲轴箱通风系统的工作回路时，异响立即减弱，再次接上管路连接，响声马上出现，这是由发动机进气系统真空度作用在曲轴箱通风油气分离器上，并通过油气分离器与曲轴箱及通风进气管路形成曲轴箱通风系统原理来判断的。当断开后曲轴箱通风管接口后，相当于用暂时断路法对系统进行诊断，系统处于不工作状态，就可以确认系统工作状况了。之后为了判断故障的准确性，先替换了一个发动机油气分离器，试车故障现象再没有出现。至此故障现象可以确定是曲轴箱通风油气分离器内部故障造成的。

Boxster 曲轴箱通风油气分离器

断开曲轴箱通风系统油气分离器与进气歧管之间的连接进行故障诊断

维修小结

发动机正常工作时，总有一部分可燃混合气和废气经活塞环窜到曲轴箱内，窜到曲轴箱内的汽油蒸气凝结后将使机油变稀，性能变坏。废气内含有水蒸气和二氧化硫，水蒸气凝结在机油中形成泡沫，破坏机油供给，这种现象在冬季尤为严重。二氧化硫遇水生成亚硫酸，亚硫酸遇到空气中的氧生成硫酸，这些酸性物质的出现不仅使机油变质，而且也会使零件受到腐蚀。由于可燃混合气和废气窜到曲轴箱内，曲轴箱内的压力将增大，机油会从曲轴油封、曲轴箱衬垫等处渗出而流失。流失到大气中的机油蒸气会加大发动机对大气的污染。为了解决这一问题，在曲轴箱内安装了通风接口，这些气体不会被释放到大气中去，而是送回到发动机进气系统，再到汽缸内进行燃烧。发动机装有曲轴箱通风装置就可以避免或减轻上述现象，因此，发动机曲轴箱通风装置的作用是：防止机油变质、防止曲轴油封、曲轴箱衬垫渗漏、防止各种油蒸气污染大气。

曲轴箱强制通风气体不仅含有大量的发动机机油和其他燃烧残留物，在某些情况下，还含有大量的燃油残渣。如果这些气体进入进气系统，将污染进气质量，进而影响运转平稳性、废气排放、并降低爆震阻力。因此有效的机油油气分离对于发动机是至关重要的。

曲轴箱通风系统油气分离器也有被堵的现象，或由于是硬塑料构件本身时间久了并在高温的工作状态下，就有机械性能降低造成的内局部形变的现象，造成曲轴箱强制通风系统出现故障。像这样异响的现象出现的并不多，多是伴随曲轴通风系统故障出现。如发动机机油消耗量的增加，原因多是该系统部件工作性能降低，造成机油通过曲轴箱通风系统进入发动机燃烧室内燃烧掉，或是由于曲轴箱通风系通堵塞，造成曲轴箱积压产生泄漏和通过汽缸壁隙进入发动机燃烧室的机油损耗等。

因此现代发动机故障诊断及由于发动机曲轴箱通风系统产生的故障，也成为现代汽车维修技师们的一个新课题，由于各车型使用的发动机曲轴箱通风系统在结构上有差异，需在故障判断时深入了解构造原理，才能进行准确诊断。

专家点评

我们经常说："查故障要找本质，找到了故障的本质，故障也就迎刃而解了。"那么如何寻找故障的本质呢？透过现象看本质。任何一个故障的本质都是通过故障现象表现出来的，只要大家仔细观察故障现象，通过现象分析和归纳出故障特点和规律，那么故障原因自然会水落石出了。当然，故障总有难易之分，一般来说，持续性故障相对容易，而偶发性故障相对困难。本篇案例就是一个典型的偶发性故障，因此给维修技术人员的故障排查工作增加了不少难度。在故障排查过程当中，维修技术人员由于判断失误而拆解了自动变速器，检查了变矩器，耗费了大量的精力和时间，这个教训很深刻，值得我们认真汲取。实际工作当中，不仅该维修技术人员会犯这样的错误，相信我们都曾经犯过这样的错误，究其原因，主要是偶发性故障现象难以捕捉、现象难以观察全面、难以获取故障规律和特征等原因所致。所以在排查此类故障时，一定不要急于动手，通过"望、闻、听、切"等手段，在获取了明确的故障规律和特征后，再进行有针对性的检查，方可水到渠成。

联系本篇案例，可以看出，该故障的现象包含如下2个方面：

(1) 发动机异响，并且该异响与温度有关，与发动机转速有关。作者通过拆除发动机外围传动带的办法，确定了异响存在于发动机本体，这是运用排除法获取的结论，思路明晰，方法得当，值得学习。

（2）排气管冒蓝烟。这个现象看似与本故障无关，但由于冒蓝烟是伴随发动机异响而产生的，就不得不慎重考虑了。但是，最初冒蓝烟并没有与发动机异响同时出现，所以，维修技术人员没有将两者联系起来考虑，从而走入了拆装自动变速器的错误路线。不过好在当第二次蓝烟出现的时候，恰恰也是发动机异响产生的时刻，维修技术人员敏锐地觉察到了这两个现象之间的内在联系，依靠对发动机曲轴箱强制通风系统（PCV）原理的深刻理解，通过通、断PCV管路，将故障原因锁定在PCV油气分离器，成功地排除了故障。

俗话说："良好的开始是成功的一半。"在汽车故障排查过程中，能够正确提取和分析故障现象，故障排查工作就成功了一半。在本案例中，排气管冒蓝烟是核心的故障现象，因为没有该现象，维修技术人员就很难将故障原因与PCV系统联系起来，要想不走弯路排除故障，难度可想而知。可见，正确提取和客观分析故障现象是何等的重要!

另外，关于PCV系统的有关内容有必要做以简要的说明。PCV系统隶属于发动机排放控制系统，其作用维修技术人员已经进行了全面阐述，在此不再赘言。我在此例举PCV系统的典型故障现象和原因，希望对大家今后进行该类故障排查时能够提供一定的帮助。

PCV系统最主要的部件就是PCV阀，它通常安装在发动机气门室罩盖与节气门后的进气歧管之间，其作用是利用进气歧管的负压控制进入曲轴箱的新鲜空气量和进入进气歧管的曲轴箱废气量，保证曲轴箱压力保持在规定的范围之内，最大程度降低废气对发动机的损害。所以，在此，主要以PCV阀的堵塞（不通）和卡滞（常通）两方面原因来呈现故障现象：

（1）当PCV阀堵塞（不通）时，主要表现的故障现象有：

①由于导致曲轴箱内压过高，造成发动机油封、衬垫漏油；

②过高的曲轴箱压力，使得机油及蒸气反向窜入节气门体前的进气管路中，造成空气滤清器脏污；

③曲轴箱内的机油和废气进入进气管路，改变了混合气成分，造成发动机怠速不稳、怠速降低，甚至失速。

（2）当PCV阀卡滞（常通）时，主要表现的故障现象有：

①在进气负压的作用下，大量的机油及蒸气被吸入进气歧管继而燃烧，造成发动机机油消耗过快、排气管冒蓝烟的现象出现；

②在PCV阀某些卡滞的情况下，由于气流流速的原因，产生一定的噪声；

③由于PCV阀常通，就相当于节气门前的空气通过曲轴箱这个旁通气道进入进气歧管，会造成发动机怠速升高。

最后，提一个小小的建议，在进行故障排查时，最好能够"打破砂锅问到底"。修车时，最忌讳的就是故障消失了，但原因还不知道。维修技术人员最后查出了故障出在PCV油气分离器上，但油气分离器什么原因导致了故障的产生却只字未提，这对提高我们的修车技艺是有害无益的。因此，衷心希望大家能够养成一个良好的工作习惯，良好的习惯可以使你收益终生。

保时捷卡宴Turbo DFI发动机抖动

故障现象

一辆保时捷卡宴 Turbo DFI V8发动机，行驶里程12 000km，报修发动机怠速抖动，加速无力。

故障诊断与排除

根据任务委托书内容，首先进行电脑检测和故障查询，在DME控制单元内检测到有故障码：

P0201 喷油器电路/断路 汽缸 1；

P0301 已检测到汽缸1缺火。

故障码信息不是偶发故障信息，状态为存在。

然后起动发动机，进行数据流分析，进行实际缺火计数检测功能项中，发现1缸在105，而工作正常的汽缸计数为0。也可以转换到数据记录波形图中，如图1所示，看到第1缸的记录波形随发动机运转时间的延长而呈急剧上升的状态。由此可以确定1缸有失火的故障现象。

图1 点火线圈波形

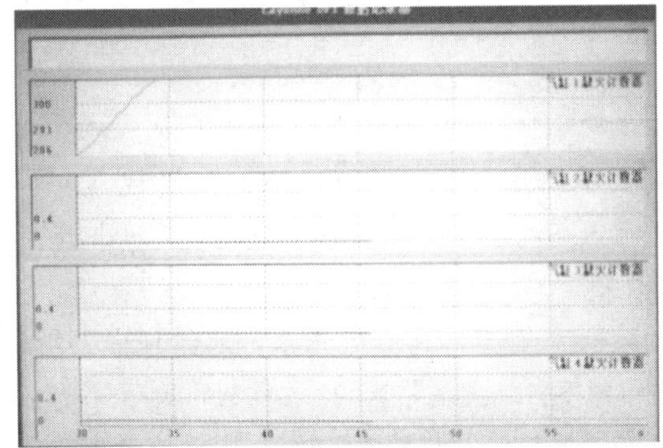

根据故障码可以首先排除发动机点火系统造的失火故障，可能是高压燃油喷油器控制系统故障。由于本车型发动机燃油喷射器及控制线路大部分都在进气歧管下部安装，直接进行燃油喷油器阻值的测量是比较困难的。

参阅电路图，查到1缸燃油射器接线端子对应发动机DME端子线束，因为发动机控制单元相对好拆卸，断掉电源连接，拆下DME发动机控制单元，找到相应连接线，用万用表直接进行线路与燃油喷射器性能测试，电器连接端子B49、B3之间的阻值为∞。说明1缸燃油喷射元件及线路存在断路故障，故障现象及范围已确定。

因要检测相应部件，必须拆卸进气歧管，由于这部分有许多真空管路连接及曲轴箱通风管路等部件，而且多是塑料材料件，容易损坏，所以在拆装时要格外小心，必要时应检查备件情况，以免因易损件损坏造成维修进程的延误。

拆卸下发动机进气歧管后，正准备拆下1缸喷油器的电器连接时，发现线路已破损，到发动机DME电脑控制单元的控制线已断成两截了。当时首先检查是否是线路固定松动造成的，但是也没有发现有固定松动与部件摩擦的迹象。正当为是什么原因导致线束断路而纳闷的时候，在发动机V形底部发现有与大米粒大小一般的黑色颗粒物，一看到这些就明白是什么原因导致线束断路了。老鼠咬的，曾经只是听说过，这回可是真的见识了老鼠发飙了！而此时也发现了另外一截线束，这是起动机的电源线，外绝缘层已经被啃蚀，并能够看到裸露出的铜线了，如图2所示。

图2 被老鼠咬坏的线束

询问车主，原来此车没有经常使用，之前停在车库里有一个月多了，准备使用时，发现车辆有故障了。根据车主描述，当时正值寒冬季节，刚停驶的车辆，发动机部位剩余温度便成了老鼠的温床了，老鼠也没闲着，就拿发动机线束磨牙了。

最后对喷油器线束进行维修和固定后，安装好电器连接（图3），测量线束（≥0.5Ω）及喷油器电阻（DFI 喷油器电阻测量值1.6～1.7Ω、驱动电压是DME控制单元变送出的75V电源）值均在正常值范围内。重新装复各部件，清除DME故障记忆，起动发动机后，运转正常，至此故障彻底排除。

图3 使用线束维修专用工具进行线路修复

维修小结

老鼠对车辆造成的故障现象已出现过多种，如空调发出的异味，就有老鼠潜入而死在里面造成的故障，当使用空调时，从出风口吹出的风量便携带有腐臭的气味，造成驾驶人与乘员舒适性的劣化，也会影响到车辆驾驶的安全行；老鼠在车内海绵体部件上筑巢，造成海绵层的损坏，造成保温、隔噪功能的变差及海绵碎屑对循环风系统的堵塞等，如仪表台部位前乘员室壁的海绵层曾有车辆发生过类似故障。所以有效地防止老鼠对汽车造成的危害，可以防止车辆不必要的故障产生及由此可能引发的其他故障或意外事故。

对于汽车防鼠患，本人根据相关易行方法，总结了点滴防护措施，希望能有效根除老鼠对汽车系统造成的故障隐患。

可自行检查车库周围是否有老鼠出没，当发现有老鼠或发现鼠粪、鼠啮咬痕、鼠迹、鼠穴时，应立刻进行防治，其方法如下：

（1）沿着墙壁、墙角或鼠类经常活动的路径，使用捕鼠器及新鲜食物诱捕之。

（2）捕鼠器须放平稳，以免摇动惊走老鼠。

（3）防鼠类侵入须注意技巧，首先是要断绝老鼠进出通道，防止老鼠再进入。如排水管应加栅网，门、窗若有破洞则须修补，地洞最好用水泥堵死，没硬化的地面要硬化，被啃碎的门洞也要用铝片包扎好。

（4）使用药物灭鼠，只是治标的办法，根本措施是对环境的治理，在老鼠繁殖活动的场所进行有效的防治。关键就是要搞好卫生，清洁环境。断鼠粮也是真正绝鼠的方法之一，剩菜、剩饭不能随意乱倒，垃圾一定要及时清理，不给老鼠提供栖息场所。

专家点评

随着网络技术在汽车上日益广泛的应用，总线系统的故障排查也正逐渐成为汽车维修技术人员的一项重要工作，如何正确进行总线故障的排查，维修技术人员给出了一个较好的范例。总体来说，维修技术人员对本故障的排查思路清晰，方法得当，主要表现在以下3个方面。

第一，明确故障发生的条件通常是进行汽车故障排查的第一步，作者的排查流程很好地体现出了这一点。一般来说，在维修之后出现的新问题往往都是由于本次维修不当或失误导致的，该案例的故障就是在更换完自动变速器之后产生的，因此，维修技术人员首先检查与拆装变速器相关的搭铁线、电源线是完全正确的。

第二，针对TECH 2无法与任何一个模块建立通信这一症状，维修技术人员能够马上将故障范围划归到CLASS-2总线系统上，通过各模块总线分别与J1850连接，逐个测试网络通信情况，并把范围缩小至PCM和EBCM上，由此可以看出，维修技术人员对别克汽车的整体技术掌握得较为全面，这也正是快速查询故障的必备条件。

第三，“仔细观察，缜密思考”使得维修技术人员最终成功排除了故障，虽然仅仅是一个小小的插接器的问题，但作者却能在眼花缭乱的电路图中找出端倪，其认真程度不得不让人佩服。

唯一稍有不足的，我本人认为，就是在更换PCM这一步上。这不能算错，对于大多数的4S店来说，为了尽可能地提高工作效率，“置换法”修车恐怕是用得最多的了，但这有个弊病——不能充分锻炼和提高分析问题、解决问题的逻辑判断能力。通过对故障发生过程的了解，可以断定，PCM和EBCM损坏的可能性很小，普通的汽车维修厂是不会轻易走出这一步的。

保时捷卡宴车系底盘报警

保时捷卡宴SUV车系底盘系统配有可选装与主动空气悬架管理系统相结合的PDCC（Porsche 动态底盘控制防侧倾稳定的主动式底盘管理系统）。该系统可感知并显著减小车辆转弯时的侧向倾斜，通过在前轴与后轴可提供稳定力矩的主动式防侧倾杆来减少车辆转弯时的侧倾幅度。

该底盘管理系统主要包括带液压马达的防侧杆、与动力转向系统转向液压泵集成在一起的双腔泵（包括管路和分流器）、用于起动液压马达的阀组、系统控制单元。系统主要部件是带有液压马达的主动式防侧倾稳定杆，液压马达侧集成在前、后稳定杆中。每个液压马达均通过液压马达罩与防侧倾杆的其中一半连接，通过液压马达轴与防侧倾杆的另一半相连接。内部叶片调节器将液压马达分隔为充满液压油的压力工作室。

液压马达工作示意图如图1所示。点火线圈波形如图2所示。

图1 液压马达工作示意图

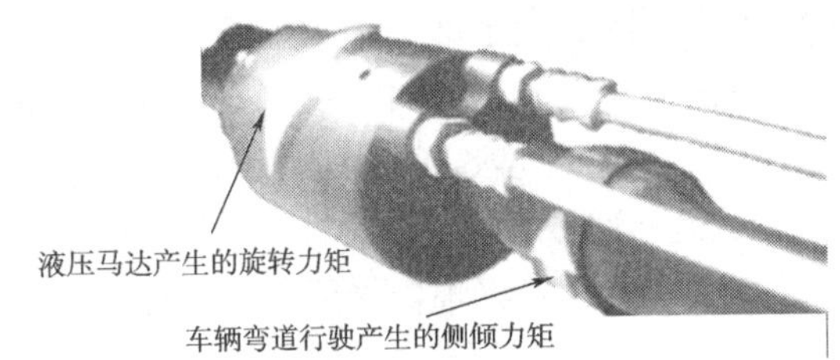

图2 点火线圈波形

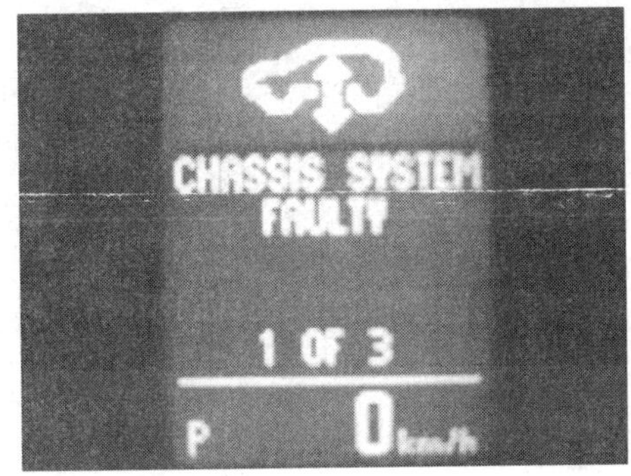

在常规的车辆转弯过程中，作用在重心上的离心力通过车辆的侧倾轴产生侧倾力矩，该力矩使车身朝着位于弯道外侧的车轮倾斜，同时，使位于弯道外侧的车轮偏转，位于弯道内侧的车轮回弹。车身的倾斜和在此过程中车轮负载的变化由PDCC控制单元检测。然后，根据控制单元确定的数据来控制防侧倾杆的液压马达的液压油流量，并在防侧倾杆的液压马达中产生相应的压力，使液压马达中的叶片调节器转动，从而使防侧倾杆相应的旋转，因此产生的扭矩作用将抵消车辆转弯产生侧倾力矩，使车辆保持行驶稳定性。

配备该系统车辆的侧向倾斜与未使用PDCC的车辆相比最大可减小2.5°的侧倾幅度。

PDCC系统出现故障时，车载控制单元将通过车载网络将故障信息传递到组合仪表控制单元，在电子显示屏上显示底盘故障信息。而此时，整个系统将以故障安全模式工作，来保持基本安全行驶状态。

故障现象

一辆卡宴TIP车辆，报修仪表提示车辆底盘系统故障。

故障诊断与排除：

用PIWIS TESTER 检测仪进行故障检测，从PDCC 动态底盘控制防侧倾稳定系统控制单元故障存储记忆中调出故障码：15627，前轴压力增长不足。

由于这个系统是本车型新设计配置的动态底盘控制防侧倾稳定系统，车型上市的时间不长，所以系统使用的历史自然也不长了，还没有这个系统出现故障及维修经历。所以根据故障码分析，结合系统构造，主要应有以下故障点易产生故障：PDCC液压泵故障；前轴调节阀故障；前轴压力传感器故障；连接油管路有泄漏故障；控制单元故障。

依据诊断思路，车辆停放在平坦宽敞的地方，这样避免在执行功能测试时车辆的左右倾覆与障碍物的碰撞。首先用检测仪执行在PDCC/ORS项，执行压力传感器校准之后，选择“系统检查”，进行系统压力测试，提示系统高压、低压均正常。而且通过车辆左右倾覆的幅度也可以判断PDCC系统工作正常。可以排除液压泵出现故障和油路出现大量泄漏液压油故障的可能。

这样看下去剩下的唯一故障点就是压力传感器，在将车辆移到举升机上准备进行检测压力传感器时，还是进行了一下液压油液面的检测（图3），发现油液面已经低于下线部位了，应当是属于亏油状态。

图3 液压油位检测

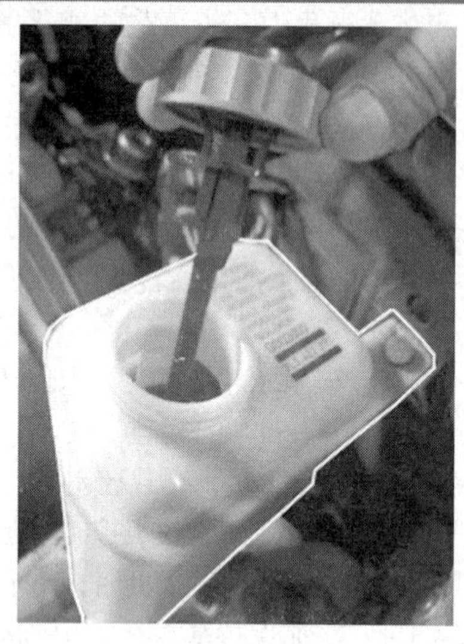

车辆举起后，拆下底护板，发现正对液压泵的部位有油液痕迹，再检查液压泵部位，发现高压输油管接口部位有渗漏现象，重新紧固后，清洁油污后试车，没有再出现报警提示，但再次举升检查时，发现还有渗油迹象，是从油泵管螺纹紧固的底座与泵壳体之间渗出的，重新紧固后，还是有渗漏迹象（图4）。

最后订购新部件，更换部件后试车，没有出现渗漏情况，清除故障记忆后，故障也彻底排除。

图4 双腔泵高压管连接渗漏部位

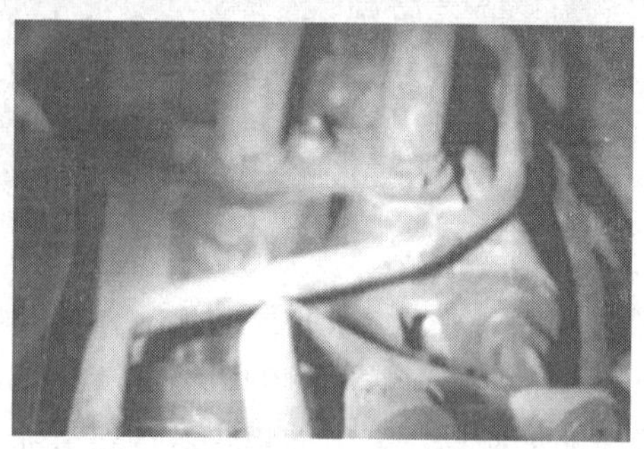

维修小结

由于有渗漏的出现，造成系统工作瞬间液压油路高压端压力低于正常工作值。当在平坦的地方进行检测时，车辆是平的，系统不受行驶路况颠簸变化，系统执行检测时只是提供车辆本身质量带来倾斜力矩，而并没有车辆行驶侧倾力矩与之对抗，所以系统高压压力是比正常行驶的状态下要低。这时的高压管路泄漏部位的泄漏量很少，基本不会造成系统油压传感器检测压力不足的信号。而当车辆在弯路行驶状态系统处于工作时，液压油路压力急剧上涨，当达到管接口部位泄漏临界状态时，并借助油压力的油流惯性，导致部分油液泄漏，从而导致系统内部油压下降而产生故障。车辆静止时液面平稳能够维持最低基本系统供油（还能覆盖吸油管口部位），而当车辆在实际行驶路况时，车辆起伏、急速转弯都会造成剩余液面很大的波动，使出油管口短暂暴露于空气中，此时系统如正处于工作时，系统就有部分空气进入，因为空气的可压缩性，也会导致系统工作压力不足，信号由传感器传至电脑进行了故障存储，最终报警提示亮起。

专家点评

综观整篇文章，思路清晰，结构严谨。维修技术人员由PDCC的原理入手，简单地介绍了PDCC系统的结构及工作原理。在接下来的实际故障排除部分，维修技术人员利用娴熟的理论知识，逐步排查，最后将故障原因分析得非常透彻，这说明维修技术人员具备了比较深厚的功力，这种维修思路、方式值得广大维修技术人员学习。

最后，希望维修技术人员有时间的话，将PDCC系统的结构、原理详细地介绍给广大的汽车维修人员，让大家一起来加深对其功能的了解。

沃尔沃 S80 转向沉重

故障现象

沃尔沃S80，2004年，发动机型式为2.5T。变速器型式为55－50SN自动变速器。行驶里程为16万km。客户描述行驶中转向沉重，故障现象出现有四五天时间，试车发现，现象与客户描述基本一致。

故障诊断与排除

该车装配有电子动力转向系统，但在故障诊断过程当中应遵循先简后难、循序渐进的原则。

首先排除机械故障。将车辆举升，检查四轮定位数据是否符合标准，轮胎气压是否过低，前悬架各处的连接是否正常，转向机构的各连接球头是否有松旷、锈涩等。通过一系列的检查确认，机械部分基本正常。

接下来检查电气部分。首先使用沃尔沃原厂检测仪VADIS读取系统故障码，发现没有“电子动力转向系统”检测选项，查看电路图得知“动力转向控制模组（PSU）”只是个6线继电器，它受控于“中央电子模组（CEM）”，如图1所示。

图1 CEM、PSU和动力转向伺服阀连接电路图

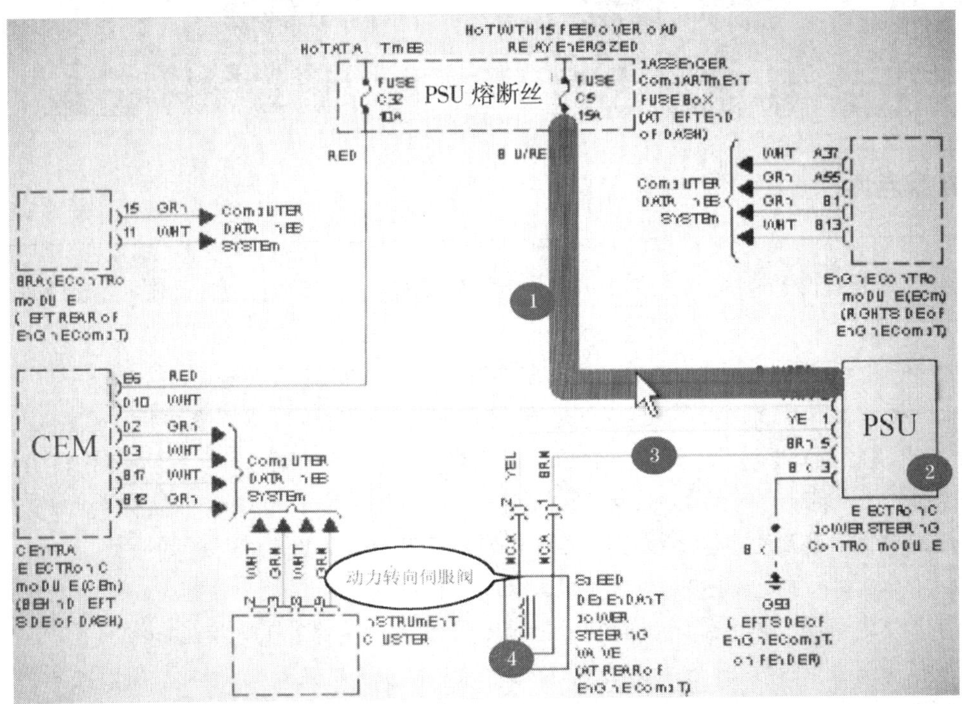

CEM与PSU间只有一根信号线，为PSU提供车速信息，从而控制不同车速下的方向助力大小。所以从CEM中也无法读取有关“电子动力转向系统”的信息。

从电路图中可以得知，控制方向助力大小的执行元件是动力转向伺服阀。该阀的作用是：根据行驶速度在PSU内调节动力转向伺服阀的电流，速度越大，伺服阀的电流越小。

通过此原理可以得知，PSU给动力转向伺服阀提供了一个12V的电压信号，但检测该阀时却没有电压。为了印证自己的判断，人为地给动力转向伺服阀施加了一个12V电压，立刻发现转动转向盘变得很轻松，断开电压转向盘又变得很重。至此，故障原因可以基本确定，就是动力转向伺服阀没有接收到PSU提供的12V信号电压。

PSU位于驾驶人侧的制动踏板上方，如图2所示。

在对PSU进行测量时，发现也没有12V的供电电压，从电路图中可以得知，PSU的供电是CEM提供的，中间通过一个15A的熔断丝，如图3所示。

图2 PSU位置图

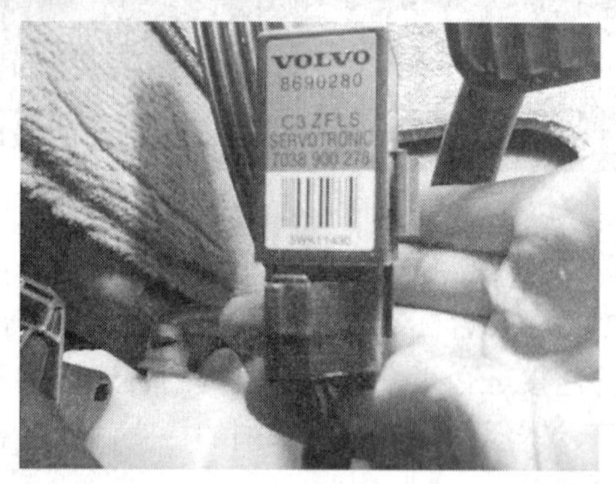

图3 PSU熔断丝位置图

检查发现熔断丝熔断，重新更换一个15A的熔断丝，故障现象消失，但转动了几圈转向盘，感觉方向又重了，检查发现熔断丝，再次熔断。

通过整个诊断过程分析，得出一个结论：造成方向沉重的根本原因是动力转向伺服阀的线路短路所致。最简单的办法就是先检查动力转向伺服阀的电阻值，标准电阻值为8～15Ω，但测量该阀时电阻值只有0.01Ω。伺服阀的位置如图4所示。更换“动力转向伺服阀”后，故障排除。

图4 伺服阀位置图

专家点评

该案例整体的故障检测思路是正确的，在资料的正确引导下非常快捷地确定了故障点，但是，有以下3点值得商榷：

第一，维修技术人员在文章中叙述“从电路图中可以得知PSU的供电是CEM提供的，中间通过一个15A的熔断丝。”，但是我们根据图1可以看出，CEM的供电是通过熔断器中的一个10A的熔断丝供电的，而PSU是通过熔断器中的一个15A的熔断丝供电的，这两路供电是单独的，而并非“PSU的供电是CEM提供的”，其实PSU的供电并没有通过CEM，而是通过熔断器中的一个15A的熔断丝直接供电的，PSU和CEM的是单独的，PSU和CEM之间相连的只有一根传输车速信号的导线。

第二，维修技术人员发现15A的熔断丝熔断后，直接更换熔断丝的做法不当。熔断丝既然熔断了，那肯定是由于该熔断丝控制的线路里面有短路或电流过大的现象，在更换熔断丝之前就应该通过检测手段来确认系统里面的短路点或者是电流过大的原因。在确认故障的根本原因之后再更换熔断丝，虽然熔断丝不值钱，但是从检测的要求上应该这样做。这是一个熔断丝再次烧损了，那么，如果是一个比较贵重的元件呢？那损失岂不更大？其实这是很多维修技术人员经常忽略的一个问题，很多人都犯这样的错误，值得注意。

第三，15A的熔断丝熔断和其控制的线路有关系，也就是图1中我标出的1、2、3、4处，即熔断器与PSU之间的线路短路、PSU本身损坏、PSU和动力转向伺服阀之间的线路短路，以及动力转向伺服阀本身损坏，都会导致15A熔断丝熔断。但是维修技术人员在后来的检测中没有进行其他检测，而武断地认为是动力转向伺服阀损坏导致的。虽然该故障的确是动力转向伺服阀损坏导致的，但是从故障的检测思路上不能这样描述。

以上说法供大家商榷。

沃尔沃S40发动机动力不足

故障现象

2005年产沃尔沃S40，装备2.4L直列5缸发动机，发动机动力不足，最高车速不能超过150km/h。

故障诊断与排除

询问车主，得知该车不久前曾出过车祸，汽车前部损坏严重，除修复钣金外，还在其他修理厂更换过发动机散热器、空调冷凝器、发动机汽缸盖等部件。出车祸前不存在动力不足的现象，最高车速能达到200km/h。

初步判断：发动机动力不足的故障和上次的修理有关，应重点检查上次维修中动过的部位和更换的部件。首先目视检查发动机舱内部件的外观状况，发动机周边线束整齐清洁，无破损、漏电现象；发动机机体表面清洁，无漏油、漏水现象。起动发动机，发动机怠速平稳，急加速时也响应灵敏，无异常噪声，看来只能通过路试做进一步检查了。

将元征X-431检测仪与发动机电控系统连接，读取发动机/自动变速器电控系统数据流的同时，将车驶到公路上进行路试。变速杆置于“D”位置，匀速踩下加速踏板，起步、低速、中速行驶感觉正常，但当车速达到70km/h以上时，再急加速就感觉发动机动力不足，反应迟钝。保持加速踏板全开30s，汽车最高车速只能勉强达到150km/h。

读取发动机/自动变速器电控系统的数据流，重点观察加速踏板开度、节气门开度、冷却液温度、喷油量、点火提前角度等数据，均正常；再观察自动变速器的升、降挡数据，也正常；急加速时强制降挡、急减速时升挡，响应灵敏，没有发现问题。

正准备将车开回维修厂做进一步检查，仪表板上的发动机故障指示灯点亮了，赶紧用元征X-431读取故障码，为P0014，其含义“Variable valve control valve”，即“可变气门控制阀”。

可变气门控制阀是一个由发动机电脑控制的电磁阀，也叫气门正时控制电磁阀，它安装在发动机汽缸盖上，如图1所示。通过控制机油油路的通断，使凸轮轴偏转，驱动气门的配气正时发生变化，其工作电路如图2所示。

图1 可变气门控制阀的安装位置

图2 可变气门控制阀电路

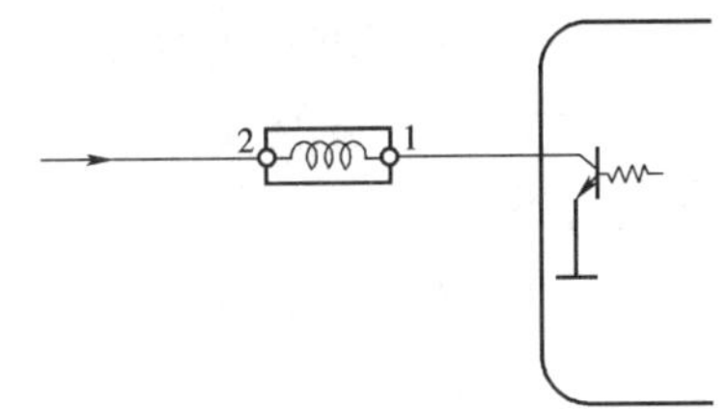

沃尔沃S40的发动机通过进气凸轮轴的周向相对转动来改变进气门的配气正时。

发动机工况不同，对气门正时的要求不同：

（1）发动机转速低时，进气管内混合气随活塞运动，活塞运动慢，进气门应提前关闭，以避免混合气回流进气管。发动机低速时，进气凸轮轴相位应提前调整。

（2）发动机转速高时，进气管内气流速度快，活塞在向上运动过程中，混合气应可继续涌入汽缸，为增加混合气量，进气门延迟关闭。

采用可变气门正时控制，能根据发动机性能优化的要求，在发动机中、低转速与高速运转状态下，适时的改变气门正时，有利于更好地发挥汽油发动机的性能。

可变气门正时机构的组成如图3所示。

发动机运行时，通过使凸轮轴相对于正时链轮周向转过一个角度，以改变气门正时。该装置中的关键部件是中间设有一个环形柱塞（或调节柱塞）。环形柱塞的外圆表面为斜齿花键，与正时链轮的斜齿齿套相啮合；环形柱塞的内圆表面为直齿花键，与凸轮轴连为一体的带有直齿的花键相啮合。当环形柱塞左方受到了高压机油压力后，压缩复位弹簧向右移动时，借助于外表面的斜齿花键作用，带动凸轮轴相对于正时链轮转过一个角度，凸轮使进气门提前开启，进气门开启相位和关闭相位提前，从而改变气门正时，但进气门开启持续的角度未变。

图3 可变气门正时机构的组成

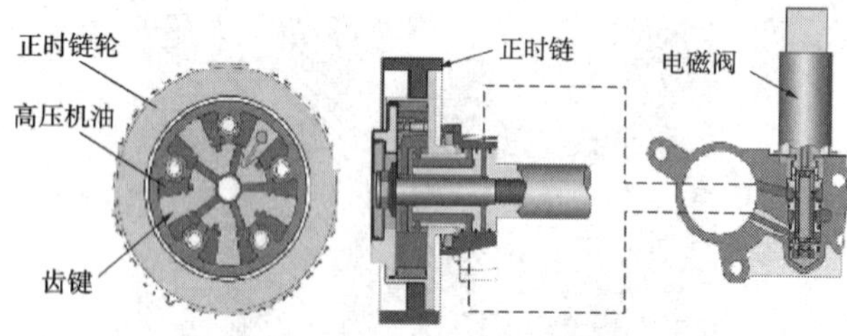

上述动作是在发动机电脑的控制下进行的，只有在一定条件下，发动机电脑控制电磁阀通电时才会发生；当电磁阀不通电时，高压机油便通过有关油道泄压，在复位弹簧的作用下，环形柱塞又会向左移动，使进气门开启、关闭相位恢复原状。

如果可变气门正时机构在发动机高速时不能工作，将导致发动机动力不足。

下面检测可变气门正时机构是否能正常工作。

点火开关打开，发动机不运转，操作元征X-431检测仪对发动机电控系统的执行元件进行测试，当测试可变气门控制阀时，可以听到电磁阀通电测试时发出的“嗒、嗒”声，表明图2所示的电磁阀线路正常，电脑的控制功能也正常。

起动发动机，保持发动机怠速运转、可变气门控制阀的插头正常连接，用一根导线将可变气门控制阀的1号端子（图2）断续搭铁，使可变气门控制阀断续工作，但发动机的转速无变化，表明可变气门控制阀的通电并没有使可变气门正时机构发挥应有的作用。

拆下可变气门控制阀如图4所示。参考图2，将可变气门控制阀的2号端子接蓄电池正极，1号端子断续搭铁，检查可变气门控制阀通电时油路的通断情况。当电磁阀不通电时油路截止，通电时油路导通，表明电磁阀工作正常。

因为该车发动机在车祸中撞坏了发动机的缸盖，是不是更换后的缸盖与电磁阀不匹配呢？比较

图4 拆下可变气门控制阀

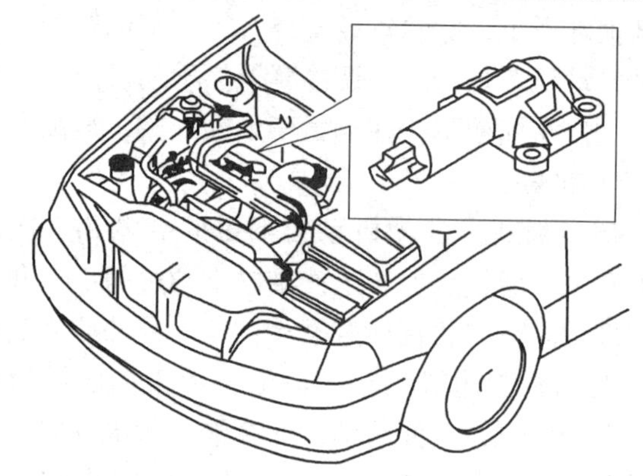

电磁阀和缸盖上的油道，其形状果然不一样！

终于找到了发动机动力不足的故障原因：更换的缸盖与原车的可变气门控制阀不匹配，导致可变气门正时机构在发动机高速时不能正常工作。

更换一个与缸盖匹配的可变气门控制阀，再次试车，行驶中急加速发动机动力充足，发动机转速4 000r/min时车速就轻松突破150km/h，故障排除。

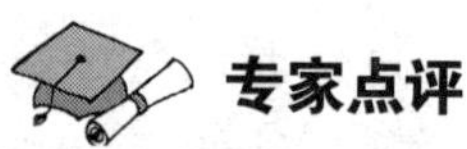

专家点评

维修技术人员通过一系列检查、测试，最终找出了造成发动机动力不足的罪魁祸首，其工作认真、负责，值得肯定和赞扬。同时，维修技术人员对沃尔沃S40的发动机可变进气配气正时的原理进行了简介。但是维修技术人员在对这一部分介绍时，不知是笔误还是对原理的理解不够深入，或者描述的前提条件不足，出现了一个原则性的错误：发动机转速低时，进气管内混合气随活塞运动，活塞运动慢，进气门应提前关闭，以避免混合气回流进气管。发动机低速时，进气凸轮轴相位应提前调整。

根据发动机基础燃烧理论，具备可变配气正时的发动机，在发动机低速状态下，由于进排气门重叠角的原因，进气门均是要延迟打开的，以减少（消除）气门重叠角，减少废气进入进气侧。当然了，在比较特殊的情况下，比如发动机低速、大负荷的情况下，由于进入汽缸的混合气数量多，为了避免混合气回流，需要使进气门提前关闭。在此维修技术人员没有明确说明，很容易让读者产生误解。

下面我简单介绍一下可变配气正时的控制方式。如图5所示，发动机在不同工况下，配气正时的变化是不同的，它符合以下3条原则。

(1) 在低温、低负荷、低速时，或者在低负荷时，延迟气门正时可减少气门重叠，以减少排出的废气逆吹入进气侧，从而达到稳定怠速、提高燃料消耗率和起动性能，如图6所示。

(2) 中等负荷或在高负荷低速时。提前气门正时可增加气门重叠，以增加EGR使用和降低填充损失，从而改善了排放控制和燃料消耗率。此外，同时提前进气门的关闭时间，可减少进气被逆吹回进气侧，改善了容积效率，如图7所示。

(3) 在高负荷高速时。进气门延迟关闭，利用气波增压作用提高充气效率，如图8所示。

图5 发动机在不同工况下，配合正时情况

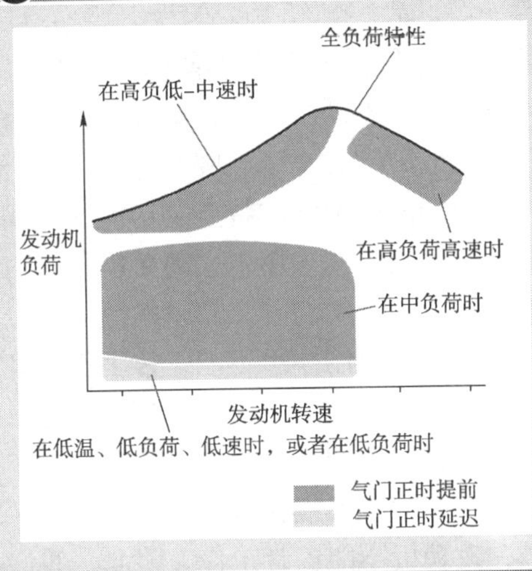

图6 在低温、低负荷、低速时，或者在低负荷时

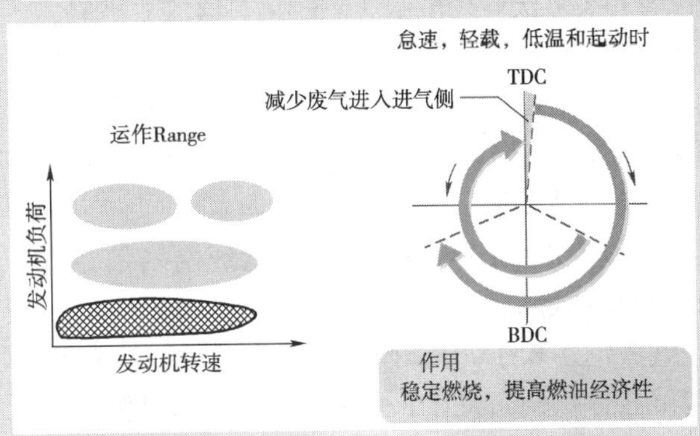

图7 中等负荷或在高负荷低速时

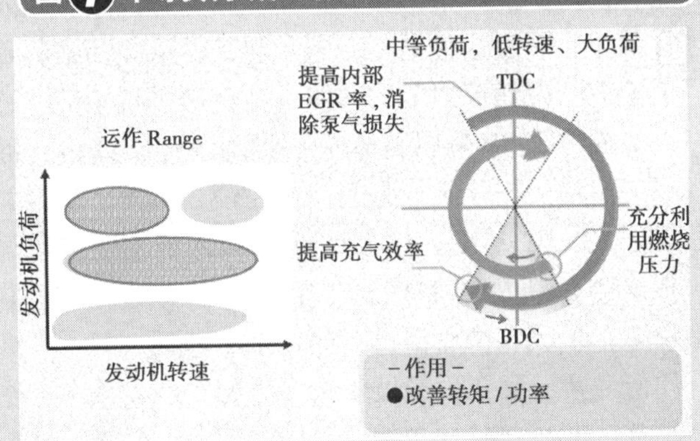

图8 在高负荷高速时

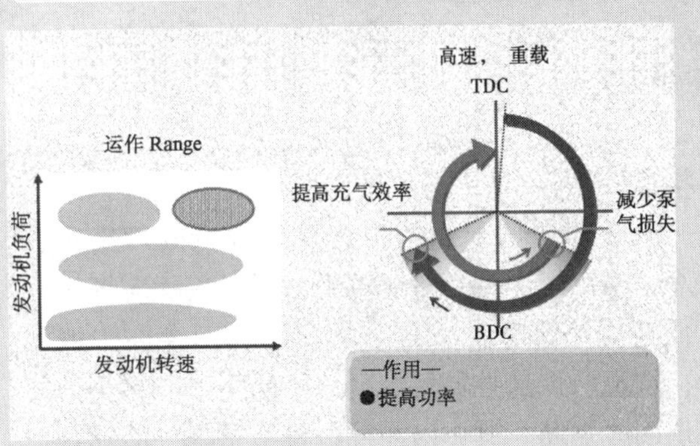

沃尔沃S80起动后熄火

随着电子计算机技术的飞速发展，车内局域网系统在汽车上的应用越来越广，沃尔沃 S80就采用了该系统。希望笔者的这个故障分析，能够对如何排除因车内局域网不能正常工作而导致的汽车故障有着抛砖引玉的作用。

故障现象

一辆沃尔沃 S80在运行中突然熄火，打开点火

开关后，仪表板上除了发动机故障灯点亮，天窗、玻璃升降器、电动座椅、空调、后视镜、门锁及挡位指示灯都不能工作。前照灯的近光灯常亮，发动机可以起动，但起动一段时间后又熄火。

故障检测与分析

由于该故障症状非常明显，且较为频繁，说明并非偶发性的网络故障。排除故障时，应先读取故障码，根据故障码对故障进行追踪。先用万用表检查蓄电池电压,电压值为12.8V，说明蓄电池正常。然后接上沃尔沃专用电脑（VADIS）读取故障码，显示如下故障码：

（1）CEM（中央控制模组，是高速网络与低速网络通信界面）—DF05 CAN-H，高速网络信号太低，持续性故障。

（2）CEM-DF04 CAN-L，低速网络信号太低，持续性故障。

（3）CEM-E001，控制模组沟通故障；SWM（灯光控制模组）-E001，控制模组沟通故障。

（4）SWM-E001，控制模组［重设］按钮长时间起动间歇性故障。

（5）SWM-0009，与转向盘沟通信号太高，间歇性故障。

（6）SWM-000A，与转向盘沟通故障信号，间歇性故障。

（7）PHM（电话控制模组）-E001，控制模组沟通故障。

从故障码所显示的内容可发现，故障集中在CEM、SWM、PHM等3个模组，所以故障应该出现在低速网络部分。大部分故障码表明存在沟通故障，这说明低速控制区域网络中的一个或多个地方出现网线短路。其中CEM控制模组是唯一能够存储网线对地或对电源电压短路有关故障码的控制模组。虽然故障码牵涉的控制模组较多，但根据前面的分析，笔者认为故障应该是由网线不能正常工作造成的，所以进行了如下检查：

（1）拔下蓄电池负极导线，连接故障分析盒到CEM控制模组，检查CEM的插头和端口，没有发现损坏或接触不良现象。测量故障分析盒的A39#与A40#端子之间及B2#与B3#端子之间的网络电阻，测量值为61.2Ω及61.3Ω，在正常值范围内。

（2）分别检查CAN网线的CAN-L线、CAN-H线与地线及电源线之间是否有短路。测量故障分析盒的B2#、B3#端子与地线和电源线之间的网络电阻，测量值为8MΩ，其标准值为1 MΩ以上，正常，说明CAN网线无短路现象。

（3）连接蓄电池负极，起动发动机，测量CAN网线的通信量。测量接线分析盒的B2#对地电压为1.75V（正常值为1.5~2.5V）、B3#脚与地的电压为2.8V（正常值为2.5–3.5V）,读数正常。

（4）拆开有关线路的饰板，观察网络线并未出现受挤压的情况，该车也未出现过事故。

经过以上的检查，并未发现异常部位，于是怀疑可能由于某些非正常操作（如断电等）导致各模组的数据丢失。清除故障码，重新下载全车软件，试车后一切正常，交车。

第二天下午，该车又不能起动。从前一天的检查可以看出，发动机不能起动并非由网络线故障造成，那么故障到底在哪儿呢？笔者仔细研究了该车的网络架构图、网络的特点及功能，发现该车是串联通信，各模组间采用了“葫芦串”式的连接方式如图所示，当其中的某个模组发生故障，就会导致其后面的所有控制模组不能正常工作，且各模组间有许多信息需要相互交换。如果这些信息无法交换，那么相应的控制模组也不能正常工作，如发动机模组（ECM）不能接收防盗报警模组（SCM）的信号，发动机不能正常工作。因此，我们估计可能有模组不能正常工作，从而导致这种故障现象非常明显。基于这种判断，于是尝试将低速网络的每个模组从“葫芦串”的回路中断开来进行验证。结果当断开到SWM控制模组，将网线连接好后，故障突然消失，仪表灯亮起，中控锁、天窗、车窗等都恢复正常。观察SWM的插头，并未发现有何异常，因此判断SWM控制模组已损坏。更换该控制模组，下载软件后重设车辆，试车一天，并未发现任何异常。交车后经过半个多月的跟踪，该车工作正常。

部分模组连接示意图

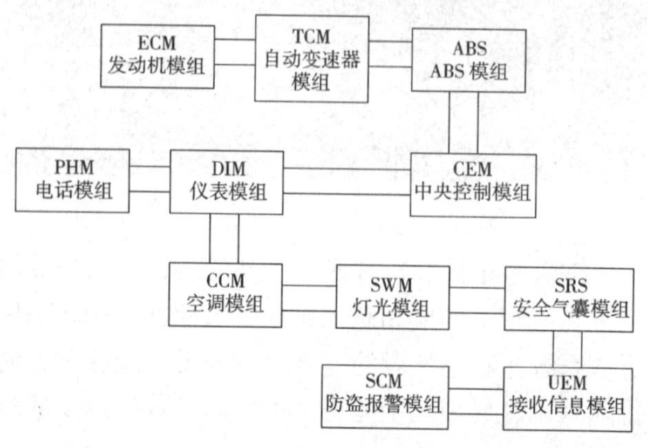

结束语

车内局域网技术虽然较新，但了解它的工作原理，掌握正确的故障排除方法，排除这类故障就不是什么难事。笔者认为，对于该系统的故障诊断，首先应了解故障车型局域网系统的特点及专用汽车检测仪的操作方法，再了解该车车内局域网系统及各个模组的功能，然后检测该车电源系统是否存在故障，接着检查该车局域网系统的线路是否存在故障，最后检查模组。以上故障就是由模组损坏而产生的。

专家点评

该案例是一个典型的车载网络故障，维修技术人员的排除故障流程和方法基本上是正确的，但是由于没有完全掌握车载网络故障的特点和排除方法，排除故障中还是经过了一些反复，本应第一次就可以解决故障，却失去了第一次解决故障的良机，导致第二次才将故障解决。

维修技术人员在该车故障的排除中，特别是讲该车的网络结构时，没有完全讲清楚沃尔沃 S80车载网络系统的特点，为此这里先简单讲一下该车的车载网络特点，以帮助广大维修技术人员理解。

沃尔沃 S80车载网络系统由各种控制模块（也称节点）组成，这些控制模块通过2条通信线相互串联连接。每个控制模组都有单独的电源和搭铁，并通过2条通信线接收信息/指令。该车载网络由两部分组成：一部分是在中央电子模块和发动机室中各控制模块之间传送信号/信息的高速侧（HS CAN）；另一部分是在中央电子模块和乘客室中各控制模块之间传送信号/信息的低速侧（LS CAN）。中央电子模块向高速侧和低速侧之间的界面供电，用于加快或减慢网络两侧之间的通信。在两侧网络（高速侧和低速侧）中的控制模块采用串联连接。在出现开路时，开路下游的控制模块不能够与网络的其他部分通信。维修技术人员虽然在文章中画出了该系统的网络结构图，但是并没有画出高速网络和低速网络，如果没有上述说明，读者仍然会云里雾里。

这里我们不准备就故障的排除过程做过多的剖析，仅对车载网络系统的故障特点和排除思路做些说明。

车载网络系统的故障排除的一般步骤是：

一、要了解该车型的车载网络系统特点，包括：传输介质、几种子网及汽车车载网络系统的结构形式等。

二、要了解汽车车载网络系统的功能，如：有无唤醒功能和休眠功能等。

三、要检查汽车电源系统是否存在故障，如交流发电动机的输出波形是否正常，若不正常将导致信号干扰等故障。

四、要检查汽车车载网络系统的链路（数据传输线）是否存在故障，可采用替换法或采用跨线法进行检测。

五、要检查节点是否存在故障，可采用替换法进行检测。

对于车载网络系统的故障，故障发生时一般都有一些明显的故障特征：

第一个故障特征是“群死群伤”。这一点我们从该案例的故障现象中便可以发现，该系统要么不发生故障，要发生故障的时候，故障现象会同时表现在多个地方。

第二个故障特征是故障现象“风马牛不相及”。故障现象上没有任何关联，甚至让人有点丈二和尚摸不着头脑。你看“发动机起动后熄火”、“前照灯的近光灯常亮”、“天窗、玻璃升降器、电动座椅、空调、后视镜、门锁及挡位指示灯都不能工作”等，没有任何规律。

但从上面的故障特征上来看，一般来说，仅仅根据故障现象便可以判定车辆的故障是否和车载网络系统有关。

引起车载网络系统故障的原因一般有3种：

一是汽车电源系统引起的故障。该故障产生的机理是，车载网络系统的核心部分是含有通信IC芯片的电控模块，其正常工作电压在10.5~15.0V的范围内，如果汽车电源系统提供的工作电压低于该值，一些对工作电压要求高的电控模块就会出现短暂的停止工作，从而使整个车载网络系统出现短暂的无法通信。这种现象就如同用故障检测仪在未起动发动机时就已经设定好要检测的传感器界面，但当发动机起动时，故障检测仪往往又回到初始界面。

二是车载网络系统的链路故障。该故障产生的机理是，当车载网络系统的链路（或通信线路）出现故障时，如通信线路的短路、断路以及线路物理性质引起的通信信号衰减或失真，都会引起多个电控单元无法工作或电控系统错误动作。判断是否为链路故障时，一般采用示波器或汽车专用光纤诊断仪来观察通信数据信号是否与标准通信数据信号相符。

三是车载网络的节点故障。节点是车载网络系统中的电控模块，因此节点故障就是电控模块的故障，它包括软件故障和硬件故障。软件故障——即传输协议或软件程序有缺陷或冲突，从而使车载网络系统通信出现混乱或无法工作，这种故障一般成批出现，且无法维修。硬件故障——一般由于通信芯片或集成电路故障，造成车载网络系统无法正常工作。对于采用低版本信息传输协议和点到点信息传输协议的车载网络系统，如果有节点故障，将出现整个车载网络系统无法工作。在判断是否车载网络系统中的控制模块损坏引起的网络系统故障时，有一个简单而实用的方法，那就是：将怀疑有故障的控制模块从网络系统中"摘除"，如果系统恢复正常，则被"摘除"的控制模块有问题。其实作者在排除过程中也用到了该方法。

在车载网络系统的故障检测中，故障码、数据流和波形分析是判断故障的主要手段，但在进行故障具体检测和诊断中，维修技术人员一定要搞清楚被修车辆的网络结构，最好能够画出其网络结构图。像本案例中维修技术人员在第二次维修时就画出了该车的网络结构基本框图，这也是维修技术人员第二次能够排除故障的一个主要方面。为此建议广大维修技术人员在排除车载网络系统的故障时，先画出该网络系统的结构框图，分析网络中各个控制模块之间的相互关系，这对车载网络系统的故障排除非常有帮助。

奔驰更换转向盘转角传感器引发的故障

故障现象

一辆底盘号为4JGBB86E47A243377的美规奔驰ML350来我厂维修，该车已行驶了1.8万km（11324mile）。车主来了以后，要求将其自购的配件"转向盘转角传感器"更换掉。

当更换完毕后着车，发现仪表（图1）中ESP（电控行车稳定系统）灯和ABS灯点亮。一般来讲，一旦更换了转向盘转角传感器或是断过蓄电池后都需要将转向盘转角传感器的位置重新初始化，或称为"零位偏差补偿"。对于奔驰车来说可以手动做初始化，方法是将转向盘分别先后向左和向右来回打方向，直至ESP灯熄灭。但是ESP灯熄灭后，ABS示灯仍然未能熄灭，这说明ESP电控系统中还存在其他故障。

图1 奔驰ML350仪表

故障诊断与排除

连接奔驰专用检测仪Star－Diagnosis，选择164.186底盘，进入ESP系统后读取故障码FC（Fault Code）如下：

FC5410 行车路试：仅当车辆静止时，才允许操纵电控车辆稳定行驶系统（ESP OFF）按钮。

FC5116 L6/2（右前轮速传感器）：检查传感器的安装位置。

FC5174 转向盘转角传感器没有初始化。

FC5173 转向盘转角：信号故障。

FC5938 检查部件N49（转向盘转角传感器）。

FC5410 行车路试：已激活。

其中，除了故障码FC5410——行车路试已激活——是目前存在的现实故障外，其余皆为历史存储的故障码，即为曾经出现过的故障码，可以清除掉。

首先清除故障码，随后只剩下故障码FC 5410无法清除。而所谓的"路试激活"是对装配有ESP的车辆而言，每当更换完转向盘转角传感器、横摆角／横向加速度传感器后都是需要做的。而且一旦激活，就必须按照程序提示的信息完成一个完整的路试操作后才能解决问题。

在电脑上双击故障码FC 5410，引导进行"行车路试"。

第一步，着车后转动转向盘，使其保持正前行驶位置，同时电脑显示-10°~10°范围内，实际值为-0.5°，有效。点击"F3"进行下一步。

这时，行车测试已激活。该过程通过操作位于控制面板上的"ESP OFF"开关按钮来起动。

拔下车辆上的诊断插头，仪表板上ABS灯亮，ESP灯不亮，完全松开驻车制动，踩下制动踏板，轻拨变速杆，使其换入N挡位置，松开制动踏板，车辆处于静止状态。找一块足够大的平坦场地，以便车辆能够左右转圈儿。这时按下"ESP OFF"开关，仪表板上ESP灯闪了几下后完全点亮。踩住制动踏板，将变速杆换入前进挡即D位，要求在10s内开始拐弯行驶，车速保持大约10 km/h，而且转向盘转过的角度一定要大于90° 转角。车辆大约转过1/4圈时，ESP灯开始闪烁，但由于场地原因，还在左右打转向转圈的过程中，ESP灯已经熄灭。踩制动踏板，让车辆停靠在较平整的路面上，然后换入空挡，松开制动踏板，没有出现预期的结果（ABS灯熄灭），而是仍然点亮。这说明路试程序执行失败了，后来重复多次仍然没做成。想必其中还有一些没做到或是做错了。

重新连接检测电脑，读取故障，这时除了FC5410仍为目前存在的现实故障码外，又多了两个故障码：

FC5413 行车测试：转弯行驶时超时（规定时间为20s）历史储存；

FC5603 行车测试：未满足行车测试的检测前提，历史储存。

清除故障码后，又仔细推敲了一下路试程序的过程提示，重新找了一块更大的场地来做路试。这一次开始转圈行驶时，ESP灯一开始闪，马上就踩了制动踏板，停住车后，ESP灯和ABS灯相继熄灭，路试终于成功了。FC5410也由目前存在的现实性故障码转变为可以清除掉的历史故障码。

回想一下前几次路试失败的原因可能就在于驾驶车辆转圈行驶过程中，为了一味地追求将车辆停好在平直路面上，且还要将方向再回正。另外再加上转圈行驶时间过长，造成ESP警告灯在短暂地闪烁几次后彻底熄灭，从而导致路试程序失败。

路试的问题终于解决了，但在路试的过程中又发现了一个新的问题：喇叭不响，多功能转向盘上的按钮不起作用，仪表显示信息无法改变。但转向灯却没问题，远近光能变，刮水器也正常，说明灯光组合开关正常。同样位于转向柱旁的变速杆也能正常换挡行驶。

马上与车主取得了联系，了解到该故障并不是在我厂维修车辆的过程才出现的，而是车主买过来时就有问题，并在车主的要求下继续维修该故障。

根据以往的维修经验，如果同时伴随着出现多个故障的时候，我们首先要看这些故障是否在时间上、部件的装配位置、电源的共用、系统的逻辑关系等方面存在一定的共性或关系。例如在时间上是否同一时间发生的；这些故障所牵涉的部件是否彼此都位于一个相对较接近的地方；是否同用一个相线、搭铁线或是信号线；是否同属一种数据总线，例如PT-CAN（驱动总线）。

综上所述，本人没有先连接检测设备诊断，而是直接选择了查看"wis"电路图，从电路图中找答案，因为这几个问题至少是存在同一个部位"转向盘"上。图2是截取下来的"MRM"转向柱模块电路图。

仔细查看图2，不难发现部件A74/1多功能转向盘电气单元正好集中采集了"喇叭"和"多功能菜

图2 转向柱模块电路图

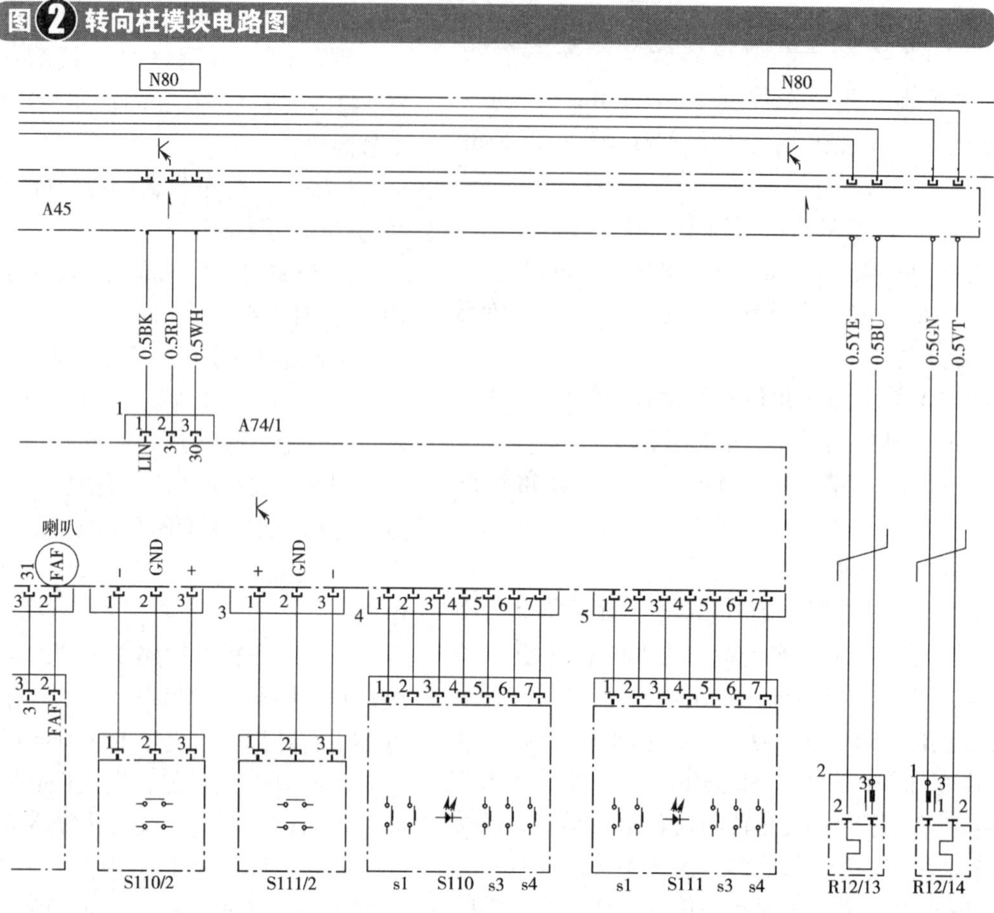

A45–喇叭和气囊共用游丝；A74/1–多功能转向盘电气单元；N80–转向柱模块；S110/2–左转向盘挡位按钮；S111/2–右转向盘挡位按钮；S110–转向盘左菜单按钮组；S111–转向盘右菜单按钮组；R12/13–驾驶人气囊点火器1；R12/14–驾驶人气囊点火器2

图3 气囊螺旋弹簧电路图

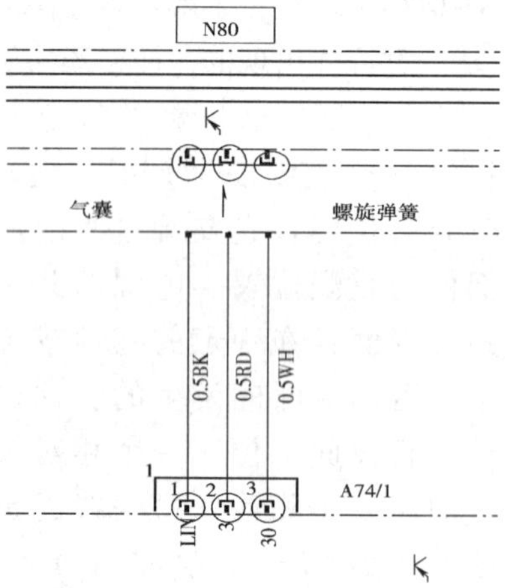

N80–转向柱模块；A74/1–多功能转向盘电气单元

单选择按钮”的开关信息，而这些开关信息都是通过盘于气囊螺旋弹簧（俗称气囊游丝）中的LIN总线传输到了N80转向柱模块，当然也包括由N80转向柱模块提供给A74/1多功能转向盘电控单元的常相线和搭铁线，也同样盘在了气囊螺旋弹簧中，这3根线其中任何一根出现问题都可能会引发上述故障现象，因此气囊螺旋弹簧成了重点怀疑对象。

拆下气囊螺旋弹簧，用万用表依次测量图3所示的黑、红、白3根线与气囊螺旋弹簧另一端相对应的插脚，结果电阻全是无穷大，3根线全部断路。征得车主同意，将气囊螺旋弹簧更换掉后，故障排除。

专家点评

纵观整篇文章，有以下3个没有交代清楚的问题，而这也是整篇文章的关键之处。

（1）车主为什么要求更换自购的配件“转向盘转角传感器”？很显然，这是整篇文章要成立的关键之处，这说明了一点，来此之前，车辆本身存在故障。一般来讲，如果车辆没有故障的话，车主凭什么要花冤枉钱去换？而且指明更换的部件。可惜的是维修技术人员没有说明车辆进厂时故障灯的状态！作为技术人员，也没有对系统进行故障码的读取！这不能不说是一个很大的失误。有没有可能“转向盘转角传感器”本身没有故障，而只是由于拆过蓄电池线造成初始数据丢失；或者做过四轮定位、更换过转向拉杆使转向角度传感器初始位置不正确、或者是由于某种原因，触发了驾驶测试功能却没有办法恢复？应该说维修技术人员一开始就犯了维修技术人员的第一大忌！

(2) 维修技术人员在成功完成“驾驶测试”学习后，发现，喇叭以及多功能按钮不起作用。问题还是如前所述，维修前为什么没有发现？仪表显示没有异常吗？维修技术人员通过查找电路图，得到了以上功能按钮隶属于A74/1多功能转向盘单元，并且是通过转向盘螺旋弹簧中的LIN线与N80转向柱模块连接的。这其中包含了许多的部件，难道车身控制模块的自检功能休息了，SRS气囊控制单元也没有工作，对于这些硬故障，丝毫没有引起任何警惕？只能说车主太善良了！没有强加给维修技术人员有理也说不清的责任，真是我们维修人员的万幸啊。

(3) 维修技术人员发现(2)中的故障后，先去查找电路图，比较令人难以理解，为什么不直接去检测系统状况呢？是WIN STAR检测仪的功能不完善吗？

虽然存在以上不小的硬伤，但是总的来讲，维修技术人员在故障排除中，思路还是比较清晰的，而且，本文对于广大读者来说，加深对ESP系统的故障排除的认识也是很有帮助的。

最后，再补充一点奔驰ML车系的零点标定方法。

(1) 奔驰ML车系在更换ESP控制单元、横向加速度传感器或偏移率传感器后，必须进行标定，并进行路试学习。

(2) 激活测试：用故障诊断仪STAR进入Control unit adaptation（控制单元匹配）中的Driving test（驾驶测试），进行初始化路试。

注意：此时无论点火开关位于“ON”还是“OFF”，路试程序都将被激活。而且，当激活驾驶测试模式后，存储在ESP控制单元中的横向加速度传感器及偏摆率传感器的零点位置就会被清除，并且会储存故障码C1200，以说明驾驶测试被激活（road test active），此故障码无法用故障诊断仪清除，只有路试成功后才会自动清除。

(3) 动态测试：驾驶车辆以5～25km/h速度向前行驶，几分钟后，向左或向右匀速地转弯使车辆做圆周运动（转向角度不能大于360°），以完成以上数据的学习。

依维柯（2006款欧Ⅲ）加速不良

故障现象

2006年欧Ⅲ共轨柴油依维柯，采用索菲姆S140.43S型发动机。当停在原地、发动机转速在3 400r/min时，会出现发动机故障灯闪烁，再也无法提高转速的现象。而当发动机转速低于3 400r/min时，故障灯又会熄灭。再次提速，故障又重复出现。路试时，车速在95km/h左右时发动机故障灯闪亮，同时出现无法加速的现象，并有后挫感，只能维持原车速。松开加速踏板，车速降低在95km/h以下（此时发动机转速回到3 400r/min以下）时，故障灯又会熄灭。再次提速，故障又重复出现。

故障诊断与排除

1. 故障重现和确认

我们接修此车后，通过原地试验和路试，证明确有上述故障现象。用元征X-431故障诊断仪检查发动机电控系统，查到故障码：进气压力传感器输出电压高。在该车上进气压力传感器装在进气增压器后面，所以又称增压压力传感器。

索菲姆S140.43S型发动机存储“进气压力传感器输出电压高”故障码的原理是这样的：当ECU接收进气压力传感器输出的信号电压时，会与ECU存储器中存储的转速/负荷/进气压力图谱程序中的数据进行比较，如果超过其范围过大，则存储故障码，点亮指示灯并使控制系统进入故障模式。此时ECU不考虑进气压力传感器信号，而以加速踏板位置传感器、发动机转速和飞轮传感器等的信号来控制发动机喷油量、喷油提前角等，总的来说是适当减小喷油量，把发动机最高转速限制在3 500r/min，以保护发动机安全运行，所以发动机功率有明显下降。这就印证了发动机转速在3 400r/min左右、车速为95km/h时有后挫感的现象。而当故障指示灯一熄灭，发动机控制又从故障安全模式转为正式控制模式，发动机动力性能又恢复正常。

2. 故障原因分析

故障码提示是进气压力传感器输出电压高，造成这一信号电压高的原因如下：

（1）进气压力传感器信号线与5V或12V电压线短路。

（2）进气压力传感器损坏，产生了过高的信号电压。

（3）涡轮增压进气系统增压压力过高，导致进气压力传感器输出信号电压过高。

（4）发动机ECU损坏，导致进气压力传感器输入信号即使正常，ECU也会认为不正常。

以上4条原因中，原因（3）最好检查，因为依维柯自诊断系统有丰富的数据流可读。原因（1）和（2）所指的进气压力传感器也较好检查。而原因“（4）发动机ECU损坏”可能性最小，而且除了换件对比外没有其他方法检查，所以决定最后检查。

读取的数据流见表1～表3。

在故障指示灯亮时，读取的主要数据流　　表1

发动机转速	3425r/min
空气流量	799.5mg
增压压力	2000mbar（1mbar=100Pa）
当前喷油量	12.223mg/s

在故障指示未灯亮时，读取的主要数据流　　表2

发动机转速	3385 r/min
空气流量	1805.5mg
增压压力	1938mbar
当前喷油量	18.09mg/s

读取正常车数据流（取平均值作参考）　　表3

发动机转速	3417r/min	3387r/min（平均值）
空气流量	1137.5mg	1129.5mg（平均值）
增压压力	1685.9mbar	1672.1mbar（平均值）
当前喷油量	15.78mg/s	15.39mg/s（平均值）

比较数据流后不难发现，故障车不仅在点亮故障灯时的增压压力比正常车明显偏高，而且在未点亮故障灯时的增压压力比正常车也明显偏高。在点亮故障灯时的当前喷油量比正常车要低。

看来本车故障直接原因是：涡轮增压进气系统增压压力过高，导致进气压力传感器输出信号电压过高。导致涡轮增压进气系统增压压力过高的原因有：①涡轮增压进气系统废气旁通阀工作不正常；②排气系统有堵塞。

由于本车在故障灯未亮时动力充足，只是一亮故障灯就动力不足，可以读到故障灯亮时喷油量明显减少。这说明是发动机控制系统在执行故障保护模式。所以，不可能是排气系统有堵塞，因为如果排气系统有堵塞不可能在3 385r/min时还动力充沛，而到3 425r/min时动力锐减。所以只有可能是涡轮增压进气系统废气旁通阀工作不正常。

3. 故障排除

检查涡轮增压器废气旁通阀。在发动机转速大于2 000r/min时，进行急加速和急减速，发现废气旁通阀操纵拉杆时动时不动，而正常车是会动的；仔细听，还听到了漏气声。先拆下废气旁通阀软管，管中有气冒出，且软管无破裂或漏气。于是拆下废气旁通阀用，压缩空气测试，发现膜片有漏气。

更换故障件再次试车。更换废气旁通阀，用元征X-431清码后再次试车，车速可升至120km/h，且加速灵敏，同时也不再出现故障码，阅读数据流也正常。说明故障已排除。

维修小结

这是一起有故障码，却并非故障码元件所引起的故障。综观全部排除过程，整个柴油机电控喷射系统都正常，却是由于进气增压控制装置损坏所导致的。因此在遇到有故障码的故障排除时，不能只盯着电控元件，而应全面分析、推理故障产生的原因，才能迅速、准确地排除故障。

专家点评

本篇文章语言简练，思路清晰，是充分体现“透过现象找本质”的一个非常好的典型案例。

在故障排查的整个过程当中，维修技术人员基本上没走任何弯路，这主要得益于如下4个方面。

（1）再现故障现象，初步确定故障原因。维修技术人员通过原地试验和路试来验证故障的存在，并以此利用检测仪调取故障码，初步确定故障的可能原因。在这里有两点值得首肯：

一是故障现象的验证。这通常都是汽车故障排查流程中的第一步，因为只有从故障现象所呈现出的异常表现中，才最便于对可能故障原因的初步判断，而这一点恰恰被很多汽车修理人员都忽视了。

二是检测仪的使用。在现代汽车上，基本上都配备了故障诊断接口，通过与汽车通信接口连接，利用检测仪调取故障码、读取数据流已经成为现代汽车维修中至关重要和必不可少的手段。可想而知，如果没有元征X-431提供的故障码，维修技术人员所确定的故障范围将会扩大很多，无疑会为故障排查增加一定的难度。

（2）针对故障，归纳可能的原因。我们在排查故障时，通常都是本着“由简单到复杂，由主要到次要”的顺序进行的，但有个前提，那就是首先要考虑全面可能的原因。维修技术人员在获取了“进气压力传感器输出电压高”的故障提示后，并不是马上就拆下进气压力传感器检查，而是很理智地先归纳了一下导致该故障的4个方面的可能原因，并在此基础之上，按“由主要到次要”的检修原则依次展开检查。

（3）合理运用比较法。比较法是汽车维修中经常使用的一种检修和判断方法，通常是将故障车辆（或系统）与正常车辆（或系统）相比较，以确定故障原因，与替换法有些相似之处。维修技术人员巧妙地将比较法应用于数据流的比较之中，通过相同工况下的数据比较，找出异常之处。

（4）通过现象找本质。通过数据流中的异常之处，维修技术人员经过分析，总结了可能的原因，并经过有效地判断，排除了排气管堵塞的可能性，从而将故障原因锁定在“涡轮增压进气系统废气旁通阀工作不正常”。最后经过检查和测试，验证了维修技术人员的判断，圆满完成了故障排除任务。

虽然这不是一个很复杂的故障，但从中应该学习维修技术人员的思路和方法，汽车故障五花八门，千变万化，只要掌握了思路和方法，就一定会“透过现象找出本质”。

派力奥无法起动

故障现象

车型：派力奥1.3L VIN：LNPFPDBC138543445

此车在其他维修厂报修“怠速不稳，加速无力”。经检查发现个别火花塞损坏，随即更换了4只火花塞，此时出现打不着车现象，并且2、3缸无高压火。经过对调点火线圈，并对NCM至点火线圈的线束进行测量，最后确定为NCM内部损坏，再将NCM

插头装复后，却发现没有一点着车的迹象。经检查发现：喷油嘴和油泵均不工作，第1和4缸也没有高压火，并且仪表板内的CODE和CHECK灯都点亮了，此时又误以为是防盗系统起作用，随即将车身电脑NBC拆下，并将内部的93C66芯片内的数据进行了修改，再装复后，防盗系统真正起作用了，无奈之下，将此车拖到我厂修理。

故障诊断与排除

了解情况接车后，核实故障现象。将点火开关打开，CODE和CHECK灯的确不能熄灭（正常情况下，这两个灯在打开点火开关后应该分别熄灭），并且诊断仪无法与NCM进行通信，打车无着车迹象。

于是按照常规，首先对NCM的电源进行检测，当取下NCM插头时，发现NCM内部的29脚已经折断。该电脑因缺少来自发动机舱熔断器内的F18熔断丝提供的BATT电源，使得NCM无法正常工作，因此NBC无法与NCM进行CAN数据传输，而造成诊断仪无法与NCM进行通信，CODE和CHECK两灯点亮，形成起防盗的假象。将该脚在电脑内部连接后，诊断仪能与NCM建立对话了，并在系统内读到“D600—防盗系统故障”的故障码。经过一番周折后，在将点火开关打开1s后，CODE灯能够熄灭，防盗系统恢复正常。

刚打开点火开关时，也能听到油泵运转的声音，起动电动机时发动机还是不能着车。经检查发现2、3缸均没有高压火。紧接着用示波器对2、3缸点火线圈进行了测量，结果没有点火脉冲信号，导线也没有断路现象，难道真是发动机电脑坏了？

将上述故障现象综合在一起分析，此车之前是开着去了修理厂，只是加速无力，而在更换完火花塞后出现了前述故障。当时想到：曾经遇到过一辆派力奥因火花塞阻值不对而导致发动机无规律性熄火的案例。会不会此车也是由火花塞阻值不对造成的呢？于是将此车的火花塞拆下，并用万用表测得该火花塞的阻值为220Ω，阻值的确不对，于是将其全部更换成阻值为4.5kΩ左右的原车火花塞，装复后起动电动机，发动机起动成功，并且怠速运转平稳，加速有力，也没有缺缸现象，至此故障全部排除。

维修总结

造成2、3缸无高压火的原因是更换了阻值不对的火花塞，在1缸点火时出现了不正常的次级点火电压，而该电压又对NCM产生了很大的干扰，使得NCM找不到2、3缸正确的点火时刻，故不能为2、3缸点火，从而出现NCM损坏的假象。其实有很多的故障都是由维修人员造成的，不要把简单的问题复杂话，避免很多不必要的麻烦！

专家点评

我们按照段落看一下维修技术人员的诊断步骤，小标题也算一段。第2段写明车型和身份证，提供了该车的出生地、哪年出生和排行老几。第3段是问诊，询问的非常详细，了解了该车在上一家汽车“医院”看病时的症状、检查经过、开方、手术、疗效，但是疗效不佳没把病看好。第5段是对病车外观检查。第6段是电脑检测，同时发现NCM的29脚折断并将其排除。第7段是测量，发现2、3缸的点火线圈未接收到点火脉冲信号。第8段根据问诊检查情况和以前相似案例经验，判断火花塞有问题，测量火花塞的阻尼电阻，确认不是原厂规定的火花塞，将其更换，至此故障排除。最后一句话我非常赞同：“很多故障是由维修人员造成的，不要把简单的问题复杂化，避免很多不必要的麻烦”。

该案例的诊断过程如行云流水，完全符合电控系统的诊断步骤：问诊—外观检查—电脑检测—分析判断—测量验证—排除，稿件写得简练、清楚。因为当今是快节奏的年代，维修技术人员阅读技术文章时希望用最少的时间获得最多的知识。有的稿件写得云山雾罩，不复杂的故障自己绕几个弯子才排除，也让读者跟着绕弯子。有的稿件段落过于冗长，一段中讲了多个步骤，看完一段有喘不过气的感觉。我认为稿件必须正确翔实、写深写透，还要注意文字简练，以节约读者阅读时间。